저는 기업분석이 처음인데요 2022년 개정판 : 꼼꼼한 생초보의 기업분석 입문기

초판　1쇄 발행 2011년 11월 30일
개정판 1쇄 발행 2016년 10월 10일
개정2판 1쇄 발행 2022년 2월 10일

지은이 강병욱
펴낸이 조기흠

기획이사 이홍 / **책임편집** 유소영 / **기획편집** 정선영, 임지선, 박단비, 전세정
디자인 표지 김종민 **본문** 박정현 / **일러스트** 김영진 / **마케팅** 정재훈, 박태규, 김선영, 홍태형, 배태욱, 임은희 / **제작** 박성우, 김정우

펴낸곳 한빛비즈(주) / **주소** 서울시 서대문구 연희로2길 62 한빛빌딩 4층 한빛비즈(주)
전화 02-325-5508 / **팩스** 02-326-1566
등록 2008년 1월 14일 제313-2008-10호
ISBN 979-11-5784-551-4 13320

이 책에 대한 의견이나 오탈자 및 잘못된 내용에 대한 수정 정보는 이메일(hanbitbiz@hanbit.co.kr)로 알려주십시오.
잘못된 책은 구입하신 서점에서 교환해 드립니다. 책값은 뒤표지에 표시되어 있습니다.

⌂ hanbitbiz.com 　f facebook.com/hanbitbiz 　N post.naver.com/hanbit_biz
▶ youtube.com/한빛비즈 　ⓞ instagram.com/hanbitbiz

지금 하지 않으면 할 수 없는 일이 있습니다.
책으로 펴내고 싶은 아이디어나 원고를 이메일(hanbitbiz@hanbit.co.kr)로 보내주세요.
한빛비즈(주)는 여러분의 소중한 경험과 지식을 기다리고 있습니다.

저는
기업
분석이
처음인데요

강병욱 지음

한빛비즈
Hanbit Biz, Inc.

개정판에 붙여

주식투자는 기업가치를 찾아 떠나는 긴 여행과 같습니다

주식투자자들의 오랜 믿음 가운데 '주가는 장기적으로 기업가치에 수렴한다'라는 말이 있습니다. 이러한 믿음에 의하면, 주식투자는 운에 기대는 것이 아니라 기업가치를 찾아내고, 기업가치보다 저평가된 주식을 사서, 주가로 기업가치를 실현시키는 것입니다. 즉 기업가치는 주가의 목표점이라고 할 수 있지요.

따라서 주식투자를 '제대로' 하기 위해서는 '기업분석'을 통해 기업가치를 찾아낼 수 있어야 합니다. 이러한 기업분석에는 계산능력뿐만 아니라 숨겨져 있는 정보를 찾아내는 능력이 필요합니다.

하지만 세계적인 금융위기와 코로나19 팬데믹을 지나면서 시행된 양적완화정책과 같은 상황이 급증하면서, 기업분석은 새로운 국면을 맞이하게 되었습니다. 일상적인 저금리와 저성장, 저소비가 뉴노멀New normal로 자리 잡으면서 기업가치 측정의 핵심지표는 영업이익에서 매출액으로 변화하고 있으며, 산업구조 또한 동태적으로 변화하고 있습니다. 이러한 변화는 호황이던 산업이 퇴조하고 새로운 산업이 성장기 또는 성숙기에 진입한다는 의미입니다. 경제상황에 따라 산업이 변하면 그 산업에 속한 기업들의 가치도 변한다는 사실을 기억해야 할 것입니다.

기업분석의 잣대는 시대에 따라 탄력적으로 적용되어왔습니다

하지만 변하지 않아야 할 것들도 있습니다. 바로 기업분석을 통해 진정한 기업가치를 찾아내려는 우리의 노력입니다. 추천주를 사서 몇 번 수익을 냈다고 더 이상 초보자가 아니라고 착각하며 공부를 등한시하는 투자자들을 종종 보게 됩니다. 하지만 스스로 종목을 고르지 못한다면 진정한 투자자가 될 수 없습니다.

2011년 출간한 《저는 기업분석이 처음인데요》는 주식투자 분야 베스트셀러 《저는 주식투자가 처음인데요》의 후속작으로, 전문가의 영역이었던 기업분석을 초보 주식투자자들에게 알기 쉽게 소개한 최초의 책입니다. '초보가 읽고 초보에게 추천하는 책'이라는 호평을 받기도 했습니다.

《저는 기업분석이 처음인데요 2022년 개정판》은 2021년에 개정된 법규정을 충실히 반영하고, HTS/MTS 시장점유율 1위인 키움증권의 영웅문을 기업분석에 200% 활용하는 방법을 자세하게 소개하고 있습니다. 또한 현재 주식시장 여건에 맞는 예제와 변화한 환경을 적극적으로 수용하고 수정함으로써 초보 투자자들의 이해를 돕고자 했습니다.

이번에 개정한 《저는 기업분석이 처음인데요 2022년 개정판》에도 변하지 않은 것이 있습니다. 바로 초보 투자자들을 진정한 투자자의 길로 안내하는 좋은 친구이자 길잡이가 되겠다는 처음의 마음입니다. 이 책이 성공투자에 이르는 제대로 된 기업분석의 길로 여러분을 안내할 것이라 믿어 의심치 않습니다.

경영학 박사 강병욱

머리말

주가는 언젠가 꼭 기업의 모습을 닮습니다

주가는 기업의 가치를 표현하는 지표입니다. 하지만 주가가 기업의 가치를 그대로 나타내고 있다고는 할 수 없습니다. 가격과 가치가 다를 수 있기 때문이지요. 만약 기업분석을 통해 기업가치를 계산할 수 있다면 대상 기업의 적정한 주가를 계산해서 투자에 유용하게 활용할 수 있습니다. 그러나 투자자 스스로 기업을 분석하지 못한다면 이는 주식시장에서 투자가 아닌 투기를 하는 것이나 마찬가지입니다. 역사적으로 봤을 때 투자자는 돈을 번 경우가 많았지만 투기자가 큰돈을 벌었던 사례는 많지 않습니다. 왜냐하면 투자자는 기업가치에 투자한다는 원칙을 바탕으로 합리적으로 자산을 운용하는 반면 투기자는 그런 원칙이나 정보를 가지고 있지 않기 때문입니다.

여러분이 기업을 분석할 수 있다면 기업의 진짜 모습을 알아낼 수 있고 기업의 알짜정보를 거머쥘 수 있습니다. 그리고 그 정보가 자신의 가치를 찾아가는 모습을 보고 투자의 수익과 함께 기쁨도 누리게 될 것입니다.

주식시장이 발달하지 못한 나라에서는 주가와 기업가치 사이에 큰 괴리를 보이는 경우가 있습니다. 시장에서 주가가 기업의 가치를 제대로 반영하지 못하고 있기 때문이지요. 그러나 주식시장이 발전하고 시장의 규모가 커지면 주가는 기업가치를 제대로 반영하기 시작합니다. 이런 점에서 본다면 기업가치는 장기적으로 주가와 일치하는 것이지요.

우리나라 주식시장은 1992년 외국인에게 자본시장을 개방하고 선진화의 길로 접어든 이후 1997년 외환위기를 거치면서 급속도로 성장하며 선진증시에 진입하는 쾌거를 거두었습니다. 그 과정에서 시장의 규모도 커져 시가총액이 1,000조 원에 이르게 되었습니다. 이는 곧 우리 시장도 주가가 기업의 가치를 정확하게 반영하는 시장이 되었다는 것을 의미합니다. 따라서 이제 투자자는 꼼꼼하게 기업을 분석하고 현재의 주가와 미래의 가치를 비교할 줄 아는 분석가가 되어야 합니다. 그러면 투자한 기업의 주가는 가치를 반영하여 수익을 돌려줄 것입니다.

기업분석은 누구나 할 수 있고, 심지어 재미있습니다

많은 투자자들이 기업분석을 공부하는 것이 어렵다고 말합니다. 맞는 말입니다. 왜냐하면 그저 주가의 움직임만 보고 분석하는 것이 아니라 기업회계에 대한 개념을 익혀야 하고 또 간단하지만 계산식도 이해해야 하기 때문입니다. 하지만 이 책을 통해서 기초부터 천천히 배워나간다면 모든 개념들이 그저 어렵기만 하지는 않을 것입니다.

《저는 기업분석이 처음인데요》는 기업분석을 처음 시작하는 투자자들을 대상으로 쓰인 책입니다. 이 책을 통해 기업분석을 해야 하는 이유와 기업분석을 하기 위한 기초적인 개념들을 학습하게 됩니다. 기업분석을 하면 기업을 탐구하는 것에 머무르지 않고 경제를 보는 전체적인 시각을 넓히고 산업을 읽어낼 수 있습니다. 또한 기업회계와 관련된 실질적인 내용들을 살펴본 후 시장에서 가장 많이 사용되는 기업분석 모형을 통해 기업가치는 실제로 어떻게 계산되고 계산된 기업가치는 무엇을 의미하는지 따져볼 수 있습니다. 기업가치를 계산하는 사람들이 흔히 범하는 실수는 수식에 매몰되어 계산 결과로 나온 주가가 어떤 의미를 갖는지 잊어버리는 것이지요. 이 책에서는 계산된 주가가 과연 진정으로 기업가치에 부합하는지를 여러 각도에서 따져 묻고 올바른 투자지식을 갖게 합니다.

무엇보다 이 책이 유용한 것은 개인투자자들이 흔히 사용하는 HTS를 이용해서 기업을 손쉽게 분석할 수 있도록 도와준다는 점입니다. 또 애널리스트들이 사용하는 기업분석자료들을 찾아내 투자에 활용하기까지의 모든 과정을 상세히 기술하고 있습니다.

각 장의 마지막에는 기업분석을 기초과정으로 연구했던 벤저민 그레이엄, 워런 버핏, 피터 린치 등 실제 투자 대가들의 기업분석 비법을 친절하게 소개합니다. 그들이 기업분석을 어떻게 이해하고 적용해왔는지 상세히 배울 수 있습니다.

기업분석을 공부하는 자가 기회를 차지합니다

2008년 금융위기는 신자유주의 경제운용에 제동을 걸고 새로운 형태의 자본주의를 탄생하게 할 것입니다. 그런 점에서 본다면 미래의 기업분석은 지금까지 알고 있던 방식과는 다른 모습으로 우리 투자자들에게 다가오겠지요. 즉, 금융위기는 주식시장에 새롭게 도전할 계기를 만들어주었고 또 다른 형태의 가치투자 문화를 뿌리내리게 할 것입니다.

과연 미래의 가치투자는 어떤 모습을 하게 될까요? 세계적인 저금리 기조가 이어진다면 이는 수많은 기업들의 위치를 바꾸어놓을 것입니다. 현재 우량하다고 생각하는 기업들이 퇴조하고 새로운 가치를 창출하는 기업들이 그 가치를 드높이며 주식시장에 강자로 나설 것입니다.

따라서 기업가치에 대한 올바른 개념으로 무장하지 않는다면 변화하는 미래에 적절하게 대응하지 못할 것입니다. 이 책은 여러분들을 가치를 알아보는 분석가로 만들어 주고 가치가 제자리를 찾아가며 열매를 맺는 유익한 투자의 세계로 안내할 것입니다.

기업분석 과정은 진흙 속에서 진주를 찾아내는 것과 같습니다. 가치 있는 기업을 찾아내는 작업은 어쩌면 멀고도 힘든 여정일 수도 있지요. 그러나 기업분석을 제대로 해낸다면 1992년 저PER주 혁명 때와 IMF 외환위기 이후 정보통신 혁명, 그리고 2007년 적립식펀드 열풍 때 경험했던 것처럼 풍성한 과실로 돌아오는 투자의 결실을 맛볼 수 있을 것입니다. 부디 이 책으로 인해 멋진 기업분석가가 되길 바랍니다.

책이 나오기까지 많은 사람들의 도움이 있었습니다. 이 책이 세상의 빛을 보게 해주신 한빛비즈 임직원들께 먼저 감사를 드립니다. 그리고 늘 부족한 가장의 뒤에서 사랑과 격려를 잊지 않은 가족들께도 감사를 드리고 이제부터라도 가장의 역할을 다하리라는 마음을 전합니다.

2011년 11월

경영학 박사 강병욱

기업분석, 어떻게 공부할까요?

주식은 좀 알지만 기업분석은 모르는 초보, 종목 선정도 못한 채 투자를 해왔다면
1장 왜 기업을 분석해야 하는지부터 이해하세요!

주식투자를 하겠다고 나섰으면서도 여전히 경제뉴스 하나 파악하지 못한다면
2장 우선 주변의 경제환경부터 둘러보세요!

경제기사의 업종 이야기들이 아리송해~ 기업을 흔드는 산업이 궁금하다면
3장 산업과 기업의 관계를 꼭 알고 가세요!

분석이라고 해서 숫자에만 매달리지 않고 보이지 않는 가치들이 알고 싶다면
4장 기업의 양면을 해부해보세요!

재무제표는 기업분석의 필수공부라는데 봐도 봐도 너무 어렵게만 느껴진다면
5장 재무제표는 HTS로 쉽게 분석할 수 있어요!

막연하게만 보이는 기업의 가치를 수치화해서 구체적으로 알고 싶다면
6장 가치를 공식으로 계산할 수 있어요!

이쯤 되면 나도 애널리스트가 될 수 있다! 우량기업을 뽑는 핵심지표로 무장하려면
7장 고수 분석가로 투자자 레벨 업!

1. 누구라도 애널리스트가 될 수 있다! 이토록 쉬운 기업분석 입문

어떤 종목을 살지 몰라서 그저 남들을 쫓아다니며 투자하지는 않았나요? 기업을 분석해보고 싶지만 애널리스트들이 하는 일을 내가 할 수 있을까 두려웠나요? 그렇다고 애널리스트만 따라서 투자를 하는 것이 좋은 걸까요? 이 책은 당신이 직접 애널리스트가 되어 기업을 분석할 수 있도록 도와줍니다.

2. 기업가치에 대한 생생하고 실질적인 지식을 손에 넣어라!

기업을 분석하는 것은 숫자를 따지는 것도 중요하지만 가치를 재보는 것이 더 중요합니다. 가치는 숫자에 드러나 있지 않은 미래의 이야기를 품고 있습니다. 이 책에서는 기업의 질을 가늠하고 위험도를 측정하며 눈에 보이지 않는 것들을 쉽게 수치화하여 기업의 가치를 실질적으로 손에 쥐여줍니다.

3. HTS에는 알토란 같은 기업 정보가 숨겨져 있다

이 책에서는 개인투자자들이 가장 많이 사용하는 HTS로 기업을 분석합니다. HTS는 단순히 매매를 하는 도구도 아니고, 차트만 확인하는 창도 아닙니다. 모든 기업의 정보들을 담고 있는 보물상자입니다. 꼼꼼한 분석가가 된다면 이 보물들을 꺼내고 다양하게 엮어 자신만의 더 큰 보물로 만들 수 있습니다.

4. 기업이 나고 자라는 환경을 입체적으로 이해하도록 돕는 책

분석을 잘하는 애널리스트란 어떤 것일까요? 단순히 기업을 세부적으로 파헤치고 연구한다고 해서 분석을 잘하는 것도, 투자에 성공하는 것도 아닙니다. 기업이 살고 있는 경제환경과 산업 특성을 이해해야 합니다. 이 책은 기업과 끈끈하게 연결되어 있는 경제 및 산업에 대해 입체적인 지식을 갖도록 해줍니다.

5. 기업분석을 위한 알짜 정보, 그리고 흥미진진 스토리와 퀴즈, 퀴즈, 퀴즈!

기업분석은 이론적으로 이해하고 끝나는 것이 아니라 일상 속에서 실제로 피부로 느껴야 합니다. 일광 씨의 Grow Up은 단계별로 갖가지 스토리 속의 기업분석 노하우를 흥미롭게 전달합니다. 또한 투자자 스스로 실질적인 분석이 가능하도록 다양한 문제를 풀어보는 일광 씨의 Level Up으로 더 크게 성장할 수 있습니다.

차례

1장 종목 선택에 따라 수익이 달라진다

2짱 경제분석을 하면 우량기업이 보인다

3장 성장하는 산업에 우량기업이 있다

4장 알짜기업을 찾아내 가치를 분석하라

5장 회사의 재무제표가 주가를 말해준다

6장 기업의 가치를 계산할 수 있을까

7장 우량기업을 선별하는 핵심지표

종목 선택에 따라
수익이 달라진다

종목 선택을 어려워했던 투자자들에게
기업분석이 필요한 이유와
유용성을 알려줍니다.

당신은 투자하려는 주식에 대해 얼마나 알고 있나요?

주식투자를 하기 전에 반드시

정보를 수집하여 투자자산으로 삼으세요.

정보는 당신을 실패의 길로 빠지지 않게 하는

든든한 울타리입니다.

투자자가 되기 전에 분석가가 되세요

당신은 무언가를 살 때 그것이 가격에 걸맞은 가치가 있기를, 아니 그 이상의 가치가 있기를 바랍니다. 하지만 당신이 이것저것 따지지 않고 사는 것이 있습니다. 당신은 누군가로부터 어떤 것이 좋다는 말을 듣고 무작정 그것을 샀습니다. 그러고는 얼마 후 그것을 샀다는 이유로 당신의 돈을 빼앗깁니다. 그러나 당신은 할 말이 없습니다. 그것이 무엇일까요?

바로 주식입니다. 주식에 대해 자세히 알아보지도 않고 남의 말만 듣고 투자를 하는 사람들은 생각보다 아주 많습니다. 그것보다 훨씬 싼 것을 살 때도 여기저기 조사하고 다른 것들과 비교하며 고민하다 사는데, 주식을 살 때만큼은 과감해집니다. 그리고 돈을 잃었을 때도 낙담하긴 하지만 어쩔 수 없는 일이라고 쉽게 포기합니다. 사실 주식투자는 그 무엇보다 비교분석이 필요한 일이며 조금만 세심히 살펴본다면 피해를 크게 줄일 수 있는데도 말입니다.

일광 씨는 주식투자의 기초를 마스터했지만 여전히 가장 조심스러워하는 것이 있습니다. 바로 '어떤 주식을 살까?' 하는 것입니다. 매번 바쁘다는 핑계로 다른 사람의 말만 듣고 추천주나 테마주를 사기에 급급했는데, 그렇게 해서 남은 것이라곤 마이너스 통장뿐이었지요. 몇 번 낭패를 보고 나니 스스로 직접 종목을 선택해야겠다는 결심이 섰습니다. '누구, 내게 종목에 대해 조언을 해줄 사람이 없을까?' 일광 씨는 절박해졌습니다.

그런데 사실 일광 씨의 곁에는, 그리고 주식투자를 하는 사람이라면 누구에게나 세심하게 정보를 알려주는 조력자가 있습니다. 다만 몰랐을 뿐이죠. 이들은 매일 기업을 분석해서 이에 대한 보고서를 작성합니다. 투자자들은 이 보고서를 받아 보고 기업이나 주가에 대한 정보를 얻어 주식을 살 수 있습니다. 그 사람이 애널리스트입니다. 그렇다면 여기서 궁금증이 생깁니다. 애널리스트들은 어떻게 기업을 분석해서 목표주가를 측정하는 걸까요? 우리도 기업분석을 할 수 있다면 투자에 실패할 확률이 줄어들지 않을까요?

일광 씨: 애널리스트들의 보고서에 다 나와 있는데 굳이 내가 직접 기업분석을 하는 건 시간낭비 아닐까요? 당신들이 나보다 더 전문가일 텐데요.

애널리스트: 우리는 주가 족집게가 아닙니다. 애널리스트는 긍정주의자, 목표제안자, 그리고 아이디어 제공자이지요.

애널리스트들은 모두 긍정주의자다?

2021년 10월 현재 기준 금융투자협회^{금투협}에 등록된 애널리스트는 모두 1,051명입니다. 그런데 이들이 제시한 투자의견 중 '매도'의 비중은 단 3.5%에 그쳤습니다. 애널리스트가 모두 긍정주의자라서 항상 시장을 낙관적으로 전망하고 매수를 권하는 걸까요? 여기에는 상업적이거나 구조적인 문제점들이 있습니다.

우선 증권사의 주요 수입 중 하나는 수수료입니다. 투자자들이 매수 주문을 많이 해야 수수료 수입이 늘어나지요. 주식시장에 좋지 않은 전망만 나온다면 투자자들은 주식을 매수하지 않습니다. 따라서 투자수요를 늘리려면 시장전망을 밝게 해야 합니다.

그리고 시장에서 불길한 정보를 감지하여 매도의견을 내고 싶어도 회사나 기관투자자들의 눈치가 보이기 마련입니다. 또한 매도를 권하면 그 종목의 회사들이나 그 회사 주식을 보유한 주주들의 항의에 시달리기도 하지요. 따라서 시장상황이 좋지 않으면 매도의견을 내기 곤란한 애널리스트들이 하는 행위에 따라 매도보고서를 짐작할 수 있습니다. 출간되는 보고서의 횟수가 줄어들거나 어떤 기업이 담당종목(커버리지)에서 빠지면 해당 기업은 부정적인 이슈에 영향을 받고 있다고 볼 수 있습니다. 이런 이유에서 애널리스트의 의견만 믿고 투자하기는 어려운 실정입니다.

애널리스트는 목표제안자다

증권사리포트에서 애널리스트의 투자의견은 매수와 매도라는 직관적 표현보다 목표주가의 변경을 통해 의견을 제시한다는 분석이 나왔습니다. 금투협에 따르면 2021년 6월 기준 애널리스트의 투자의견은 매수가 83.0%, 보유가 13.5%, 매도 또는 비중축소 의견은 3.5%로 나타났습니다. 금융정보업체 에프엔가이드에 따르면 같은 기간 목표가를 상향 조정한 리포트가 136개, 하향 조정한 리포트가 79개로 나타났습니다. 전체 목표가 변경에서 하향 조정의 비율이 36%였습니다. 실제로 목표가 하향이 매도리포트라고 볼 수도 있는 부분입니다. 투자의견이 이렇다보니 투자자는 직접 목표가를 계산할 수 있어야 합니다. 그러나 겁먹지 마세요. 기업정보를 분석하고 가치를 계산해보는 것은 그리 어려운 일이 아니니까요.

애널리스트는 아이디어 제공자다

애널리스트는 종목을 콕 집어 골라주는 사람이 아니라 투자 아이디어를 도와주는 분석가입니다. 애널리스트의 의견을 그대로 따라 했다가 손해를 보았다고 해서 그들이 책임을 져주지 않습니다. 따라서 투자자 스스로 애널리스트가 되어야 합니다. 전문 애널리스트는 다른 아이디어를 제공해주는 동료라고 생각하세요. 그들의 의견과 나의 분석결과를 비교해 판단할 수 있어야 합니다.

애널리스트: 투자자들에게는 기업을 분석할 수 있는 환경과 정보들이 충분히 제공되고 있습니다. 자, 그럼 이제부터 꼼꼼한 분석가가 되어 기업들 속으로 들어가볼까요?

01

돈 버는 지식을 알기 전의 지식

왜 기업을
분석해야 하는가?

주식투자자는 기업분석가이다

여러분이 주식투자를 시작하려고 할 때 가장 고민하는 것은 무엇입니까? 얼마짜리 주식을 살까? 어느 타이밍에 살까? 얼마를 투자해야 할까? 여러 가지가 있겠지만, 가장 먼저 고민하는 것은 바로 이것입니다.

'어떤 종목을 사야 할까?'

종목 선택은 곧바로 수익과 손실로 이어집니다. 그러니 수많은 종목 앞에서 좋은 종목, 즉 내게 수익을 안겨줄 종목이 무엇일지 고르는 것이 당연히 가장 중요하겠지요. 투자는 결국 수익이 목적이니까요.

종목을 고른다는 것은 곧 기업을 고른다는 것입니다. 투자수익을 낼 수 있는 기업을 고르기 위해서는 그 기업이 어떤 기업인지, 믿고 투자할 만큼 탄탄한 기업인지 꼼꼼히 분석해보아야 합니다. 따라서 주식투자를 할 때 투자하려는 기업에 대해 분석하는 일은 반드시 필요합니다. 주식에 투자하는 사람이라면 누구나 기업분석가가 되어야 합니다.

그런데 기업을 분석한다는 것은 단순한 일이 아닙니다. 하나의 기업은 셀 수 없이 많은 요소들이 복합적으로 모여 이루어진 것입니다. 투자에 성공하기 위해서는 한 가지에 매몰되지 않고 여러 가지 상황을 파악해야 합니다. 또한 기업은 거대한 생물체와 같습니다. 고정되어 있지 않고 끊임없이 변화합니다. 그렇기 때문에 그 기업의 주가도 끊임없이 변화하는 것입니다. 기업분석을 꼼꼼하게 하면 변화에 흔들리지 않고 주가의 맥을 잡을 수 있습니다.

주가는 기업을 그대로 반영하지 않는다

기업분석의 목적은 간단히 말하면 제대로 된 기업을 골라내 투자하는 것입니다. 그리고 수익을 내기 위해서는 좋은 기업의 주식을 비교적 싸게 사서 더 비싸게 팔아 차익을 남겨야 합니다. 이를 위해 다음과 같은 두 가지 질문이 필요합니다. 과연 내가 고른 기업의 주가가 가치보다 낮게 형성되어 있는가? 앞으로 더 높은 가격으로 올라 차익을 남길 가능성이 있는가?

그렇다면 현재 시장에서 거래되고 있는 주가가 싼 것인지 아니면 비싼 것인지는 어떻게 알 수 있을까요? 사실 주가는 적정한지 표면에 잘 드러나 있지 않다는 문제가 있습니다. 현재 주가가 싼지 비싼지를 알려면 비교기준이 되는 가격이 있어야 하겠지요. 그 기준이 되는 가격을 계산하는 작업이 바로 기업분석입니다. 기업에 대해 잘 모르면 현재의 주가가 타당한지 알 수 없습니다.

기업이 가지고 있는 '비교기준이 되는 가격'을 기업의 본질가치 내재가치라고 합니다. 드러나지 않은 본질가치를 계산하려다 보니 기업을 분석하려면 조금 어렵고 복잡한 과정을 거쳐야 하는 것도 사실입니다. 하지만 기업을 제대로 분석해야 기업가치에 맞는 주가를 알아낼 수 있으니 절대 간과하면 안 됩니다.

기업분석을 통해서 본질가치를 계산하는 이유는 주가의 차익을 얻기 위해서입니다. 시장에서 주식가격이 본질가치에 비해 낮게 거래되고 있으면 사들였다가 그 본질가치에 접근할 때 매도하고, 시장에서 주식가격이 본질가치에 비해 높게 거래되고 있으면 매수한다 해도 수익을 거둘 가능성이 거의 없으니 관심대상에서 빼버리면 됩니다. 이를 위해서는 기업의 주가가 앞으로 본질가치를 향해 상승할 것이라는 믿음이 있어야 합니다. 따라서 기업분석은 기업의 성장가능성을 알아보는 작업이기도 합니다. 이런 점에서 본다면 기업분석은 기업의 현재가치와 미래가치를 알아내는 것과 같습니다.

가격은 대부분 가치를 숨기고 있다

주식의 가격은 시장에서 매수세와 매도세가 힘겨루기를 하면서 형성됩니다. 그리고 기업가치는 이 힘겨루기와 상관없이 기업이 본질적으로 가지고 있는 가치입니다. 즉, 시장에서 수요와 공급에 의해 형성되는 주식의 현재 가격에 상관없이 합리적인 평가기준에 의하여 측정되는 주식의 가치가 본질가치입니다.

그렇게 본다면 주가는 기업가치에 비해서 높을 수도 있고 낮을 수도 있습니다.

참고 하세요

기업분석과 가치투자

기업의 가치에 근거하여 투자하는 것이라고 하면 사람들은 흔히 가치투자를 떠올립니다. 가치투자는 먼저 기업의 본질가치를 계산하고 본질가치에 비해 주가가 낮게 형성되었다면 그 주식을 매수합니다. 그 후 주가가 본질가치에 접근할 때까지 기다리며 수익을 노리는 것입니다. 이 때문에 가치투자는 장기투자를 권하는 경우가 많습니다. 하지만 가치투자라고 해서 무조건 장기적인 투자를 하는 것은 아니며, 가치투자만을 위해 기업분석을 하는 것도 아닙니다. 기업의 가치를 분석하는 것은 종목 선정에 있어 가장 기본요소라고 할 수 있습니다.

가격이 가치를 반영하지 않고 숨길 수도 있는 것입니다. 주가가 기업가치에 비해 높으면 미래에 본래의 기업가치로 돌아갈 경우 주가가 떨어져 차익을 기대할 수 없으므로 이런 주식은 멀리해야 합니다. 하지만 주가가 기업가치에 비해 낮게 형성되어 있다면 이 주식에는 관심을 가져야 합니다.

그런데 문제가 있습니다. 기업의 본질가치를 알아냈다고 해도 그것이 절대적인 가치는 아니라는 것이지요. 애널리스트들의 예를 들어볼까요? 애널리스트들은 기업을 분석하여 그 기업의 목표주가를 제시합니다. 목표주가는 대체로 기업의 자산과 추정되는 미래 수익의 근거치를 기준으로 할인과 할증 등 여러 요소를 감안해 시장이 평가하는 비교가치를 주관적인 의견으로 제시하는 것입니다. 개인투자자들은 이 목표주가를 통해 잘 알지 못했던 정보를 접할 수 있으므로 매우 중요한 참고자료입니다.

만약 어떤 애널리스트가 삼성전자의 목표주가를 10만 원으로 제시했다고 해봅시다. 그 애널리스트에게 삼성전자의 본질가치는 10만 원입니다. 모든 사람들이 이에 동의하고 또 실제가치도 들어맞는다면 아무런 문제가 없겠지요? 그러나

▼ HTS에서 애널리스트들의 목표주가를 볼 수 있습니다

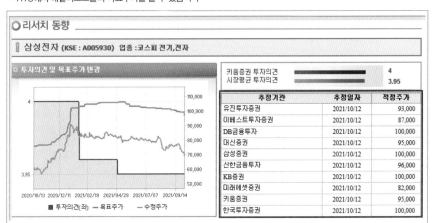

불행하게도 목표주가는 애널리스트마다 다릅니다.

　리서치 동향을 통해 삼성전자에 대한 애널리스트들의 목표주가를 살펴봅시다. 앞의 화면은 2021년 10월 13일 현재 삼성전자에 대한 애널리스트들의 목표주가를 보여주는 화면입니다. DB금융투자, KB증권, 한국투자증권 등에서 10만 원의 목표주가를 제시해 가장 높은 가격을 책정한 반면, 미래에셋증권은 8만 2,000원으로 가장 낮은 목표주가를 제시했습니다. 이렇게 분석하는 사람에 따라 제시하는 가격이 다르다면 세상에 절대적인 본질가치는 존재하지 않는 것이겠지요. 바로 이런 점에서 기업분석은 정답이 없는 작업이고 그렇기 때문에 더욱 세밀하게 해야 합니다. 애널리스트의 목표주가에 전적으로 의지하기보다는 자신의 지식과 정보를 잣대로 그 내용의 합리성을 비판해보는 자세가 필요합니다.

정보 확보를 위한 기업분석

정보비대칭의 덫에
걸리지 마라

중고차를 살 때는 왜 항상 속을까?

시장의 변화를 감지하지 못하고 기업의 가치를 알아내지 못하면 주식투자자는 위험에 빠집니다. 애널리스트들이 기업분석 전문가들이라고 해도 같은 기업에 대해 저마다 다른 분석결과를 내니 투자자는 혼란스럽습니다. 게다가 기업은 변화무쌍합니다. 사업도 잘하고 여러모로 우량한 기업이라고 생각했던 곳이 하루아침에 부도가 나기도 합니다. 시장에서 거지 같은 주식이라고 분석조차 하지 않았던 주식의 가격이 갑자기 올라가는 일도 생깁니다. 이렇듯 주식투자자는 수많은 변화로 인한 위험에 노출되어 있습니다. 이러한 위험들의 공통점은 무엇일까요? 우리가 기업과 시장에 대한 정보를 제대로 간파하고 있지 못할 때 발생한다는 것입니다.

일반 개인투자자들이 기업을 분석하려고 할 때 사실상 기업에 대한 정보는 대단히 제한되어 있습니다. 턱없이 부족한 양의 자료들로 분석을 하면 반드시 정보비대칭현상에 걸리고 맙니다. 정보가 비대칭구조를 이룬다는 것은 그 기업과 관련된 정보가 모든 이해관계자들에게 골고루 전달되지 않는다는 뜻입니다. 특정인은 정보를 많이 갖고 다른 사람들은 정보를 적게 갖는 상황이지요. 이런 일이 벌어지면 대부분의 경우 정보를 많이 가진 사람이 정보를 적게 가진 사람으로부터 이익을 얻을 수 있는 기회가 발생합니다. 좀 더 심하게 말하면 정보를 많이 가진 사람이 정보를 적게 가진 사람을 속여서 이익을 얻는 경우도 허다합니다.

정보의 비대칭현상을 이해하기에 가장 쉬운 예가 중고차 매매입니다. 중고차 시장에서의 정보비대칭이 어떤 문제를 일으키는지 살펴보고 정보가 대칭적이지 못할 때 나타나는 문제점들을 알아봅시다.

초보운전자들은 대부분 새 차보다는 중고차를 구입하기를 원합니다. 운전 미숙으로 새 차에 상처가 날까 봐 두렵기 때문이지요. 초보운전자를 비롯해 중고차를 사려고 하는 사람들은 중고차의 원래 주인보다는 그 차에 대해 잘 알지 못합니다. 즉 그 차의 상태에 대한 정보가 적습니다. 그에 비해 중고차 주인은 자기 차의 상태를 누구보다 잘 알고 있지요. 사고는 언제, 얼마나 심하게 났는지, 소모품들은 제대로 갈았는지, 또 자신의 운전 스타일이 차를 험하게 운전하는 스타일인지 아닌지도 알아서 이에 따라 달라진 차의 상태도 파악하고 있습니다. 차 주인은 이 모든 것을 잘 알고 있지만 자기 차의 나쁜 점에 대해서는 절대 말하지 않으려 할 것입니다. 바로 이런 점 때문에 중고차 매매에서 차를 팔려는 사람과 사려는 사람 간에 정보비대칭이 발생합니다.

정보비대칭의 예로 초보운전자가 중고차를 구입하는 것 외에도 다른 예를 들 수 있습니다. 어떤 사람이 현재 300만 원 정도의 예산으로 중고차를 구입하려고 하는데 매물이 다음과 같이 A, B, C 3대가 나왔다고 가정해봅시다.

자동차 A는 주인이 정비도 잘하고 소모품도 제때 교환해서 정말로 300만 원의 가치가 있는 차입니다. 자동차 B는 주인이 차를 조금 험하게 몰아서 접촉 사고도 몇 번 발생한 터라 원래는 200만 원 정도의 가치가 있지만 중고차시장에 내

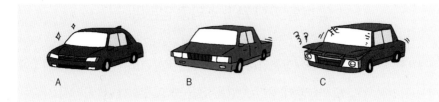

A   B   C

놓기 위해 세차도 하고 수리도 좀 해서 300만 원에 내놓았습니다. 자동차 C는 주인이 운전을 난폭하게 해서 엔진도 몇 차례 갈아치워 실제로는 100만 원의 가치도 안 되는 차인데 도색 등으로 겉모습을 포장해서 300만 원에 내놓았습니다.

차 주인들이 다른 차의 상태에 대해서 정보를 공유하고 있다면 자동차 A의 주인은 생각할수록 기가 막힐 것입니다. '나쁜 사람들! 저런 형편없는 차들을 300만 원에 내놓으면 도둑심보 아닌가! 가만, 그런데 저 사람들처럼 내 차도 조금만 손을 보면 더 비싼 값에 팔 수 있지 않을까?' A의 차주는 300만 원짜리 시장으로부터 퇴장하여 400만 원, 아니 500만 원짜리 시장으로 가버립니다.

자동차 B의 차주도 자동차 C를 보며 이런 생각을 하기는 마찬가지입니다. '와, 나도 양심이 없지만 나보다 더 양심이 없는 사람이 있네.' 그는 조금만 더 손본다면 자기 차도 거의 새 차로 보일 것이라 판단하고 좀 더 많은 이익을 남기기 위해 역시 더 비싼 시장으로 갑니다. 만약 이런 일이 벌어진다면 300만 원짜리 시장에는 자동차 C만 남지요. 결국 중고차를 사려는 사람들은 선택의 여지도 없이 100만 원의 가치도 안 되는 차를 300만 원에 주고 살 수밖에 없는 일이 벌어집니다. 이렇게 제값을 주고도 제대로 된 물건을 사지 못하는 문제가 발생하는 현상을 '역선택'이라고 합니다.

시장에서 정보가 비대칭현상을 보이면 소비자나 투자자들은 좋은 것을 좋은 값에 사는 것이 아니라 나쁜 것을 높은 값에 사게 됩니다. 이를 뒤집어보면 정보를 많이 가진 사람들은 정보를 적게 가진 사람들을 속여서 이익을 얻는다고 할 수 있습니다. 바로 모럴 해저드Moral Hazard, 즉 도덕적 해이가 발생하는 것이지요.

정보를 가진 자가 수익을 얻는다

정보비대칭현상은 중고차시장뿐만 아니라 주식시장에서도 나타납니다. 시장에서는 일반적으로 정보를 많이 가진 사람은 돈을 벌고 정보를 적게 가진 사람은 돈을 잃습니다. 주식시장에서 정보의 우위자는 경영자들이고 정보의 약자는 주주들입니다. 일부 경영자들은 주주들이 모르는 사이에 마땅히 주주들에게 돌아가야 할 몫을 자신들의 배를 불리는 쪽으로 돌리는 의사결정을 합니다. 그러면 결국 기업의 가치도, 주가도 떨어지는 것이지요.

시장에서 정보의 약자 위치에 있으면 결코 좋은 투자결과를 얻지 못합니다. 그렇기 때문에 올바른 투자를 위해서는 내가 가장 잘 아는 산업, 그리고 내가 가장 잘 아는 기업에 투자해야 합니다. 여기서 내가 잘 안다는 것은 그 기업의 세세한 부분까지를 말하는 것입니다. 예를 들면 그 기업은 어떤 사업을 하며, 어떤 물건을 만들어 팔고, 원가구조는 어떠하며, 재무상태는 건전하고 경영자의 자질은 합리적인가 등의 내용들을 포함합니다. 만약 자신이 투자하려고 하는 기업에 대해서 이러한 내용들을 파악하고 있지 못한다면 투자가 성공할 가능성보다는 실패할 가능성이 더 크다고 보면 틀림없습니다. 투자는 정보의 비대칭을 없애는 일에서부터 시작된다고 해도 과언이 아닙니다. 정보비대칭을 없애지 못한 상태에서 기업분석을 한다면 참담한 결과를 맞게 됩니다.

이러한 예는 주식시장에서 수도 없이 벌어지고 있습니다. 다음의 기사를 통해 정보비대칭으로 인한 피해를 살펴봅시다. 이 기사를 보면 2021년 4월까지 무려 2,500억 원 규모의 횡령·배임 사건이 발생했지요. 기업의 정보를 완전히 확보하지 못했기 때문에 투자자들은 막대한 피해를 입은 것입니다.

정보비대칭을 없애기 위해 정보를 확보하고 분석하라! 이것이 바로 기업분석을

상장사, 올해 발생 횡령 · 배임 혐의액만 '2,500억'

올해 들어 코스피 · 코스닥시장에서 발생한 횡령 · 배임 혐의액이 2,500억여 원에 달하는 것으로 나타났다. 2일 한국거래소 상장공시시스템에 따르면 올해 들어 횡령 · 배임 혐의 발생 사실을 공시한 상장사는 모두 10개다. 이와 별개로 앞서 발생했던 횡령 · 배임 혐의에 대한 사실 여부가 확인된 곳은 5개고, 진행 상황을 알린 곳은 6개다. 회계처리 기준을 위반해 증권선물위원회 등으로부터 검찰 고발 · 기소된 곳은 2개다.

횡령 · 배임 혐의 금액은 총 2,515억 원에 달하며, 혐의 대상자는 대부분 전 대표나 임원으로 나타났다. 다만 좋은사람들, 센트럴인사이트 2개 사는 현직 대표가 혐의를 받고 있다.

개별 횡령 · 배임 혐의 금액은 많게는 자기자본 대비 55.65%(비즈로시스)를 차지해 회사 존립에 큰 영향을 끼치는 것으로 나타났다. 센트럴인사이트(52.33%), 이노와이즈(40.1%), 에이치엔티(35%), 좋은사람들(12.35%) 등도 비중이 컸다.

눈에 띄는 사건은 우리로가 자사 회계 담당자가 회사 계좌에서 27억 원을 무단 송금하는 방법으로 자금을 횡령해 광주광역시 광산경찰서에 고소한 건과, 카스 현직 최대주주가 2014년 저질렀다가 조치가 완료된 11억 원 규모 횡령 혐의에 대해 지난해 8월에서야 공소장이 접수돼 지난달 유죄판결을 받은 사건이다.

다만 횡령 · 배임 혐의가 모두 사실로 확인되는 것은 아니다. 검찰 기소에 따른 재판 결과를 공시한 상장사 중 BNK금융지주 자회사 부산은행은 전직 임원에 대한 배임 혐의 2심 재판 결과 항소 기각(무죄)을 선고받았다고 밝혔다. 한국항공우주도 전 대표가 201억 원 규모 배임 · 횡령 혐의로 재판에 넘겨졌으나, 1심 재판에서 1억 8,000만 원 규모 업무상 횡령 혐의 외에 다른 혐의에 대해서는 무죄를 선고받았다고 공시했다.

이투데이(2021. 5. 2.)

제대로 해야 하는 이유입니다. 정보비대칭을 없애는 가장 좋은 방법은 스스로 직접 뛰는 것입니다. 책상에만 앉아서 기업을 분석하는 것이 아니라 발품을 팔면서 정보를 얻을 때 정보비대칭의 벽을 없앨 수 있습니다. 그렇게 본다면 기업분석은 시원한 에어컨 밑에서 계산기를 두드리는 작업이 아니라 발로 뛰면서 기업을 둘러싼 갖가지 환경들을 확인하고 또 확인하는 과정이라고 할 수 있습니다.

03

기업분석의 순서, 기본적 분석과 기술적 분석

기업분석에도
체계가 있다

기업분석은 큰 틀에서부터 시작한다

이제 기업을 분석해봐야겠다고 마음먹었을 것입니다. 그런데 어디서부터 어떻게
시작해야 할까요? 막막하더라도 차근차근 시작합시다. 무턱대고 한 기업을 파고
들 것이 아니라 우리 기업들이 놓여 있는 경제환경부터 둘러보아야 합니다.

기업은 우리 경제를 구성하는 하나의 중요한 축입니다. 따라서 기업분석을 위
해서는 단순히 해당 기업만을 분석해서는 안 됩니다. 그 기업을 둘러싸고 있는
경제환경에 대한 분석이 선행되어야 하지요. 또한 해당 기업이 속해 있는 산업에
대한 분석도 뒤따라야 합니다. 성장산업인지 사양산업인지에 따라 기업분석 결
과도 달라지기 때문입니다. 이렇게 경제와 산업에 대한 분석이 끝난 다음에야 본
격적으로 기업 자체 탐구에 들어갑니다. 즉, 기업분석을 위해서는 보통 경제라는
큰 틀에서부터 접근하는 것이 좋습니다. 이것이 거시적인 접근방법입니다.

거시적인 접근방법 ㅣ 경제분석 ⋯▶ 산업분석 ⋯▶ 기업분석 순으로 분석하여 종목을
선택합니다. 일반적으로 정보력이 막강한 기관투자자들이 쓰는 방법이지요.

미시적인 접근방법 ┃ 기업분석 ⋯ 산업분석 ⋯ 경제분석처럼 작은 부분부터 큰 부분으로 옮겨가며 분석하는 방법입니다. 주로 자료수집능력이나 정보분석력이 다소 떨어지는 일반투자자들이 이 방법을 이용합니다.

기업분석은 기업의 성장과정은 물론이고 앞으로의 성장가능성에 대한 평가, 현재 경영을 맡고 있는 경영자들의 경영능력, 그리고 기업이 얼마나 영업을 잘하고 있는지의 여부, 부도가능성 등과 같은 제반 요소들을 두루두루 살펴서 내용이 좋은 기업과 그렇지 않은 기업을 구분하려는 것이 목적입니다. 쉽게 말하면 장사를 잘하고 있는 기업과 못하고 있는 기업을 구분하는 것이지요.

기업분석은 그 자체로서 의미를 갖기도 합니다. 하지만 기업분석의 유용함을 극대화하기 위해서는 분석의 결과가 미래의 투자성과를 예측할 수 있는 기초가 되어야 합니다. 기업분석이 제대로 이루어졌는지 그렇지 않은지는 결국 투자를 했을 때 수익을 냈는지 손실을 냈는지의 결과로 평가되어야 한다는 것입니다. 그런데 주식투자로 수익을 얻는 과정은 매우 많은 요인들에 의해 영향을 받습니다. 즉, 전체적인 경제상황, 산업의 성격과 전망, 그리고 투자대상 기업을 둘러싼 경영여건 등 복합적인 요인들이 투자성과에 영향을 미치지요. 따라서 경제, 산업, 기업의 모든 문을 열고 들어가야 합니다.

기업분석, 보이는 것과 보이지 않는 것의 차이

기업을 분석하는 것을 일반적으로 기본적 분석이라고 합니다. 기본적 분석이란, 기업의 주가가 해당 기업이 가지고 있는 본질가치를 중심으로 변동한다는 가정 아래 본질가치에 영향을 주는 경제, 산업, 기업의 요인들을 분석하여 기업의 본질가치와 시장가치를 도출함으로써 합리적이고 적정한 투자판단 근거를 제공하는 분석방법을 말합니다.

경제분석은 경기상황, 금리, 통화, 해외 변수 등 주로 거시적인 관점에서 분석하여 주가흐름의 대세를 분석하는 데 이용됩니다. 산업분석은 경제분석을 바탕으로 각 산업의 동향을 분석하여 이후 유망투자산업을 선정하는 데 이용됩니다. 기업분석은 경제분석과 산업분석을 바탕으로 유망하다고 판단되는 업종에서 각 기업의 미래 수익성을 예측하고 기업의 내재가치를 추정하여 유망투자종목을 선정하는 데 이용됩니다.

기본적 분석은 질적 분석과 양적 분석으로 나눌 수 있습니다. 기업의 표면적으로 보이는 부분과 한 꺼풀 아래 이면에 포진해 있는 부분에 따라 양적 분석과 질적 분석이 구분됩니다.

양적 분석은 눈에 보이는 것을 분석한다 | 각종 경제지표, 산업지표, 기업의 재무제표 등 수치화가 가능한 사항들을 분석하는 것입니다. 양적 분석은 다시 외부적 요인과 내부적 요인으로 구분해볼 수 있습니다. 외부적 요인은 경기순환, 금리, 물가, 환율 등 기업 외부의 요인으로, 내부적 요인은 재무제표와 관련한 기업 내부의 요인으로 구분됩니다.

질적 분석은 눈에 보이지 않는 것을 분석한다 | 경기 및 산업동향, 정치, 노사문제, 정책, 경영자의 경영능력 등 수치화하기 어려운 사항들을 분석하는 것을 말합니다. 따라서 질적 분석은 투자자의 정보 수집과 판단력이 무엇보다 중요합니다.
어떤 방법을 취하든 장단점이 있습니다. 무엇보다 중요한 것은 분석의 결과가 주식투자의 성공으로 이어지는지의 여부이겠지요. 보이는 것에만 치우치지 말고 보이지 않는 것의 가치를 찾아내기 위해 노력해야 합니다. 그래서 기본적 분석을 할 때는 다방면으로 접근하는 자세가 필요합니다.

종목이 먼저인가, 타이밍이 먼저인가?

기업의 주가를 분석한다는 것은 개별 기업과 관련한 일체의 유용한 자료와 정보를 수집하고 분석하는 모든 과정을 말합니다. 여기서 자료와 정보는 그 기업의 가치와 투자성과에 영향을 미치는 전반적인 경제환경과 산업전망뿐만 아니라 해당 기업의 제반 여건에 대한 모든 것을 포함합니다. 그런데 이렇게 해당 기업의 주가를 분석하는 데는 기본적 분석과 기술적 분석이 널리 이용됩니다. 기본적 분석은 앞서 살펴보았고, 지금부터 기술적 분석에 대해 설명하겠습니다.

주가라는 것은 모든 사람들의 의사결정에 의해 형성됩니다. 그리고 일정한 간격을 두고 끊임없이 변해갑니다. 즉, 어떤 투자자는 앞으로 주가가 상승할 것이라고 예측하여 주식을 사고 어떤 투자자는 주가가 하락할 것이라고 예측하여 주식을 팝니다. 이러한 수요와 공급으로 인해 주식의 가격이 형성되지요. 수요가 많으면 주가가 오르고 공급이 많으면 주가는 내려갑니다. 따라서 주가가 형성되는 과정을 예측하기 위해 수요와 공급에 영향을 미치는 요인들로 나타나는 주가 그 자체를 그래프를 통해서 분석할 필요가 있습니다. 이것이 기술적 분석입니다. 기술적 분석은 주가의 매매시점을 파악할 수 있도록 과거의 시세흐름과 패턴을 파악해서 정형화하고 이를 분석하여 향후 주가를 예측합니다.

기술적 분석의 가장 기본적 목적은 차트의 흐름을 면밀히 검토해서 주가의 규칙성을 찾아내는 것입니다. '과거의 주가 움직임이 이러이러했으니 앞으로도 그렇게 될 것이다'라는 가정을 충족시키기 위해서 추세의 움직임, 각종 보조지표 등을 통해 과거의 패턴들을 정리하는 것이 필요합니다. 특히 차트의 흐름을 보면서 미래를 예측하는 기술적 분석은 다음과 같은 속마음, 즉 가정이 숨어 있습니다.

주가는 수요와 공급에 의해서만 결정됩니다

기술적 분석에서 주가는 사려는 세력과 팔려는 세력의 힘의 균형점에서 형성된다고 봅니다. 수요와 공급의 원칙에 따라 사려는 세력이 강하면 주가는 오릅니다.

주가는 지속되는 추세에 따라 상당 기간 움직이는 경향이 있습니다

시장의 사소한 변동을 고려하지 않는다면 주가는 지속되는 추세에 따라 상당 기간 움직이는 경향이 있다는 가정입니다. 주가는 사려는 세력이 강할 때 상승하고 팔려는 세력이 강할 때 하락한다고 생각해봅시다. 사려는 마음을 먹은 세력이 하루아침에 마음을 바꾸지 않는다면 일정 기간 사려는 세력이 우위를 점하는 기간이 형성됩니다. 이런 과정에서 주가는 상당 기간 올라가는 추세를 보이지요. 반대로 팔려는 세력이 더 강한 경우 그들은 일정 기간 팔려는 마음을 바꾸지 않을 것이고 그 세력의 힘이 더 강한 기간 동안 주가는 떨어지는 추세를 보입니다.

추세의 변화는 수요와 공급의 변동에 의해 일어납니다

상승추세에서 하락추세로 변화가 일어난다는 것은 사려는 세력의 힘에 비해 팔려는 세력의 힘이 더 커졌다는 것을 의미합니다. 수요와 공급의 힘의 판도가 바뀐 것이지요. 반대로 사려는 세력의 힘이 팔려는 세력의 힘을 제압할 수 있다면 주가는 하락추세에서 상승추세로 바뀝니다.

모든 주가의 움직임은 그래프로 나타낼 수 있습니다

수요와 공급의 변동은 그 발생사유에 관계없이 시장의 움직임을 나타내는 도표에 의해 추적될 수 있으며, 도표에 나타나는 주가모형은 스스로 반복하는 경향이 있습니다. 다시 말하면 모든 주가의 움직임은 그래프로 그릴 수 있고 과거에 나타난 특정 패턴은 미래에도 반복적으로 나타납니다. 그러므로 과거에 어떤 형태의 일이 일어났었는지를 각각의 상황별로 꼼꼼히 체크해두는 것이 좋습니다.

이렇듯 기술적 분석은 "과거 속에 미래가 있다"는 표어를 바탕으로 투자자들에게 널리 사용되는 분석방법입니다. 그렇다면 기술적 분석은 투자자들에게 기본적 분석과 다른 어떤 유용성을 주는지 알아보겠습니다.

심리상태 ┃ 기본적 분석을 통해서도 알 수 없는 것이 있는데 그것은 바로 시장참여자들의 심리상태입니다. 기술적 분석은 시장이 과열상태인지 아니면 침체상태인지 등을 알려줌으로써 시장에서의 심리분석도 가능하게 해줍니다.

매매시점 ┃ 기본적 분석에서는 본질가치에 비해 저평가된 주식이나 본질가치에 비해 고평가된 주식을 알려줍니다. 하지만 기본적 분석이 우리에게 알려주지 않는 것은 언제 사고 언제 팔아야 하느냐, 즉 매매시점입니다. 기술적 분석은 투자자들에게 언제 사고 언제 팔아야 하는지를 정확하게 알려줍니다. 기술적 분석을 통해서는 매매 타이밍을 어떻게 잡아야 하는지 반드시 확인해야 합니다.

🗣 이렇게 유용한데도 불구하고 많은 경우 기술적 분석이 홀대를 받는 이유는 무엇인가요?

첫째로, 시장은 효율적이어서 과거에 있었던 패턴들을 열심히 연구하더라도 그것이 미래에 똑같이 들어맞지 않을 가능성이 크다는 것입니다. 둘째로, 많은 사람들이 같은 차트를 보면서도 추세의 시작이 어딘지, 그리고 어떤 패턴이 나타나고 있는지, 또한 앞으로 어떻게 될 것인지에 대해서 통일된 의견을 구하기 어렵습니다. 이는 차트상에서 추세선을 어떻게 그려보는가에 따라 달라지기 때문입니다. 마지막으로 아마도 가장 치명적인 단점일 텐데요, 기술적 분석은 시장 변화의 원인은 무시하고 가격의 움직임만 본다는 것입니다. 따라서 가격 움직임은 설명할 수 있지만 그 가격이 어떤 원인에 의해서 움직이는지는 알 수 없다는 단점이 있습니다.

이렇게 기본적 분석과 기술적 분석은 서로 다른 목표를 가지고 있지만 기업을 분석하고 주식투자를 하는 사람의 입장에서는 어느 것도 등한시해서는 안 됩니다. 예를 들어 부도의 가능성이 없고 앞으로 성장가능성이 큰 기업을 찾아내는 것은 기본적 분석의 몫입니다. 그리고 그렇게 가치 있고 저평가되어 있는 주식을 언제 사고팔아야 하는지를 알아내는 것은 기술적 분석의 몫입니다. 어떤 사람은 기본적 분석만 신뢰하고 또 어떤 사람은 기술적 분석만 신뢰하면서 다른 것은 무시하는 경향이 있는데 이는 잘못된 자세입니다. 모든 것을 포용하고 유연하게 접근하는 자세가 필요합니다.

효율적 시장가설

주식시장에서 효율적 시장가설EMH, Efficient Market Hypothesis이란 시장이 모든 정보를 주가에 효율적으로 반영하고 있다는 가설입니다. 현재의 주가에는 이용가능한 모든 정보가 신속하고 정확하게 반영되어 있다는 것이지요.

결과적으로 효율적인 시장에서는 이용가능한 정보를 이용하여 초과수익을 얻을 수 없습니다. 새로운 정보가 주어지면 즉각 주가에 반영되기 때문에 주가는 무작위로 움직입니다. 저평가되거나 고평가될 수도 없지요. 투자자가 새로운 정보를 얻은 후 시간이 조금이라도 지나면 이익을 기대할 수 없습니다.

01 일광 씨가 주식투자를 하고 있다는 것을 알고 친구 도호 씨가 종목을 추천해주었습니다. 코스닥시장에 상장되어 있는 어느 바이오회사였습니다. 도호 씨는 그 회사가 신물질을 개발했으니 이제 곧 엄청난 돈을 벌게 될 것이라고 열변을 토했습니다. 일광 씨도 귀가 솔깃해졌습니다. 신물질을 개발했다면 성장성이 있고 유망한 종목이 아닐까…. 일광 씨는 과연 이 주식을 사야 할까요?

Answer 바이오회사가 신물질을 개발했다고 해서 모두 수익이 나는 것은 아닙니다. 기업의 매출능력이라든지, 그 신물질의 실질적인 시장형성가능성 등을 충분히 따져본 후에 투자에 나서야 합니다.

02 일광 씨는 주식시세를 보면서 며칠째 고민에 휩싸였습니다. 삼성전자 주식을 사고 싶은데 가격이 너무 높아 부담스럽기 때문입니다. 그러다 보니 적은 돈으로 많은 양의 주식을 살 수 있는 저가주에 자꾸 눈길이 가는 참입니다. 과연 비싼 주식을 피하고 저가의 주식을 다량으로 매수하는 것이 옳을까요?

Answer 주식을 매수하려고 할 때 단순히 가격만을 비교해서 투자하는 것은 옳지 않습니다. 그 회사가 가지고 있는 가치가 얼마인지를 따져봐야 합니다. 그래서 기업가치보다 가격이 싼 주식에 투자를 해야 합니다. 가격이 비싸도 가치에 비해 낮은 주가가 있는 반면, 아무리 저가주라고 하더라도 원래 기업의 가치보다 터무니없이 비쌀 수도 있음을 잊지 말아야 합니다.

03 쾌남 씨가 증권리포트를 보고 흥분했습니다. 다음 표와 같이 에코마케팅의 현재 주가가 1만 6,600원인데 리포트의 목표주가가 3만 2,917원으로 나온 겁니다. 단순히 생각해도 지금 사면 98.3% 정도의 수익을 올릴 수 있습니다. 이렇게 싸게 나온 주식이 또 있을까 싶은데 당장 주식을 사는 것이 옳을까요?

No	종목명	목표주가	전일종가	괴리율	추정기관수
1	에코마케팅	32,917	16,600	98.30	6
2	한올바이오파마	38,667	19,500	98.29	3
3	효성티앤씨	1,194,222	606,000	97.07	10
4	LX세미콘	192,000	99,400	93.16	5
5	씨젠	93,500	48,850	91.40	4
6	휴젤	299,000	162,800	83.66	5
7	티씨케이	216,250	120,000	80.21	4
8	원익QnC	39,400	21,900	79.91	5
9	네오위즈	39,000	21,800	78.90	3
10	서울반도체	25,429	14,250	78.45	7

목표주가 괴리율 상위 — 단위 : 원, %

Answer 증권사에서 제시하는 목표주가는 애널리스트들의 주관적인 판단에 따른 것으로 절대적인 것이 아닙니다. 물론 전문가들이 평가해놓은 것이라 신뢰를 가져보는 것도 좋습니다. 그러나 목표주가는 애널리스트들이 합리적으로 추정한 실적전망에 따라 계산되는 것이므로 추정된 실적이 얼마나 합리적인지도 따져봐야 합니다. 개인들이 전망을 제대로 하는 것은 어렵기 때문에 여러 증권사의 리포트를 대조해보는 것도 필요합니다. 그리고 목표주가는 상황에 따라 바뀔 수 있다는 점도 기억해야 합니다. 또한 최근 애널리스트들의 이동이 많이 발생하는 경우 분석에 연속성이 없어 어떤 종목은 업데이트가 안 되는 경우도 있으니 보고서의 작성시점도 같이 살펴야 합니다.

04 일광 씨의 여자 친구인 구슬 씨는 얼마 전 너무나도 황당한 일을 당했습니다. 증권방송에서 종목 추천을 해서 주식을 샀는데 그 기업 대표이사가 횡령을 했다는 뉴스가 나오면서 거래정지를 당한 것입니다. 소액으로 투자한 것이라 큰 손실은 아니었지만 그래도 상장회사에서 어떻게 이런 일이 생길 수 있는지 생각할수록 화가 났습니다. 일광 씨는 구슬 씨에게 어떤 말을 해주면 좋을까요?

Answer 경영자의 횡령은 대표적인 대리인문제이고, 이는 정보비대칭이 큰 상황에서 벌어지는 일입니다. 주식회사는 주인인 주주와 대리인인 경영자가 분리되어 있어 어쩔 수 없이 정보비대칭이 발생합니다. 그래서 주식투자를 할 때는 가급적 정보비대칭을 줄이기 위해 스스로 기업을 분석하려고 노력해야 합니다.

05 일광 씨는 주식투자를 시작하면서 남다른 각오를 마음에 새겼습니다. 바로 기업을 철저히 분석해서 가치 있는 주식에 투자하겠노라는 다짐입니다. 그런데 막상 주식을 분석하려고 하니 막막해졌습니다. 그래서 증권방송을 보니 전문가들이 차트를 통해서 기업을 설명하고 있습니다. 솔깃한 일광 씨도 차트에 대해 배워볼까 생각하고 있습니다. 일광 씨는 과연 올바른 선택을 한 것일까요?

Answer 차트분석은 기술적 분석입니다. 기술적 분석은 매매시점을 찾으려는 것이지 기업가치를 분석하는 것은 아닙니다. 따라서 일광 씨는 기업가치를 분석하기 위해 경제와 산업, 기업을 탐구하는 기본적 분석부터 시작해야 합니다.

그는 이상한 주식을 좋아한다

―

기업분석의 대가 피터 린치는 주식을 매입할 때 여러 가지를 신중하게 고려해 가치를 판단했습니다. 피터 린치가 찾는 훌륭한 회사는 큰 성장이 기대되고 있음에도 불구하고 기관투자자를 비롯한 시장참여자들이 전혀 관심을 두지 않고 있는 회사입니다. 이런 회사들은 몇 년 내에 제대로 평가되는 시점이 오고 바로 그런 과정에서 주식이 올라 큰 수익을 올립니다. 따라서 좋은 주식이란 시장참여자들의 관심이 미치지 않으면서 높은 성장을 이루고 있거나 성장해나갈 주식을 가리킵니다. 피터 린치는 그러한 주식의 특징을 다음과 같이 정리하고 있습니다.

회사 이름이 하찮게 들린다, 우습게 들린다면 더 좋다

좋은 주식이 되기 위해서는 완벽하게 단순한 비즈니스, 즉 바보가 운영해도 성공하겠다는 비즈니스에 종사하는 기업이어야 합니다. 특히 그 회사의 상호가 따분한 것일수록 더 좋습니다. 이런 주식들은 분석가들의 관심으로부터 벗어나 있는 것들이 대부분이어서 숨겨진 진주인 경우가 많습니다. 이런 주식을 다른 사람들보다 빨리 찾아낼 수 있는 것이 바로 성공투자의 지름길입니다.

하찮아 보이고 따분한 사업을 한다

하찮고 따분한 사업을 하는 기업들은 대부분 많은 사람들의 관심에서 벗어나 있습니다. 따분한 사업으로 고철의 재처리라든지 병마개 제조와 같은 사업을 예로 들 수 있습니다. 특히 따분한 사업을 하면서도 매출기반이 탄탄하며 재무구조도 좋은 기업이라면 주식시장에서 저평가된 상태로 있는 경우가 대부분입니다. 이런 주식이 한번 사람들에게 관심을 받으면 이내 과대평가상태로 들어가는 경우가 많습니다.

무언가 혐오감을 일으키는 성질의 사업을 한다

쓰레기 재처리사업이라든가 장례업, 오물수거업, 청소업 등 누가 들어도 인상을 찌푸릴 만한 회사를 말합니다. 이런 회사들은 기관투자자의 관심을 받기 힘들고 경쟁사가 생길 가능성도 매우 낮습니다. 지난 몇 년간 높은 성장성을 보이고 있는데도 업종이 혐오스러워서 주목을 받지 못하고 있다면 이런 회사들이 가치를 평가받을 때 높은 수익을 안겨줍니다. 우리가 잊지 말아야 하는 것이 있습니다. 우리는 사업을 하기 위해서가 아니라 주식에 투자하기 위해 기업을 분석하고 있다는 것입니다.

일종의 분리 독립된 자회사이다

일반적으로 모기업은 사업부서를 분리 독립시키면서 그 자회사들이 곤경에 빠지는 것을 바라지 않는 경향이 있습니다. 분리 독립된 자회사들은 보통 건실한 재무구조를 갖추고 독립된 사업체로 성공하기 위한 준비가 되어 있는 경우가 많습니다. 또한 이런 회사들은 독립성이 확보되고 나면 비용절감 등을 포함한 수익성 증대를 위해 경영진의 창의적인 경영이 추진되는 경우가 많지요. 게다가 이런 회사들은 모기업에 비해 소규모인 경우가 많기 때문에 보통은 기관투자자들로부터 큰 관심을 얻지 못한다는 것도 하나의 장점이 될 수 있습니다.

기관들이 보유하고 있지 않으며 증권분석가들도 취급하고 있지 않다

만약 기업의 내용은 좋은데 기관투자자들이 전혀 보유하고 있지 않은 종목이 있다면, 그리고 그 기업을 분석하는 애널리스트가 없다면 그 회사는 높은 수익을 올리는 기업이 될 수 있습니다. 결국 나중에 사람들의 관심을 받으면 폭발적인 매수세가 유입될 것이기 때문입니다.

성장이 전혀 없는 업종이다

많은 사람들은 고도성장을 하는 첨단산업에 투자하길 즐깁니다. 하지만 그런 기업들은 성장동력이 떨어지고 나면 급락한다는 단점이 있습니다. 성장이 거의 없으면서 안정된 영업기반을 가지고 있는 기업들은 수명이 오래가는 특징이 있습니다. 특히 성장하지 않는 산업에는 어지간해서는 신규진입하려는 사람들이 없기 때문에 경쟁으로부터도 한 발짝 비켜서 있을 수 있지요. 성장이 없는 산업에서 주도적인 위치를 차지하고 있는 기업이라면 더욱 좋습니다. 왜냐하면 다른 회사들이 그 업계를 떠날 생각을 하고 있어 독점기업으로 남을 가능성이 크고, 신규진입 회사가 거의 없어 독점적 지위를 더욱 강하게 유지할 수 있기 때문입니다.

남들이 거들떠보지 않는 틈새에 위치해 있다

남들이 거들떠보지 않는 틈새라는 것은 어떤 사업을 하는 데 있어 어지간해서는 진입을 하지 않으려는 분야를 말합니다. 특히 틈새시장이란 진입장벽이 없이는 유지되기 힘들다는 특징을 가지고 있습니다. 예를 들면 골재사업이라든지 다른 사람들이 진입하기 어려운 어느 지역의 방송, 신문 등에 관한 사업을 하는 경우를 들 수 있습니다. 또한 특허권을 가지고 있는 제약업체들도 그 범주에 속합니다. 이런 경우 틈새시장에서 지배적인 위치에 있는 기업은 독점기업과 같은 이윤을 누릴 수 있습니다.

사람들이 꾸준히 사는 물건이어야 한다

음료수, 약품, 생활용품 등 사람들이 살아가면서 늘 사용해야 하는 제품을 만드는 기업에 투자해야 합니다. 만약 일시적인 유행을 따라가는 기업이라면 그런 기업은 위험한 기업입니다. 가까운 예를 들어본다면 라면, 담배, 면도날, 세제, 유제품 등 일상생활에서 꾸준히 판매되는 상품을 만드는 기업이 상대적으로 안전한 기업입니다.

테크놀로지를 사용하는 기업이어야 한다

소위 완성품산업이라고 불리는 전방산업보다는 부품을 제공하는 후방산업, 그리고 완성품을 이용하는 기술을 가진 기업을 말합니다. 예를 들어 컴퓨터를 만드는 회사보다는 컴퓨터 부품업체나 그 컴퓨터에 응용프로그램을 제공하는 소프트웨어업체가 더욱 유망합니다. 극심한 가격경쟁을 하는 컴퓨터 생산업체와 달리 이들 업체는 컴퓨터가 많이 팔리면 팔릴수록 수익을 올릴 기회가 더 많아지기 때문입니다.

내부자들이 자사주식을 산다

만약 회사의 내부자들이 자사주식을 사서 투자를 하고 있다면 그보다 성공가능성이 큰 주식은 없을 것입니다. 일반적으로 회사의 내부자들은 주식을 매도하는 습성을 가지고 있습니다. 그런 내부자들이 자사주식을 매수한다면 그 기업은 최악의 경우에도 최소한 6개월 내에는 망하지 않는다는 확신을 해도 좋습니다. 만약 내부자들이 주식을 사는데도 불구하고 주가가 하락한다면 이는 그들보다 더 싸게 주식을 살 수 있는 기회로 봐도 무방합니다.

회사에서 자기주식을 사들이고 있다

기업이 주주가치를 극대화시키기 위해 사용하는 방법으로 자기주식매입이 있습니다. 어떤 회사가 스스로 장래에 대한 믿음을 가지고 있다면 다른 주주들과 마찬가지로 자기주식을 매수할 것입니다. 이렇게 되면 유통시장에서 회사의 유통주식 수가 줄어들고, 그러면 주당순이익에 커다란 영향을 미칩니다.

자사주 취득 이외에 주주가치를 올리기 위해 사용하는 방법으로는 배당금의 증가, 신상품 개발, 신규사업 추진, 기업 인수합병 등이 있습니다.

피터 린치는 꼭 피해야 할 주식에 대해서도 분명히 하였습니다. 그가 싫어하는 유형의 주식은 다음과 같은 특징을 가지고 있습니다.

가장 관심이 집중된 산업의 가장 화제가 된 회사

최근 시장에서 가장 각광을 받고 있는 회사가 가장 대표적으로 나쁜 주식에 속합니다. 이런 기업들은 시장참여자들이 시장에서 그 회사가 무엇을 하는 회사인지, 매출이 실제로 늘고 있는지 확인도 거치지 않고 투기적으로 매수하는 경향이 있지요. 그러다 보니 PER가 30~40배, 심지어 50~100배에 이르는 경우도 있습니다. 이런 유형의 주식들은 단지 다른 사람의 의견에 의해서만 주가가 형성되기 때문에 바닥을 모르고 추락하는 경우가 많습니다.

"차세대 OOO", "제2의 OOO"로 불리는 회사

'제2의' 내지는 '차세대'로 지칭되는 기업의 경우 거의 현실로 실현되는 경우가 많지 않기 때문에 조심해야 합니다.

사업다악화를 하는 회사

기업이 보유하고 있는 현금을 합병의 실익이 없는 회사를 매입하는 데 다 써버려서 결국 보유현금은 없고 부채만 남는 기업은 기업가치를 훼손시키는 대표적인 기업이므로 조심하여야 합니다.

속삭이는 주식

누군가 다가와서 "이거, 사실 A회사 이사한테 직접 들은 이야기인데 말이야…" 등과 같이 속삭이는 주식은 조심해야 합니다. 왜냐하면 확실히 상승할 것으로 판단되는 기업은 누구도 다른 사람에게 알려주지 않을 것이기 때문입니다.

단일 고객에 매출의 대부분이 좌우되는 회사

기업의 매출처가 단일 고객에게 한정되는 경우도 위험합니다. 왜냐하면 수요처 역할을 하고 있는 기업이 위험에 처할 경우 덩달아서 위험에 빠질 수 있기 때문입니다. 자신의 운명을 남의 손에 맡겨두는 기업도 대표적으로 피해야 하는 기업입니다.

이름이 멋진 회사

이름이 멋진 회사들은 애널리스트들이 관심을 갖기 쉽고, 따라서 주가가 기업의 가치 이상으로 형성되는 경우가 많습니다. 특히 이런 기업들은 회사의 실제가치는 없으면서 시장의 관심을 잡기 위해 이름을 바꾸는 경우가 많습니다. 또한 부실회사라는 오명을 씻기 위해 그럴 듯한 이름으로 사명을 바꾸는 경우도 있지요. 이 때문에 이름이 멋진 회사들도 피해야 하는 주식 중 하나입니다.

앞서 살펴본 피터 린치의 투자법을 정리하면 다음과 같습니다. 만약 시장에서 기업에 대한 정보가 정확하게 전달된다면 그 회사는 가치를 제대로 평가받을 것입니다. 반대로 기업에 대한 정보가 과대포장됐다면 그 회사의 주가는 엄청난 거품일 것입니다. 하지만 만약 시장이 기업의 진정한 가치를 알아주지 못하는 상황이라면 그런 기업의 주식은 분명히 시장에서 저평가되어 남아 있을 것입니다.

피터 린치는 이렇게 시장 내에서 정보비대칭이 큰 기업을 고르는 데 역점을 두었습니다. 정보가 어느 정도 공정하게 알려진 기업은 시장에서 자신의 가치를 제대로 평가받고 있는 경우가 많습니다. 하지만 정보비대칭이 큰 경우는 정보가 시장에 제대로 반영되지 못해 저평가되는 경우가 많습니다. 피터 린치는 시장에서 제대로 가치를 평가받지 못하는 종목에 투자함으로써 자신의 수익을 극대화시키는 방법을 사용했습니다. "인내를 갖고 꾸준히 살펴보는 주식에는 실패가 없다." 피터 린치의 이 말은 제대로 평가받지 못하는 주식을 찾아서 그 기업이 제대로 평가받을 때까지 기다리라는 의미임을 잊어서는 안 됩니다.

시장은 매번 참여자들에게 공포와 탐욕의 상황을 만들어줍니다. 그런 시장의 움직임에 현혹되지 않는 방법은 기업을 올바르게 분석하여 저평가된 주식을 꾸준히 찾는 작업일 것입니다.

02

경제분석을 하면
우량기업이 보인다

기업분석에 들어가기 전에
기업이 살고 있는 제반의 경제환경을
샅샅이 분석해줍니다.

기업은 경제의 모든 요소들에 의해
크고 작은 영향을 받습니다.
그리고 이로 인해 가치가 뒤바뀌기도 합니다.
기업의 가치 변화를 알려면
경제 구석구석에 돋보기를 들이대세요.

기업분석은 가까운 경제에서부터 시작된다

기업분석에 나선 일광 씨는 애널리스트들이 무슨 업무를 하는지 그들의 일거수일투족이 궁금해졌습니다. 어떤 자료를 분석해야 제대로 된 목표주가가 나올까? 애널리스트의 노트북에 보석 같은 정보들이 숨어 있을 것만 같습니다. 아까부터 주변에서 컴퓨터 앞을 기웃거리는 일광 씨를 보고 애널리스트가 씩 웃더니 일광 씨를 밖으로 끌고 나갔습니다. 그가 간 곳은 다름 아닌 명동거리였습니다.

일광 씨: 아니 기업을 꼼꼼히 해부해도 모자랄 판에 시간이 남아도십니까?

애널리스트: 자. 이 거리를 잘 보세요. 어떤 사람들이 이곳을 걷고 있는지 그리고 그들이 무엇을 사고 있는지를 잘 보세요. 그리고 명동거리에 어떤 가게들이 성업하고 있는지도 살펴보세요. 이를 통해 지금 우리 경제에서 무슨 일이 벌어지고 있는지를 확인해야 합니다. 기업분석은 이렇게 우리 생활 한가운데를 잘 파악하는 것에서부터 시작하는 겁니다.

세계적인 금융위기의 상처가 채 아물기도 전에 찾아온 코로나19로 인해 세계경제는 좀처럼 회복을 하지 못하는 상황입니다. 비대면업무가 일반화되면서 비대면이 가능한 사람은 일자리를 유지할 수 있지만, 그렇지 못한 사람들은 하루아침에 일자리를 잃는 일이 생겨났습니다. 그 과정에서 소득의 양극화, 부의 양극화는 더욱 심해졌습니다. 이에 따라 기업들도 잘되는 기업과 그렇지 못한 기업으로 양극화했고 그것을 한마디로 표현한 것이 바로 K자형 경제입니다. K자형 경제는 잘되는 곳은 계속 잘되고, 그렇지 못한 곳은 계속 침체를 이어가는 현상을 말합니다.

최근 10년 정도의 기간 동안 가장 많이 들었던 단어는 '4차산업혁명'입니다. 4

차산업은 한마디로 다양한 기술을 하나로 융복합하는 과정을 통해 새로운 가치를 만들어내는 산업을 말합니다. 무선통신과 반도체기술이 자동차기술과 만나 자율주행자동차를 만들어내는 것이 한 예입니다. 이렇게 새로운 가치를 창출하는 기업은 수익이 급증하고, 그렇지 못한 기업은 합병을 당하든지 그나마도 이루어지지 않으면 퇴출되는 수모를 겪게 되었습니다.

최근 주식시장에서 관심을 끄는 산업은 2차전지, 메타버스, 자율주행자동차, 수소경제를 필두로 한 그린에너지산업 그리고 한류문화의 세계화를 등에 업은 엔터테인먼트 산업 등입니다. 이 모든 현상은 우리 생활에 이미 깊숙이 스며들어 있습니다.

또 여기에 코로나19 방역의 성과로 우리나라의 국제적인 이미지가 개선되면서 기록적인 수출호조를 이어가는 것은 우리의 수출주도 기업에 좋은 영향을 주는 요소이기도 합니다. 이런 요인들은 우리 기업들의 실적에 큰 영향을 주는 요인이 되었습니다.

누군가를 알기 위해서는 그가 자라온 환경과 현재 놓여 있는 환경, 그간의 사정과 속마음을 모두 알아야 합니다. 기업분석도 마찬가집니다. 단순히 기업만 죽어라 연구한다고 해서 해결되는 것이 아니라 기업이 살고 있는 생태환경, 즉 경제환경부터 눈여겨보아야 합니다. 경제환경이라고 하니까 조금 거창하게 느껴지나요? 우리들 일상 속 생활경제가 모두 기업과 연관되어 있습니다. 똑똑한 애널리스트는 컴퓨터 앞에서 자료만 찾고 있지 않습니다. 파노라마처럼 움직이는 주변환경에서 정보를 얻는 것이지요.

경제기사와 뉴스도 좋은 정보제공자입니다. 2021년 10월 13일 자 경제기사에서는 어떤 뉴스가 제일 관심을 모았을까요? 미국의 연방준비제도이사회 의장이 "미국의 테이퍼링을 연내에 시작해서 내년까지 마무리하겠다"라고 말한 내용과 관련된 기사였습니다. 미국은 금융위기와 코로나19 국면을 지나면서 제로금리정책에 이어 양적완화를 통해 시중에 막대한 돈을 풀었습니다. 금융위기 이전 미국의 본원통화가 1조 달러, 코로나19가 본격화되기 전까지 4조 2,000억 달러였던 것이 2021년 9월 현재 8조 4,000억 달러까지 증가했으니 실로 어마어마한 양의 돈을 풀었던 겁니다. 그런데 이렇게 풀린 돈으로 경기가 서서히 회복되면 물가를 폭등시킬 우려가 있어, 시장에 충격을 주지 않을 정도의 폭과 속도로 돈을 푸는 속도를 조절하고 그 이후 금리를 올리겠다는 것이 미국 중앙은행의 속내이고 이를 연준의장이 말한 겁니다.

그러나 문제는 미국이 금리를 올리게 되면 일단 국제자본시장에서 돈의 움직임이 미국으로 향할 가능성이 있습니다. 그렇게 되면 우리 시장에서는 외국자본이 단기적으로 빠져나갈 가능성이 크고, 또 국제유가 등 상품가격도 하락할 가능성이 큽니다.

미국이 금리를 인상하면 시장의 모든 종목이 어려움에 처하게 될까요? 반드시 그렇지는 않습니다. 전문가들의 분석에 의하면 미국의 금리인상은 은행 등 금융주에게는 호재로 작용할 가능성이 큽니다. 왜냐하면 예금이자와 대출이자의 차이인 '예대마진'이 확대되어 수익성이 좋아질 수 있기 때문입니다. 그리고 원-달러 환율의 상승, 즉 원화약세가 진행되면 시간을 가지면서 수출주들이 상승할 수 있다는 의견들이 나오고 있습니다. 특히 미국이 금리를 인상하는 이유가 경기회복에 대한 자신감이라는 측면에서 본다면 결코 나쁜 뉴스만은 아니라는 분석도 있습니다.

그러나 미국의 금리인상을 우리가 생각하는 것처럼 어느 업종에는 좋다 또는 어느 업종에는 나쁘다 이런 식으로 평가하는 것은 옳지 못한 태도입니다. 특히 금리나 환율의 변동으로 인한 시장충격은 복잡한 구조를 가져오기 때문입니다. 주식시장에 참여하는 사람들은 가급적 시장을 긍정적으로 보려고 하는 낙관론자들이 많습니다. 그래서 투자판단자료를 찾는 것이 쉽지 않은 겁니다.

투자자는 되도록 객관적인 자세로 추이를 지켜보아야 합니다. 미국의 금리인상이 어떤 경로로 우리 경제에 영향을 미치는지를 확인해볼 필요가 있습니다. 국제자본이 실제로 우리나라에서 빠져 미국으로 가는지, 금융기관의 예대마진이 실제로 확대되어 실적으로 이어지는지, 국제유가가 하락해서 우리의 경상수지 흑자기조를 이어가게 할 수 있는지, 또 그런 속에서 기업들의 실적이 실제로 호전될 수 있는지를 확인해야 합니다. 전 세계적으로 수요기반이 취약한 상태이니 결국 이들 조치가 기업의 매출과 이익을 동시에 증가시킬 수 있어야 실제로 수혜를 받는 기업이 되는 겁니다. 지금은 이익은 늘지만 매출이 주는 기업이 많습니다. 이런 기업을 진정한 실적 호전 기업으로 보기엔 미흡한 점이 있습니다.

애널리스트: 올바른 분석가는 생활경제뿐만 아니라 다양한 경제현상에 관심을 갖고 객관적으로 분석할 수 있어야 합니다. 물가와 금리, 환율 등을 수시로 살펴보고 작은 차이에서 기업의 운명이 뒤바뀔 수도 있다는 사실을 놓치지 마세요.

경기순환과 기업분석

경기순환에 따라
종목 선택도 달라진다

경기순환에 따른 시장의 리듬을 파악하라

경기는 끊임없이 순환합니다. 경제의 장기성장추세를 중심으로 경기의 상승과 하강이 반복되지요. 경제활동이 활발하여 경기가 상승하면 마침내 정점에 도달하고 이후 경제활동이 둔화되어 경기가 하락하다가 저점에 이르면 다시 반등하는 과정을 반복합니다.

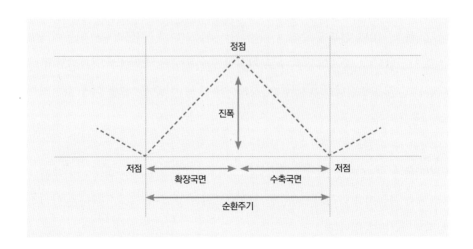

이처럼 확장과 수축을 반복하며 경제가 움직이는 모습을 경기순환 Business Cycle 이라고 합니다. 이때 경기의 저점에서 다음 저점, 또는 경기의 정점에서 다음 정점까지의 기간을 경기의 주기 Cycle 라 합니다. 그리고 저점에서 정점, 또는 정점에서 저점까지의 높이를 진폭이라 부릅니다.

경기의 순환과정은 2단계로 구분할 수 있습니다. 저점에서 정점까지가 확장국면, 정점에서 저점까지가 수축국면입니다. 이를 세분해서 회복기, 호황기, 후퇴기, 침체기 등으로 나누기도 하지요.

이렇게 오르락내리락 바뀌는 경기변동에는 어떤 것들이 있을까요? 경기변동은 일반적으로 한 번의 순환에 걸리는 주기의 길이에 따라 장기파동, 중기파동, 단기파동으로 구분됩니다.

장기파동 | 50~60년을 주기로 나타나는 파동입니다. 발견자의 이름을 따라 콘드라티예프 Kondratiev 파동이라고도 부릅니다. 기술혁신, 전쟁, 신자원의 개발 등에 의해 나타나는 장기적 성격의 경기순환을 말합니다. 이 파동은 주기가 너무 길고 통계자료 수집이 어렵기 때문에 분석하기가 쉽지 않아 그다지 많이 사용되지는 않습니다.

중기파동 | 10년 전후를 주기로 나타나는 파동입니다. 쥐글라 Juglar 파동이라고 부르기도 합니다. 중기파동은 주로 기업의 설비투자의 내용연수와 관련하여 나타나는 순환을 말합니다. 대부분의 경기순환 분석 시 중기순환을 가장 보편적으로 사용합니다.

단기파동 | 2~6년을 주기로 나타나는 파동입니다. 키친 Kitchin 파동이라 부릅니다. 통화 공급이나 금리의 변동, 물가와 재고의 변동 등에 의해 나타나는 단기적 성격의 경기변동입니다.

위와 같은 큰 분류에도 불구하고 경기순환의 변동은 현실적으로 하나의 중기 순환에 몇 개의 단기순환이 같이 나타나는 등 여러 가지 성격의 경기순환이 복합적으로 나타납니다. 그러므로 일정 기간 중에 관찰된 경기순환의 흐름을 몇 개의 순환으로 정확하게 구분하여 분석하기란 쉬운 일이 아니지요. 그러나 일반적으로 주식투자자가 관심을 갖는 것은 단기파동이라고 보면 됩니다.

경기순환별 특징을 파악하고 전략을 세워라

경기가 순환하는 과정에는 몇 가지 특징적인 사실들이 나타납니다. 이를 살펴보면 다음과 같습니다.

첫째, 경기순환은 그 순환과정의 주기와 진폭이 다르고, 한 주기 내에서도 확장기와 수축기의 길이가 다르게 나타납니다.

둘째, 경기순환은 다양한 경제활동을 종합적으로 판단하는 것으로 개별 경제지표의 움직임과는 달라질 수 있습니다. 따라서 특정 경기지표에 의존하여 경기흐름을 판단할 경우 오류를 범할 가능성이 있습니다.

셋째, 개별 경제활동은 동시에 동일한 방향으로 변동하는 것이 아니라 시차를 두고 변동하는 경우가 있습니다. 따라서 경기에 선행하는 경우, 동행하는 경우, 후행하는 경우에 따른 시차를 고려해서 판단해야 합니다.

넷째, 경기가 확장에서 수축으로 또는 수축에서 확장으로 반전하면 확대 또는 축소되는 경향이 누적적으로 보입니다. 즉, 생각보다 더 과열되거나 침체된다는 뜻입니다. 경기회복 초기에는 일부분에 제한적으로 영향을 주던 것이 시간이 흐를수록 파급 정도가 커지면서 경기흐름이 한층 가속화되는 경우가 발생하기 때문입니다.

 그렇다면 경기순환과정에서 주식투자자는 어떤 전략을 가져야 할까요?

우선 정부정책과 금리의 흐름, 이에 따른 주가의 변화를 유심히 살펴보아야 합니다. 경기가 순환하면 그에 따라 주가와 금리도 함께 순환하는 모습을 보입니다. 이때 주가는 경기에 선행하고 금리는 주가에 후행하는 것으로 나타나고 있습니다. 각각의 경기국면별 특징을 살펴보면 다음과 같습니다.

경기침체기에는 주가가 상승세로 전환합니다

이 시기에는 경기수축국면을 벗어나기 위해 정부가 통화의 공급을 확대하는 등 각종 경기부양조치를 취합니다. 그 결과로 금리는 하락하지요. 경기가 침체를 보이는 상황에서는 일반적으로 물가가 안정되어 있고, 기업에서는 자금수요가 별로 없는 가운데 통화의 공급이 늘어나기 때문입니다. 이때 주가는 상승세로 전환하는 모습을 보입니다. 주가가 상승하는 이유는 정부의 경기부양조치에 따라 경기가 조만간 회복되어 기업의 수익성이 좋아질 것이라는 기대가 작용해서입니다.

경기회복기에는 주가의 상승세가 이어집니다

경기부양조치의 결과 경기가 서서히 회복되는 기간입니다. 이때 금리도 서서히 상승하는 모습을 보입니다. 기업의 설비투자 등을 위한 자금수요가 증가하기 때문이지요. 비록 금리가 상승하지만 기업의 수익이 그보다 더 빨리 증가하여 기업의 수익성이 유지되기 때문에 주가의 상승세도 이어집니다.

경기활황기에는 주가가 하락합니다

경기과열로 인플레이션이 발생할 가능성이 커집니다. 이를 우려한 통화당국에서는 통화량을 조절하거나 금리를 인상하는 등 금융긴축정책을 실시합니다. 따라서 금리가 급등합니다. 이는 물가 불안으로 기대인플레이션, 즉 앞으로 계속 물가가 상승할 것이라는 예상이 높아지고 설비투자 및 재고투자를 늘린 탓에 기업의 자금수요가 더욱 증가하기 때문입니다. 매출의 증가에도 불구하고 이자비용이 늘어남에 따라 기업의 수익성이 감소하고 주가는 하락합니다.

경기후퇴기에는 주가도 계속해서 하락합니다

경기가 정점을 지나 수축되는 기간입니다. 이 기간 중에는 인플레이션이 완화되고, 기업이 공장가동을 줄이고 재고를 축소함에 따라 자금수요가 감소하여 금리도 떨어지지요. 하지만 여전히 높은 수준을 유지합니다. 그러나 매출의 감소와 이자비용의 지출로 인해 기업수익이 크게 축소되면서 주가 하락세가 이어집니다.

경기국면에 따른 이러한 주가동향을 염두에 둔다면 각 국면에 따라 어떻게 기본적인 투자전략을 세워야 좋을까요? 경기국면별로 주가동향을 알 수 있다면 이에 따라 주식을 언제 사고파는 게 좋을지 판단할 수 있습니다. 또한 회복기와 수축기의 국면별로 유망한 업종과 전략도 살펴봅시다.

최적의 매수 및 매도 시기 ┃ 주식의 경우 경기침체기가 최적의 매수시점입니다. 매도는 경기정점 이전에 하는 것이 바람직합니다.

경기회복기의 유망업종 ┃ 경기회복 초기에는 경기선행성이 강한 경기관련주의 실적이 우선적으로 좋아집니다. 경기관련주로는 건설주, 중화학공업과 같은 수출관련주, 철강과 같은 소재관련주 등이 있습니다. 그리고 경기확산기에는 완성품산업이 뒤이어 좋아집니다. 또한 경기확산이 지속된 이후에는 뒤늦게 실적이 호전되는 내수관련주에 투자 비중을 높이는 전략이 좋습니다.

경기수축기의 투자전략 ┃ 이때는 일단 보수적으로 투자해야 합니다. 가급적 주식투자를 삼가세요. 그럼에도 불구하고 투자를 할 때는 경기방어적인 성격이 강한 종목이나 M&A관련주 등 테마주에 단기적으로 투자하는 것이 바람직합니다.

HTS에서 경기순환별 주요종목 찾아보기

경기순환과 관련해서는 메릴린치증권의 보고서 〈투자분석과 포트폴리오 관리1987〉를 참고할 수 있습니다. 이 보고서에 의하면 각 경기순환 국면에서 다음과 같은 산업군에 속한 종목들의 주가가 좋았다는 것을 알 수 있습니다.

● 강세초기 국면: 자동차, 소매, 섬유, 항공, 전기전자, 컴퓨터, 통신, 반도체, 에너지 등
● 강세중기 국면: 농기계, 건설장비, 일반기계, 공장기계, 상용차, 건설 등
● 강세후기 국면: 금융
● 약세초기 국면: 섬유화학, 1차금속, 시멘트 등
● 약세후기 국면: 화장품, 제약, 에너지, 식품, 통신서비스, 전기가스 등

HTS의 [주식] ···▸ [업종시세] ···▸ [업종별주가]에는 각 업종 내 종목이 나옵니다. 현재 한국거래소에서는 다음과 같이 업종을 분류하고 있습니다.

001 종합	011 철강금속	021 금융업
002 대형주	012 기계	022 은행
003 중형주	013 전기전자	024 증권
004 소형주	014 의료정밀	025 보험
005 음식료업	015 운수장비	026 서비스업
006 섬유의복	016 유통업	027 제조업
007 종이목재	017 전기가스업	603 변동성지수
008 화학	018 건설업	604 코스피고배당50
009 의약품	019 운수창고	605 코스피배당성장50
010 비금속광물	020 통신업	

예를 들어 화학업종에 속한 종목을 찾는다면 다음과 같은 종목들을 볼 수 있습니다. [주식] ···→ [업종시세] ···→ [업종별주가]에서 🔍 버튼을 클릭하면 업종을 선택할 수 있습니다.

▽ 홈 ···→ 주식 ···→ 업종시세 ···→ 업종별주가

종목명	현재가		전일대비	등락률	거래량	매도호가	매수호가	시가	고가	저가
동화약품	18,450	▼	300	-1.60	2,012,874	18,500	18,450	18,600	19,200	17,900
KR모터스	1,005	▲	18	+1.82	260,735	1,005	1,000	988	1,010	988
경방	13,600	▼	150	-1.09	15,459	13,600	13,550	13,700	13,950	13,550
메리츠화재	29,500	▲	100	+0.34	98,435	29,500	29,450	29,400	29,500	29,050
삼양홀딩스	105,500	▲	1,000	+0.96	24,556	105,500	105,000	104,000	107,500	102,500
삼양홀딩스우	69,900	▲	200	+0.29	53	69,900	69,300	69,700	70,100	69,100
하이트진로	34,900	▲	350	+1.01	224,903	34,900	34,850	34,800	34,900	34,500
하이트진로2우B	21,350	▲	250	+1.18	4,522	21,350	21,300	21,100	21,350	20,900
유한양행	59,100	▲	200	+0.35	150,436	59,100	59,000	58,900	59,500	58,600
유한양행우	56,900	▲	200	+0.35	625	57,000	56,900	56,700	57,000	56,700
CJ대한통운	149,500	▲	5,000	+3.46	34,949	149,500	149,000	143,500	150,000	143,500
하이트진로홀딩	14,000		0	0	5,460	14,100	14,000	14,000	14,150	13,950
하이트진로홀딩	16,800	▲	100	+0.60	13	16,800	16,600	16,800	16,800	16,800
두산	96,700	▲	7,400	+8.29	120,576	96,800	96,700	89,400	97,600	89,400
두산우	69,400	▲	2,500	+3.74	16,999	69,700	69,400	67,800	70,500	67,200

금융장세, 실적장세, 역금융장세, 역실적장세

주식시장의 사계절에는
어떤 기업이 강할까?

주식시장의 봄, 여름, 가을, 겨울을 말한 사람은 바로 일본 니코증권의 애널리스트 출신인 우라가미 구니오입니다. 그는 1990년에 《주식시장 흐름 읽는 법》이라는 책을 통해 주식시장의 흐름을 일목요연하게 정리하였습니다. 그의 장세 구분법을 살펴보겠습니다.

▼ 경기 사이클과 주식시장의 장세

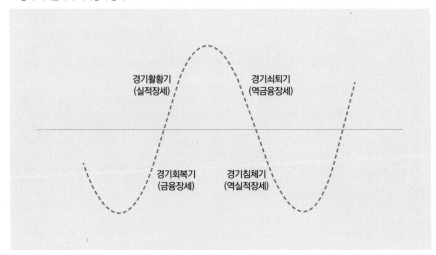

경기활황기
(실적장세)

경기쇠퇴기
(역금융장세)

경기회복기
(금융장세)

경기침체기
(역실적장세)

경기는 그 주기가 짧은 것인지 긴 것인지는 알 수 없지만 어쨌든 사이클을 그리고 있다는 것에는 누구도 이견이 없을 것입니다. 주기가 짧은 키친 파동, 주기가 중간 정도 되는 쥐글라 파동, 주기가 긴 콘드라티예프 파동 등 어떤 파동인지 내용을 알 수는 없어도 일단 경기가 이와 같은 사이클을 그리고 있다는 것을 생각한다면 이 경기 사이클을 따라서 주식시장도 모습을 달리한다는 것이 우라가미 구니오의 생각입니다.

지금부터 금융장세, 실적장세, 역금융장세, 역실적장세 등 장세별 경기의 국면과 그에 따른 주식시장의 모습을 하나씩 살펴보겠습니다.

금융장세에는 투자관련주와 금융주에 주목하라

금융장세는 경기회복기에 나타나는 장세입니다. 이 국면에서 금리, 기업실적, 주가와 같은 관련 경기지표들은 어떤 모습일까요? 금리는 급락하는 모습을 보이지만 기업의 실적은 여전히 나쁜 상태이고 주가는 폭등세를 보입니다. 우선 금융장세에 주식시장으로 자금이 많이 들어오니 자본금이 큰, 그리고 시장에서 유동성이 큰 종목들이 큰 폭의 상승을 보입니다. 그리고 금리가 급하게 떨어지니 금리인하 수혜주가 상승합니다. 또한 경기부양을 위해 정부가 사회간접자본투자를 서두를 테니 사회간접자본관련주들이 상승세를 보일 것입니다. 여기서 금리인하 수혜주란 우리나라의 경우 대표적으로 건설주, 은행주, 증권주 등을 꼽을 수 있습니다. 건설업종은 부채비율이 크기 때문이며, 은행주와 증권주는 금리를 인하하면 **예대마진**이 커지기 때문입니다. 그렇다면 이러한 금융장세에서는 업종대표주, 사회간접자본관련주, 건설주, 금융주 등에 투자해야 큰 수익을 낼 수 있을 것입니다.

> **예대마진**
> 금융기관이 대출로 받은 이자에서 예금에 지불한 이자를 뺀 나머지 부분입니다. 금융기관의 수입이 됩니다.

금융장세는 지수가 큰 폭으로 상승해서 시장이 엄청나게 화려한 모습을 보입니다. 하지만 일반투자자들은 그에 상응하는 수익을 올리지 못하는 경우가 허다합니다. 일반투자자들은 약세장에 길들여져 있어 금융장세 초기에는 쉽게 투자에 나서지 못하기 때문입니다.

실적장세에는 소재산업과 소비재산업의 수익이 커진다

실적장세는 경기회복기의 금융장세 이후에 나타나는 장세를 말합니다. 회복기에 실시했던 정부의 저금리정책으로 인해 기업의 투자 마인드가 살아나고 경기가 본격적인 활황국면으로 접어듭니다. 이때 각종 지표들은 다음과 같이 변합니다.

우선 금리는 서서히 상승세를 보이는데 그 이유는 두 가지로 설명할 수 있습니다. 첫 번째는 경기가 활황으로 접어들면 필연적으로 물가가 상승합니다. 우리가 흔히 말하는 이자율인 명목이자율은 실질이자율과 기대물가상승률의 합이지요. 따라서 물가가 서서히 올라가면 명목이자율도 상승할 수밖에 없습니다.

두 번째는 기업의 실적이 급격하게 좋아지고 주가가 견고한 상승세를 보이는 상황이 나타납니다. 경기가 활황으로 접어들면 경기의 속도 조절을 위해 정부가 금리를 서서히 올립니다.

이렇게 기업의 실적이 급격하게 좋아져서 주가가 상승세를 보이는 장세를 실적장세라고 합니다. 실적장세가 나타나면 실적이 먼저 좋아지는 종목군을 우선적으로 사야 합니다. 우선 소재산업의 종목들을 사야 하고, 그 다음에 소비재산업의 종목으로 이동해야 주가의 상승을 향유할 수 있습니다. 소재산업이란 철강, 석유제품과 같이 경기가 살아나기 위해서 기초적으로 필요한 물건들을 만드는 산업을 말합니다. 그리고 소비재산업이란 소재를 이용해서 만들어내는 완성품을 말합니다. 실제로 일반인들이 큰 수익을 낼 수 있는 장세는 바로 실적장세입니다.

역금융장세에는 대형주를 피하고 중소형우량주에 투자하라

기업의 실적이 급격하게 좋아지는 활황세가 계속되면 물가상승도 이어져 정부의 경제운용에 큰 부담이 됩니다. 이러한 상황에서 정부는 물가상승을 막기 위해 금리인상을 단행합니다. 그 과정에서 나타나는 장세가 바로 역금융장세입니다.

그렇다면 앞서 보았던 경기관련지표들은 어떻게 변화할까요? 우선 금리는 급등세를 보이고 기업의 실적은 여전히 좋아지는 추세에 있으며 이때 주가가 폭락세를 보이는 상황이 나타납니다. 이러한 장세가 나타나는 이유는 위험자산인 주가가 상당 폭으로 올라 있는 상태에서 정부가 금리를 올리면 시장의 자금이 주식에서 고금리의 금융상품으로 이동하기 때문입니다.

주식시장에서 자금이 빠져나가니 역금융장세에서는 대형주에 대한 투자를 피해야 합니다. 그럼에도 불구하고 이러한 장세에서도 수익을 올릴 수가 있습니다. 바로 중소형우량주, 저PER주 등 대체로 적은 자금으로도 주가의 하락세를 방지할 수 있는, 소위 몸이 가벼운 주식들에 투자하면 됩니다. 또한 M&A도 활발해질 수 있으니 M&A관련주에도 관심을 가져야 합니다.

역실적장세에는 경기방어주를 살펴보라

경기가 역금융장세를 거치면서 이미 상당 폭으로 높아진 금리로 인해 기업의 투자 마인드가 위축됩니다. 이는 기업의 실적이 좋아지지 않는 상황으로 이어집니다. 이러한 상황에서 각종 지표들의 움직임은 다음과 같이 변화합니다.

우선 금리는 서서히 하락세를 보입니다. 정부가 경기의 연착륙을 위해 서서히 금리를 내리기 때문입니다. 그리고 기업의 실적은 투자 마인드의 위축으로 급격하게 나빠지는 상황이고 이때 주가는 하락세가 둔화되기는 하지만 여전히 약세 분위기가 이어집니다. 이런 시장을 일컬어 역실적장세라고 합니다.

역실적장세에서는 경기에 둔감한 내수관련주, 그리고 자산가치우량주 등에 투자를 하면 됩니다.

▼ 각 장세에 따른 지표들의 움직임

구분	금리	기업실적	주가
금융장세	↓	↘	↑
중간반락	→	→	→
실적장세	↗	↑	↗
역금융장세	↑	↗	↓
중간반등	→	→	→
역실적장세	↘	↓	↘

▼ 각 장세와 장세에 따른 특징

구분		경기	주가	주도주
확장국면	회복기	· 자금수요 감소와 금리인하 · 물가안정 · 민간지출 증대 및 설비투자 확대 시작	· 금융장세 - 금리인하 경기회복 기대로 주가 상승세 전환 - 기업수지 개선 기대감으로 주가상승 가속화	· 금리하락 수혜주 · 재정투융자관련주 (건설, 항공, 전력 등) · 불황적응능력이 강한 업종대표주
	활황기	· 생산·판매활동 증가 → 순이익 증가 · 생산시설 확장 → 과잉투자 · 소비증가, 물가상승 (임금상승률 > 노동생산성상승률) · 자금수요 > 자금공급 → 금리상승 · 정부의 통화긴축, 금리인상 등 경기조절책 실시	· 실적장세 - 실적호전으로 주가상승 - 경기정점 도달 전에 경기후퇴를 미리 반영하여 주가 하락세로 반전	· 소재산업 → 가공산업 (순환매)
수축국면	후퇴기	· 금융긴축 지속되는 가운데 실질이자율 상승 및 내구소비재 수요감소 · 생산활동 위축 및 실업률 증가	· 역금융장세 - 주가 본격 하락국면 진입, 하락추세대 형성, 상승 시에도 단기반등에 그침	· 중소형우량주 · 저PER주
	침체기	· 판매부진에 따른 재고누적 · 신규투자활동 위축 및 실업율 최고수준 · 부도기업 속출 · 정부의 금리인하 등 금융긴축완화를 통한 경기부양 노력	· 역실적장세 - 경기부양, 긴축완화 기대로 주가 하락세 진정 - 경기회복 조짐이 빨리 나타나는 유망산업에 대한 조기 선취매현상과 거래량 증가신호	· 내수관련 경기방어주 (제약, 음식료 등) · 자산가치우량주

HTS에서 장세별 유망종목 찾아보기

HTS에서는 [테마종목]의 검색을 통해서 장세별 유망종목을 찾을 수 있습니다. 먼저 금융장세 유망종목을 찾아보겠습니다.

건설대표주 | 경기회복기에는 정부가 사회간접자본투자에 나서니 이와 관련된 종목들이 좋습니다. 즉, SOC social overhead capital 관련주가 유망종목인데 건설업종의 주식들이 많이 포함됩니다. [테마구성종목]에서 건설대표주를 검색해봅시다. 우리 시장에서는 다음과 같은 종목들이 나타납니다.

홈 ···> 투자정보 ···> 테마종목 ···> 테마구성종목

종목명	현재가	전일대비		등락률	거래량	매도호가	매도잔량	매수호가	매수잔량	기간수익률
DL이앤씨	133,500	▲	2,500	1.91%	45,558	133,500	21	133,000	1,089	0.74%
삼성물산	120,000	▲	1,500	1.27%	161,893	120,000	16,551	119,500	10,190	1.64%
현대건설	50,300	▲	700	1.41%	235,173	50,300	601	50,200	1,324	0.50%
GS건설	41,400	▲	450	1.10%	241,121	41,400	831	41,300	493	0.85%
대우건설	6,480	▼	10	0.15%	619,468	6,490	30,555	6,480	4,858	0%
HDC현대산업개	25,950	▼	50	0.19%	162,960	26,000	1,395	25,950	147	0.38%

업종대표주 | 대체로 시가총액상위 100개 정도의 종목을 통해서 찾아볼 수 있습니다. 시가총액상위의 종목은 [주식] ···> [순위분석] ···> [시가총액상위]에서 찾을 수 있습니다. 그 종목을 살펴보면 다음과 같습니다.

순위	종목명	현재가	전일대비		등락률	거래량	거래비중	시가총액	시가총액비	체결강도
1	삼성전자	69,000		0	0%	18,768,861	10.91	11,914,996	18.59%	84.87
2	SK하이닉스	92,600	▲	1,100	+1.20%	2,506,387	1.94	67,413,019	3.04%	122.45
3	NAVER	382,500	▲	10,500	+2.82%	476,620	1.51	62,830,749	2.83%	123.42
4	LG화학	802,000	▲	6,000	+0.75%	280,544	1.88	56,615,059	2.55%	130.91
5	삼성바이오로	831,000	▼	3,000	-0.36%	35,191	0.24	54,983,115	2.48%	61.76
6	삼성전자우	64,300	▼	200	-0.31%	1,565,833	0.84	52,911,615	2.38%	98.26
7	카카오	117,500	▲	4,000	+3.52%	2,287,870	2.24	52,329,955	2.36%	119.13
8	삼성SDI	669,000	▲	6,000	+0.90%	170,244	0.95	46,003,471	2.07%	110.43
9	현대차	210,500	▲	6,000	+2.93%	959,243	1.69	44,977,153	2.03%	219.99
10	기아	84,200	▲	2,000	+2.43%	1,861,058	1.31	34,131,594	1.54%	203.65
11	셀트리온	215,000	▲	500	+0.23%	376,276	0.68	29,655,964	1.33%	81.71

다음으로 실적장세의 유망종목을 살펴봅시다. HTS에서는 각 증권사의 테마 분류도 있지만 인포스탁의 테마분류도 있습니다. 이는 [투자정보] ⋯ [테마종목] ⋯ [인포스탁테마구성종목]에서 검색이 가능합니다.

철강 주요종목 | 인포스탁에서 분류하는 철강의 주요종목은 다음과 같습니다.

종목명	현재가	전일대비		등락률	거래량	매도호가	매도잔량	매수호가	매수잔량	기간수익률
포스코강판	68,300	▲	12,800	23.06%	890,334	68,500	4	68,300	54	21.14%
KG동부제철	13,100	▲	700	5.65%	264,124	13,150	2,574	13,100	949	3.15%
동국제강	18,250	▲	950	5.49%	922,516	18,300	8,761	18,250	4,845	6.10%
한국철강	9,650	▲	400	4.32%	60,540	9,660	509	9,620	113	4.55%
현대제철	47,400	▲	1,850	4.06%	777,772	47,450	162	47,400	683	4.28%
대한제강	20,100	▲	800	4.15%	147,953	20,100	351	20,000	1,825	3.08%
세아제강	106,000	▲	3,000	2.91%	12,721	106,500	41	106,000	124	4.41%
세아베스틸	25,050	▲	550	2.24%	115,131	25,100	160	25,050	646	0.99%
POSCO	325,000	▲	3,000	0.93%	632,524	325,500	1,559	325,000	3,263	1.72%
고려제강	27,450	▲	100	0.37%	94,909	27,500	15	27,450	188	3.51%

석유화학 주요종목 ▮ 인포스탁에서 분류하는 석유화학관련주는 다음과 같습니다.

▽ 홈 ⋯▶ 투자정보 ⋯▶ 테마종목 ⋯▶ 인포스탁테마구성종목

다음은 역금융장세의 유망종목인 저PER주와 미디어관련주를 살펴봅시다.

저PER주 ▮ [투자정보] ⋯▶ [기업분석] ⋯▶ [랭킹분석]에서 찾아볼 수 있습니다.

▽ 홈 ⋯▶ 투자정보 ⋯▶ 기업분석 ⋯▶ 랭킹분석

미디어관련주 ┃ 미디어관련주는 대표적인 중소형우량주에 속합니다. 따라서 역실적장세에 대표적인 공략대상이 될 수 있습니다.

▼ 홈 ···> 투자정보 ···> 테마종목 ···> 테마구성종목

종목명	현재가	전일대비		등락률	거래량	매도호가	매도잔량	매수호가	매수잔량	기간수익률
아시아경제	3,535	▲	155	4.59%	161,422	3,540	1,597	3,535	137	0.84%
애니플러스	3,815	▲	150	4.09%	792,842	3,820	25,676	3,815	439	2.97%
IHQ	1,600	▲	65	4.23%	3,275,714	1,600	7,218	1,595	568	3.57%
YTN	3,485	▲	125	3.72%	43,801	3,485	309	3,465	1,114	2.80%
CJ ENM	174,400	▲	5,900	3.50%	259,412	174,500	95	174,400	87	2.53%
SBS	58,200	▲	1,300	2.28%	54,370	58,200	139	58,100	23	1.19%
KNN	1,535	▲	10	0.66%	763,643	1,540	1,817	1,535	8,490	1.32%
스카이라이프	9,690	▼	20	0.21%	34,758	9,700	417	9,690	443	2.02%
한국경제TV	6,640	▼	10	0.15%	15,925	6,650	372	6,630	37	1.92%
티비씨	2,295	▼	15	0.65%	9,847,943	2,300	6,691	2,295	12,511	10.34%
SBS콘텐츠허브	7,650	▼	50	0.65%	87,301	7,650	244	7,640	428	4.38%

역실적장세에는 내수소비관련주와 자산가치우량주를 주의 깊게 살펴보세요.

내수소비관련주 ┃ 내수소비관련주 중 대표적인 것은 소매유통관련주입니다. 대체로 백화점과 유통업체 그리고 편의점관련주들이 포함되어 있습니다.

▼ 홈 ···> 투자정보 ···> 테마종목 ···> 테마구성종목

종목명	현재가	전일대비		등락률	거래량	매도호가	매도잔량	매수호가	매수잔량	기간수익률
인터파크	7,320	▲	450	6.55%	11,496,678	7,320	325	7,310	1,935	9.91%
CJ ENM	174,400	▲	5,900	3.50%	259,609	174,400	80	174,300	39	2.53%
지어소프트	20,100	▲	700	3.61%	54,162	20,100	687	20,050	151	2.43%
호텔신라	92,500	▲	2,800	3.12%	560,455	92,500	886	92,400	1,810	1.98%
베뉴지	2,030	▲	40	2.01%	50,006	2,030	6,073	2,025	532	1.50%
롯데하이마트	28,200	▲	500	1.81%	47,169	28,200	438	28,150	244	0.53%
현대홈쇼핑	71,300	▲	1,200	1.71%	10,760	71,300	203	71,200	10	0.42%
현대백화점	83,700	▲	1,200	1.45%	150,858	83,800	1,965	83,700	1,225	0.84%
세이브존I&C	3,250	▲	45	1.40%	25,359	3,255	11,312	3,240	115	1.40%
이마트	156,000	▲	1,500	0.97%	84,471	156,500	92	156,000	1,400	0.95%
대구백화점	11,000	▲	100	0.92%	24,619	11,000	125	10,950	926	4.27%
신세계	255,000	▲	2,000	0.79%	49,233	255,000	4,867	254,500	3,438	0.97%
다나와	27,850	▲	150	0.54%	40,066	27,900	646	27,850	395	1.24%
롯데쇼핑	102,000	▲	500	0.49%	32,338	102,000	6,983	101,500	5,411	0.49%
GS리테일	32,450	▲	200	0.62%	153,713	32,450	4,968	32,400	1,200	0.61%

자산가치우량주 | 자산가치우량주는 주당순자산BPS이 큰 종목을 검색하면 됩니다.

홈 ···▸ 투자정보 ···▸ 테마종목 ···▸ 테마구성종목

03

경제성장률, 명목GDP, 실질GDP

경제가 성장하면
기업에 투자해야 할까?

경제가 성장한다는 것은 단순하게 말하면 매년 생산되는 상품과 서비스가 늘어
난다는 의미입니다. 기업은 투자를 통해서 상품과 서비스의 제공을 늘리고 가계
는 벌어들이는 소득을 통해서 이들을 소비하며, 이러한 소비로 인해 다시 생산이
늘어나는 선순환의 구조로 경제규모가 커지는 것이 경제성장입니다. 그러나 반
대로 가계가 소비를 제대로 하지 못하면 기업들도 상품이나 서비스의 생산을 줄
이고, 이 때문에 기업이 구조조정을 통해 감원을 함으로써 실업자가 늘어나 결국
가계의 소득이 감소되지요. 이로 인해 소비가 더욱 위축되면 경제는 마이너스 성
장을 보입니다.

GDP가 성장하면 경제도 성장하는 걸까?

경제가 성장하는지의 여부를 한눈에 볼 수 있는 지표는 바로 국내총생산GDP, Gross
Domestic Product입니다. GDP는 내국인이든 외국인이든 우리나라에서 특정 기간 동
안 새롭게 생산한 상품과 서비스의 시장가치를 합한 것이지요. GDP에 대해 주
의해야 할 것을 살펴봅시다.

GDP는 일정한 지역을 대상으로 합니다 │ 우리나라에서는 국내에서 생산된 것을 GDP로 포함합니다. 삼성전자나 현대자동차 등 글로벌 기업의 경우 우리나라 공장에서 생산된 것은 GDP에 계산이 되지만 해외 공장에서 생산된 것은 GDP에 계산이 되지 않습니다.

GDP는 일정 기간을 대상으로 합니다 │ 예를 들어 연간 GDP는 1년을 기준으로 하고 분기 GDP는 3개월의 기간을 기준으로 합니다.

GDP는 새롭게 생산된 가치를 기준으로 합니다 │ 예를 들어 삼성전자가 200만 원 짜리 LED TV를 생산하는 데 150만 원의 부품가격이 들었다면 삼성전자가 창출한 가치는 50만 원입니다. 나머지는 이미 부품회사가 창출한 가치로 계산되어버리는 것입니다. 이런 개념을 부가가치Value Added 라고 부릅니다.

GDP는 시장가치에 기초합니다 │ 시장에서 거래되는 모든 것은 시장가치를 가지고 있습니다. 하지만 시장에서 거래되지 않는 것은 시장가치를 갖고 있지 않습니다. 예를 들어 가정주부의 가사노동의 경우 집안일은 시장에서 거래되는 것이 아니라서 GDP에 포함되지 않습니다. 그러나 가사도우미가 집에 와서 일을 하고 일당을 받으면 이는 시장에서 거래되는 것이므로 GDP에 포함됩니다.

여기서 주목해야 할 것이 있습니다. GDP가 시장가치의 측면에서 계산된다는 것입니다. 시장가치는 수량과 가격의 곱으로 이루어집니다. 그렇다면 GDP가 성장하는 원인은 수량이 증가하는 경우와 가격이 오르는 경우, 두 가지로 나누어볼 수 있습니다.

$$시장가치 = 수량 \times 가격$$

먼저 수량이 증가하는 경우는 GDP가 실질적으로 성장하는 것입니다. 이는 곧 기업의 상품과 서비스의 생산이 증가하는 것을 말합니다. 그런데 가격이 상승해서 GDP가 올라가는 경우는 한번 곱씹어볼 필요가 있습니다. 가격만 상승할 뿐 수량이 늘지 않으니 공장이 제대로 돌아가지 않는다는 것인데 그럼에도 불구하고 GDP가 올라갔다고 해서 경제가 성장했다고 볼 수 없습니다. 단순히 물가상승으로 GDP가 올라간 것임을 알아야 합니다.

명목GDP에 속으면 잘못된 종목을 선택한다

이렇게 실질적인 경제성장 여부를 살펴보기 위해 GDP는 명목GDP와 실질GDP로 구분합니다. 명목GDP Nominal GDP는 현재의 시장가격 그대로 GDP를 계산한 것입니다. 흔히 쓰이는 GDP가 바로 명목GDP이지요. 그런데 실질GDP Real GDP는 물가가 변동하지 않은 것으로 간주하고 계산을 한 것입니다.

──────────●실전 : 실제 경제성장을 알아보는 방법●──────────

한 나라의 생산량과 물가수준이 다음과 같이 주어졌다고 가정하고 명목GDP와 실질GDP를 구해봅시다. 어느 기업의 2010년 12월 기준 생산량이 100개이고 이때 가격은 1억 원입니다. 2015년 12월의 생산량은 똑같이 100개나 가격은 1억 2,000만 원이라고 가정했을 때 GDP가 실제 성장한 해는 언제일까요?

	수량	가격	명목GDP	실질GDP
2010년 12월	100개	1억 원	100억 원	100억 원
2015년 12월	100개	1억 2,000만 원	120억 원	100억 원
GDP 성장률			20%	0%

명목GDP는 현재의 가격을 기준으로 하기 때문에 100억 원에서 120억 원으

로, GDP가 20% 성장했다고 나타납니다. 그러나 실제로는 가격이 올라간 것뿐이지 수량이 그대로여서 GDP가 성장했다고 볼 수 없습니다. 실질GDP를 구하려면 2010년의 수량 100개에 기준연도인 2000년의 가격을 대입합니다. 그러면 실질GDP는 전혀 성장이 없는 100억 원으로 나옵니다. 이렇게 물가만 상승한 경우는 경제가 성장했다고 보기 어려울 뿐만 아니라 소득증가보다 물가상승의 속도가 더 빠른 경우 오히려 경제를 위축시킬 수 있다는 점을 유의해야 합니다.

GDP는 최근 한 국가의 경제성장률을 살펴보는 매우 중요한 핵심지표입니다. 하지만 반드시 명목GDP와 실질GDP로 구분해서 살펴보아야 합니다. 경제의 실제적인 성장을 보여주는 것은 실질GDP의 성장이라는 점을 잊지 마세요.

▽ 경제성장률과 주가

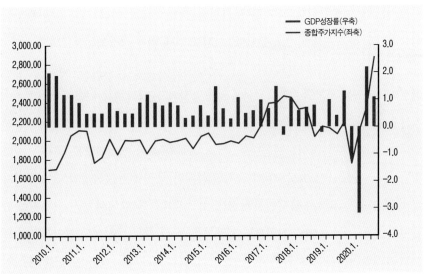

04

이자율, 명목이자율, 실질이자율

이자율에
울고 웃는 기업들

이자는 어떤 것에 의해 결정되나?

돈을 빌려 쓰고 나면 약속한 날짜에 원금을 돌려주는 것은 물론이고 돈을 쓴 대가로 이자를 지불합니다. 이자율은 고정된 것이 아니라 여러 가지 요인에 의해 상승하기도 하고 하락하기도 합니다. 어떤 요인에 의해 결정되는지 살펴봅시다.

예로부터 금리는 자본의 한계생산성에 의해 결정된다고 생각했습니다

자본을 한 단위 더 사용할 때 추가적으로 발생하는 생산성이 자본의 한계생산성입니다. 쉬운 예를 들어보겠습니다. 어떤 농부가 소와 쟁기만으로 농사를 짓고 있습니다. 이 도구만으로는 힘이 들기도 하지만 무엇보다 생산성이 낮아 수지가 맞지 않습니다. 그래서 은행에서 돈을 빌려 트랙터를 구입해서 농사를 짓기로 했습니다. 트랙터로 농사를 지어보니 실제로 힘도 덜 들고 생산성도 높아졌다면 트랙터를 사용하지 않았을 때와 트랙터를 사용했을 때 생산성의 차이가 납니다. 이 차이를 자본의 한계생산성이라고 합니다.

　만약 자본의 한계생산성이 높으면 사람들은 생산성을 높여 수익을 내기 위해 투자를 원하므로 좀 더 높은 이자를 주고서라도 돈을 빌리려고 하겠지요. 반대로 자본의 한계생산성이 낮으면 웬만해서는 높은 이자를 지불하려 하지 않을 것입니다. 따라서 사회적으로 한계생산성이 높은 나라는 이자율이 높고 한계생산성이 낮은 나라는 이자율이 낮습니다. 이것으로 선진국에 비해 후진국의 이자율이 높은 것을 설명할 수 있습니다. 후진국은 자본 축적이 별로 되어 있지 않기 때문에 기계를 하나만 가지고 물건을 만들어 팔면 돈벌이가 쏠쏠할 테지요. 하지만 선진국은 자본 축적이 잘 되어 있어 내가 기계를 가지고 물건을 만들었다고 해서 반드시 돈을 벌 수 있지 않습니다.

예를 들어 캄보디아에서 기계를 한 대 사서 사업을 하면 50% 또는 100%의 수익이 난다고 해봅시다. 그러면 사람들은 20~30%의 이자율을 내고서라도 대출을 받아 기계를 구입할 것입니다. 그러나 선진국은 이미 수없이 많은 경쟁상품이 각축을 벌이고 있기 때문에 기계를 한 대 사서 사업을 한다 해도 수익을 기대하기가 어렵습니다. 그러니 웬만한 이자율을 지급해서는 수익을 확보하기가 힘들지요. 바로 이런 자본의 한계생산성의 차이로 인해 이자율 차이가 발생합니다.

이런 점 때문에 중국과 같은 개발도상국들은 이자율이 높다고 해도 기업의 이익이 급격하게 증가하는 것입니다. 반면 미국이나 유럽, 일본 등은 자본의 한계생산성이 낮기 때문에 이자율이 낮다고 해도 기업의 이익이 급격히 증가하는 경우가 많지 않다는 점을 이해해야 합니다. 우리나라는 어떨까요? 우리나라도 급속한 경제성장을 이룬 후 자본이 많이 축적되었습니다. 그렇다 보니 유례없는 저금리 기조가 이어지고 있는 상황에서도 기업들의 이익이 좀처럼 늘어나지 않고 있습니다. 이러한 점이 기업분석을 더욱 면밀히 해야 하는 이유입니다.

다른 시각으로 이자율은 유동성을 포기하는 대가로 받는 프리미엄이라고 판단합니다 현금의 장점은 필요할 때 즉각적으로 사용할 수 있다는 점입니다. 여러분이 상을 받는데 상장과 함께 상금으로 현금이 나온다고 가정해봅시다. 그런데 현금을 지금 당장 주는 것과 1년 뒤에 찾을 수 있게 하는 것 중 고른다면 어떨까요? 아마 대부분은 당연히 지금 당장 받기를 선호할 것입니다. 이렇게 당장 현금화할 수 있는 정도가 큰 것을 유동성이 크다고 말합니다.

어떤 사람이 다른 사람에게 돈을 빌려준다는 것은 내가 지금 사용할 수 있는 현금, 즉 유동성을 포기하는 대신 돈을 빌려주는 것입니다. 이 때문에 이자는 유동성을 포기한 대가로 받는 프리미엄이라고 할 수 있습니다. 그렇다면 단기로 돈을 빌려준 경우와 장기로 돈을 빌려준 경우, 둘 중 어느 경우에 이자가 더 높아야할까요? 장기로 빌려주고 나면 오랫동안 그 돈을 쓸 수 없다는 프리미엄이 붙기 때문에 이자가 더 높아야 합니다. 일반적으로 이자를 발생시키는 채권 중 단기채보다 장기채의 이자율이 더 높습니다.

이자율은 위험을 반영한다고 합니다

이자율은 무위험이자율과 위험프리미엄의 합입니다. 이자율이 높다는 것은 바로 돈을 빌리려는 기업이 위험하다는 의미입니다. 일반적으로 은행에서 돈을 빌리는 경우와 대부업체에서 돈을 빌리는 경우에 적용되는 이자율 차이를 생각하면 쉽게 이해할 수 있습니다. 은행에서 돈을 빌릴 수 있는 기업은 나름대로 신용도가 높은, 즉 원금과 이자를 제때 갚을 능력이 있는 기업이지요. 그러나 은행에서 돈을 빌리지 못하는 기업은 원금과 이자를 떼먹을 위험이 많아 신용도가 낮은 기업입니다. 그렇기 때문에 신용도가 높은 기업은 낮은 이자율로 대출을 받는 것이 가능한 반면 신용도가 낮은 기업은 엄청난 이자를 지불하지 않으면 좀처럼 돈을 빌릴 수 없습니다.

이자율은 또한 물가를 반영한다고 합니다

이는 1920년대 미국 예일대학에서 경제학을 강의했던 어빙 피셔Irving Fisher가 연구한 것입니다. 우리가 일상에서 거래하는 이자율을 명목이자율이라 하는데, 그는 이 명목이자율이 실질이자율과 물가상승률의 합이라고 보았습니다.

$$명목이자율 = 실질이자율 + 물가상승률$$

이 논리에 의하면 물가가 높아지면 이자율이 높아지고 물가가 낮아지면 이자율도 낮아집니다. 만약 물가가 올라감에도 불구하고 이자율이 올라가지 않는다면 자칫 실질이자율이 (-)가 되어 예금자들이 손해를 보는 일이 벌어집니다. 예를 들어볼까요? 만약 은행의 예금금리가 3%인데 물가상승률이 4%라면 위 산식에 의해 3%=(-)1%+4%가 됩니다. 은행에 예금하면 1%만큼 손해를 보는 것이지요.

이자율은 위의 경우들로 설명이 가능합니다. 지금까지 나타난 현상으로 보면 이자율이 하락하면 주가는 상승하고 이자율이 상승하면 주가가 하락하는 경향이 있습니다. 이자율이 하락하면 경제 전체적으로 신용이 완화되어 자금이 넘쳐나는 반면 이자율이 상승하면 신용이 막혀 자금사정이 여의치 않아지기 때문입니다.

금리 변동에 따라 종목 선택을 다르게 하라

그럼 금리가 오르고 내릴 때 수혜주는 어떤 것들이 있을까요? 먼저 금리인하 시에 수혜를 받는 종목군을 살펴보겠습니다.

금리인하의 직접적 수혜주 ｜ 금리가 하락하면 상대적으로 부채비율이 높은 기업들이 직접적으로 수혜를 받을 가능성이 커집니다. 왜냐하면 이자비용이 줄어들 수 있기 때문입니다. 우리 시장에서 상대적으로 부채비율이 높은 기업은 건설주와 증권주 등을 꼽을 수 있습니다.

하지만 이때 부채비율이 지나치게 높으면 부도의 가능성이 있습니다. 그러므로 단순히 부채비율이 높은 기업만 고르기보다는 적자는 없는지, 또 수익성은 확보되는지 등을 따져서 투자해야 합니다.

금리인하로 투자가 증가하는 경우의 수혜주 | 건설주, 기계주 등이 있습니다. 금리가 인하되면 자금조달비용이 줄어들어 설비투자가 늘어납니다. 그렇다면 공장을 짓는 건설업과 기계설비업의 경우에는 주가가 상승하겠지요.

금리인하로 소비심리가 회복되는 경우의 수혜주 | 유통주, 여행관련주입니다. 금리인하가 소비심리를 회복시킨다면 이때는 내수관련주의 수혜가 예상됩니다. 따라서 대표적으로 백화점과 할인점 같은 유통주, 여행관련주 등이 수혜주입니다.

이번에는 금리인상 시 수혜를 받는 종목을 하나씩 살펴보겠습니다.

금리인상의 직접적 수혜주 | 금리가 상승하면 보험주는 직접적 수혜를 받습니다. 이유가 뭘까요? 보험업종의 경우 금리가 확정된 부채를 확보하고 있고, 부채의 만기가 자산의 만기보다 긴 것이 일반적입니다. 그렇다면 상대적으로 금리가 인상되면 시장금리 대비 이자비용 부담이 축소되는 효과를 볼 수 있습니다.

금리인상으로 환율이 하락하는 경우 | 외국인선호주가 수혜주입니다. 금리가 오르면 외국인투자자들은 상대적으로 이자가 높은 우리나라로 자금을 이동시킵니다. 이 때문에 원화의 가치가 높아지고 환율이 하락하는 것이지요. 그러면 외국자금이 주식시장에 유입됩니다. 따라서 환율이 하락할 때는 외국인들이 선호하는 주식을 잘 살펴보아야 합니다. 그러나 외국인선호주는 그때그때의 상황에 따라 바뀔 수 있으므로 외국인이 어떤 종목을 많이 사고 있는지를 꼭 확인해보세요.

HTS에서 금리수혜주 찾아보기

[투자정보] ···▶ [리서치] ···▶ [기업분석] ···▶ [랭킹분석] ···▶ [지표순위]에서 부채비율을 기준으로 내림차순 정리를 하면 부채비율이 높은 기업을 찾을 수 있습니다.

홈 ···▶ 투자정보 ···▶ 리서치 ···▶ 기업분석 ···▶ 랭킹분석 ···▶ 지표순위

HTS에서는 외국인기관의 매매상위종목들도 확인할 수 있습니다.

홈 ···▶ 투자정보 ···▶ 투자자별매매 ···▶ 외국인기관매매상위

05

통화량과 기업분석

통화량이 늘어나면
기업가치는 올라갈까?

통화량은 시중에 돌아다니는 돈의 양을 말하지요. 보통 한국은행에서 월 단위로 측정한 후 경제성장과 물가, 금리 등을 감안하여 신축적으로 공급량을 결정합니다. 또한 이를 통화지표로 만들어 돈의 흐름을 파악하고 정부의 통화관리정책에 활용하고 있습니다.

통화정책에 따라 경제가 뒤바뀐다

통화량의 변동은 중앙은행이 어떤 통화정책을 수행하느냐에 따라 달라집니다. 기본적으로 통화정책의 궁극적인 목표는 물가안정과 경제성장, 그리고 고용증대와 국제수지균형에 있습니다. 이런 궁극적인 목표를 달성하기 위해 단기금리를 변동시키는 등의 방법을 통해 시중의 통화량을 조절합니다.

그러면 중앙은행이 사용할 수 있는 통화금융정책에는 어떤 것들이 있고 이들 정책의 효과는 무엇인지 살펴보겠습니다. 중앙은행은 통화금융정책으로 지불준비율정책, 재할인정책, 공개시장조작 등의 수단을 활용합니다.

우리나라에서 사용하는 통화지표

현재 우리나라에서 사용하고 있는 통화지표는 협의통화(M1), 광의통화(M2), 총유동성(M3), 가장 포괄적인 통화지표로 최광의유동성(L) 등입니다.

본원통화 = 민간보유화폐 + 지급준비금
중앙은행이 공급하는 통화로서 통화 공급의 기초가 되는 중앙은행의 통화성 부채를 말합니다.

협의통화(M1) = 민간보유현금 + 은행요구불예금 + 은행저축예금 + 수시입출금식예금 + 투신사MMF
M1은 지급수단으로서의 화폐의 기능을 중시한 통화지표로, 민간이 보유하고 있는 현금과 예금취급기관의 결제성 예금의 합계입니다. 결제성 예금은 비록 현금은 아니지만 수표발행 등을 통해 지급결제수단으로 사용되거나 즉각 현금과 교환될 수 있으며 기능면에서는 거의 현금과 같기 때문에 협의통화에 포함되어 있습니다.

광의통화(M2) = M1 + 정기예적금 및 부금 + 거주자외화예금 + 시장형금융상품 + 실적배당형금융상품 + 금융채 + 발행어음 + 신탁형 증권저축
M2는 M1에 예금취급기관의 정기예금, 정기적금 등 기간물 정기예적금 및 부금, 거주자 외화예금 그리고 양도성예금증서(CD), 환매조건부채권(RP), 표지어음 등 시장형금융상품, 금전신탁, 수익증권 등 실적배당형 금융상품, 금융채, 발행어음, 신탁형증권저축 등을 포함하는 지표입니다.
이렇게 광의통화에 기간물 정기예적금 및 부금 등 단기 저축예금뿐 아니라 시장형 금융상품, 실적배당형 금융상품 등을 포함하는 것은 이들 금융상품이 비록 거래수단보다는 자산증식이나 미래의 지출에 대비한 일정 기간 동안의 저축수단으로 보유되지만 약간의 이자소득만 포기한다면 언제든지 인출이 가능하여 결제성 예금과 유동성 측면에서 큰 차이가 없다고 보기 때문입니다(광의통화에는 만기 2년 이상은 제외).

총유동성(M3) = M2 + 예금은행 및 비은행금융기관 기타 예수금
광의통화(M2)에 예금취급기관의 2년 이상 정기예적금 및 금융채, 그리고 유가증권 청약증거금, 만기 2년 이상 장기금전신탁 등과 생명보험회사, 증권금융회사 등 기타 금융기관의 보험계약준비금, 환매조건부채권매도, 장단기금융채, 고객예탁금 등이 포함되는 통화지표입니다.

최광의유동성(L) = M3 + 국공채 및 회사채발행분(금융기관보유분 제외)
L은 정부나 기업 등이 발행한 국공채, 회사채 등 M3에서 제외된 것들을 포함하는 지표입니다. 다만, 이는 3개월 이후에나 작성된다는 문제점이 있습니다.

지불준비율정책 ┃ 은행이 고객의 예금인출에 대비해 예금액의 일정비율^{지불준비}_율을 중앙은행에 무이자로 예치하는 제도입니다. 이는 당초 예금자보호를 위해 도입되었지만 통화를 조절하는 수단으로 발전하였습니다.

재할인율정책 ┃ 중앙은행이 시중은행에 자금을 대출할 때 쓰는 방법입니다. 시중은행이 기업에 할인해준 어음을 중앙은행이 다시 할인해주는 제도입니다. 얼마나 재할인을 해주느냐에 따라 시중의 통화량이 영향을 받습니다. 재할인금리를 조정하거나 은행에 대한 대출 규모를 조절하는 형태로 금리나 통화량에 영향을 미치지요.

공개시장조작 ┃ 중앙은행이 금융시장에서 금융기관을 상대로 국채 등을 매매하여 금융기관의 자금사정을 변화시킴으로써 통화량과 단기 시장금리를 조절하는 정책수단입니다. 즉, 중앙은행 매입조작을 하면 금융시장에서 채권을 사고 돈을 풀어주는 효과가 나타나고 매각조작을 하면 금융시장에 채권을 팔고 돈을 거두어가는 효과가 나타납니다.

각각의 통화금융정책과 그 결과를 정리하면 다음과 같습니다.

수단	방향	통화량
지불준비율정책	인상 / 인하	감소 / 증가
재할인율정책	인상 / 인하	감소 / 증가
공개시장조작	매입조작 / 매각조작	증가 / 감소

통화량은 경제와 주가에 어떻게 영향을 미치나?

통화량의 변동은 일반적으로 다음의 몇 가지 경로를 통해 경제에 영향을 미칩니다.

먼저 금리 경로입니다. 통화량을 늘림으로써 실질금리가 하락하고, 그 결과 투자를 늘려 제품이나 서비스의 생산이 늘어납니다. 다음은 환율 경로입니다. 통화량이 늘어나면 실질금리가 떨어지면서 국내로부터 자본이 빠져나가 환율을 상승시킵니다. 환율의 상승은 수출증가에 기여합니다. 신용 경로는 특히 은행으로부터 대출이 어려운 중소기업들이 눈여겨봐야 하는 경로입니다. 은행의 예금 및 대출이 증가하여 투자가 늘어나고 상품 및 서비스 생산이 늘어나는 데 기여합니다. 마지막은 현금흐름 경로입니다. 통화량이 늘어나면 명목금리가 떨어지고 이로 인해 기업들의 현금사정이 좋아집니다.

또한 통화량의 변동은 일반적으로 세 가지 경로를 통해 주가에 영향을 미칩니다.

통화량이 늘어나면 실물경제에 영향을 미쳐 기업가치가 향상됩니다
통화량 증가로 유동성이 풍부해지고 경제규모가 확대되면서 기업의 설비투자에 영향을 줍니다. 이것이 실질생산량을 증가시켜 경기상승을 유발합니다. 이로 인해 기업가치가 향상되어 주가도 오르지요. 그러나 만약 실질생산량의 증가가 수반되지 않으면 물가만 상승시켜 오히려 주가가 떨어질 수 있습니다.

통화량이 늘어나면 실질이자율이 하락합니다
실질이자율이 하락하면 투자자들이 금융상품 대신 주식을 찾음으로써 투자수요가 증가합니다. 이렇게 주식에 대한 수요기반이 확대되면 주가가 상승할 가능성이 커집니다.

통화량이 늘어나면 시중의 유동성이 좋아집니다
통화량 증가로 시중 자금사정이 좋아지면 절대적 규모의 시중의 유동성이 늘어나 증시의 유동성을 풍부하게 함으로써 주가가 상승하는 국면이 나타납니다.

06

무역수지, 경상수지

수출관련주는
시대에 따라 변화한다

우리나라 경제는 대외의존도가 매우 높아서 내수경기보다는 해외수출이 더욱 중요한 경제구조입니다. 따라서 수출입의 결과로 나타나는 무역수지가 우리 경제에 결정적인 영향을 미친다는 것은 너무나도 자명한 사실입니다.

무역수지에 따라 주가가 달라진다

무역수지는 '수출액 – 수입액'에 의해 결정되는데 수출이 더 많은 경우에는 무역흑자, 수입이 더 많은 경우에는 무역적자입니다.

　무역흑자가 발생하면 해외로부터 자금이 흘러들어옵니다. 그러면 우리나라 경제는 유동성이 풍부해지고 이는 직·간접적으로 기업의 주가에 영향을 미칩니다. 먼저 직접적인 효과로는 무역흑자 ⋯▶ 해외자금 유입 ⋯▶ 국내통화량 증대 ⋯▶ 주가상승의 형태로 영향을 미치고 간접적인 효과로는 수출증가 ⋯▶ 기업매출 확대 ⋯▶ 이익증가 ⋯▶ 주가상승의 형태로 영향을 미칩니다. 반대로 무역적자가 발생하면 국내자금이 해외로 흘러나가 국내의 유동성이 축소되는 것은 물론 기업의 수익성도 악화되어 주가가 하락합니다.

경상수지와 주가의 흐름을 그림으로 살펴보면 다음과 같습니다.

▾ 경상수지와 주가

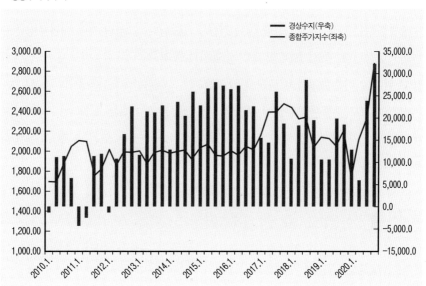

1980년대 이후 우리 증시는 경상수지_{무역수지 포함}와 주가의 움직임이 같은 방향으로 움직이고 있습니다. 그러나 외환위기를 지나면서 그 관계가 상당히 약화된 모습을 보이고 있지요. 이는 1992년 자본시장을 개방해 외국인들의 자금이 단기적으로 유출입되는 과정에서 나타나는 현상으로 파악되고 있습니다.

무역수지와 기업의 관계를 살펴보면, 수출관련기업들의 수출 성적은 곧 그 기업의 주가를 결정합니다. 우리나라의 무역수지가 개선된다는 것은 수출을 하는 기업들의 실적이 좋아진다는 것과 같은 의미입니다. 따라서 수출관련기업들을 유심히 살펴보면 좋겠지요. 우리나라는 대형수출기업들이 많이 있습니다. 삼성전자, LG전자, 현대중공업 등과 같이 대부분 대형사들이 수출관련기업에 상당수 포진되어 있다는 점도 기억하세요.

시대에 따라 변하는 수출관련주를 파악하라

우리나라의 수출관련주들은 시대에 따라서 변해왔습니다. 1980년대의 대표적인 수출관련주는 바로 해외건설을 하는 건설주였습니다. 그러던 것이 대형우량주로 변화되었습니다. 특히 1998년 IMF 외환위기를 겪은 다음에는 반도체, 통신기기 등 소위 IT관련수출주들이 시장을 주도했지요. 2008년 이후 금융위기를 해결하는 과정에서도 수출관련주들이 시장을 주도했었는데 이때는 소위 '차화정'이라고 부르는 자동차, 화학, 정유관련주들과 '조건기'라고 부르는 조선, 건설, 기계업종 등이 시장을 주도했습니다.

흔히 우리나라를 소규모의 개방경제Small Open Economy 라고 합니다. 우리나라 무역수지가 해외의 실물경기와 밀접하게 연결되어 있다는 것이지요. 따라서 세계적인 실물경기 활황이 일어나는 당시에 어떤 업종이 수출을 주도하는지를 파악하는 것이 중요합니다.

07

환율, 외국인순매수

환율의 시간 차를
조심하라

환율이 상승하면 어떤 주가가 오를까?

국가 간에는 서로 다른 돈을 사용하기 때문에 화폐의 교환비율이 필요하지요. 외국 돈과 우리 돈의 교환비율이 환율입니다. 통화가치의 상승과 하락 변동은 항상 상대적으로 움직입니다. 만약 1달러=1,300원에서 1,400원으로 환율이 상승하면 ⋯ 달러가치 상승 ⋯ 원화가치는 하락합니다. 1달러=1,300원에서 1,200원으로 환율이 하락하면 ⋯ 달러가치 하락 ⋯ 원화가치는 상승합니다.

환율은 국제외환시장에서 각국의 정치 및 경제사정 등에 따라 수시로 변동하는데 일반적으로 가치가 상승하는 통화를 강세통화라 하고 가치가 하락하는 통화를 약세통화라 부릅니다. 우리나라의 경우 정책당국의 구조적 개입이나 제한 없이 외환시장에서 수요와 공급에 의해 환율이 결정되는 자유변동환율제도를 채택하고 있습니다. 따라서 어느 나라보다도 환율의 움직임에 주목해야 합니다. 그리고 국제자본시장에서 자본의 흐름은 강세통화국으로 흘러들어간다는 점을 잊어서는 안 됩니다.

1970년대와 1980년대를 지나면서 경제적으로 눈부시게 발전한 나라를 꼽으라면 단연 일본을 꼽을 수 있습니다. 일본의 산업은 경박단소輕薄短小 가볍고, 얇고, 짧고, 작은의 특징으로 축소지향적 사고를 통해 세계경제에서 엄청난 위력을 발휘하면서 경제를 부흥시켰습니다. 반면 미국의 산업은 중후장대重厚長大 무겁고, 두껍고, 길고, 큰의 특징을 갖고 있어 일본제품과의 경쟁에서 도저히 살아남을 수 없는 상태였습니다. 그 결과로 미국은 일본에 대규모의 적자를 보게 되었지요. 지속되는 무역적자를 일거에 해소할 방법을 찾던 미국은 1985년 뉴욕의 플라자호텔로 일본을 불러들여 환율을 조정하기에 이릅니다. 이것이 이른바 플라자합의입니다. 체결 내용은 당시 1달러당 240엔이던 환율을 120엔으로 강제 조정하는 것이었습니다. 일본은 미국의 요구를 받아들이지 않을 수 없었습니다.

미국은 어떤 이유에서 플라자합의를 강행했던 것일까요? 환율은 국가 간의 무역에 있어 상품가격에 결정적으로 영향을 미칩니다. 예를 들어 우리나라의 경우 1달러에 1,000원이던 환율이 1,500원으로 올랐다고 가정해봅시다. 통화의 가치가 떨어지는 것이지요. 외국인의 입장에서는 과거에 1달러를 주고 1,000원짜리

환율 표시방법

국제자본시장에서 거래되는 환율의 표시방법을 살펴보면 다음과 같습니다.

유럽식 표시법(European term)과 미국식 표시법(American term)
① 유럽식 표시법: 달러 1단위에 대하여 기타 통화로 가격 표시 예) 1 US$ = 1,300원
② 미국식 표시법: 달러 외 기타 통화 1단위에 대해 달러로 가격 표시 예) 1원 = 0.0008 US$

직접 표시법(자국통화 표시법)과 간접 표시법(해외통화 표시법)
① 직접 표시법: 외국통화 1단위에 대하여 자국통화로 가격을 표시 예) 한국 1 US$ = 1,300원
② 간접 표시법: 자국통화 1단위에 대하여 외국통화로 가격을 표시 예) 한국 1원 = 0.0008 US$

물건을 샀지만 이제는 1달러를 주고 1,500원짜리 물건을 살 수 있게 됩니다. 상대적으로 우리나라 물건값이 싸지므로 우리나라 상품의 수출이 늘어납니다. 반대로 환율이 1달러에 800원으로 떨어졌다고 가정해보겠습니다. 이때는 원화의 가치가 강세를 보이는 것이지요. 그러면 과거 1달러에 1,000원짜리를 살 수 있었지만 이제는 800원짜리밖에 살 수 없어 상대적으로 우리나라 물건값이 비싸지는 것입니다. 그러면 우리나라 상품의 수출은 감소됩니다.

우리나라 입장에서 보면 우리나라 통화가 약세를 보이면 상대적으로 외국의 물건값이 비싸져 수입이 감소하고, 우리나라 통화가 강세를 보이면 상대적으로 외국의 물건값이 싸져서 수입이 증가합니다. 이러한 현상이 발생하기 때문에 미국은 일본에 대해 환율을 조정하자는 제안을 했던 것이지요.

환율동향	수출	수입	결과
환율상승(원화약세)	수출단가 하락으로 수출증가	수입단가 상승으로 수입감소	무역수지 흑자
환율하락(원화강세)	수출단가 상승으로 수출감소	수입단가 하락으로 수입증가	무역수지 적자

환율은 국제자본시장에서 통화의 가치를 변동시켜 자본이 강세통화국으로 흘러가게 하는 경향을 갖습니다. 왜냐하면 통화도 하나의 상품이라고 볼 수 있기 때문입니다. 통화가치 상승 시 그 통화를 매수해서 가치가 더 상승한 이후에 팔아버리면 환차익이 발생합니다. 우리나라의 환율이 달러당 1,000원에서 800원으로 떨어진 경우를 생각해봅시다. 과거에는 1,000원을 줘야 1달러를 살 수 있었는데 이제는 800원만 주면 1달러를 살 수 있어서 200원의 환차익이 생깁니다.

이런 이유로, 원화가 강세를 보이는 경우 주식시장으로 외국인매수자금이 물밀듯이 밀려들어오는 경향이 있습니다. 반대로 생각해보면 원화가 약세를 보이는 경우, 즉 환율이 올라가는 경우에는 환차손을 우려한 외국인투자자들의 자금이 시장에서 썰물처럼 빠져나간다는 것도 생각해볼 수 있습니다. 이를 그래프로 확인해보면 다음과 같습니다.

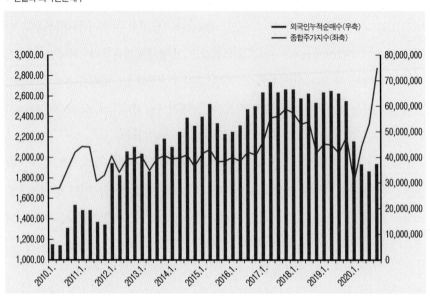

그림에서 보는 바와 같이 환율이 하락하는 과정에서는 외국인들의 누적순매수가 늘어나는 모습을 보이고 환율이 상승하는 과정에서는 외국인들의 누적순매수가 급격히 줄어드는 모습을 보입니다. 이렇듯 환율의 움직임은 주식시장에 큰 영향을 미칩니다.

그런데 가만히 보면 앞서 설명한 두 가지 경우가 서로 배치되는 것 같습니다. 환율이 상승하면 무역수지는 흑자를 보이지만 외국인은 시장에서 빠져나가고, 반대로 환율이 하락하면 무역수지는 적자를 보이지만 외국인은 시장에 들어온다는 겁니다. 이런 현상을 어떻게 설명할 수 있나요?

바로 시간 차를 통해 설명할 수 있습니다. 자본시장에서 외국인 자금은 순식간에 움직일 수 있습니다. 소위 헤지펀드 혹은 핫머니라고 하는 돈들이 단기적으로 움직이는 것입니다. 그렇다면 환율이 변했을 때는 단기적으로 자금의 유출입이 먼저 일어납니다. 그리고 그 이후에 수출입시장에서 변화가 생긴다고 보면 됩니다.

환율은 기업에 어떤 영향을 주는가?

환율은 거시변수에 영향을 주는 부분도 있지만 경제주체들에게 미치는 영향도 있습니다. 특히 기업에는 매우 커다란 영향을 미칩니다.

수출 및 수입관련 기업 ｜ 수출을 기반으로 하는 기업의 경우 환율이 오르면 수출환경이 좋아지고 환율이 내리면 수출환경이 악화될 것입니다. 반대로 수입을 기반으로 하는 기업의 경우 환율이 떨어지면 수입가격이 떨어져 이익이 되겠지만 반대로 환율이 올라가면 수입가격이 올라가 수익성이 떨어집니다.

외화자산 및 외화부채를 가지고 있는 기업 ｜ 환율은 외화자산과 외화부채를 가지고 있는 기업에도 영향을 미칩니다. 먼저 외화자산을 가지고 있는 기업의 경우 환율이 올라가면, 즉 원화의 가치가 떨어지고 외화의 가치가 올라가면, 외화자산의 가치도 올라가 이익을 봅니다. 반대로 환율이 떨어지면 손해를 봅니다. 예를 들어 어떤 기업이 미국에 1억 달러짜리 건물을 가지고 있다고 해봅시다. 현재 환율이 1,000원이면 건물의 가치는 원화로 1,000억 원입니다. 환율이 올라 1,500원이 되면 건물의 가치가 1,500억 원으로 오르지만 환율이 떨어져 800원이 되면 건물의 가치는 800억 원으로 추락하는 것입니다.

외화부채를 가진 입장에서 본다면 어떨까요? 환율이 올라가면 외화부채의 가치도 덩달아 올라 손해를 보고 반대로 환율이 떨어지면 이익을 봅니다. 마찬가지 예로, 미국으로부터 1억 달러를 빌린 경우를 생각해봅시다. 현재 환율이 1,000원이면 현재는 빚을 갚기 위해 1,000억 원이 있으면 됩니다. 그런데 환율이 올라 1,500원이 되면 빚을 갚기 위해 1,500억 원이 필요합니다. 환율이 800원으로 떨어지면 800억 원만 있으면 빚을 청산할 수 있습니다.

따라서 환율의 움직임은 주식시장 전체로 볼 때 단기적으로 환율상승 시 주가

하락, 환율하락 시 주가상승을 이끌 가능성이 큽니다. 그리고 장기적으로는 환율 상승이 무역수지 흑자를 불러 주가상승을, 환율하락은 무역수지 적자를 불러 주가하락을 이끌 가능성이 큽니다. 물론 그 사이에서 개별 기업의 움직임은 자신의 포지션에 따라 달라질 수 있다는 것을 잊지 마세요.

이상의 내용을 표로 정리해보면 다음과 같습니다.

	환율상승(원화가치 하락)	환율하락(원화가치 상승)
국제자본시장의 자금동향	외국자본 유출	외국자본 유입
수출시장에 미치는 영향	무역수지 흑자	무역수지 적자
수출기업에 미치는 영향	수출증가(매출증가)	수출감소(매출감소)
수입기업에 미치는 영향	수입단가 상승(비용상승)	수입단가 하락(비용하락)
해외자산 보유기업	해외자산가치 상승(이익)	해외자산가치 하락(손실)
해외부채 보유기업	해외부채가치 상승(손실)	해외부채가치 하락(이익)

HTS에서 환율 변동 시 주가 변화 살펴보기

HTS에서 환율의 상승 시 그리고 환율의 하락 시 수혜를 받는 종목을 테마주로 찾아볼 수 있습니다. [투자정보] ···▸ [인포스탁섹터종목] ···▸ [섹터그룹종목]에서 환율하락 수혜기업을 찾아볼 수 있습니다.

▼ 홈 ···▸ 투자정보 ···▸ 인포스탁섹터종목 ···▸ 섹터그룹종목

테마명	등락률	기간수익률	상세	종목명	현재가	대비	등락률	거래량	기간수익률
日제품 불매운동(수혜)	▲ 1.42%	3.33%	☞	대한해운	2,935 ▲	235	8.70%	22,025,419	9.51%
日 수출 규제(국산화 등)	▲ 1.40%	3.56%	☞	한탑	1,350 ▲	55	4.25%	95,329	5.47%
희귀금속(희토류 등)	▲ 1.57%	4.33%	☞	삼양홀딩스	109,500 ▲	4,000	3.79%	31,177	4.78%
휴대폰부품	▲ 3.52%	4.60%	☞	풍산	33,700 ▲	1,100	3.37%	274,025	4.17%
황사/미세먼지	▲ 2.29%	4.06%	☞	혜인	5,890 ▲	170	2.97%	75,315	4.80%
환율하락 수혜	▲ 1.32%	2.43%	☞	오리온	120,000 ▲	3,000	2.56%	64,437	3.45%
화학섬유	▲ 1.59%	1.97%	☞	대한제분	159,000 ▲	3,000	1.92%	2,214	2.25%
화폐/금융자동화기기(디	▲ 2.17%	4.38%	☞	고려아연	574,000 ▲	10,000	1.77%	144,951	3.99%
화장품	▲ 2.75%	3.89%	☞	대한제당	3,210 ▲	55	1.74%	415,495	3.72%
홈쇼핑	▲ 1.15%	1.89%	☞	농심	292,000 ▲	4,500	1.57%	15,284	1.57%
핵융합에너지	▲ 2.09%	8.11%	☞	오뚜기	484,000 ▲	5,500	1.15%	3,590	2.00%
해저터널(지하화/지하도	▲ 1.68%	3.44%	☞	하이트진로	35,250 ▲	400	1.15%	427,265	2.03%
해운 ⌐213⌐	▲ 9.08%	10.12%	☞	CJ제일제당	403,000 ▲	4,500	1.13%	34,278	2.81%
항공기부품	▲ 0.90%	3.13%	☞	동국제강	18,500 ▲	200	1.09%	796,685	6.94%

환율하락수혜주들은 대체로 내수관련주들이 포진되어 있음을 알 수 있습니다.
그리고 환율상승 시 수혜주들은 따로 테마로 분류되어 있지는 않지만 우리나라의
상황을 살펴볼 때 자동차관련주들이 대표적인 수출주이므로 환율상승 시 수혜를
받을 수 있습니다. 자동차 대표주를 살펴보면 다음과 같습니다.

▽ 홈 ···▶ 투자정보 ···▶ 인포스탁섹터종목 ···▶ 섹터그룹종목

테마명	등락률	기간수익률	상세	종목명	현재가	대비	등락률	거래량	기간수익률
전력설비	▲ 1.83%	5.52%	☞	현대모비스	273,000 ▲	2,000	0.74%	296,661	4.80%
전기차	▲ 2.14%	5.22%	☞	만도	63,100 ▲	400	0.64%	609,396	7.50%
전기자전거	▲ 1.96%	4.44%	☞	기아	84,100 ▼	100	0.12%	1,492,254	2.31%
재택근무/스마트워크	▲ 1.88%	3.02%	☞	한온시스템	15,400 ▼	100	0.65%	630,377	1.65%
재난/안전(지진 등)	▲ 2.17%	4.38%	☞	현대차	209,000 ▼	2,000	0.95%	863,110	2.20%
자전거	▲ 2.51%	4.13%	☞	현대위아	88,300 ▼	1,400	1.56%	506,528	3.27%
자율주행차	▲ 1.83%	4.20%	☞						
자원개발	▲ 0.70%	1.16%	☞						
자동차부품	▲ 1.68%	3.44%	☞						
자동차 대표주	▼ 0.32%	3.62%	☞						
일자리(취업)	▲ 5.29%	8.69%	☞						
인터넷은행	▲ 2.15%	3.51%	☞						
인터넷 대표주	▲ 3.63%	6.62%	☞						
의료기기	▲ 2.47%	3.83%	☞						
음원/음반	▲ 4.14%	6.65%	☞						
음식료업종	▲ 2.23%	3.52%	☞						
음성인식	▲ 2.68%	5.74%	☞						
은행	▲ 0.32%	0.71%	☞						
육계	▲ 4.06%	5.84%	☞						
유전자 치료제/분석	▲ 3.67%	4.80%	☞						

08

원가전가력, 원자재관련주

원자재가격이
기업수익성을 좌우한다

원가전가력에 따라 수익이 달라진다

해외경제에 대한 의존도가 크고 부존자원이 부족한 우리나라의 입장에서 원자재 가격의 상승은 경제에 곧바로 큰 충격을 주는 요인입니다. 특히 원유, 철광석, 구리, 밀 등의 가격동향은 기업의 실적에 결정적으로 영향을 미칩니다.

> 원자재가격의 상승 ┈▶ 제조원가의 상승 ┈▶ 기업수익성의 악화 ┈▶ 주가하락
> 원자재가격의 하락 ┈▶ 제조원가의 하락 ┈▶ 기업수익성의 호전 ┈▶ 주가상승

이때 기업의 비용상승을 제품가격에 반영하여 소비자에게 원가상승분을 얼마나 빨리 전가할 수 있는가를 원가전가력이라고 합니다. 원가전가력의 정도에 따라 기업의 수익이 달라집니다. 원자재가격이 상승할 때 원가가 올라가는 만큼 제품가격을 바로 올릴 수 있는 기업이 있는 반면 원가는 올랐음에도 불구하고 제품가격을 올리지 못하는 기업도 있습니다. 원가전가력이 큰 기업의 경우에는 수익성에 별다른 영향이 없을 테지만 원가전가력이 떨어지는 기업의 경우 매출액은

그대로더라도 제조원가가 올라 매출이익이 떨어지므로 수익성이 악화됩니다.

일반적으로 원가전가력은 독점기업이나 경쟁구조가 느슨한 산업에서 크게 나타납니다. 경쟁이 치열한 산업구조를 가지고 있는 경우에는 원가전가력이 현저히 떨어져 수익의 변동성이 커집니다.

원자재가격은 어떤 요인들에 의해 영향을 받는가?

원자재가격은 원자재의 수요공급 동향에 영향을 받습니다

원자재의 수요가 많아지면 원자재가격이 올라가는데 이는 세계경제가 성장을 지속하는 경우에 나타납니다. 세계적으로 경제가 활황을 보이면 기업들이 너 나 할 것 없이 원자재를 확보해야 하기 때문에 가격이 상승할 수밖에 없습니다. 그러나 세계경제가 불황을 겪으면 상대적으로 원자재에 대한 수요가 줄어들므로 원자재가격은 하락할 것입니다.

원자재가격은 달러화의 가치에 크게 영향을 받습니다

대부분의 원자재들의 결제통화는 달러화로 이루어집니다. 따라서 달러화의 가치가 오르느냐 떨어지느냐에 따라 원자재의 가격이 영향을 받습니다. 달러화의 가치도 달러의 발행규모에 의해 좌우된다고 볼 때, 이해를 돕기 위해 다음과 같은 예를 생각해봅시다. 달러의 발행규모가 100만 달러일 때 배럴당 유가가 100달러였는데 달러의 발행규모가 200만 달러로 늘어나 상대적으로 달러의 가치가 희석되었을 때도 배럴당 유가가 100달러를 유지한다면 어떨까요? 상대적으로 유가의 가치가 1/2로 떨어진 셈입니다. 이를 방지하기 위해서는 달러의 발행규모가 200만 달러로 늘어나면 유가 역시 배럴당 200달러로 올라야 그 가치가 유지된다는 것을 기억하세요.

이렇듯 원자재가격은 달러의 가치에 결정적으로 영향을 받습니다. 2008년 금융위기 이후 미국 정부가 엄청난 양의 달러를 증발시킨 것이 글로벌 인플레이션의 원인이 되었고 이것이 우리 실생활에서 생활물가를 상승시켰다는 것을 잊어서는 안 됩니다.

원자재가격은 지정학적 요인에 의해 영향을 받습니다

지정학적 위험이란 각 지역별 긴장관계를 말합니다. 예로 중동지방에 전쟁이 일어나면 유조선의 움직임이 줄어들 테고, 그 결과 원유의 공급도 줄어들어 유가가 상승하는 경우를 들 수 있습니다.

국내로 볼 때는 물론 환율에 영향을 받습니다. 원화가 약세_{환율상승}를 보이면 상대적으로 수입원자재가격이 상승하고, 원화가 강세_{환율하락}를 보이면 상대적으로 수입원자재가격이 하락합니다.

HTS에서 원자재관련주 찾아보기

원자재가격이 상승하면 원자재를 이용해서 제조를 하는 기업들은 원가부담이 늘어납니다. 하지만 상대적으로 원자재를 판매하는 기업들은 매출이 증가하여 이익이 증가하는 현상이 벌어집니다. 즉, 원자재가격의 상승은 원자재와 어떻게 관련되느냐에 따라 기업에 호재가 되기도 하고 악재가 되기도 합니다.

HTS에서는 [테마그룹] 검색을 통해 원자재관련주들을 쉽게 찾아볼 수 있습니다. 여기서는 유가민감주와 비철금속관련주를 살펴보겠습니다.

유가민감주 │ 우리나라는 원유가 전혀 생산되지 않아 유가가 상승하면 무역수지 악화는 물론이고 원유를 많이 사용하는 기업들의 원가부담이 늘어납니다. 그러니 유가가 하락하면 수혜를 받는 종목이 있는 것은 당연합니다. 대체로 유가가 하락하면 항공, 해운 등 운송업종의 연료사용비용이 낮아져 수혜가 예상됩니다.

그리고 반대로 유가가 상승하게 되면 석유화학업종의 경우 정제마진이 높아져 실적이 좋아지는 모습을 보이기도 합니다. 따라서 유가민감주는 유가가 하락할 때 수혜를 받는 종목과 유가가 상승할 때 수혜를 받는 종목들을 구분해서 볼 필요가 있습니다.

홈 ···▶ 투자정보 ···▶ 테마종목 ···▶ 테마구성종목

비철금속 | 비철금속은 구리, 금 등과 같은 원자재들을 말합니다. 특히 구리의 경우는 경기에 가장 민감하게 움직인다고 해서 Dr. Cooper(구리박사)라고 불릴 정도로 중요한 원자재입니다. 이들 종목군은 경기가 좋아지면 제일 먼저 수요가 늘어나는 제품을 취급하고 있어 경기민감주로도 볼 수 있습니다. 비철금속관련 주를 살펴보면 다음과 같습니다.

[0659] 연포스탁섹터종목 - 연포스탁 섹터그룹별 구성종목

연포스탁섹터그룹종목 | 섹터그룹별 | 섹터구성종목 | 섹터수익율비교 | 섹터별종목비교

등락률순 ▼ ●전체 ○테마검색 ○종목 　 비철금속 　 2 일전 23 0

테마명	등락률	기간수익률	상세	종목명	현재가	대비	등락률	거래량	기간수익률
선박평형수 처리장치	▲ 0.99%	1.23%	☞	피제이메탈	6,480 ▲	1,050	19.34%	15,053,180	21.58%
석유화학	▲ 0.91%	1.80%	☞	조일알미늄	3,215 ▲	250	8.43%	34,444,557	10.10%
생명보험	▼ 0.54%	1.69%	☞	이구산업	4,190 ▲	260	6.62%	1,420,338	7.57%
삼성페이	▲ 2.29%	3.54%	☞	삼아알미늄	32,450 ▲	1,950	6.39%	2,009,227	13.86%
사물인터넷	▲ 3.56%	5.61%	☞	대창	2,100 ▲	85	4.22%	2,555,815	6.06%
사료	▲ 6.27%	8.15%	☞	그린플러스	16,200 ▲	650	4.18%	59,142	5.88%
비철금속	▲ 3.81%	5.61%	☞	써니트	1,960 ▲	65	3.43%	72,946	7.69%
비료	▲ 2.78%	4.81%	☞	국일신동	4,100 ▲	135	3.40%	66,397	3.27%
블록체인	▲ 4.05%	5.71%	☞	풍산	33,700 ▲	1,100	3.37%	274,025	4.17%
북한 광물자원개발	▲ 2.18%	3.61%	☞	서원	2,185 ▲	65	3.07%	766,318	5.05%
보톡스(보툴리늄톡신)	▲ 5.35%	8.50%	☞	티플랙스	3,770 ▲	110	3.01%	266,224	5.01%
보안주(정보)	▲ 3.68%	6.52%	☞	대유플러스	1,380 ▲	40	2.99%	1,420,174	2.99%
보안주(물리)	▲ 2.32%	4.51%	☞	알루코	4,340 ▲	120	2.84%	897,290	4.58%
백화점	▲ 0.36%	1.57%	☞	황금에스티	9,190 ▲	240	2.68%	87,227	5.63%
백신여권	▲ 4.63%	7.12%	☞	영풍	712,000 ▲	18,000	2.59%	3,248	3.79%
백신/진단시약/방역(신종	▲ 3.29%	3.04%	☞	남선알미늄	3,065 ▲	60	2.00%	4,038,537	0.97%
방위산업/전쟁 및 테러	▲ 1.62%	3.00%	☞	현대비앤지스	18,450 ▲	350	1.93%	138,422	8.53%
밥솥	▲ 0.54%	1.02%	☞	풍산홀딩스	29,500 ▲	550	1.90%	30,118	2.43%
반도체 재료/부품	▲ 3.47%	5.15%	☞	고려아연	574,000 ▲	10,000	1.77%	144,951	3.99%
반도체 장비	▲ 3.04%	4.12%	☞	대양금속	5,180 ▲	90	1.77%	206,857	0.78%

104

09

물가지수, 인플레이션

물가가 오르면
기업에 득이 될까?

물가상승은 장기와 단기를 구분하라

물가란 시장에서 거래되는 개별 상품의 가격을 실제 경제생활에서 차지하는 중요도를 감안하여 가중평균한 종합적인 가격수준을 말합니다. 일반적으로 물가가 상승하면 기업이 보유하고 있는 자산의 가격이 상승합니다. 하지만 상대적으로 기업의 원가비용도 상승하고 높은 자산가격으로 인해 투자가 위축됩니다. 또한 물가가 상승하면 정부에서도 물가를 안정시키기 위해 이자율을 인상함으로써 기업의 이자비용이 늘어나 이익이 감소하고 주가가 하락하는 모습을 보입니다.

투자자의 경우 물가가 올라가면 상대적으로 구매력손실이 발생하는 금융자산보다는 부동산이나 원유, 금과 같은 실물자산에 투자를 늘립니다. 이로 인해 주식매수의 수요기반이 약화되어 주가가 하락합니다.

그러나 경기가 호조를 보이는 호황기에는 실물경기의 상승에 동반해서 일반적으로 물가가 완만하게 오릅니다. 이런 완만한 물가상승은 단기적으로 기업의 수익을 개선시킵니다. 기업이 판매하는 제품의 가격이 올라 매출액을 증가시키기 때문입니다. 그러나 물가상승이 장기간 지속되면 이자율 상승으로 인해 기업의 이자비용이 늘어나 이익이 떨어집니다. 소비자의 입장에서도 실질소득이 감소하여 소비를 줄임으로써 결국 기업의 수익이 떨어집니다.

무엇이 물가를 변동시키는가?

그렇다면 물가는 어떤 요인에 의해 변동하는 것일까요? 물가도 하나의 가격이므로 수요와 공급에 영향을 받는 것은 물론 비용의 상승으로 인해 영향을 받는 경우도 있습니다. 전자의 요인에 의해 발생하는 물가상승을 수요견인형 인플레이션Demand Pull Inflation 이라 하고 후자의 요인에 의해 발생하는 물가상승을 비용상승형 인플레이션Cost Push Inflation 이라 합니다. 흔히 수요견인형 인플레이션은 경기호황기에 나타나 주가를 상승시키는 경우가 많고, 비용상승형 인플레이션은 경기침체기에 나타나 주가를 하락시키는 경우가 많습니다.

그렇다면 수요견인형과 비용상승형은 각각 어떤 요인들에 의해 영향을 받는지

우리나라의 물가지수

물가지수는 물가의 움직임을 기준시점 100으로 하여 지수화한 것입니다. 현재 우리나라에서 작성되는 물가지수는 다음과 같습니다.

생산자물가지수(PPI, Producer Price Index) 생산자의 국내시장 출하단계에서 모든 재화 및 서비스의 평균적인 가격변동을 측정하기 위해 작성하는 물가지수

소비자물가지수(CPI, Consumer Price Index) 소비자가 소비생활을 위하여 구입하는 재화의 가격과 서비스 요금의 변동을 측정하기 위해 작성하는 물가지수

수출입물가지수(Export & Import Price Index) 수출입상품의 가격동향을 파악하고 그 가격변동이 국내 물가에 미치는 영향을 측정하기 위해 작성되는 물가지수

살펴보겠습니다.

수요견인형 인플레이션에 영향을 주는 요소

- 통화량: 통화량이 늘어나면 사람들의 수중에 돈이 풍족해져 과거에는 사고 싶어도 못 샀던 물건을 구입하려는 수요가 늘어납니다. 이때 만일 공급이 모자라면 물가의 상승으로 이어질 가능성이 큽니다.
- 소득: 소득은 가계의 씀씀이를 결정하는 중요한 요인입니다. 소득이 증가하면 소비도 늘어나게 마련이지요. 제품에 대한 수요가 증가하면 물가는 상승합니다.
- 생산기술의 진보와 설비 증설: 생산기술이 혁신적으로 발전한다든지 생산설비가 늘어 생산량이 늘어나면 제품의 공급도 늘어납니다. 공급의 증가는 물가를 하락시키는 요인이 됩니다.

비용상승형 인플레이션에 영향을 주는 요소

- 원자재가격: 우리나라의 경우 부존자원이 부족해 원자재의 상당부분을 해외에서 수입하고 있습니다. 따라서 국제 원자재가격이 상승하면 위험에 고스란히 노출되어 국내 물가도 상승합니다.
- 환율: 외국으로부터 상품을 수입하는 경우 달러를 비롯한 외국통화로 결제를 하는데, 이때 환율이 변동하면 원화로 환산된 국내 수입가격도 변동하여 국내 물가에 영향을 미칩니다. 환율이 하락하는 경우(원화가 강세인 경우)에는 수입가격이 하락하지만 환율이 상승하는 경우(원화가 약세인 경우)에는 수입가격이 상승합니다.
- 근로자의 임금: 임금은 근로자의 수입이지만 기업의 입장에서 보자면 제조원가를 구성하는 항목이기도 합니다. 따라서 임금의 상승은 제품원가의 상승으로 이어집니다. 그러나 단순히 임금이 증가한다고 해서 항상 기업에 나쁜 것만은 아닙니다. 임금의 증가는 생산성과 비교해서 판단해야 합니다. 만약 생

산성이 임금상승률보다 높게 나타난다면, 즉 생산성＞임금상승률이라면 기업의 입장에서는 제품가격을 인상하지 않아도 무방합니다. 하지만 생산성에 비해 임금상승률이 높은 경우, 즉 생산성＜임금상승률이라면 그 초과분만큼 제조원가도 상승하는 것이기 때문에 기업은 제품가격을 올립니다. 이것이 물가를 상승시키는 요인이 됩니다.

- 기타: 세율인상에 따른 세금부담의 증가와 금리상승에 따른 금융비용의 증가, 유통비용의 상승, 부동산 임차비용의 상승 등도 기업의 제조원가를 상승시켜 결과적으로 물가를 오르게 하는 요인으로 작용합니다.

10

경기종합지수, 소비자태도지수, 기업경기실사지수

경제지표로 기업의
미래를 예측한다

주가는 경기동향과 밀접한 관계를 가지고 움직인다는 것을 앞에서 살펴보았습니다. 따라서 경기에 대해 정확한 예측과 판단을 할 수 있다면 기업가치를 평가하는 데도 매우 유용하게 사용될 수 있습니다. 하지만 경기를 판단하는 것이 간단한 일은 아니지요. 일반적으로 경기를 판단하는 데는 몇 가지 방법이 있는데 첫째, 개별 경제지표의 움직임을 통해 판단해보는 방법, 둘째, 종합경기지표에 의한 방법, 그리고 셋째, 설문조사에 의한 방법 등이 있습니다.

경기판단과 예측방법
개별 경제지표에 의한 방법: GDP증가율, 산업생산증가율, 재고순환지표 등
종합경기지표에 의한 방법: 동행종합지수순환변동치, 선행종합지수전년동월비 등
설문조사에 의한 방법: 소비자태도지수, 기업경기실사지수 등

경기종합지수는 주가를 정확히 설명한다

개별적인 경제지표를 통해서 경기를 판단하는 것은 자칫 오류를 범할 수 있습니다. 왜냐하면 전체적인 경기의 흐름과 개별적인 경제지표의 흐름이 어긋날 수 있

기 때문입니다. 종합경기지표로 경기를 판단하는 방법이 있습니다. 이 방법은 경제 각 부분의 동향을 잘 반영해주는 개별 경제지표를 선정한 이후 이를 통계적으로 종합한 경기지표로 전반적인 경기의 움직임을 분석하는 방법입니다. 현재 주요국에서 활용하고 있는 종합경기지표의 종류에는 경기종합지수CI, Composite Index, 경기동향지수DI, Diffusion Index 및 경기예고지표 등이 있습니다. 이 지표들은 경제구조가 빠르게 변화할 경우 경기대응력이 떨어질 가능성이 크므로 적절한 시기에 구성지표나 합성방법 등을 변경하여 경기지표를 개편해야 하는 문제점을 안고 있습니다.

종합경기지표는 작성방법에 따라 여러 형태로 분류될 수 있는데 현재 가장 폭넓게 사용되고 있는 것은 경기종합지수와 경기동향지수입니다. 이 중 경기종합지수는 우리나라의 대표적인 종합경기지표라고 할 수 있습니다. 경기종합지수는 국민경제의 각 부분을 대표하고 경기대응성이 높은 각종 경제지표들을 선정한 후 이를 종합하여 작성합니다. 이 지수는 전월대비 증감율을 합성하는데요, 전월에 대한 증감율이 (+)인 경우에는 경기상승을, (−)인 경우에는 경기하강을 나타냅니다. 증감율의 크기에 의해 경기변동의 진폭도 알 수 있으며 변동속도까지 동시에 분석할 수 있습니다. 이에 비해 경기동향지수는 경기의 변화 방향만을 파악한다는 점에서 경기종합지수와 다릅니다. 이 지수는 경기의 국면 및 전환점을 판단할 때 유용합니다.

경기종합지수는 경기전환점에 대한 시차 정도에 따라 경기선행지수, 경기동행지수, 경기후행지수로 나누어집니다. 2021년 10월 말 현재 각 지수의 구성지표수는 다음과 같습니다.

▽ 경기종합지수 구성지표

경기선행지수	경기동행지수	경기후행지수
재고순환지표	광공업생산지수	생산자제품재고지수
경제심리지수	서비스업생산지수	소비자물가지수변화율
기계류내수출하지수	건설기성액(실질)	소비재수입액
건설수주액(실질)	소매판매액지수	취업자수
수출입물가비율	내수출하지수	CP유통수익률
코스피지수	수입액(실질)	
장단기금리차	농림어업취업자수	

출처: 통계청 2021년 10월 현재

경기종합지수는 경기선행지수를 통해 경기를 예측하고, 경기동행지수와 경기후행지수를 통해 경기를 확인해갑니다. 따라서 경기예측은 경기선행지수를 통해서 알아봐야 하는데 경기국면을 보다 잘 판단하기 위해서 경기선행지수와 전년동월비를 보조적으로 사용합니다.

▽ 경기선행지수와 전년동월비

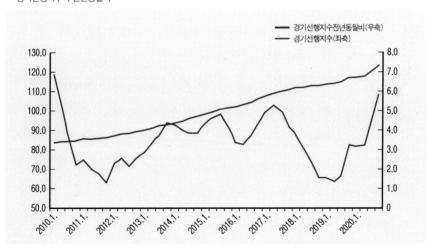

경기종합지수를 통해 경기동향을 파악하기 위해서는 경기동행지수도 분석해야 합니다. 우리나라에서는 지표의 추세요인이 매우 강해 순환변동치를 작성하여 경기의 국면 및 전환점 판단 시 보조자료로 활용하고 있습니다.

▼ 경기동행지수와 순환변동치

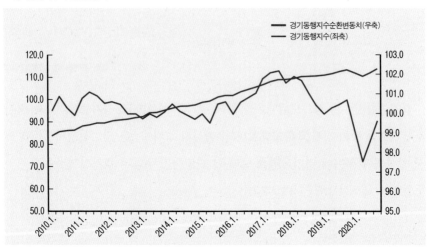

그림에서 볼 수 있는 바와 같이 경기동행지수는 추세적으로 상승하는 모습을 보입니다. 동행지수 순환변동치는 동행지수 변동요인 중 추세적 요인을 제거하고 만든 것이어서 동행지수와 순환변동치를 같이 봅니다. 즉 순환변동치는 구성지표의 월별 통계자료에서 계절적인 요인과 천재지변이나 사건 같은 불규칙적인 요인을 제거하고, 중장기적으로 경제성장에 따라 변동하는 부분을 제외해 작성하므로 보조자료로 좋습니다. 이 지표를 이용해서 경기가 올라가고 있는지 내려가고 있는지 파도와 같은 모양으로 한눈에 볼 수 있습니다. 일반적으로 경기순환이란 이 순환변동치의 움직임을 가리킵니다. 이 지표가 경기상승기에 100을 넘어서면 활황기에 들어섰다고 해석합니다. 단기적으로 순환변동치가 가장 낮게 나타나는 시점을 경기저점trough, 가장 높게 나타나는 시점을 경기정점peak이라고 부릅니다. 그리고 경기가 저점을 지나 정점에 이르는 기간을 확장국면, 정점을 통과해 저점에 이르는 기간을 수축국면이라고 부릅니다.

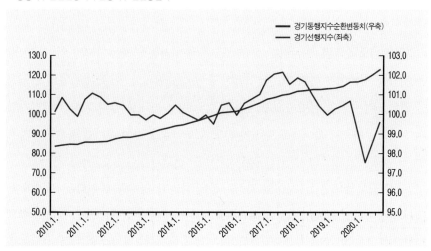
그러면 경기를 예측하고 경기상황을 판단하기 위해서 경기선행지수 전년동월비와 경기동행지수 순환변동치를 동시에 놓고 보면 어떨까요?

▼ 동행지수 순환변동치와 선행지수 전년동월비

위 그림에서 보는 바와 같이 동행지수 순환변동치에 비해 선행지수 전년동월비의 움직임이 선행하는 모습을 보입니다. 즉, 선행지수 전년동월비가 먼저 움직이고 뒤이어 동행지수 순환변동치가 같은 방향으로 움직입니다. 따라서 이들 두 지표를 통해서 경기상황을 판단하세요. 선행지수가 전년도 같은 월에 비해 상승세로 반전하면 주식시장도 상승한다고 보면 됩니다.

금리는 경기에 선행할까, 후행할까?

흔히 주가와 금리는 서로 역의 관계에 있다고 말하고 있습니다. 즉, 금리가 내려가면 주가가 상승하고 금리가 상승하면 주가는 떨어진다는 것입니다. 이를 뒷받침하는 증거들이 그동안 많은 사람들에 의해 연구되어왔던 것도 사실입니다. 먼저 주가와 금리가 서로 반대 방향으로 움직인다는 근거를 기업의 자금조달과 시중의 자금사정 측면에서 살펴보겠습니다.

기업의 자금조달 측면 | 금리가 상승하면 기업이 자본을 조달하고자 할 때 더 많은 이자를 지불해야 하기 때문에 조달비용이 상승합니다. 이것이 기업의 수익성을 떨어뜨려 주가를 하락하게 만든다는 것입니다. 반대로 금리가 하락하면 기업의 자본조달비용이 줄어들고 이것이 기업의 수익성을 높여 주가를 올려줍니다.

시중의 자금사정 측면 | 시중의 자금사정에 금리가 영향을 미친다는 것입니다. 금리가 상승하면 투자자들은 상대적으로 안전하면서도 고금리인 금융상품에 투자합니다. 그러면 위험자산으로 분류되는 주식에 대한 투자수요가 줄어들어 주가가 하락하는 모습을 보입니다. 금리가 하락하면 투자자들 입장에서는 금리가 너무 낮아 금리상품에 투자할 아무런 이유를 찾지 못하므로 금리상품으로부터 돈이 빠져나갑니다. 이것이 상대적으로 기대수익률이 높은 주식에 대한 수요를 늘려 주가가 올라간다는 것입니다.

그러나 실제로는 어떨까요? 주가와 금리는 서로 상반된 움직임을 보이는 것이 아니라 일정한 시차를 두고 같은 방향으로 움직인다는 것을 시장에서 확인할 수 있습니다. 다음의 그래프에서 그와 같은 현상을 살펴보세요. 짧게는 3개월, 길게는 6개월 정도의 시차를 두고 주가가 먼저 움직이고 금리가 뒤이어 움직이는 모습을 볼 수 있습니다. 즉 경기에 선행하는 주가에 비해 경기에 후행하는 금리가 더 늦게 반응한다는 것입니다.

▼ 국고채금리와 주가지수

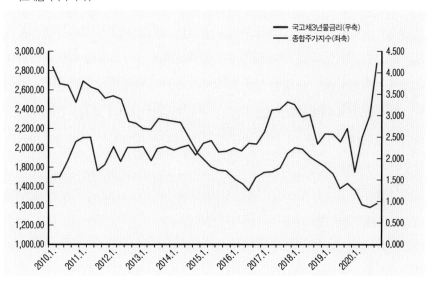

이런 현상이 벌어지는 이유는 무엇 때문일까요? 세 가지 이유가 있습니다.

금리와 채권의 주가는 연관되어 있습니다

먼저 금리와 채권의 관계를 통해서 그 이유를 끌어낼 수 있습니다. 채권의 경우 금리가 상승하면 가격이 떨어지고 금리가 하락하면 가격이 상승하는 모습을 보입니다. 이는 금리가 상승할 때는 채권의 가격이 떨어지므로 채권에서 돈이 빠져나와 주식으로 매수세가 몰리는 것과 연관 지을 수 있습니다. 즉 채권의 이자율이 상승하면채권의 가격이 떨어지면 주가가 상승하는 모습을 보이고, 채권의 이자율이 하락하면채권의 가격이 올라가면 주가도 하락하는 모습을 보입니다.

정부가 경기상황에 따라 금리를 조절합니다

두 번째로 경기적인 측면에서도 알아볼 수 있습니다. 정부가 금리를 내린다는 것은 경기가 지속적으로 침체에 빠져 있다는 것을 의미합니다. 경기에 훈풍을 불어넣기 위해 정부가 금리를 낮추고 재정을 투입하는 등의 경기부양조치를 취하는 것입니다. 그런데 금리를 쉽사리 올리지 못하는 상황은 여전히 경기전망이 좋지 않다는 것을 의미합니다. 반대로 정부가 금리를 올리거나 그렇지 않으면 금리를 내리는 것을 중단했다는 것은 앞으로 경기가 살아나든지 이미 꿈틀거리며 살아나고 있다는 것을 의미한다고 볼 수 있습니다. 따라서 경기가 좋아지는 과정에서 오히려 금리가 상승하는데 이는 바꿔 말하면 금리가 상승하는 국면에서 주가가 상승한다고 볼 수 있습니다.

기업이 자금조달을 하느냐에 따라 금리가 변화합니다

마지막 세 번째, 바로 기업의 자금조달과정을 통해서도 알 수 있습니다. 기업은 경기가 좋아지면 설비투자를 늘려야 합니다. 그러면 채권을 발행합니다. 채권시장에서 자금조달을 위한 발행물량이 쏟아지면 공급과잉으로 채권의 가격이 떨어집니다. 그리고 이는 곧 채권이자율의 상승으로 이어집니다. 반대로 기업은 경기가 부진해지면 자금조달을 줄이거나 아예 하지 않으므로 이때는 채권시장에 공급물량이 줄어들어 금리는 하락합니다. 즉 금리가 오른다는 것은 기업들이 자금조달을 활발히 해서 투자를 늘린다는 것이고 이는 실적호전으로 이어져 기업의 주가가 올라갑니다. 반대로 금리가 내려간다는 것은 기업들의 자금조달이 위축되어 투자가 줄어든다는 것이고 이는 다시 고용의 축소, 임금 감소, 수요 감소의 과정을 거쳐 경기침체로 이어지므로 주가가 하락하는 것입니다.

이런 과정을 통해서 본다면 주가가 경기에 약 6개월 정도 선행한다는 점을 감안할 때, 경기가 좋아질 때는 주가가 먼저 상승하고 이어서 금리가 상승하며, 경기가 나빠질 때는 주가가 먼저 하락하고 금리가 뒤이어 하락하는 모습을 보입니다.

소비자태도지수로 기업의 매출을 예측할 수 있다

소비자태도지수CSI, Consumer Sentiment Index는 소비자들이 장래의 소비지출 계획이나 경기전망에 대한 설문조사 결과를 지수로 환산해서 나타낸 지표를 말합니다. 이는 중앙은행인 한국은행이나 민간 경제단체인 전국경제인연합회전경련 등이 현재의 경기상황을 판단하고 앞으로의 경기흐름을 예측하기 위해 설문조사 방법으로 소비자들의 경기에 대한 인식을 파악하는 것입니다. CSI는 소비자의 경기에 대한 인식이 앞으로의 소비행태에 영향을 미치므로 경기동향의 파악과 예측에 유용한 정보가 된다는 것을 전제로 합니다.

CSI의 보통 기준치는 100인데, 이보다 낮으면 향후 미래가 불투명하여 소비지출을 줄인다고 대답을 한 사람들이 많다는 것이고, 100 이상이면 향후 소비지출을 늘이겠다고 답한 사람들이 많다는 것입니다.

CSI 집계 공식
CSI = [(매우 좋아짐×1.0+약간 좋아짐×0.5-약간 나빠짐×0.5-매우 나빠짐×1.0)/전체 응답 가구수]×100+100

CSI 예시
예를 들어 200가구를 대상으로 조사했을 때 매우 좋아짐 응답이 10가구, 약간 좋아짐이 40가구, 약간 나빠짐이 100가구, 매우 나빠짐이 50가구라면 CSI는 [(10+20-50-50)/200]×100+100=65가 됩니다.

CSI에는 한국은행이 분기별로 작성해 발표하는 소비자동향지수, 통계청이 월별로 작성하는 소비자평가지수와 소비자기대지수 등이 있습니다. CSI는 소비주체인 소비자의 경기에 대한 인식을 바탕으로 작성되므로 생산주체인 기업가의 경기판단을 중심으로 작성된 기업경기실사지수와 차이가 날 수 있습니다. 따라서 두 지수를 종합해 분석함으로써 소비자와 기업가의 경기 느낌을 종합적으로 판단해 경기예측력을 높이는 것이 좋습니다.

두 지수 모두 전통적인 경제지표로는 포착하기 어렵지만 경기변동에 중요한 영향을 미치는 경제주체의 심리적 변화를 측정하는 것이기 때문에 외환위기나 금융위기와 같은 변혁기의 경기동향을 파악하는 데 보다 유용합니다.

▽ 소비자태도지수와 주가

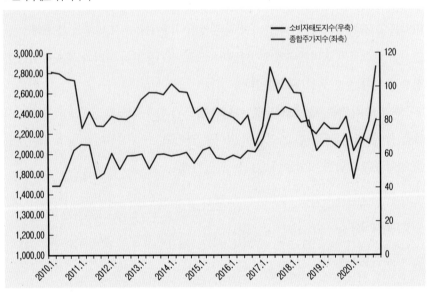

제조업 경기실사지수로 기업의 관점을 알 수 있다

기업경기실사지수 BSI, Business Survey Index 는 경기에 대한 기업들의 판단, 예측 및 계획 등이 단기적인 경기변동에 중요한 영향을 미친다는 경험적인 사실에 바탕을 두고 설문지를 통해 기업가들의 경기동향 판단, 예측 등을 조사하여 지수화한 것입니다.

BSI는 경기 호전 전망에 대한 'O · X' 방식의 설문 후 'O'와 'X'가 차지하는 비율을 구하여 집계하는데 그 공식과 예는 다음과 같습니다.

BSI 집계 공식

BSI = 〔(긍정응답수 - 부정응답수)/전체 응답수〕×100＋100

BSI 예시

예를 들어 500개 기업에 대한 설문조사 결과 300개 기업이 긍정응답을,
200개 기업이 부정응답을 했다면 BSI는 〔(300-200)/500〕×100＋100＝120이 된다.

BSI도 보통 기준치는 100인데, 이보다 낮으면 향후 경기가 나빠질 것으로 보는 기업가가 많다는 뜻이고 높으면 경기가 좋아질 것으로 보는 기업가가 많다는 뜻입니다.

BSI는 주요 업종의 경기동향과 전망, 그리고 기업경영의 문제점을 파악하여 기업의 경영계획 및 경기대응책 수립에 필요한 기초자료로 이용하기 위한 지표입니다. 다른 경기관련 자료와 달리 기업가의 주관적이고 심리적인 요소까지 조사가 가능하므로 경제정책을 입안하는 데도 중요한 자료로 활용됩니다.

▼ 기업경기실사지수와 주가지수

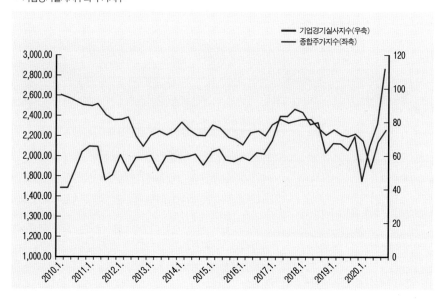

01 세계적인 금융위기의 터널을 채 벗어나기도 전에 맞이한 코로나19 팬데믹으로 전체적인 경기가 좀처럼 살아나지 못하고 있습니다. 그러나 백신접종이 확대됨에 따라 '단계적 일상 회복' 정책이 전개되면서 경기회복이 본격화할 것으로 예상됩니다. 그렇다면 시장을 분석하는 일광씨는 어떤 주식을 매수해야 좋을까요?

Answer 경기회복 초기에는 경기선행성이 강한 경기관련주의 실적이 우선적으로 좋아집니다. 경기관련주로는 건설주, 중화학공업과 같은 수출관련주, 철강과 같은 소재관련주 등이 있습니다. 그리고 경기확산기에는 완성품산업이 뒤이어 좋아집니다. 특히 최근에는 건설업종의 본격적인 회복이 예상되고 있습니다.

HTS의 테마그룹에서 이 종목들을 검색할 수 있습니다.

▼ 홈 ···▶ 투자정보 ···▶ 테마종목 ···▶ 테마그룹별구성종목

테마명	등락률	기간수익률	종목명	현재가	전일대비	등락률	거래량	기간수익률
SNS(Social Network Ser	▲ 1.70%	2.63%	한라	5,830 ▲ 10		+0.17%	198,493	0.52%
U-헬스케어	▼ 0.77%	1.42%	HDC	10,700	0	0%	153,027	0.94%
가구	▼ 0.16%	3.11%	계룡건설	38,450	0	0%	44,985	0.52%
강관	▼ 0.36%	0.62%	대우건설	6,620 ▼	70	-1.05%	721,740	0.15%
거푸집	▲ 0.14%	0.72%						
건강식품	▼ 0.33%	0.82%						
건설_국내주택	▼ 0.22%	0.46%						
건설_해외건설	▼ 1.54%	0.43%						
게임_모바일	▲ 5.07%	6.22%						
게임_온라인	▲ 0.92%	1.96%						
곡물가공품_설탕/밀가루/	▲ 0.24%	1.92%						
교육	▲ 0.53%	2.06%						
그린카_하이브리드카/전	▼ 0.04%	0.11%						
금형/몰드베이스	▼ 0.58%	2.07%						
기계_건설기계	▼ 0.17%	0.62%						
기계_공작기계	▲ 0.65%	0.39%						
네트워크/광통신	▲ 0.17%	0.03%						
도시가스	▼ 1.66%	0.22%						

02 쾌남 씨는 코로나19 이후 중국경제에 대해 관심이 높아졌습니다. 미국과 중국 간의 무역갈등도 있었고, 코로나19로 많은 난관이 있었지만, 중국의 큰 소비시장에 주목했습니다. 역시 경제가 제대로 성장해야 소비도 증가할 텐데요. 그래서 중국의 GDP성장률을 찾아봤습니다. 그런데 다음 그림과 같이 GDP성장률이 하향추세에 있음에도 중국의 주가는 크게 떨어지지는 않았습니다. 그 이유는 무엇일까요?

▼ 중국GDP성장률

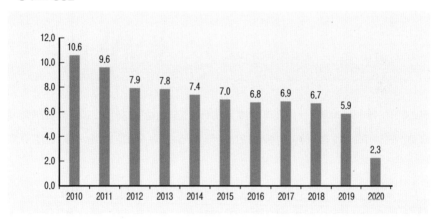

Answer 경제성장률을 보여주는 가장 대표적인 지표는 GDP성장률이 맞습니다. GDP성장률의 절대수치도 중요하지만, 그 추세를 보는 것이 더 중요합니다. 그러나 한 나라의 경제가 성장을 지속하다 보면 성장률은 기저효과에 의해서 서서히 낮아지는 것이 일반적입니다. 또한 역설적이게도 GDP성장률이 부진해지면 정부의 경기부양정책이 나올수도 있습니다. 이런 복합적인 요소들로 인해 GDP성장률의 하락만큼 주가가 떨어지지 않는 경우도 있습니다.

따라서 하나의 지표에 얽매이지 말고, 경제를 종합적으로 판단하는 능력을 갖는 것이 중요합니다.

참고로 HTS에서 [해외차트] ┈› [해외증시차트]로 들어가 중국 상해종합지수의 그래프를 확인해보세요. 2019년 말 코로나19 팬데믹 이후 주가가 완만하게나마 상승하는 모습을 보이는 것을 확인할 수 있습니다.

03 구슬 씨는 기업들이 자금공급을 원활히 받고 있는지 궁금해졌습니다. 그래서 금리동향에 대해 잘 알고 있는 일광 씨에게 어떻게 하면 손쉽게 기업들의 자금사정을 알아볼 수 있는지 물어봤습니다. 당신이 일광 씨라면 어떤 답변을 주시겠습니까?

Answer 경제 내에서 자금공급이 원활히 이루어지는지 보고자 할 때는 신용도가 낮은 채권과 신용도가 높은 채권 간의 금리차이인 신용스프레드를 찾아보면 됩니다. 이 자료는 금융투자협회에서 제공하는 자본시장통계 중 채권 간 교차통계에서 찾아볼 수 있습니다. 일반적으로 신용스프레드가 상승하면 자금사정이 좋지 않고, 신용스프레드가 하락하면 자금사정이 좋은 것으로 판단할 수 있습니다.

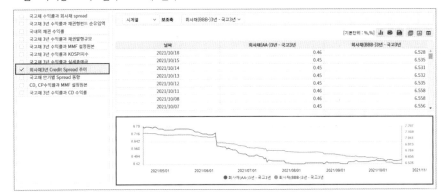

최근 우리나라 회사채와 국고채 간의 신용스프레드가 하락하는 모습을 보이고 있습니다. 이것은 투자자들이 국채와 같은 우량채를 매수한 이후 비우량채인 회사채까지 매수세가 이어진다는 것으로 자금 사정이 좋은 상태로 판단할 수 있습니다.

04 일광 씨는 자본시장의 개방이 가속될수록 외국인들의 핫머니가 단기적으로 움직이기 때문에 환율동향이 매우 중요하다고 공부했습니다. 그런데 환율과 외국인투자자들의 움직임에 어떤 관계가 있는지 알고 싶어졌습니다. HTS에서 이를 확인할 수 있는 방법은 없을까요?

Answer 일반적으로 환율과 외국인투자자들의 매매동향은 밀접한 관련이 있다고 보고되고 있습니다. 보통 환율하락 ⋯ 외국인 매수, 환율상승 ⋯ 외국인 매도의 패턴을 보여줍니다. 이는 HTS의 환율동향과 투자주체별 매매동향을 통해서 알아볼 수 있습니다.

환율동향은 위와 같이 [투자정보] … [주요환율] … [환율차트]에서 확인할 수 있습니다. 원-달러환율의 동향을 나타낸 이 그래프에서 최근 6개월간의 동향을 보면 대체로 환율이 상승하고 있음을 알 수 있습니다. 다음으로 투자주체별 매매동향은 [투자정보] … [투자자별매매] … [일별동향/그래프]에서 알 수 있습니다.

일자	종합지수	전일비	거래대금	개인	외국인	기관계	금융투자	보험	투신	기타금융	은행	연기...	사모펀드	국가	기타법인
21/10/18	3,006.68 ▼	8.38	106,499	+4,241	+359	-4,885	-3,277	-479	-246	-19	-8	-340	-516	0	+252
21/10/15	3,015.06 ▲	26.42	125,409	-3,003	+869	+2,134	+1,255	-45	+331	+17	-22	+337	+260	0	+6
21/10/14	2,988.64 ▲	44.23	120,645	-1,151	-3,845	+5,037	+4,624	-18	+900	+10	-56	+39	-460	0	-37
21/10/13	2,944.41 ▲	28.03	122,945	-5,332	-2,711	+7,725	+5,884	+125	+825	-176	+9	+786	+271	0	+319
21/10/12	2,916.38 ▼	39.92	127,676	+9,793	-3,842	-1,998	-1,999	-388	-15	-52	+1	+488	-34	0	+412
21/10/08	2,956.30 ▼	3.16	126,340	+4,617	-485	-4,528	-3,564	-165	+388	+29	-7	-873	-336	0	+373
21/10/07	2,959.46 ▲	51.15	119,067	-5,317	-1,050	+6,144	+5,824	-74	+616	-7	+19	-199	-35	0	+244
21/10/06	2,908.31 ▼	53.86	156,685	+1,718	+835	+889	-22	+424	-48	-7	-382	-20	0	+208
21/10/05	2,962.17 ▼	57.01	153,155	+3,530	-6,206	+2,358	+3,067	-167	+165	+33	-48	-360	-332	0	+340
21/10/01	3,019.18 ▼	49.64	129,440	+7,612	-3,035	-4,873	-3,610	-157	-359	+175	+27	-277	-671	0	+264
21/09/30	3,068.82 ▲	8.55	149,428	+1,435	+372	-2,178	-2,228	-205	+281	+240	-30	-606	+369	0	+352
21/09/29	3,060.27 ▼	37.65	151,370	+9,604	-6,625	-3,127	-3,006	-33	+637	+23	-7	-383	-358	0	+120
21/09/28	3,097.92 ▼	35.72	146,587	+5,611	+40	-5,515	-5,113	-724	+143	-12	+7	-283	+466	0	-155
21/09/27	3,133.64 ▲	8.40	122,669	-3,416	+3,427	+83	+971	-347	-168	+3	-13	-84	-279	0	-61
21/09/24	3,125.24 ▼	2.34	125,582	+2,483	+826	-3,418	-2,067	-266	-302	+53	-67	-267	-503	0	+100

환율이 상승하는 2021년 6월 이후 외국인은 꾸준한 매도세를 보였습니다. 환율상승으로 인한 환차손

을 우려한 외국인투자자들이 매도세를 이어간 것입니다.

05 쾌남 씨는 신문을 통해 최근 주가상승이 정부와 중앙은행의 경기부양책에 힘입어 실적장세의 성격을 보이고 있다는 뉴스를 접했습니다. 실적장세란 기업의 실적이 좋아져서 주가가 올라간다는 건데요, 문제는 어떤 종목들의 실적이 좋아지는지를 판단하는 것이 어렵다는 것입니다. 일반적으로 실적장세는 어떤 모습을 하고 있는 것일까요?

Answer 실적장세는 실적호전으로 주가가 상승하는 장세를 말합니다. 주로 경기가 활황국면으로 접어들 때 나타납니다. 기업의 투자가 증가하고 이를 바탕으로 소비자들의 소비도 증가합니다. 이때는 두 단계로 나누어서 시장을 봐야 하는데요. 먼저 경기가 좋아지는 초기에는 기초소재에 대한 기업의 수요가 늘어납니다. 따라서 화학과 철강 같은 소재업종에 대해 먼저 투자해야 합니다. 그리고 실적장세 후반에는 기초소재를 이용해서 만들어진 완성품의 판매가 늘어납니다. 따라서 완성품업체, 즉 가공산업에 속한 기업들의 주가가 올라갈 가능성이 큽니다. 실적장세에서는 이렇게 2단계로 나누어서 투자해야 한다는 것을 기억하세요.

06 구슬 씨는 주식시장이 강세장인지 약세장인지를 판단하는 근거를 어떻게 찾을 수 있을지 궁금합니다. 대체로 투자자들은 경제기사를 통해서 장세를 판단할 텐데요, 강세장과 약세장을 판단하는 신문기사는 어떤 종류가 있을까요?

Answer 강세장과 약세장을 판단하는 근거가 되는 뉴스의 종류를 나열하면 다음과 같습니다.

강세장의 근거: 경기회복에 대한 기대, 무역수지 흑자폭 확대, 정국안정, 통화긴축완화, 시중 자금사정 호전, 시중 실세금리하락, 상장기업 실적호전, 중소기업 특별자금 지원, 대규모 해외건설 수주 소식, 외국인 주식투자자금 유입, 환율의 완만한 하락 소식, 고객예탁금 증가 등

약세장의 근거: 경기회복부진, 무역수지 적자폭 확대, 통화긴축, 정국불안, 시중 자금압박 소식, 외국인 매도 후 자금 유출, 환율급등 소식, 대형 금융사고설, 부도설, 법정관리설, 매스컴에서 증시기사가 지면을 채울 때 등

업종 내에서 성장도를 예측하는 6가지 기준

피터 린치는 특정 산업 내에서 투자하고자 하는 기업을 그 업종의 다른 업체들과 비교해서 먼저 규모를 파악하였습니다. 그다음 저성장기업, 대형우량기업, 급성장기업, 경기변동형 성장기업, 자산형기업 및 전환형기업의 여섯 가지 일반적인 범주로 분류하였습니다.

  여기서 말하는 성장이란 판매, 생산, 수익 면에서 작년보다 올해 더 많이 이루는 것입니다. 반면 급성장기업은 연간 20~30% 정도의 속도로 성장하는 기업을 말합니다. 위의 여섯 가지 분류 중 성장과 관련된 것은 저성장기업, 대형우량기업_{중간성장기업}, 그리고 급성장기업입니다.

저성장기업 | 저성장기업Slow Grower은 초기 고도성장기를 거쳐 성장률이 떨어진 기업을 말합니다. 이 기업들은 자신의 역량을 소진하였거나 더 이상의 성장기회를 찾지 못합니다. 대체로 산업 전반이 저조해지면 그 산업 내 대부분의 기업은 성장률이 떨어집니다. 저성장기업은 일반적으로 해당 국가의 GDP성장률과 비슷한 성장을 하는 기업이기도 합니다. 이런 저성장기업들의 특징은 비교적 고율의 규칙적인 배당을 지급합니다. 더 이상 사업 확장을 위하여 자금을 사용하지 않기 때문이지요.

저성장종목의 매수 시 체크포인트

❶ 저성장종목은 배당에 관심을 둔 투자이므로 배당이 항상 지급되고 있는지, 그리고 그 배당금이 일정한 비율로 상향조정되고 있는지를 확인해야 합니다.

❷ 배당성향_{배당금/순이익}을 살펴보는 것도 중요합니다. 만약 이익에서 배당을 주는

비율이 작으면, 즉 유보율이 많으면 불황에도 견딜 수 있는 여력이 크고 배당을 할 수 있는 능력이 있는 기업으로 볼 수 있습니다.

저성장종목의 매도 판단시점

❶ 기업의 시장점유율이 2년 연속 하락하고 있으며 추가로 광고대행사를 하나 더 고용한 경우

❷ 신규 개발되는 신제품이 하나도 없고 연구개발에 대한 지출을 삭감하고 있으며 기존의 성과에 만족하고 있는 경우

❸ 최근 두 번에 걸친 비관련 분야로의 사업다각화에 시너지효과가 전혀 없으며 향후 기술적으로 선두위치에 있는 기업을 추가로 인수할 계획을 가지고 있는 경우

❹ 무부채기업으로 많은 현금을 보유한 상태에서 신규사업에 지나치게 지출하여 현금 없이 많은 부채를 지게 된 기업으로, 주가가 하락해도 자사주를 사들일 여력이 없는 경우

❺ 주가가 저가에 있음에도 불구하고 투자자들의 관심을 끌 만큼의 배당수익이 높지 않은 경우

대형우량기업 | 대형우량기업Stalwart은 대형주 중에서 빠른 급성장을 보이지는 못하지만 저성장기업보다는 빠른 성장을 보이는 기업을 말합니다. 말하자면 중간성장기업이지요. 일반적으로 연간 10~12% 정도의 성장률을 보입니다. 이 기업들의 주식은 언제 얼마에 매수하였는가에 따라 상당한 수익을 안겨주기도 하고 그렇지 않기도 합니다. 하지만 대형우량기업들은 경기후퇴나 주가침체기에 상당히 좋은 안전판 작용을 합니다. 왜냐하면 어지간해서는 파산하지 않으며 위기가 지나면 곧바로 재평가되어 가치가 회복되기 때문입니다.

대형우량종목 매수 시 체크포인트

❶ 대형우량종목은 부도에 대한 위험이 크지 않지요. 그러므로 저평가된 주식을 찾는 것이 중요합니다. 따라서 PER 지표 등을 이용하여 과대평가 또는 과소평가 여부를 판단해야 합니다.

❷ 장래의 이익을 감소시킬 수 있는 사업다악화Diworsification, 즉 기업이 사업 확장을 하는 과정에서 시너지효과는 없고 오히려 기업의 가치가 훼손될 가능성은 없는지 살펴보아야 합니다.

❸ 해당 기업의 장기성장률을 살펴보고 그 같은 성장세가 유지되어왔는지를 점검해야 합니다.

❹ 만약 대형우량종목을 장기적으로 보유할 계획이라면 그 회사의 주식이 불황기와 주가하락기에 어떤 모습을 보였는지를 살펴보아야 합니다. 불황기에 주가가 큰 폭으로 하락했는지 아니면 상대적으로 적은 폭으로 하락했는지, 그리고 주가가 급변하는 경우에도 안정적인 움직임을 보였는지 아니면 시장에 따라서 급등락을 보였는지를 살펴보는 것이 중요합니다.

대형우량종목의 매도 판단시점

❶ 주가가 목표수익을 달성하였거나 PER가 정상수준 범위에서 지나치게 멀어진 경우

❷ 지난 2년간 시판된 신제품이 엇갈리는 결과를 보여왔고, 시험단계에 있는 다른 제품들을 시장에 내놓으려면 아직도 1년은 더 있어야 하는 경우

❸ 그 주식의 PER가 유사한 동종업체의 PER에 비해 높은 수준에 있는 경우

❹ 지난해 자사주식을 매입한 간부나 이사들이 아무도 없는 경우

❺ 이익의 25%를 차지하는 주요 사업부문이 경기위축으로 타격을 입을 가능성이 큰 경우

❻ 성장률이 부진해지고 있으며 비용절감으로 경영이 유지는 된다고 하더라도 향후 비용절감의 기회가 크지 않은 경우

급성장기업 ｜ 연간 20~25%의 성장을 하는 작고 진취적인 신규기업들이 이 범주에 속합니다. 이 기업들은 적게는 10배에서 40배, 많게는 200배까지의 수익을 남겨주기도 합니다. 여기서 주의해야 할 것은 급성장기업Fast Grower 이라고 해서 반드시 고도성장산업에 속하는 것은 아닙니다. 저성장산업에서도 사업 확장이 제대로 이루어지는 기업은 급성장기업으로 분류할 수 있습니다.

일반적으로 급성장기업은 많은 위험이 내포되어 있지요. 의욕은 많으나 재정적 뒷받침이 부실한 초창기 기업이 특히 그렇습니다. 급성장기업 중 소규모의 기업은 부도의 위험을 안고 있고 대규모의 기업은 흔들리기 시작하면 주가가 급락하는 특징을 가지고 있습니다. 하지만 이 기업들이 계속 성장해나갈 수만 있다면 대단한 성공을 거둘 수 있습니다. 따라서 급성장기업에 투자를 하기 위해서는 재무상태표를 면밀히 검토해서 재무구조가 양호한 기업에 투자해야 합니다. 또한 이 기업들이 언제 성장을 멈추게 될 것인지, 그리고 성장을 위해서는 얼마가 투자되어야 하는지를 가늠해내는 것이 성공의 비결입니다.

급성장종목 매수 시 체크포인트

❶ 그 회사에 큰 수익을 안겨줄 수 있는 제품이 주요한 사업품목인지를 확인해야 합니다. 만약 인기 있는 상품의 매출비중이 작다면 피해야 합니다.

❷ 최근 수년간 수익성장률이 고속성장을 하고 있는지를 확인해야 합니다.

❸ 회사가 한 개 지역 이상에서 똑같은 성공을 거둠으로써 사업 확장이 가능한지도 확인하여야 합니다.

❹ 아직도 성장잠재력이 충분한지 확인하여야 합니다.

❺ 그 주식이 합리적인 PER 수준에서 매매되고 있는지를 확인하여야 합니다.

❻ 만약 사업 확장이 이루어지고 있다면 확장의 추세가 상승세에 있는지 아니면 하락세에 있는지를 확인해야 합니다. 만약 하락세에 있다면 이는 성장의 동력이 감소되고 있는 것으로 봐야 합니다.

❼ 그 업체의 주식을 보유하고 있는 기관이 거의 없고 담당 애널리스트들도 많지 않다면 그 종목은 긍정적인 것으로 판단합니다.

급성장종목 매도 판단시점

❶ 기업이 신규점포 개설을 중지했고 기존의 점포들도 지난 분기에 비해 매출이 3% 이상 떨어지는 부실이 발생한 경우

❷ 많은 애널리스트들이 그 주식에 최고의 점수를 부여하고 있는 경우

❸ 해당 기업 주식의 60% 이상을 기관투자자들이 점하고 있는 경우

❹ 많은 잡지에서 해당 기업의 CEO에 대한 기사를 싣고 있는 경우

❺ 터무니없이 높은 PER 수준을 기록하고 있는 경우

❻ 두 명의 고위간부 및 수 명의 중요직원들이 라이벌업체로 자리를 옮긴 경우

❼ 기업이 최근 2주 동안 많은 도시에서 기관투자자들을 대상으로 긍정적인 영업상황을 설명하는 어설픈 IR를 마치고 돌아온 경우

❽ 그 주식의 PER는 30에 팔리고 있는 반면, 가장 낙관적인 향후 2년간의 수익 성장률 전망치는 15~20% 수준인 경우

경기변동형 성장기업 ┃ 경기변동형 성장기업Cyclical이란 일정한 형태로 매출 및 수익이 변동하는 업체를 말합니다. 성장산업은 사업이 확장되기만 하면 되지만 경기변동형 성장산업은 사업의 확장과 축소가 반복되는 모습을 보입니다. 대표적인 경기변동형 성장산업은 자동차, 철강, 항공, 화학산업 등이 있습니다.

이러한 유형의 산업에 속하는 기업들은 경기침체기를 벗어나 회복기로 진입하면 기업의 영업환경이 호전됩니다. 그래서 대형우량기업보다 주가가 훨씬 빨리 상승하는 경향을 보입니다. 하지만 경기가 하강국면으로 들어가면 고전을 면치 못하고 투자자들은 다음번 경기활황기까지 기다려야 하는 경우도 있습니다.

일반적으로 경기변동형 성장기업의 주식에 대한 인식이 잘못되어 있는 경우가 있습니다. 많은 사람들이 이 기업들의 주식은 안전하다고 믿는 데 문제가 있습니다. 주요 경기변동형 성장기업들은 흔히 잘 알려진 대형기업들이 많기 때문에 그런 오해가 생기는 것이지요. 경기변동형 성장산업에 투자하는 데 있어 그 기업이 속한 산업이 현재 침체기에 있는지 아니면 회복기로 접어들었는지를 알 수 있어야 합니다. 그것이 바로 경기변동형 성장기업에 투자해 성공하는 비결입니다.

경기변동형종목 매수 시 체크포인트

❶ 재고상황과 수급관계를 살펴야 합니다.

❷ 신규업체의 시장참여 여부도 관찰대상입니다.

❸ 사업이 회복되면서 수익이 극대화되는 경기변동주기의 정점에 대해 투자자들이 기대를 걸고 있을 때 축소되는 주가수익률을 추정해봐야 합니다.

❹ 만약 사업의 주기를 알 수 있다면 주가 예측에 유리합니다. 따라서 산업의 주기에 대한 정보를 찾아야 합니다(예를 들어 자동차산업의 주기가 3~4년이라는 것).

경기변동형종목 매도 판단시점

❶ 기업의 비용이 증가하기 시작하는 경우

❷ 기존의 공장이 완전 가동되고 있으며, 생산능력 확대를 위해 돈을 투자하기 시작하는 경우

❸ 재고가 증가하고 있으며 기업은 재고를 제대로 처분하지 못하고 있는 경우

❹ 신규경쟁업체의 진입으로 제품가격이 하락하고 있는 경우

❺ 향후 12개월 내에 두 가지 주요한 노무계약은 만기가 되고, 노조지도자들은 지난번 계약 때 포기했던 임금 및 복지혜택의 완전한 복구를 요구할 뜻을 비치고 있는 경우

❻ 상품에 대한 최종수요가 감소하고 있는 경우

❼ 기업이 기존공장을 저렴한 비용에 현대화시키는 대신 고급수준의 신규공장을 세움으로써 자본적 지출을 두 배로 늘린 경우

❽ 경비를 절감하려고 했으나 그렇게 되면 외국상품과 경쟁할 수 없게 되는 경우

전환형기업 | 전환형기업Turnaround은 흔히 전환이 이루어지기 전에는 잠재적 사양기업으로 분류됩니다. 따라서 경기변동형 성장기업보다 못한 취급을 받는 기업들로 이들은 스스로 회사를 경영하기도 벅찬 기업들입니다. 하지만 이러한 기업들이 구조조정을 통해서 회생하면 상당히 빠른 회복세를 보이는 것이 특징입니다.

전환형종목 매수 시 체크포인트

❶ 적어도 도산하지 않을 만큼의 현금을 보유하고 있는지, 부채의 규모는 얼마나 되는지 등을 확인하여야 합니다.

❷ 만약 회사가 도산한 상태라면 주주들에게 무엇을 남겼는가를 살펴야 합니다.

❸ 그 기업이 전환의 전기를 마련하기 위해 비수익사업을 적극적으로 매각하고 있는지를 살펴야 합니다.

❹ 주된 사업에 대한 호황이 다시 올 수 있을지를 판단해야 합니다.

❺ 비용절감은 제대로 이루어지고 있는지, 만약 이루어지고 있다면 그 효과는 얼마인지 판단해야 합니다.

전환형종목 매도 판단시점

❶ 해당 기업이 회생된 후 그 회생사실을 모든 사람들이 알게 되었을 경우

❷ 5분기 이상 연속 감소해온 부채가 최근 분기보고서에서는 상당 폭 증가한 경우

❸ 재고가 매출증가율의 두 배 속도로 상승하고 있는 경우

❹ 주가수익률이 수익전망에 비해 과대 계상되어 있는 경우

❺ 해당 기업의 가장 유력한 사업부문이 생산품의 50%를 단일 고객에게 팔고 있으며, 그 주요 고객에 대한 매출이 부진한 경우

자산형기업 ┃ 자산형기업Asset Plays이란 일반적으로 투자분석가들이 발견하지 못한 가치를 지니고 있는 기업을 말합니다. 이런 숨겨진 자산의 예로는 광산을 보유하고 있다든지, 아니면 뜻하지 않게 개발되는 부지를 보유하고 있는 등 부동산과 관련된 자산형기업이 있습니다. 또한 회사의 한 사업부가 가진 가치가 뜻하지 않게 커지는 경우도 있습니다. 예를 들어 방송사업과 같이 진입장벽이 높은 사업부문을 보유하고 있는 기업이 있을 수도 있지요. 프랜차이즈나 영업권도 같은 맥락에서 이해할 수 있는 자산입니다.

자산형종목 매수 시 체크포인트

❶ 그 회사가 가진 자산가치는 어느 정도인가?

❷ 숨겨진 자산은 있는가?

❸ 자산가치를 희석시킬 수 있는 부채를 차입하고 있는가?

❹ 주주들이 보유주식을 팔아서 이익을 얻을 수 있도록 부추기는 기업사냥꾼이 있는가?

자산형종목 매도 판단시점

❶ 기업사냥꾼들이 나타나 주가가 급등하고 있는 경우

❷ 주식이 실제가치에 비해 할인된 가격에 매매되고 있음에도 불구하고 경영진에서는 사업다각화계획을 지원하기 위해 발행주식수를 10% 이상 증가시킨다는 발표를 한 경우

❸ 사업부문의 매각 시 기대했던 금액의 60% 이하의 금액에 실제로 매각된 경우

❹ 법인세율의 하락이 세금공제 이월분의 가치를 감소시킨 경우

❺ 기관투자자들의 보유비중이 5년 전의 25% 수준에서 현재 60%로 상승하였으며 많은 펀드들이 그 주식을 매수하고 있는 경우

03

성장하는 산업에
우량기업이 있다

산업과 기업은 운명을 같이합니다.
경제를 따라가는 산업, 그리고 함께 움직이는
기업, 이들의 긴밀한 관계를
분석합니다.

" 경제기사에서 주가동향을 다룰 때
업종에 관한 이야기가 많이 나옵니다.
산업에 대한 이해가 없으면 기사를 이해하지 못하고
좋은 정보도 획득할 수 없겠지요.
산업분석은 기업분석에 있어 필수 선행지식입니다. "

산업은 기업이 살고 있는 집과 같다

2007년 세계경제를 강타한 금융위기에 주식시장은 각국 중앙은행의 공격적인 통화완화정책으로 붕괴를 막고 안정적인 상승세를 이어갈 수 있었습니다. 그리고 전례 없는 코로나19 팬데믹 선언과 함께 경기침체에 대한 우려로 재차 출렁거렸음에도 다시 상승추세를 이어갔습니다. 우리 시장만 보더라도 코로나19 팬데믹의 충격이 있었던 2020년 3월 1,400포인트까지 떨어졌던 주가가 3,300포인트까지 올라온 이후 재차 등락을 거듭하고 있습니다. 그 과정에서 큰돈을 번 투자자도 있지만 수익은커녕 오히려 손실을 본 투자자도 있습니다. 이들의 명암은 주도업종에 투자했는지 아니면 사양산업에 투자했는지에 따라 갈렸습니다.

애널리스트: 상승과 하락을 거듭한 종목들의 파란만장한 역사는 그 기업들이 속한 산업 등락의 역사와도 같습니다. 한번 살펴볼까요?

2000~2002년 폭락기

코스피지수가 반 토막이 났던 때가 있습니다. 바로 2000년부터 2002년까지의 시간입니다. 밀레니엄에 달떠 있던 1999년부터 2000년 상반기까지 주식시장은 IT 혁명에 대한 기대감으로 끝없이 상승했습니다. IT벤처 열풍으로 회사명에 '디지털', '닷컴'이 붙은 주식만 사면 많게는 수백%의 수익을 냈지요. 하지만 실체가 없는 IT 혁명은 처참하게 끝이 났습니다. 실적이 뒷받침되지 않자 IT주가 이끈 증시는 결국 붕괴되었습니다. 2000년 4월 17일, 개장과 동시에 매도 주문이 쏟아졌습니다. 단 10분 만에 증시는 90포인트 가까이 하락하고 처음으로 서킷브레이크가 발동해 주식시장이 정지했지요.

IT 버블 붕괴 이후 금리정책 등의 경기부양으로 국내 증시는 조금씩 살아나는 듯했습니다. 그러나 2002년 이른바 카드대란이 일어났습니다. 당시 경제활동인구 1인당 신용카드 수는 4.58장. 무분별한 카드 발급으로 금융채무 불이행자가 급격히 늘어나면서 신용위기가 불거지기 시작했습니다. 더군다나 미국의 이라크 침공 등 대내외 악재까지 겹치면서 주식시장은 급격하게 하락세로 접어들었지요. 코스피지수는 또다시 500선까지 추락했습니다.

2003~2007년 상승기

개인투자자들이 펀드 열풍에 휩싸여 증권시장에 자금을 쏟아부은 시기입니다. 자금이 많아지면서 주가도 상승하기 시작했습니다. 2003년 주가는 극심한 저평가 상태였습니다. 글로벌 경기가 살아나고 중국 등 신흥시장이 급부상하면서 이때 저평가된 조선, 기계, 철강 등이 주요업종으로 떠올랐지요.

하지만 2004년 차이나쇼크로 코스피는 다시 급락했습니다. 경기과열 우려가 커지면서 중국 정부가 금리인상 등 극단적인 긴축정책을 펼쳤기 때문이지요. 다행히 유가가 안정되면서 증시도 제자리를 찾았습니다. 외국인투자자들이 다시 한국 증시를 찾기 시작했지요. 이때 이들이 주목했던 업종은 화학, 철강 등의 소재관련 업종과 조선, 기계 등의 산업재관련 업종이었습니다.

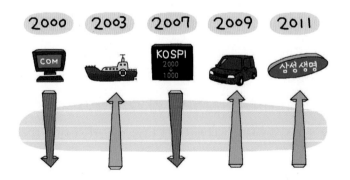

2007년~2009년 급등락기

국내 증시는 2008년 금융위기 이전과 이후로 나뉩니다. 2008년은 주가가 급락한 해입니다. 코스피지수가 2,000포인트까지 올랐다가 다시 1,000포인트 아래로 추락하는 사태가 벌어졌지요. 원인은 미국의 비우량 주택담보대출_{서브프라임모기지}사태와 2008년 세계적인 투자은행인 리먼브라더스와 베어스턴스의 파산으로 불거진 글로벌 금융위기였습니다. 이때 철강, 조선, 운송업종은 몰락의 길을 걸어야 했습니다.

이후 미국의 중앙은행인 연준의 발빠른 대처로 주가가 살아났는데 이때 상승한 업종이 은행, IT, 자동차였고 이후 자동차, 화학, 정유 등 이른바 차화정 업종이 상승을 주도했습니다. 과거 철강, 조선, 운송 등의 트로이카 대신 이들 세 업종이 새로운 트로이카 시대를 활짝 연 것입니다. 한 애널리스트의 분석에 의하면 주도주는 주가순자산비율_{PBR}이 역사적 저점 수준에 있는 업종에서 나오는 경우가 많은데 2008년 이후 주도주로 부상한 화학, 자동차업종도 2008년 PBR가 최저수준으로 낮아진 상태였습니다.

2010년~2018년(뉴노멀시대)

미국의 금융위기와 유럽의 재정위기를 거치면서 글로벌 경제는 이른바 뉴노멀_{New normal}시대를 지났습니다. 뉴노멀시대란 일상적인 저성장 · 저물가 · 저금리 현상이 지속되는 것으로, 경제침체상태에서 좀처럼 벗어나지 못하는 상황입니다. 그 이유는 그동안 부채주도의 성장을 한 탓에 소비자들의 소비여력이 현저히 떨어졌기 때문입니다. 소비가 이루어지지 않다 보니 경기에 민감한 산업들의 수익성이 떨어진 반면, 제한적인 소비상황에서도 꾸준히 매출이 늘어나는 게임, 화장품, 전자결제, 제약, 바이오헬스케어 등 소위 소프트산업이 주도하는 상황이 이어졌습니다.

2019년~코로나팬데믹시대

코로나19 팬데믹을 전후해서 가장 뜨거운 산업은 신재생에너지 산업을 필두로 전기차업종이 주도하고 있습니다. 자율주행자동차와 함께 청정에너지를 사용하는 전기차는 전자장비와 배터리가 핵심을 이룹니다. 따라서 자동차 전장부품, 2차 전지업종에 관심이 집중되었고 코로나19 팬데믹으로 인해 코로나 진단키트와 백신 그리고 치료제를 주축으로 이루는 바이오헬스케어도 핵심산업으로 자리 잡았습니다. 또한 K-Pop 열풍과 함께 불어온 K-콘텐츠산업도 주류 산업으로 자리 잡아가고 있습니다.

하지만 코로나 국면에서 소위 여행, 숙박, 레저 등 콘택트산업은 큰 위기를 겪었습니다. 빠르게 변하는 환경에 따라 떠오르는 산업과 퇴조하는 산업이 극명하게 엇갈리는 것이 최근의 산업구조라는 점을 기억해야 합니다.

일광 씨: 이렇게 히스토리로 보니 정말 경제와 산업이 긴밀하게 움직이는군요. 그러니 산업을 보면 거기에 속한 기업들의 가치 변화도 파악해낼 수 있겠어요.

애널리스트: 산업은 기업이 살고 있는 집과 같습니다. 부동산 상황에 따라 가정의 경제 형편이 뒤바뀔 수 있는 것과 비슷하죠. 산업을 잘 파악하면 좋은 집을 고르듯 좋은 기업을 골라낼 수 있습니다.

01

잠재적 경쟁자, 경쟁강도, 경쟁력과 교섭력

경쟁하지 않는
기업의 가치가 좋다

기업분석을 함에 있어 경기분석 다음으로 이루어져야 하는 것은 바로 산업분석입니다. 각 산업마다 경쟁의 치열도나 경기변동에 대한 대응능력에 차이가 나기 때문에 산업적인 요인들이 기업의 경영성과를 크게 좌우합니다. 산업 간 투자수익률에 있어서도 뚜렷한 차이를 보이는 경우가 많습니다. 사실 기업의 장기적인 수익성과 위험도, 경쟁력은 원천적으로 그 기업이 속해 있는 산업의 여러 가지 특성에 의해 결정되는 부분이 매우 큽니다. 그래서 최근에는 기업분석에서 산업분석을 중요시하고 있습니다.

산업분석은 주식투자의 경우 여러 산업 중에서 어떤 업종이 경쟁력이 높고 유망한 것인지에 대한 평가기준을 마련해줍니다. 또한 특정 산업 내에서 어떤 경쟁업체가 더욱 유망한 것인지에 대한 비교기준을 제공해줍니다.

무풍지대에서 우뚝 선 기업을 골라라

기업을 둘러싼 경쟁은 치열한 것이 좋을까요? 그렇지 않으면 경쟁의 회오리가 없는 무풍지대에서 경영을 하는 것이 좋을까요? 가끔 주식투자를 하는 사람들이 잘못 생각하는 경우가 있습니다. 경쟁은 무조건 치열할수록 좋다고 생각하는 것이죠. 물론 우리가 주식투자를 하지 않고 그 회사의 물건을 소비하는 소비자의 입장이라면 경쟁은 치열할수록 좋습니다. 왜냐하면 경쟁이 치열하면 기업은 경쟁업체보다 물건을 더 많이 팔기 위해서 같은 값에 품질을 좋게 만든다든지, 같은 품질에 가격을 싸게 내놓을 것이기 때문입니다. 하지만 회사의 입장에서는 어떨까요? 같은 값에 품질을 좋게 하거나 같은 품질을 낮은 가격에 판매하려면 결국 회사의 수익을 줄여야 합니다. 그러므로 투자자나 주주의 입장에서 본다면 경쟁을 치열하게 하는 기업은 그다지 좋은 투자대상이 되지 못합니다.

반면 경쟁이 별로 없는 독과점기업은 다릅니다. 누가 뭐라 해도 내가 생산하는 물건을 사서 쓰지 않으면 안 되는 회사는 자신이 원하는 만큼의 이익을 언제라도 유지할 수 있습니다. 이런 기업들은 설사 원자재가격이 상승하거나 경제 전반에 인플레이션이 발생하더라도 그 원가부담을 소비자들에게 전가시킬 수 있습니다. 이렇듯 독과점이 가능한 산업에 속한 기업은 경쟁이 그다지 치열하지 않은 관계로 그 독과점에 따르는 이익을 향유할 수 있습니다.

투자를 하는 사람들은 소비자의 입장에서 기업을 보는 것이 아니라 회사 주인의 입장, 즉 주주의 입장에서 기업을 바라보아야 합니다. 그럼 지금부터 어떤 요인들이 기업의 경쟁에 영향을 미치는지를 살펴봅시다. 기업의 경쟁요인들에 대한 분석은 하버드대학의 마이클 포터 교수의 연구를 통해서 알아보겠습니다.

잠재적 경쟁자와의 경쟁강도를 따져보라

어떤 산업이 유망하고 그 산업 내의 기업들이 높은 수익을 올리고 있다면 많은 사람들이 그 산업에 들어오고 싶어 할 것입니다. 만약 누구나 그 시장에 들어올 수 있다면 기존의 업체들끼리 경쟁이 심해지면서 예전과 같은 높은 수익을 올릴 수 없어집니다. 하지만 기존업체들이 수익을 올리고 있는 그 시장에 누구나 쉽게 들어갈 수 없다면 진입장벽이 있다고 말할 수 있습니다. 여기서 진입장벽이란 해당 산업에 신규로 진입하려는 기업들이 기존기업들에 대해 부담해야 하는 불리함의 정도를 말합니다. 만약 어느 산업의 진입장벽이 높으면 그 산업 내의 기업들은 상대적으로 덜 경쟁적인 환경에 놓이고 이를 바탕으로 보다 정상적인 상황에서 보다 더 높은 이익을 거둘 수 있습니다. 지금부터 진입장벽을 구성하는 요소들이 무엇인지 살펴보겠습니다.

규모의 경제 | 규모의 경제란 기업의 규모가 일정 수준으로 커지면 자본의 투입에 대해 산출의 효율이 높아져 비용이 절감되는 등의 효과가 나타나는 것을 말합니다. 자본집약적이거나 연구개발투자가 많이 소요되는 산업에서 그 기업의 규모가 커지면서 효율적으로 작업이 진행되는 것이 예입니다. 이렇게 규모의 경제가 발생하면 신규진입 기업들은 막대한 자본투자에 대한 부담을 가질 수밖에 없습니다. 그러므로 산업 내에서 규모의 경제가 발생하고 있다면 이는 진입장벽을 높이는 역할을 하는 것입니다.

제품의 차별화 | 제품차별화란 시장경쟁에서 광고 등 마케팅을 통해 상표에 대한 충성도를 높이는 방법으로 자사제품의 우위를 확보하여 새로운 상표의 시장 진입을 막는 것을 말합니다. 즉, 제품차별화가 잘 되어 있는 산업에서 기존기업들은 신규진입기업들에 비해 상표인지도 및 소비자충성도 측면에서 상당한 이익을 거둘 수 있습니다. 소비자들은 상표에 대한 신뢰성을 바탕으로 기꺼이 높은 가격을 지불할 용의를 가지는 경우도 많습니다.

만약 어느 산업에서 기존기업들의 상표인지도가 높은 경우 신규진입기업들은 자신의 상표를 시장에 각인시키기 위해서 많은 광고비용을 지불하여야 합니다. 이 경우 광고를 위해 막대한 재원이 필요하므로 자본력이 없는 기업에게는 진입장벽으로 작용합니다. 따라서 제품의 차별화가 잘 이루어져 있으면 그 산업 내의 기업들은 상대적으로 경쟁이 덜 심한 상태에서 경영할 수 있습니다.

자본소요량 ｜ 신규로 진입하려는 기업이 막대한 투자를 해야만 하는 경우에는 몇몇 자본력이 우수한 기업을 제외하고는 좀처럼 그 산업에 들어가기 힘들어집니다. 특히 기계, 석유화학, 자동차 등의 장치산업과 항공업의 경우가 대표적인 예입니다. 이렇게 처음 산업에 진입하기 위해 막대한 자본이 투하되는 경우 앞으로 영업이 반드시 잘 된다는 보장이 없기 때문에 누구나 쉽게 투자의사결정을 하지 못합니다. 이런 경우 진입장벽이 높다고 할 수 있습니다.

기존판매망 ｜ 기존기업들이 이미 강력한 유통경로를 확보하고 있는 경우 소매상들은 신규진입기업의 제품을 취급하지 않으려는 경향을 보입니다. 소매상들의 경우 상품을 진열할 공간이 턱없이 부족하기 때문에 이름 없는 신규기업의 제품보다는 보다 잘 알려진 상표의 제품을 진열하고 싶어 하기 때문입니다. 또한 영향력이 큰 공급자, 즉 시중에서 매우 인기가 있어 시장을 지배하고 있는 공급자가 있는 경우 경쟁사의 상품을 진열해놓으면 그 지배적인 공급자로부터 공급을 중단당하는 보복을 당할지도 모른다는 두려움에 다른 기업의 상품을 진열하지 않는 경우도 있습니다. 이런 경우도 신규기업에게는 진입장벽으로 작용합니다.

기존기업들의 절대적인 비용우위 ｜ 기존기업들은 시장에 초기 진입한 대가로 신규진입기업에 비해 비교적 원료를 싸게 구입할 수 있는 노하우가 있을 수 있지요. 또 그간 쌓인 경험 등을 바탕으로 학습효과가 나타나 비용절감의 혜택을 누릴 수 있습니다. 이러한 비용절감효과는 신규기업에 비해 이익을 올릴 수 있는 유리한 기회를 제공해줍니다. 이런 것을 초기진입자의 이익이라고 합니다. 비용상의 우위는 곧 가격경쟁력의 우위로 이어집니다. 만약 기존기업들이 비용 측면에서 절대적인 우위를 점하고 있다면 신규기업들의 진입이 어려워집니다.

정부의 규제와 제도적 진입장벽 ┃ 정부규제는 사실상의 진입장벽으로 작용합니다. 예를 들어 정부에서 산업 내의 사업자 수를 제한한다든지 설립요건을 어렵게 만든다든지 정부의 허가를 얻어야 진입을 허용하는 경우 등은 신규기업들의 진입을 어렵게 하는 요인입니다. 특허권, 저작권 등에 대해 독점적인 권한을 인정하는 경우도 마찬가지입니다. 이렇게 정부의 규제와 제도로 인해 신규진입이 어려워지면 그 산업 내의 기업들은 비교적 안정적인 환경에서 영업을 할 수 있습니다.

이상의 내용을 정리해보면 다음과 같습니다. 진입장벽은 신규진입을 막는 장애요인으로, 특정 산업에 새로 진출하고자 하는 기업들의 진입을 어렵게 만듭니다. 따라서 진입장벽이 구축되어 있는 산업에 이미 진출해 있는 기업들은 수익성이 높아지고 영업위험이 낮아집니다. 그러나 반대로 진입장벽이 없는 산업 내의 기업들은 수익성이 낮고 여러 가지 위험이 높아집니다. 진입장벽은 다음과 같은 경우 높아집니다.

- 규모의 경제가 잘 나타나는 경우
- 제품차별화가 잘 이루어지는 경우
- 진출을 위한 소요자본이 막대한 경우
- 기존판매망이 견고한 경우
- 기존진출업체의 절대비용 우위가 큰 경우
- 정부의 규제가 많은 경우

기존기업과의 경쟁강도는 약할수록 좋다

가장 중요한 경쟁요인은 기존업체들 간의 경쟁관계일 것입니다. 어떤 산업에서는 기업들끼리 과당경쟁으로 인해 제품가격이 생산원가 이하로 내려가서 산업 전체적으로 손실을 발생시킬 정도로 가격경쟁을 하는 경우도 있습니다. 또 신제품개발, 기술혁신 등으로 경쟁하는 경우도 있습니다. 아무튼 기존기업들 간에 경쟁이 치열해지면 기업의 수익성은 상대적으로 저하될 수밖에 없습니다. 따라서 기존기업과의 경쟁강도가 약한 산업에 속한 기업들이 상대적으로 기업가치가 우수하다고 볼 수 있습니다.

산업의 집중도 ┃ 여기서 집중도란 동일 산업에 속하는 기업의 수와 그 개별 기업의 규모를 말합니다. 예를 들어 상위 3개 사의 시장점유율을 합하여 집중도를 따지는 경우 이들의 시장점유율이 높으면 비교적 그 산업은 집중도가 높아 경쟁이 치열하지 않은 산업으로 볼 수 있습니다. 반면 이들의 시장점유율이 10~20% 정도라면 그 산업은 집중도가 낮아 비교적 경쟁적이라고 판단할 수 있습니다. 산업의 집중도가 낮다면 그 산업에 속한 기업들은 그야말로 치열한 생존경쟁을 치러야 합니다. 따라서 기업의 가치가 커지기 위해서는 산업이 집중되어 있어야 하고, 그 산업에 참여하고 있는 기업의 수가 적어야 합니다. 물론 무엇보다 중요한 것은 분석하려고 하는 기업의 시장점유율이 높은 것입니다.

경쟁기업의 이질성과 동질성 ┃ 동일 산업 내에서 기업들 간에 경쟁을 피하기 위하여 담합을 할 수 있다면 기업들의 수익성은 제고될 수 있을 것입니다. 담합이 이루어지는 것은 단순히 산업 내의 기업 수에 의존하지 않고 그 기업들의 목적과 전략이 유사할 경우 가능성이 커집니다.

만약 어떤 산업에 속한 기업들이 비슷한 비용구조를 가지고 있으면서 단기적인 수익극대화를 목표로 하고 있다면 이들 기업은 동질성이 크다고 볼 수 있습니다. 이럴 경우 해당 기업들끼리 담합하여 가격경쟁을 자제하면서 상당히 높은 수준의 수익을 유지할 수 있습니다. 하지만 기업들의 비용구조가 다르고 목표가 달라 이질성이 높아지면 자연히 경쟁이 치열해질 수밖에 없습니다.

또 규모가 비슷한 기업들 간에는 담합이 쉽게 이루어지지 못하는 경우가 있습니다. 왜냐하면 시장에서 높은 위치를 차지하기 위하여 경쟁하기 때문입니다. 하지만 어떤 산업 내에서 지배적인 기업이 존재할 경우 규모가 작은 기업들은 규모가 큰 기업에 대항하여 가격경쟁을 벌이기보다는 큰 기업이 정하는 가격에 그대로 따르는 가격 순응적 자세를 보입니다.

제품의 차별화 ｜ 산업 내에서 경쟁하는 기업들의 제품이 디자인이나 품질 면에서 동질적일수록 소비자들은 특정회사의 제품을 선호할 이유가 없어집니다. 따라서 기업의 입장에서는 동질적인 상품으로 경쟁하는 경우 가격경쟁 이외에는 별다른 경쟁수단이 없어집니다.

하지만 제품차별화가 이루어져 소비자들이 상표에 대한 선호도가 높은 경우 가격경쟁보다는 광고나 신제품개발 등 차별화된 방법으로 경쟁을 하게 됩니다. 이렇게 차별화가 잘 이루어진 산업일수록 차별화가 덜 된 산업에 비해 기업의 수익성이 확보된다고 볼 수 있습니다.

초과설비 ｜ 산업 내 기업들의 수익은 초과설비와 경기순환에 따라 민감하게 변합니다. 일반적으로 불황기에는 많은 기업들이 **유휴설비**를 보유합니다. 특히 자본집약도가 높은 기업일수록 고정비용이 많이 나가는데 불황기에 이를 줄이기 위해 가격인하의 필요성을 느껴 수익이 축소되는 모습을 보입니다. 일반적으로 호황과 불황의 기복이 심하지 않은 기업들은 산업 내 경쟁이 심하지 않지만 호황과 불황의 기복이 심한 기업일수록 그 산업 내에서 경쟁이 치열

> 유휴설비
> 쓰지 않고 놀리는 설비를 말합니다.

합니다.

그러나 이렇게 주기적으로 호황과 불황을 반복하는 경기순환적 산업이 아니라 장기적으로 산업의 유휴설비가 있는 경우 산업 내 기업들의 수익은 퇴출장벽에 따라 달라집니다. 퇴출장벽이란 얼마나 쉽게 그 산업으로부터 철수할 수 있는지에 대한 정도를 말합니다. 만약 퇴출장벽이 높아서 쉽게 철수를 하지 못한다면 한계기업이 되어 지속적으로 덤핑판매를 일삼을 것입니다. 이 때문에 퇴출장벽이 낮은 산업이 상대적으로 수익을 올릴 수 있습니다.

이렇게 본다면 경기순환에 민감한 산업, 특히 자본재나 기계설비를 생산하는 장치산업일수록 산업 내에서의 가격경쟁이 치열해져 소속 기업들의 수익이 저하됩니다.

비용구조 │ 기존업체들 간의 경쟁강도는 경쟁기업들 간의 비용구조에 따라 달라집니다. 여기서 말하는 비용구조란 고정비용과 변동비용의 구성비를 말하는 것입니다. 예를 들어 항공산업의 경우는 고정비용의 비중이 매우 큰 산업입니다. 비행기가 출항하기만 해도 고정적으로 발생하는 비용이 너무 크기 때문입니다. 이럴 경우 항공사의 입장에서는 가격을 할인해서라도 탑승률을 높이는 것이 유리합니다. 즉, 가격경쟁이 일어나는 것이지요. 일반적으로 기업이 가격을 낮출 수 있는 최저가격은 그 기업의 변동비용을 보상할 수 있는 수준까지라고 합니다. 고정비용이 큰 구조를 가진 산업의 경우 유휴설비를 없애기 위해 변동비용을 보상하는 수준까지 가격을 내리는 극심한 경쟁이 발생합니다.

이상의 내용을 정리하면 다음과 같습니다. 특정 산업 내의 기존 경쟁업체들은 가격경쟁, 신제품소개, 대고객서비스의 강화나 품질보증 등 여러 가지 방법을 통하여 시장에서의 유리한 위치를 차지하기 위한 경쟁을 벌입니다. 다음과 같은 경우는 기존업체들 간의 경쟁강도가 높은 경향이 있습니다.

- 경쟁기업의 수가 많은 경우
- 산업의 성장이 완만한 경우
- 가격경쟁의 가능성이 높거나 제품차별화가 잘 이루어지지 않는 경우
- 고정비가 높은 비중을 차지하는 경우
- 시설확장이 대규모로 이루어질 수밖에 없는 경우

대체재의 가격경쟁을 파악하라

어느 산업 내에서 경쟁의 도구가 가격만 있는 경우 경쟁의 강도는 대체재의 존재 여부에 따라 결정됩니다. 예를 들어 버스, 택시, 지하철 등은 대체재의 관계에 있다고 보는데 어느 운송수단이 가격을 높이면 사람들의 수요가 가격이 보다 싼 쪽으로 움직입니다.

하지만 이렇게 대체재가 존재하는 경우에도 소비자들이 상표에 대한 충성도가 높으면 좀처럼 이동하지 않습니다. 또한 대체재의 품질이 상당히 떨어지는 경우에도 이동은 어렵습니다.

이렇게 산업 내의 기업들이 상표경쟁이나 품질경쟁이 아닌 가격경쟁을 하는 경우 대체재가 존재하면 산업 내 기업의 이익은 크게 줄어듭니다.

구매자와 공급자 중 어디에 교섭력이 있는지 살펴라

제품차별화가 잘 이루어진 산업에서 소비자들은 가격보다는 상표나 품질에 따라 소비를 결정합니다. 하지만 제품차별화가 잘 이루어져 있지 않으면 소비자들은

가급적 저가의 제품을 구매하려고 할 것입니다. 이때 소비자, 즉 상품구매자의 교섭력이 크다면 상품공급자인 기업은 수익에 많은 영향을 받습니다. 강력한 소비자가 보다 낮은 가격에 공급해줄 것을 요구한다면 그 요구를 뿌리치지 못할 것이기 때문입니다. 이렇게 구매자의 교섭력이 강한 산업의 경우 기업들의 수익력은 저하됩니다.

강력한 구매자가 교섭력을 발휘하여 가격을 낮춤으로써 공급자로부터 이익을 빼앗는 것과 같이 공급자들도 자신의 교섭력이 강할 때 가격을 높임으로써 이익을 증대시킬 수 있습니다. 이 경우 제품의 차별화가 덜하고 일상용품들이라면 공급자의 교섭력은 상대적으로 떨어집니다. 하지만 제품이 차별화되어 있고 고객의 상표에 대한 충성도가 높으면 공급자의 교섭력은 높아집니다. 공급자의 교섭력이 높아지면 기업의 이익잠재력은 잠식됩니다.

우리나라에는 정부가 진입장벽을 만들어주는 이른바 독과점업종이 존재합니다.

- 대표적인 것이 바로 공중파 및 케이블 방송사입니다. 대표종목으로는 iMBC, SBS, SBS미디어홀딩스, SBS콘텐츠허브, CJ헬로비전, YTN, 한국경제TV 등이 있습니다.
- 그다음은 카지노 관련주입니다. 대표적인 종목은 강원랜드, 파라다이스, GKL 등이 있습니다.
- 전기전자와 같은 유틸리티 관련주도 있습니다. 대표적으로 한국전력과 한국가스공사 등이 있습니다.
- 또한 전매사업을 벌이는 곳도 있습니다. 대표종목은 KT&G가 있습니다.
- 통신사들도 정부의 허가가 있어야 하므로 독과점으로 볼 수 있습니다. SK텔레콤, KT, LG유플러스 등이 있습니다.

02

기업의 도입기, 성장기, 성숙기, 쇠퇴기

산업의 생로병사
라이프사이클

주식투자를 하는 경우 어떤 주식에 투자할 것인가를 결정하는 데 있어 기업의 미래 성장성과 수익성에 대한 전망이 가장 중요한 판단기준이 됩니다. 이 경우 그 기업이 속해 있는 산업의 전망에 결정적으로 영향을 받을 가능성이 큽니다. 경험에 의하면 중장기적으로 산업의 업황이 좋고 나쁨에 따라 그 산업 내에서 영업활동을 하는 기업의 수익성이 영향을 받기 때문입니다. 결국 산업의 업황이 좋은 경우 거기 속한 기업들의 평균적인 성장성과 수익성이 좋을 것이고 산업의 업황이 나쁜 경우 거기 속한 기업들의 평균적인 성장성과 수익성도 좋지 않을 것입니다.

예를 들어 1997년 발발한 외환위기 이후 우리나라의 정보통신산업, 즉 IT업황은 대체로 좋아져 반도체, 디스플레이, 휴대폰과 관련된 업종은 성과가 좋았습니다. 반면 섬유의복 업종은 대단히 힘겨운 경쟁을 펼쳐야 했지요. 이런 점에서 산업변화에 대한 분석은 기업분석에 있어 중요한 참고자료를 제공합니다.

경기가 변동하면 산업은 즉각 반응한다

일반적으로 산업을 분류하는 방법은 1차산업^{농림어업}, 2차산업^{제조업}, 3차산업^{서비스업}

등으로 구분하기도 하고, 제조업과 비제조업으로 구분하기도 합니다.

산업은 경기변동과 관련하여 구분하기도 합니다. 먼저 경기민감산업은 호경기에 매출과 이익이 크게 늘어나지만 불경기에는 매출과 이익이 격감하는 산업입니다. 산업기계, 자동차 등과 같은 내구재산업과 건설업 등이 포함됩니다. 경기방어적산업은 경기침체기에도 큰 영향을 받지 않는 산업입니다. 음식료산업같은 소비재산업과 전력·가스 등 유틸리티산업이 포함됩니다.

또한 산업은 개별 산업에서 일어나는 경기변동이 경제 전반의 경기변동과 어떤 시차를 가지느냐에 따라 경기선행산업, 경기동행산업, 경기후행산업 등으로 분류하기도 합니다. 먼저 경기선행산업은 산업의 경기변동이 경제 전반의 경기변동보다 빨리 변하는 산업을 말합니다. 경기동행산업은 경제 전반과 함께 변하는 산업을 말하며, 경기후행산업은 경기변동이 경제 전반보다 늦게 변하는 산업을 말합니다.

여기서 주목해야 하는 점은 경제의 발전단계와 한 국가의 산업정책 방향에 따라 성장하는 산업과 쇠퇴하는 산업이 달라진다는 것입니다. 일반적으로 산업의 발전방향은 경제발전에 따라 1차산업에서 2차산업으로, 2차산업에서 3차산업 중심으로 변합니다. 또한 제조업 내에서 소비재산업보다는 생산재산업의 비중이 더 커진다는 점도 기억해야 합니다.

특히 외환위기 이후 우리 경제는 성장산업과 사양산업 간에 극명하게 양극화 현상이 벌어지고 있습니다. 수출관련 산업은 지속적으로 호황을 보이는 반면 투자와 소비 등 내수관련 산업은 상당 기간 침체상태를 벗어나지 못하고 있습니다. 이 때문에 제조업은 수출성장을 바탕으로 높은 성장을 보이고 있지만 자영업자 위주의 서비스업은 공급과잉상태에서 경쟁이 치열해져 극심한 침체상태가 계속 이어지고 있습니다. 그러므로 투자를 하려면 큰 틀에서 산업을 바라보는 시각이 중요합니다.

라이프사이클에 따른 기업의 흥망성쇠

산업분석을 하는 과정에서는 산업의 수명주기인 라이프사이클에 대해 이해하는 것이 필요합니다. 기업은 계속기업이라고 하지요. 기업이 영속적으로 살아남기 위해서는 언제 어디서든 물건을 팔아서 수익을 낼 수 있어야 합니다. 매출이 없고 수익이 없는 산업에 속한 기업들은 살아남을 수 없습니다. 산업의 수익성, 성장성 등을 알아보기 위해서는 그 산업의 라이프사이클이 긴 것인지 짧은 것인지를 판단하는 것이 매우 중요합니다.

산업의 라이프사이클은 일반적으로 다음과 같은 네 가지 국면으로 구분됩니다.

▼ 산업의 라이프사이클

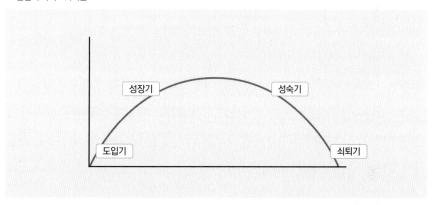

도입기 ┃ 제품이 처음 시장에 도입되는 단계입니다. 신제품이 수요를 불러일으키기까지는 상당한 시간이 걸리므로 매출증가율이 낮습니다. 이익은 과도한 고정비, 판매비, 시장선점경쟁 등으로 적자를 보이거나 저조한 것이 보통입니다. 또한 적자를 견디지 못한 기업들은 시장을 이탈하기도 합니다. 이 시기에는 사업성공 여부가 불투명하므로 뛰어난 판매능력이 필요합니다. 이 단계 마지막까지 살아남은 모험기업들은 신성장산업 기업군으로 주목을 받습니다.

성장기 ┃ 매출액과 이익이 급증하는 단계입니다. 도입기에서 살아남은 소수의 생존자가 늘어나는 수요에 맞추어 공급능력을 대폭 확충하면서 매출액이 급증합니다. 또한 시장경쟁도 약해서 이익의 증가가 매출액의 증가보다 빨라 수익성이 높아집니다. 그러나 성장기의 후반에 들면 시장경쟁이 격화되어서 이익이 늘어나더라도 이익률은 정점에 도달한 이후부터 차츰 하락합니다.

성숙기 ┃ 산업 내의 기업들이 안정적인 시장점유율을 유지하면서 매출이 완만하게 늘어나는 단계입니다. 이익률은 시장점유율 유지를 위한 가격경쟁과 판촉경쟁 등으로 하락하고 기업별로 경영능력에 따른 영업실적의 차이가 크게 나타납니다.

기업들은 이때 원가절감이나 철저한 생산관리로 이윤의 하락추세를 만회하려 하기도 합니다. 또한 제품수명주기를 연장하기 위한 노력, 또는 새로운 제품을 개발하기 위한 연구개발비 지출을 늘릴 필요가 있는 시기입니다.

쇠퇴기 ┃ 쇠퇴기에는 수요 감소 등으로 매출액증가율이 시장평균보다 낮아지거나 감소합니다. 이익률은 더욱 하락하여 적자기업이 다수 발생합니다. 따라서 많은 기업이 이 산업에서 철수하거나 적극적으로 업종다각화를 실시합니다. 쇠퇴기에 있는 산업은 사양산업으로 분류됩니다.

라이프사이클의 길이는 다음과 같이 판단합니다. 라이프사이클이 길다는 것은 하나의 상품이 오랜 시간을 두고 팔려나간다는 것을 말합니다. 쉽게 설명하자면 음식료 쪽의 히트상품을 들 수 있습니다. 초코파이, 바나나맛우유, 새우깡 등은 지금의 중년들이 어렸을 때부터 지금까지 소비하고 있는 상품으로 상당히 긴 생명력을 가지고 있습니다. 이런 산업은 다이내믹하게 성장하지는 않지만 안정적으로 움직이는 모습을 보일 것이고 그 산업 내 기업의 움직임도 안정적일 것이라는 점을 쉽게 생각할 수 있습니다.

▼ 긴 라이프사이클의 산업

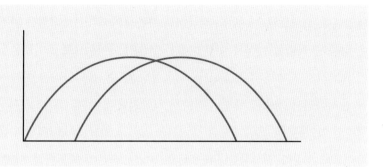

　반면에 짧은 라이프사이클의 산업은 하나의 제품이 출시되고 나면 짧게는 6개월, 길게는 2년이 채 못 되는 사이에 사양상품으로 사라집니다. 이런 라이프사이클을 가지고 있는 산업은 역동적으로 움직이지만 라이프사이클을 이어가지 못하면 큰 위험에 처합니다. 이런 산업의 예로 소비자들의 기호가 급변하고 기술개발이 빠르게 진행되는 산업을 들 수 있지요. 휴대폰산업을 비롯한 IT산업이 그러합니다.

▼ 짧은 라이프사이클의 기업

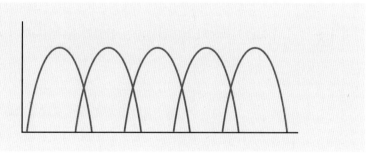

　만약 시장의 트렌드를 놓쳐 라이프사이클이 단절되는 상황에 처하면 사업에 치명적인 영향을 받아 기업이 부도에 이르는 현상이 나타날 수도 있다는 점을 잊어서는 안 됩니다. 과거의 예를 들어보겠습니다. 2G폰의 시대가 저물고 스마트폰의 시대가 본격적으로 열린 것은 2007년 1월 애플이 아이폰을 선보이면서부터입니다. 스마트폰은 손안의 컴퓨터로 사람들의 라이프스타일을 완전히 바꿔놓은 상품 중 하나로 손꼽히는 것입니다. 애플이 아이폰으로 스마트폰시장을 이끌기 시작하자 재빠른 추격자Fast Follower인 삼성전자는 옴니아라는 이름의 스마트폰을 출시하면서 애플을 바짝 추격하기 시작합니다. 이후 스마트폰시장은 iOS를 장착한 아이폰시리즈의 애플과 갤럭시를 앞세운 안드로이드 진영의 삼성전자 이 파전으로 성장하기 시작합니다. 그러나 이전 2G폰이 주도하던 시대에 사실 삼성전자와 쌍벽을 이루던 곳은 바로 LG전자였습니다. LG전자는 아차 하는 사이에 스마트폰시장의 초기 진입에 실패했고 이후 애플과 삼성전자의 엄청난 판매고와 수익을 지켜봐야만 했습니다.

이후 LG전자는 G시리즈를 출시하면서 스마트폰시장 진입을 시도했지만 이미 고가폰 시장에서는 애플과 삼성전자가, 중저가휴대폰시장에서는 중국업체인 화웨이와 샤오미가 시장을 주도하고 있어 G시리즈가 자리를 잡는 데 고전을 했고 결국 2015년 3분기 LG전자의 스마트폰 사업부의 영업이익이 달랑 2억 원이라는 굴욕을 당해야 했습니다. 한번 놓친 시장진입의 기회가 LG전자에게는 두고두고 부담으로 작용하면서 주가가 급락하는 상황으로 몰리기도 했던 겁니다. 이것이 바로 라이프사이클이 급변하는 산업의 실태입니다.

▼ 라이프사이클에 단절이 생긴 기업

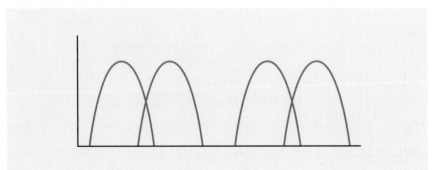

이렇듯 산업의 구조가 경제의 발전과 함께 동태적으로 변하기 때문에 산업동향에 주목하고 산업의 라이프사이클을 살피는 것은 중요합니다. 우리나라에서는 라이프사이클이 긴 기업이 일반적으로 내수관련 업종에 상당히 포진되어 있습니다. 다음에 열거하는 기업들은 자신들이 생산, 판매하는 제품들에 적어도 수십 년 동안 소비자들이 상표충성도를 가지고 있는 기업입니다.

● 라면 및 스낵은 신라면의 농심과 삼양라면의 삼양식품
● 과자는 초코파이의 롯데제과와 오리온
● 우유는 남양유업 그리고 바나나맛우유의 빙그레
● 음료수는 롯데칠성
● 화장품은 아모레퍼시픽과 한국화장품
● 설탕은 삼양사
● 조미료는 미원
● 피로회복에는 동아제약 박카스

03

산업을 뒤흔드는 수요와 공급 요인

수요와 공급으로 산업의 유망성을 따져라

특정 산업의 성과는 그 사업제품에 대한 수요와 공급요인에 의해서 일차적으로 결정됩니다. 따라서 특정 산업의 특성과 그 산업의 미래 유망성을 평가하고 예측하기 위해서는 수요와 공급요인을 살펴볼 필요가 있습니다.

수요의 확대가능성은 어떻게 알 수 있을까?

어떤 산업이 생산하는 제품의 수요기반이 넓고, 새로운 수요의 증가가능성이 국내외적으로 매우 높으면 당연히 그 산업의 미래 전망은 밝을 것입니다. 모든 산업에 걸쳐 전개되고 있는 국제화, 정보화, 서비스화의 동향과 함께 분석 대상 산업의 수요가 확대될 것인지 축소될 것인지는 다음과 같은 방향에서 검토될 수 있습니다.

제품수요의 기본특성 | 산업의 매출과 이익의 성장성은 얼마나 되는가? 제품수요가 경기순환에 따라 민감하게 반응하는가, 아니면 둔감하게 반응하는가? 또한 특정한 가격수준에서 수요가 크게 늘어나는가, 그렇지 않은가? 이러한 것들을

고려해서 수요의 안정성 등이 있는지 살펴야 합니다. 만약 제품수요가 때에 따라 들쭉날쭉하다면 안정성이 떨어지는 것입니다. 어떤 상황에서도 제품수요가 크게 변하지 않는다면 제품수요가 안정적이라고 볼 수 있습니다.

제품수요의 항구성 ㅣ 제품수요의 특성, 기술의 변화속도, 구매자집단의 크기와 소득수준, 정부지원이나 규제 여부 등을 고려해서 제품수요가 장기간 지속될 수 있는지 살펴봐야 합니다. 제품수요가 장기간 지속될 수 있는 산업이 라이프사이클의 호흡이 긴 산업이며 안정적인 산업입니다.

국내수요의 확대가능성 ㅣ 새로운 시장이 확대될 수 있는지, 수입대체가 가능한지 등을 따져보아야 합니다.

● 신규시장 확대가능성: 고령화 등 인구구조가 변화하는가? 소득구조가 변화하는가? 라이프스타일이 변화하는가? 가치관이 변화하는가? 개성화, 다양화, 고급화, 정보화, 소프트화 등 수요구조가 변화하지는 않는가? 연관 산업의 발달로 부품수요가 증대함으로 인해 수요도 증가하는가? 이러한 요인을 점검하면서 새로운 시장이 확대될 수 있는지 살펴보는 것이 좋습니다.
● 수입대체 가능성: 외국의 제품으로 대체함으로써 매출이 증가할 수 있는지에 대해서 점검해야 합니다.

해외수요의 확대가능성 ㅣ 해외에서 새로운 시장을 개척할 수 있는지, 해외의 기존 시장을 대체할 수 있는지 따져보아야 합니다.

● 해외 신시장 개척가능성: 미국, EU, 중국, 일본, 중남미, 공산권 국가 등 국내가 아닌 해외에서 지역별로 새로운 시장을 개척할 수 있는지를 점검해야 합니다.

● 기존해외시장 대체가능성: 세계 수요변화의 질적 측면도 고려할 경우 세계시장점유율의 변화가능성이 있는지, 선진국 대 신흥시장의 수요 변화가능성을 고려할 경우 수출수요가 증가할 수 있는지에 대한 점검도 잊어서는 안 됩니다.

공급으로 인한 발전가능성은 어떻게 알 수 있을까?

산업 내에서 제품을 생산하여 공급하는 업체들이 국제적으로 품질, 가격, 기술 면에서 경쟁력이 높으면 해당 산업의 미래수익성과 성장성이 유망하다고 예측할 수 있습니다. 이렇게 산업의 국내외적인 경쟁 환경의 변화를 고려할 때 해당 산업이 얼마나 유망하고 또 발전가능성이 있는지에 대한 평가는 다음의 항목들을 분석함으로써 결론을 낼 수 있습니다.

공급업체 간의 경쟁구조의 기본특성 | 공급자의 구성과 공급 집중도, 산업의 수요 경쟁방식, 비용구조, 산업 전체의 현재와 미래 공급능력과 조업도 수준, 대체품의 가격수준, 라이프사이클상의 제품의 위치 등이 어떤 상황인가를 살펴야 합니다.

국내 공급업체의 국제경쟁력 | 국제경쟁력은 다음과 같은 요인의 의해서 결정됩니다. 국내 공급업체가 가격, 비가격, 기술 면에서 얼마나 경쟁력이 있는가? 세계 경제환경의 변화와 관련하여 특정지역 국가와 얼마만큼의 경쟁우위가 있는가? 이에 대한 평가를 해봄으로써 국제경쟁력을 분석할 수 있습니다.

● 가격경쟁력: 가격경쟁력은 일반 물가수준, 생산원가, 그리고 환율수준에 의해서 영향을 받습니다. 따라서 재료비, 노무비, 에너지비용 등 주요 원가동향, 원자재 수입의존도, 노사관계 면에서의 문제의 심각성, 노동생산성, 경영효율성, 고정비 부담정도, 금리와 환율동향 등에 대한 분석이 필요합니다.

- 비가격경쟁력: 비가격경쟁력은 제품의 품질, 디자인 등의 측면에서 경쟁우위에 있는지, 특허권, 상표권 등을 보유함으로써 경쟁력 유지가 가능한지 등의 분석을 통해 알아볼 수 있습니다.
- 기술수준: 가격과 비가격경쟁력에 영향을 주는 기술수준은 우수한지, 선진국 또는 후진국과 비교할 때 기술수준 차이는 얼마나 큰지, 급격한 기술변화로 인하여 경쟁구조가 달라질 가능성은 얼마나 되는지 등에 대한 분석을 해봐야 합니다.

결론적으로 분석하려는 산업의 수요 전망이 우수하고 공급 측면에서도 경쟁력을 갖추고 있으면 그 산업은 유망한 산업입니다. 당연히 그 산업에 속해 있는 기업들의 매출 전망이나 수익 전망도 긍정적으로 판단할 수 있습니다.

미래에 유망한 산업은 무엇인가?

유망산업을 전망해보는 것은 미래에 대한 불확실성을 줄임으로써 경제주체들이 기업에 투자할 때 합리적인 선택을 하도록 도와주는 등 매우 유용합니다. 유망산업을 꼽을 때는 대체로 성장성, 경제성, 공공성 등 세 가지 기준에 의해 선정하는 경우가 많습니다. 기준은 다음과 같습니다.

- 성장성: 세계시장에서 수요가 빠르게 증가할 것인가?
- 경제성: 세계시장의 규모가 충분히 큰가?
- 공공성: 기술파급효과 등 국가전략상 중요성이 큰 사업인가?

산업연구원에서는 〈미래전략산업 브리프〉를 격월로 발간하고 있습니다. 2021년 8월에 발간된 자료에는 미래 신산업을 자율차·전기차, 지능형 로봇, 드론, 스마트홈/AR·VR, 바이오·헬스, 지능형 반도체, 바이오플라스틱, 인공지능, 2

차전지, 수소 등을 선정해서 각 산업에 대한 최근 동향 정보를 제공하고 있습니다.

동 보고서에 실린 신산업의 최근 동향을 소개하면 다음과 같습니다.

▼ 2020년 유망산업(14개 중분류, 총 41개)

산업명	최근 동향
자율차 · 전기차	EU는 자동차부문의 CO2 규제를 포함하는 2030년 온실가스 55% 감축 목표를 상향 조정한 EU 'Fit for 55'를 발표
지능형 로봇	세계 협동로봇 특허출원은 2010~2019년 동안 꾸준히 증가한 가운데, 중국의 특허 점유율이 전체 특허의 58.7%로 확대됨
드론	배송, 교육, 시설점검 등의 서비스 확대를 통한 주요 드론 기업들의 비즈니스모델 구축이 활발한 한편, 유인 드론 시장도 꿈틀
스마트홈/AR · VR	게임, 공연, 유통 등이 현실과 가상이 결합되어 열리는 새로운 공간으로 메타버스가 부상하면서 AR · VR 수요가 증가
바이오 · 헬스	미국 바이든 대통령은 헬스케어, 교통, 인터넷서비스 등을 핵심 의제로 한 '미국 경제에서의 경쟁촉진에 관한 행정명령'에 서명
지능형 반도체	미국은 '반도체지원법'을 위한 긴급 예산을 편성하고, 3개의 펀드를 신설하며 자국 반도체산업 육성을 본격화
바이오플라스틱	기존 플라스틱 제조 및 사용규제의 확대로 바이오플라스틱에 대한 도입이 장려되면서, 주요기업의 투자가 확대됨
인공지능	인공지능 VC 투자는 산업별로 모빌리티 및 자율차분야가 가장 규모가 크며, 의료 · 의약품 · 생명공학이 2020년 이후 급증 추세
2차전지	일본은 '차세대 전지 · 차세대 모터의 개발' 프로젝트에 대한 연구개발 · 사회구현계획을 마련하며 차세대 전지 개발을 본격화
수소	미국은 청정수소 기술개발 프로젝트분야의 기업과 기관에 지원금을 지급하는 프로젝트를 발표하며 청정수소 기술개발에 박차

출처: 산업통상자원부(2013. 12.), 제6차 산업기술혁신계획(2014~2018)

최근 신산업동향이 중요한 이유는 미래의 먹거리를 확보하기 위해 정부와 민간이 협동해서 산업을 발전시키고 있고, 이런 흐름은 전 세계 국가 모두가 산업의 경쟁력 확보를 위해 서로 경쟁하고 있기 때문입니다. 기술의 흐름이 수시로 바뀌는 만큼 지속적으로 발간되는 자료를 통해 산업동향을 파악하는 것이 중요합니다.

HTS에서 유망산업 내 종목 살펴보기

유망산업에 속하는 종목을 찾기 위해서는 테마구성종목을 통해서 각 테마 내에 어떤 종목들이 포함되어 있는지 검색함으로써 종목을 확인할 수 있습니다. [투자정보] ⋯ [테마종목]을 찾아보면 각 증권회사에서 따로 수집한 테마가 있습니다. 또한 인포스탁에서 제시하고 있는 테마종목으로 나눠서 찾아볼 수도 있습니다. 여기서는 인포스탁의 예를 들어보겠습니다. 인포스탁의 테마 중 스마트카와 관련된 종목을 찾아보면 다음과 같습니다.

▼ 홈 ⋯ 투자정보 ⋯ 테마종목 ⋯ 인포스탁테마구성종목

테마명	등락률	기간수익률	상세	종목명	현재가	대비	등락률	거래량	기간수익률
아이폰	▼ 0.58%	0.35%	☞	한컴NDS	20,800 ▲	1,600	8.33%	402,374	9.19%
아스콘(아스팔트 콘크리	▲ 0.17%	1.12%	☞	오비고	18,650 ▲	300	1.63%	468,151	11.01%
시스템반도체	▼ 0.46%	0.62%	☞	모트렉스	5,880 ▲	70	1.20%	343,285	0.34%
시멘트/레미콘	▼ 0.65%	1.49%	☞	엠씨넥스	42,950 ▲	450	1.06%	93,015	0.35%
스포츠행사 수혜(올림픽,	▲ 0.48%	0.51%	☞	DB하이텍	53,200 ▲	200	0.38%	554,994	0.57%
스마트홈(홈네트워크)	▼ 0.13%	0.21%	☞	모바일어플라	3,740 ▲	10	0.27%	297,006	1.49%
스마트폰	▼ 0.51%	0.46%	☞	인포뱅크	10,850	0	0%	62,948	1.40%
스마트팩토리(스마트공장	▼ 0.38%	0.31%	☞	유비벨록스	13,800 ▼	150	1.08%	53,523	0.72%
스마트카(SMART CAR)	▲ 0.16%	0.91%	☞	현대모비스	268,000 ▼	4,000	1.47%	171,103	0.92%
스마트그리드(지능형전력	▼ 0.63%	0.42%	☞	LG이노텍	194,000 ▼	3,000	1.52%	174,432	3.24%
슈퍼박테리아	▲ 3.44%	4.55%	☞	만도	62,300 ▼	1,100	1.74%	279,782	1.42%
수자원(양적/질적 개선)	▼ 0.46%	0.09%	☞	아이에이	1,025 ▼	25	2.38%	2,166,121	3.30%
수소차(연료전지/부품/충	▼ 0.78%	0.33%	☞	세코닉스	8,750 ▼	230	2.56%	181,608	2.23%
수산	▼ 0.03%	0.19%	☞						
손해보험	▲ 1.17%	2.11%	☞						
소모성자재구매대행(MRO)	▼ 1.66%	3.06%	☞						
소매유통	▼ 1.08%	0.89%	☞						
셰일가스(Shale Gas)	▼ 1.68%	3.23%	☞						
선박평형수 처리장치	▼ 1.10%	0.02%	☞						
석유화학	▼ 0.81%	0.09%	☞						

이외에도 테마명을 클릭하면 관련 종목들을 모두 확인할 수 있다는 점을 기억해서 관련종목들의 검색을 잘 활용해보기 바랍니다.

01 산업 내에서 특정 종목이 어느 정도의 위치에 있는지는 중요합니다. 특정 기업의 사업현황은 어떤지, 어느 정도의 시장점유율을 기록하고 있으며 시가총액의 비중은 어떠한지 등을 찾아볼 수 있는 방법은 없을까요?

Answer 개별 기업에 대한 자세한 내용은 기업리포트를 통해 알아볼 수 있습니다. 그러나 간단한 내용은 기업분석 화면에서도 찾아볼 수 있습니다. HTS의 [투자정보] ⋯ [기업분석] ⋯ [Snapshot]에 가면 간단한 비즈니스 서머리와 업종 비교를 통해 각 산업과 KOSPI, 산업과 특정 종목을 비교해봄으로써 산업 내 기업의 위치를 손쉽게 파악할 수 있습니다.

▽ 홈 ⋯ 투자정보 ⋯ 기업분석 ⋯ Snapshot

02 일광 씨는 어떤 기업이 어떤 제품들을 판매하고 있는지 알고 싶습니다. 왜냐하면 그 기업이 취급하는 제품의 라이프사이클이 궁금하기 때문입니다. 기업의 주요제품을 알면 시장조사를 통해서 제품의 라이프사이클이 긴 기업인지, 짧은 기업인지, 그리고 그 제품이 도입기에 있는지 성장기 또는 성숙기에 있는지도 알 수 있지요. 어떻게 하면 원하는 자료를 얻을 수 있을까요?

Answer 제품의 라이프사이클을 객관적으로 알기는 어렵습니다. 하지만 시장에 나가서 특정제품이 언제부터 출시되었고 또 얼마나 잘 팔리는지를 조사하면 대강의 상황을 파악할 수 있습니다. 기업 매출을 올리는 제품들의 구성은 [투자정보] ⋯ [리서치] ⋯ [기업분석] ⋯ [기업개요]를 통해 알아볼 수 있습니다.

▼ 홈 ⋯ 투자정보 ⋯ 리서치 ⋯ 기업분석⋯ 기업개요

위의 자료를 통해서 제품의 매출구성에 추가로 판매관리비의 비율 및 매출원가율까지 볼 수 있습니다. 또한 기업은 제품 포트폴리오가 잘 구성되는 것이 중요한데요. 한 종목으로 집중되기보다는 잘 분산된 매출구조를 가지고 있는 것이 좋습니다. 더욱 좋은 것은 그 제품들 중에 신제품도 있고, 최근 각광을 받으면서 매출증가세가 빠르게 신장되는 종목도 있으며, 오래전부터 꾸준히 팔리는 스테디셀러 제품까지 잘 어우러져 있는 기업으로, 이런 기업이 안정적이고 좋은 기업입니다.

03 업종 간 상승/하락률을 한눈에 파악해야 하루 중 어떤 업종이 상대적으로 강세를 보였는지를 알 수 있습니다. 또한 그 업종 내에서 종목들의 움직임도 파악하면 좋겠지요. 어떤 방법이 있을까요?

Answer 업종의 현황을 보고 또 업종 내 종목들의 움직임을 한눈에 보기 위해서는 업종시세를 파악할 수 있어야 합니다. HTS에서 [주식] ┈➡ [업종] ┈➡ [전업종지수]를 통해 업종의 현황을 그래프로 볼 수 있습니다. 음식료업종의 상승률이 가장 높은 것으로 나타나는군요.

▼ 홈 ┈➡ 주식 ┈➡ 업종시세 ┈➡ 전업종지수

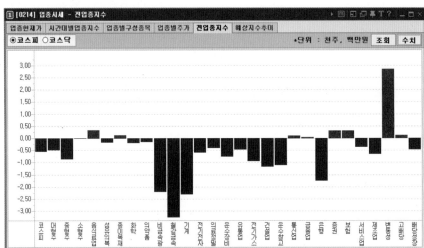

[전업종지수] 왼쪽 옆의 [업종별주가] 탭을 클릭하면 다음과 같은 업종 내 종목들의 상황을 파악할 수 있습니다.

⬛ [0213] 업종시세 - 업종별주가	▶ 🔲 🖵 ⬛T? _ ⬛×

| 업종현재가 | 시간대별업종지수 | 업종별구성종목 | 업종별주가 | 전업종지수 | 예상지수추이 |

| 001 | ▾ Q | 종합(KOSPI) ⦿코스피 ○코스닥 ○K200 ○KQ150 ○KRX100 | 3,013.13 ▼15.91 -0.53% | 종목코드순 | ▾ ↻ ≫ |

종목명	현재가	전일대비	등락률	거래량	매도호가	매수호가	시가	고가	저가	˄
동화약품	17,400 ▲	150	+0.87	776,236	17,450	17,400	17,300	17,700	17,100	
KR모터스	1,005 ▼	10	-0.99	311,539	1,010	1,005	1,025	1,030	999	
경방	13,450 ▲	150	+1.13	10,600	13,450	13,350	13,200	13,450	13,200	
메리츠화재	29,150 ▼	450	-1.52	198,963	29,200	29,150	29,700	29,750	29,000	
삼양홀딩스	107,500 ▼	3,000	-2.71	22,782	108,000	107,500	110,500	112,000	107,000	
삼양홀딩스우	69,600 ▼	100	-0.14	447	69,600	69,300	70,000	70,000	69,200	
하이트진로	35,700 ▲	250	+0.71	388,428	35,750	35,700	35,200	35,700	34,600	
하이트진로2우B	20,800 ▼	300	-1.42	5,831	21,000	20,800	21,200	21,350	20,650	
유한양행	62,200 ▼	1,000	-1.58	177,476	62,200	62,100	63,100	63,200	61,800	
유한양행우	59,500 ▼	400	-0.67	596	59,600	59,500	60,000	60,000	59,500	
CJ대한통운	149,500	0	0	31,239	150,000	149,500	150,000	151,500	149,000	
하이트진로홀딩스	15,000 ▲	50	+0.33	23,971	15,000	14,900	15,000	15,050	14,800	
하이트진로홀딩스	17,450 ▲	50	+0.29	204	17,450	17,400	17,500	17,500	17,450	
두산	95,600 ▼	2,200	-2.25	26,584	95,600	95,500	97,500	98,000	95,100	
두산우	70,700 ▼	100	-0.14	2,328	70,700	70,100	70,900	71,100	70,000	˅

초보투자자가 주식을 분석하기 위해 필요한 3가지 요소

벤저민 그레이엄은 투자와 투기의 정의를 다음과 같이 내렸습니다. "투자란 세밀하게 검토한 이후에 원금의 상환이 보장되고 만족할 만한 대상에 자금을 투입하는 것이며, 투기란 이러한 조건에 미치지 못하는 것을 말한다." 그레이엄은 주식시장에서 주가는 왜곡되는 경우가 많지만 결국은 주가가 정상으로 돌아간다는 믿음을 가지고 있었습니다. 그의 투자원칙을 살펴보도록 하겠습니다.

그레이엄이 이상적으로 생각하는 주식분석법은 무엇이었을까요? 해당 종목이 매력적인 투자대상인지 결정하기 위해 현재 주가와 비교할 수 있도록 가치평가를 하는 것이었습니다. 미래의 수익성을 측정하기 위한 기본적인 절차로 규모, 가격, 영업마진에 대한 과거의 평균자료를 바탕으로 계산합니다. 미래 매출액의 산출근거는 과거의 실적과 비교해 규모나 생산제품의 가격변화를 바탕으로 합니다. 하지만 이 예측결과들은 먼저 GDP를 바탕으로 한 경제 예측, 그리고 해당 기업과 산업에 적용되는 산업분석과 기업분석을 통해서 이루어집니다.

투자수익률에 영향을 미치는 요인

전반적인 장기 예측, 경영, 재무건전성과 자본구조, 배당실적, 현재 배당률 등이 요인이 됩니다. 하나씩 살펴봅시다.

- 전반적인 장기 예측: 누구도 미래를 정확히 예측할 수 없습니다. 하지만 투자자들은 나름대로의 전망을 가지고 있는데 이들은 기업과 산업의 PER에 영향을 미칩니다.

- 경영: 기업의 경영능력을 객관적이고 계량적으로 분석할 수 있는 틀은 없습니다. 하지만 뛰어난 경영성과를 나타내는 기업에는 훌륭한 경영자가 있다는 것도 부인할 수 없는 사실입니다. 이렇듯 경영요인을 계량화해서 그 중요성을 보여줄 수는 없지만 경영자의 경영능력을 과대평가하거나 과소평가하는 경우 잘못된 투자의사결정을 할 수도 있습니다.

- 재무건전성과 자본구조: 유보율이 매우 높고 보통주 이외에 우선주나 채권의 발행이 없는 기업은 주당순이익이 같을 경우 우선주나 부채를 발행한 기업에 비해 더 나은 투자대상입니다. 하지만 우선주나 부채가 있다고 해서 반드시 나쁜 것은 아닙니다. 만약 기업에 레버리지효과가 발생한다면 이 기업들도 큰 이익을 얻을 수 있는 여지가 있습니다. 다만 레버리지가 너무 높으면 부도위험을 고려해야 합니다.

- 배당실적: 여러 해에 걸쳐 배당실적이 있는 기업은 투자대상으로 좋은 기업입니다. 예를 들어 한 기업이 20년 동안 지속적으로 배당을 했다는 것은 투자의사결정 시에 중요한 요인이라기보다는 결정적인 요인이라 할 수 있습니다.

- 현재의 배당률: 일반적으로 기업들은 배당평준화정책을 사용합니다. 즉, 이익이 많이 나도 무리하게 많이 배당하지 않고 일정하게 배당을 해주고 손실이 나더라도 배당을 멈추지 않고 유지할 수 있는 정책을 사용합니다. 또한 표준배당정책을 사용하는 경우도 있습니다. 표준배당정책은 이익의 일정부분을 지속적으로 배당해주는 것입니다. 만약 투자자들이 표준배당률을 투자의사결정의 기준으로 삼는다면 배당을 많이 주는 기업을 택하면 될 것입니다. 하지만 최근에는 배당을 하지 않고 유보해서 이를 사업 확장의 자금으로 사용하

는 기업들에 대해서도 투자자들의 관심이 높아지고 있는 것이 사실입니다.

성장주의 투자수익률

그레이엄은 다음과 같은 성장주 평가공식을 만들었습니다.

> 가치 = 현재경상수익 × (8.5 + 연간 예상성장률의 2배)
> 여기서 예상성장률은 7~10년 동안 예상되는 연평균 성장률 수치

산업분석

기업의 전망은 주가에 상당한 영향을 미치기 때문에 애널리스트는 경제 전반에 해당 산업의 위치와 산업 내에서 개별 기업의 위치에 많은 관심을 갖습니다. 분석가는 산업분석을 충분히 자세하게 진행할 수 있지만 때로는 현재 눈여겨보지 않고 있는 요소들이 미래에 중요한 요인으로 부각되는 경우도 있습니다.

일반적으로 개인투자자들이 산업분석을 하는 것은 참으로 어려운 일입니다. 개인적으로 자료를 수집했다고 하더라도 그 정보는 이미 주가에 반영된 경우가 많으며 증권사들이 발간하는 자료에서도 남들이 파악하지 못한 새로운 내용을 발견하기란 쉬운 일이 아니기 때문입니다. 하지만 최근에는 기술의 발전 속도가 빨라지고 있고 산업의 분화가 지속적으로 나타나고 있어 현장검증, 인터뷰, 철저한 기초조사 등이 이루어질 경우 전망이 좋은 산업분야를 찾을 수도 있습니다.

벤저민 그레이엄은 기업의 본질적인 가치를 측정하기 위해 많은 노력을 기울였습니다. 하지만 그는 한 사업 또는 한 기업의 정확한 내재가치를 측정하는 것은 불가능하다고 생각했습니다. 그래서 최선의 방법은 합리적인 가정에 근거하여 내재가치의 합리적인 범위를 계산하는 것이라는 결론을 내렸습니다. 따라서 그레이엄은 평가된 추정치의 최저가격보다 훨씬 낮은 가격을 지불함으로써 수익

을 올릴 수 있다고 생각했습니다. 이렇게 추정치의 최저가격과 현재 시장에서 거래되고 있는 주가의 차이를 안전마진Safety Margin이라고 합니다.

그레이엄은 안전마진을 투자의 중심개념으로 생각했습니다. 안전마진이 있을 경우 미래의 정확한 추정을 하지 않아도 되기 때문입니다. 즉, 합리적인 내재가치의 범위를 확보하고 있으면 정확한 위험프리미엄이나 이익 또는 할인율을 결정하기 위해 무리한 가정을 하지 않아도 된다는 것이지요. 그는 "투자의 실패는 좋은 주식을 너무 높게 사는 데 있다"기보다는 "경제 활황기, 즉 주식시장이 활황을 보일 때 나쁜 주식을 사는 데 있다"고 생각했습니다. 그는 안전마진의 원칙이 궁극적으로 투자와 투기를 구분하는 시금석이 된다고 생각했고 가격과 가치 사이의 안전마진을 확보하지 못하는 사람은 투자가 아닌 투기를 하고 있다고 주장했습니다.

벤저민 그레이엄처럼 안전하게 수익을 올리려면 꼼꼼한 경제분석과 산업분석을 선행하고 그 산업 내 기업에 대한 정보를 확보하여 주가의 최저치를 알아내야 합니다. 다음 장부터는 기업을 어떻게 탐구해야 할 것인지 본격적으로 배워보겠습니다.

04

알짜기업을 찾아내
가치를 분석하라

기업은 보이는 것과 보이지 않는 것으로
분석할 수 있습니다. 기업의 숫자에만
매달리지 않고 숨어 있는 가치를
찾아내도록 도와줍니다.

기업은 살아 있는 생물체와 같습니다.
기업도, 기업의 가치도 쉴 새 없이 변화합니다.
좋은 종목을 선택하여 투자에 성공하려면
기업의 잠재적인 가치를 찾아내야 합니다.
기업분석가는 가치발굴자입니다.

기업의 가치는 뛰는 만큼 보인다

일광 씨는 전기차를 만드는 테슬라에서 예약판매한 모델3가 1주일 만에 40만 명 이상의 주문을 받았고 우리 업체들도 포함되지 않은 세계 10대 자동차 브랜드에 선정되었다는 기사를 봤습니다. 요즘처럼 어려운 경제여건에서도 혁신적인 제품을 출시해서 소위 잘나가는 기업이 되었다는 것이 내심 부러웠습니다. 이렇게 세계적으로 잘나가는 기업이 테슬라만 있는 것은 아닙니다. 프로바둑기사 이세돌 9단과의 대국에서 4대 1로 이긴 알파고의 구글도 애플을 제치고 시가총액 세계 1위에 오르는 기염을 토했습니다.

그러나 우리나라 기업들은 구조조정이나 임직원들의 횡령 및 배임 등으로 고발되어 주가가 폭락하는 등 테슬라나 구글과는 대조적인 모습이었습니다. 우리 기업들은 구조조정 이슈나 미래 성장동력을 제대로 갖추지 못하는 것 이외에도 내부자정보를 이용한 주식매각, 최대주주의 증여세 탈루 등 경영자 리스크가 기업의 발목을 잡고 있는 경우가 한둘이 아니었습니다.

일광 씨: 주가가 경영자나 주주들에 의해서 이렇게 흔들거리니 경영자들까지 살피지 않으면 안 되겠어요.

애널리스트: 맞습니다. 경영권 분쟁 등의 이야기만 새어나와도 주가는 영향을 받습니다. 주가가 이렇게 다양한 요소들에 영향을 받다 보니 투자자는 기업의 보이지 않는 면까지 분석해내야 하지요.

기업분석을 한다고 하면 기업의 재무제표를 분석하고 기업의 공시를 살펴보는 것만으로 모든 분석이 끝났다고 생각하는 투자자들이 많습니다. 그러나 눈에 보이는 정보들만 분석하는 것은 기업분석의 가장 기초적인 단계에서 머무르는 것과 같습니다. 기업을 분석하기 위해서는 눈에 보이지 않는 부분들에도 날카로운 호기심을 던져야 합니다. 실제로 기업은 보이지 않는 것으로 인해 무너지는 경우가 많습니다. 위에서 이야기한 경영자의 도덕성 문제도 그러한 예입니다. 그래서 현장을 확인하는 습관이 중요합니다. 눈으로 확인하지 않고서는 어느 것도 신기루가 될 수 있기 때문입니다.

미국에서 초등학교 학생들을 대상으로 주식투자 대회를 열었다고 합니다. 이 대회에서는 투자성과를 알아보기 위해 참가한 학생들을 두 그룹으로 나눴습니다. 한 부류는 부모가 주식투자를 하고 있는 그룹이었고 다른 한 그룹은 부모가 주식투자를 하지 않는 그룹이었습니다. 그리고 각 그룹의 학생들이 어떤 주식에 투자하는지를 관찰했습니다. 어떤 결과가 나왔을까요? 부모가 주식투자를 하는 학생들은 멋진 주식에 투자를 했습니다. 여기서 멋진 주식이라고 하면 IBM, 포드, 유니온스틸 등과 같이 소위 유명하고 인기 있는 우량주를 말합니다. 그런데 부모가 주식투자를 하지 않는 학생들은 자신들이 흔히 사용하는 물건을 만드는 회사나 코카콜라, 맥도날드와 같이 자신들이 늘 먹는 물건을 만드는 회사의 주식에 투자했습니다. 과연 어느 그룹의 성과가 더 좋았을까요? 바로 두 번째 그룹입

니다. 즉, 자신의 생활과 밀접한 관계를 맺고 있고 또 자신들이 선호하는 물건을 만드는 회사에 투자한 그룹이 더 높은 투자수익률을 올린 것입니다. 이 연구가 시사하는 바는 남의 말을 듣고 투자하는 것보다 스스로 경험한 사실을 바탕으로 투자한 경우 성공확률이 더 높다는 것입니다.

한발 더 나아가보면 자신이 분석하고 투자하려고 하는 기업을 방문해서 실제로 내가 분석한 것이 맞는지 확인해보는 것은 대단히 중요합니다. 만약 건설경기가 좋아서 시멘트회사가 좋아질 것 같아 분석해보니 투자지표들이 모두 좋았다고 가정해봅시다. 그러면 시멘트공장 앞에 가봐야 합니다. 그리고 실제로 시멘트를 운반하는 트럭의 움직임이 많아지는지 일주일 정도만 확인해도 나의 분석이 실체적인 증거를 확보하는 것입니다.

애널리스트들은 의자에만 앉아 있는 분석가가 아닙니다. 그들은 업무의 20% 정도를 투자하여 기업을 탐방합니다. 내로라하는 펀드매니저와 애널리스트들은 1년에 400~500회씩 기업을 방문합니다. 1주일에 일고여덟 군데를 다니는 셈이지요. 기업을 방문하면 실적과 경영현황을 체크하는 것이 우선입니다. 하지만 한편으로는 각자만의 노하우로 현장에서만 느낄 수 있는 회사의 이면을 들여다보려고 노력합니다. 최고경영자의 경영철학과 사무실 분위기를 파악하려는 것이지요. 예를 들어 사무실에 회사 수준에 걸맞지 않게 너무 비싼 그림이 걸려 있거나 인테리어에 과도한 비용을 쓴 기업은 의심합니다. 너무 저자세로 지나치게 친절한 기업은 더 꼼꼼하게 접근합니다. 회사 경비원들을 통해 공장 원자재나 제품 입출고 차량의 운행횟수 증감을 알아내며 정보원으로 삼는 애널리스트도 있습니다. 어떤 애널리스트는 엔터테인먼트주의 가치를 알아보기 위해 아이돌그룹의 일본 콘서트장까지 날아갔습니다. 일본 음반시장을 알아보고 한류의 실체를 눈으로 직접 확인하려고 했던 것이지요. 숨어 있는 가치주를 발견하려면 이처럼 직접 발로 뛰는 것이 좋습니다.

일광 씨: 정말 다양한 방법으로 기업을 분석하려고 애쓰는군요. 듣고 보니 기업분석이라는 것이 더욱 흥미롭게 느껴지네요.

애널리스트: 시장을 지배하는 기업, 1등 기업은 재무제표로 분석되지 않는 미래 성장동력을 가졌습니다. 애플처럼 1등 기업이 유능한 경영자를 만났을 때 역사상 최고의 기업으로 성장할 수 있는 것이지요. 그러니 투자자에게는 보이지 않는 것의 가치를 지닌 기업을 잘 찾아내는 혜안이 필요합니다.

01

주식회사, 기업이익, 경영자

주식회사를 알면
기업가치가 보인다

앞에서 우리는 기업분석을 할 때 기업의 활동이 경제 전반의 상황과 산업동향에 영향을 받는다고 배웠습니다. 기업은 경제와 산업에 상호 연계되어 있으며 산업 내 기업들은 상대적으로 독립된 실체입니다. 이제까지는 경제상황을 판단하는 방법과 산업의 구조 및 수요공급 상황을 판단하는 방법에 대해 살펴봤습니다. 이 제부터는 분석대상 기업의 경쟁력이나 재무적 건전도와 같은 기업의 자체적인 요소들에 대해 개괄적으로 알아보겠습니다.

주주의 마인드로 기업을 분석하라

주식은 주식회사가 발행하는 것입니다. 그러나 반드시 주식회사라고 한정하지 말고 회사라는 조직 자체가 어떻게 운영되는지 살펴보는 것이 중요합니다. 다만 현대에 있어 가장 일반적인 회사 형태가 주식회사이니 이에 대해 먼저 살펴보겠습니다. 주식회사는 쉽게 말하면 수많은 사람들이 돈을 모아서 회사를 만들어 동 업을 하는 형태입니다. 이때 동업을 하는 사람들이 바로 주주입니다. 주주는 돈을 많이 낸 사람도 있고 또 돈을 적게 낸 사람도 있습니다. 이에 따라 돈을 많이 낸 사람은 대주주, 돈을 적게 낸 사람은 소액주주라고 부르지요.

사업에 동참한 사람들이 바라는 것은 무엇일까요? 자신이 투자한 회사가 지속적으로 수익성 있는 사업을 이어나가는 것입니다. 수익성 있는 사업을 이어갈 수 있다면 계속 동업을 이어갈 것이고 만약 그렇지 않다면 더 이상 동업을 하지 않고 주식을 팔고 나갈 것입니다. 주식회사는 주식을 매수함으로써 동업에 참여하고 주식을 매도함으로써 동업을 철회할 수 있는 매우 간단한 구조를 가진 것이 특징입니다. 기업분석을 하는 사람들도 바로 이런 기초 지식과 동업자 마인드로 회사에 접근해야 합니다. 내가 그 기업의 주주라고 생각하면 피 같은 내 돈을 투자한 기업이 수익성 있는 사업을 잘 이끌어갈 수 있을지 철저히 분석해야겠지요.

좀 더 자세히 이야기해볼까요? 주식회사는 주주들로부터 자본금을 모아서 설립한 회사인데, 여기서 주주들이 갖는 대표적인 책임은 자신이 투자한 금액한도 내에서 책임을 지는 '유한책임제도'입니다. 유한책임제도란 만약 회사가 망하더라도 내 집 팔고 땅 팔아서 그 손실을 보전해주는 것이 아니라 내가 주식을 매수한 금액만큼만 책임을 지는 것입니다. 또한 주주들은 자신이 보유하고 있는 지분율만큼의 권리를 행사할 수 있습니다. 결국 이런 점으로 본다면 주식에 투자를 한다는 것은 회사의 일정부분을 사는 것과 마찬가지의 효과가 있습니다. 투자자는 분명히 동업자의 위치에서 기업을 바라보고 분석해야 합니다.

주식회사에서 반드시 기억해야 할 몇 가지 사항

주식회사에 대해 다음의 두 가지 사항들을 유념한다면 올바른 투자를 할 수 있습니다. 경영자가 어떤 쪽으로 의사결정을 하는가? 회사의 이익을 어떻게 처리하는가?

경영자의 의사결정에 따라 주주이익이 달라집니다

경영자는 소유경영자와 전문경영자로 나누어집니다. 만약 회사의 대주주가 경영까지 맡아서 한다면 이런 경영자를 소유경영자라고 합니다. 소유경영자는 자신의 지분이 많기 때문에 회사경영에 있어 일처리를 보다 책임감 있게 할 수 있습니다. 하지만 소유경영자는 회사의 주요한 의사결정을 마음대로 결정함으로써 나머지 소액주주들의 이익을 해칠 가능성도 있다는 것이 문제입니다. 주식회사는 주주총회에서 다수결에 의해 회사의 정책을 결정하기 때문에 아무래도 모든 주주들에게 이익이 골고루 돌아가는 쪽보다 소수의 대주주들에게 이익이 돌아가는 쪽으로 의사결정이 이루어질 가능성을 배제할 수 없습니다.

대주주가 아니면서 경영만을 전문으로 하는 사람들을 전문경영자라고 합니다. 전문경영자는 주주들의 이익을 극대화시켜주는 대가로 보수를 받는 사람들입니다. 이들은 전문적인 경영지식을 가지고 있다는 점에서는 긍정적인 측면이 있지만 주주들의 이익과 자신들의 이익이 상충되는 문제가 발생한다면 오히려 자신들의 이익을 추구함으로써 주주의 이익을 해할 가능성도 있습니다. 그래서 생기는 문제가 바로 대리인문제입니다. 대리인문제란 회사의 주인인 주주들이 대신 회사를 잘 운영해달라고 경영자에게 자신들의 경영권을 위임했는데 경영자가 주주들의 이익을 뒷전으로 하고 자기 배만 불리는 것입니다. 이렇게 되면 주주에게 돌아오는 몫이 턱없이 적어져 주가가 떨어질 수밖에 없는 상황이 발생하지요.

회사가 벌어들인 이익을 어떻게 처리하는가에 따라 주주이익이 결정됩니다

주식회사는 이익이 나면 주주들에게 배당을 할 수도 있고 하지 않을 수도 있습니다. 배당을 하지 않으면 이를 회사에 유보함으로써 재투자의 기회를 만들어냅니다. 또한 회사의 여유자금을 이용하여 자기주식을 매입할 수도 있습니다. 이렇게 복수의 선택가능한 문제가 발생한다면 어떤 식으로 의사결정을 하는지에 따라서 주주들의 이익과 손실이 나누어지겠지요.

예를 들어 마이크로소프트는 누가 뭐라 해도 명실공히 세계 최고의 기업이지요. 또한 창업자인 빌 게이츠는 가장 존경받는 기업인 중 한 사람입니다. 그런데 마이크로소프트가 창업초기에 배당을 한 푼도 하지 않았다는 사실을 아는 사람은 그다지 많지 않습니다. 빌 게이츠가 막대한 이익을 거두고 있었음에도 불구하고 배당을 하지 않은 이유는 뭘까요? 그의 생각은 다음과 같았습니다.

'주주들에게 회사의 이익을 배당할 수도 있다. 그러나 주주들이 배당을 받은 돈으로 다른 곳에 투자하는 것보다 그 돈을 회사의 유보자금으로 사용해서 회사가 더 많은 매출액과 더 많은 순이익을 거두도록 하는 게 좋지 않을까. 그러면 주가가 오를 것이고 주주들은 다른 곳에 투자한 것보다 더 높은 수익을 거둘 수 있게 된다. 그렇다면 차라리 배당을 하는 것보다 주가를 더 올리는 것이 이익일 것이다. 배당을 하지 않고 이익을 유보하는 쪽으로 가자.'

그러나 기업은 영원히 높은 수익성을 기록할 수 없습니다. 2000년대 들어 마이크로소프트의 이익성장률이 떨어지고 주주들에게 더 이상 높은 주가상승률을 돌려줄 수 없게 되자 빌 게이츠는 과감하게 배당을 하기 시작했습니다.

그런데 만약 빌 게이츠가 위와 같이 생각하지 않고 이렇게 생각했다고 해봅시다. '그래, 벌어놓은 돈이 있으니 그 돈으로 다른 회사를 인수하자. 조직이 커지면 나도 연봉을 많이 받지 않겠어? 회사가 수익이 나든 말든 나하고 무슨 상관이야. 내 배만 불리면 그만이지! 그리고 쥐뿔도 모르는 주주들이 내가 어떤 의사결정을 했고 그것이 회사 이익에 전혀 도움이 되지 않았다는 것을 어떻게 알겠어? 나는 나의 길을 갈 뿐이야.' 마이크로소프트는 존경받는 기업은 고사하고 아마도 지금 회사의 흔적조차 찾을 수 없게 되었을지도 모릅니다.

182

위에서 살펴본 경영자의 의사결정 문제와 회사의 이익처리 문제 두 가지 경우에 있어 좋은 회사가 되기 위해서는 어떻게 해야 하나요?

주주들의 이익을 극대화시키는 방향으로 의사결정이 이루어져야 합니다. 만약 주주들의 이익을 극대화시켜줄 아무런 동기가 없다면 그 회사는 주식회사로 남아 있을 이유가 없습니다. 그런 회사는 사주가 전부 출자해서 이익을 모두 가져가는 개인회사로 전환하는 것이 다른 사람들에게 피해를 주지 않는 길입니다. 주식회사 형태로 회사가 운영된다면 그 회사의 주인인 주주들의 이익을 극대화시켜야 합니다.

이렇게 경영자가 주주이익을 높이는 것에 역점을 두어 경영을 하는 기업이 좋은 기업이고 가치 있는 기업이라고 볼 수 있습니다. 기업분석을 하는 목적 중의 하나는 주주의 이익에는 관심이 없고 경영자나 대주주의 안위만을 생각하는 대부분의 그렇고 그런 가치 없는 기업을 버리고, 기업 스스로 주주들의 이익을 극대화시키려고 하는 의지가 있는 몇 안 되는 살 만한 기업을 골라내는 것임을 결코 잊어서는 안 됩니다.

02

양적 분석, 질적 분석, 분식회계

숫자는 가치를 표현하는 것이 아니다

기업분석을 하는 경우 숫자로 계량화가 가능한 요소들을 분석하는 것을 양적 분석이라고 합니다. 주식투자와 관련해 숫자로 명확하게 나타낼 수 있다면 그것에 더 큰 믿음을 갖게 되는 것은 당연한 심리겠지요. 이와는 달리 숫자로 명확하게 계산하지 못하는 요인들도 있습니다. 그런 요인들을 분석하는 것을 질적 분석이라고 합니다. 대부분 개념이 모호해서 기업을 분석할 때 놓치고 가는 부분들을 다룹니다.

양적 분석에는 덫이 있다

양적 분석과 질적 분석 중 과연 어느 것이 더 좋을까요? 숫자로 명확하게 드러나는 양적 분석을 믿어야 할까요? 실제로 기업을 분석하다 보면 양적 분석은 우리에게 믿음을 주는 만큼 더 큰 오류를 안겨주기도 합니다. 왜냐하면 양적 분석이 대부분 기업의 회계자료를 바탕으로 이루어지기 때문입니다. 양적 분석은 재무상태표, 손익계산서, 현금흐름표 등을 바탕으로 재무비율이나 손익결과를 도출해냅니다. 여기서 문제는 기초자료인 회계정보의 신뢰성이라는 본질적인 부분에 있습니다.

분식회계라는 말이 있습니다. 분식이라는 것은 얼굴에 분을 칠하고 화장을 하는 것을 뜻하죠. 즉, 기업의 실적이나 재무내용이 보잘것없지만 소위 기술을 걸어서 좋게 포장하는 것이 분식회계입니다. 조금 심하게 표현하면 회계조작을 하는 것입니다. 과연 그런 일이 얼마나 벌어질까 싶겠지만 분식회계를 하는 기업은 생각보다 많습니다. 공식적인 통계에 따르면 금융감독원은 2011년부터 2015년 7월까지 모두 514건의 회계감리를 벌여 272건의 분식회계를 적발했습니다. 분식회계 적발률을 연도별로 보면 2011년 48%, 2012년 52%, 2013년 52%, 2014년 64%로 상승세를 이어갔습니다. 이런 회계감리는 표본을 추출하여 하는 것으로 만약 전체를 모두 감사했다면 그 적발건수는 더욱 크게 나타났을 것으로 예상해볼 수 있습니다.

▼ 분식회계 적발률

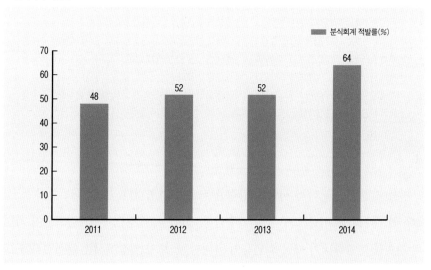

기업이 분식회계를 하는 이유는 무엇일까요? 매출액을 불리고 순이익을 높이면 우량기업처럼 보여 자금 차입이 쉬워지기 때문입니다. 또한 신용도가 높아져

이자율이 낮게 책정되지요. 더군다나 분식회계로 인해 주가도 높게 형성됩니다. 투자자들은 실제가치보다 부풀려진 기업을 믿고 투자했다가 손해를 보고 맙니다.

　다음 신문기사를 통해 분식회계가 얼마나 폭넓게 자행되고 있는지 알 수 있을 것입니다. 분식회계를 하는 상장기업이 해마다 줄지 않고 있다는 것은 회계자료의 신뢰성에 의문을 주기에 충분합니다.

디지텍시스템스, 분식회계 장부로 대출 ⋯ 1,000억 원대 사기 또 발생

금융권에 대형 대출사기 사고가 또 터졌다. 1조 8,000억 원대의 KT ENS(현 KT이엔지코어) 협력업체 대출사기와 3,000억 원대의 모뉴엘 대출사기에 이어 회계부정으로 인한 1,000억 원대의 대출사기가 다시 발생했다. 금융당국의 감독 수준은 물론 은행 여신심사체계의 구멍이 여전히 심각하다는 지적이다.

23일 서울남부지검 금융조사2부는 터치스크린 제조업체 디지텍시스템스에 700억 원대의 대출을 받도록 도와주고 10억 원을 받아 챙긴 혐의(특가법 알선수재)로 브로커 최모 씨(51) 등 세 명을 구속했다. 검찰은 이와 함께 이 회사에 250억여 원을 대출해주고 2,000여만 원을 받은 혐의(뇌물)로 산업은행 직원 이모 씨(49)도 구속했다.

사기에 연루된 은행은 국책은행인 KDB산업은행과 한국수출입은행, KB국민은행, NH농협은행 등이다. 최 씨 등 브로커들은 2012년 디지텍시스템스 남모 이사(41)에게 10억여 원을 받은 뒤 수출입 300억 원, 국민 280억 원, 산은 250억 원, 농협 50억 원 등 대출을 알선하고, 이 과정에서 무역보험공사의 50억 원짜리 지급보증서를 받아준 혐의를 받고 있다.

이번 대출사기는 디지텍시스템스가 외부감사인인 삼덕회계법인과 짜고 조직적으로 분식회계 장부를 만들어 은행에 제출한 회계부정 사고다. (후략)

디지털타임스(2016. 3. 23.)

　처음 기업분석을 하는 사람은 양적 분석을 선호합니다. 재무제표 수치 등 실질적인 데이터를 바탕으로 기업의 수익성, 안정성, 성장성 등을 검토하여 기업의 가치를 산출해내기 때문에 믿음이 갑니다. 초보자 입장에서는 분석결과가 명쾌하게 나오는 양적 분석에서 많은 정보를 얻는 것이 편하게 느껴지지요. 그러나 양적 분석을 하는 데 있어 기억해두어야 할 말이 있습니다. 바로 "쓰레기를 넣으면 쓰레기가 나온다Garbage-in, Garbage-out"는 말입니다. 즉 양적 분석은 잘못된 회계정

보를 넣어서 잘못된 결과를 도출해내어 투자자들을 혼란스럽게 만들 수 있다는 것이지요. 이 때문에 많은 분석가들이 간과하고 있는 질적 분석의 중요성이 부각되는 것입니다.

질적 분석은 기업마다 가지고 있는 질적인 특성, 즉 기업의 연혁, 경영자의 능력, 기업 고유의 경영전략, 다른 기업이 흉내 낼 수 없는 노하우 등 수치로 표현하기 힘든 내용을 분석합니다. 이러한 질적인 특성은 기업마다 다르며 각자의 특성으로 기업성장에 커다란 영향을 미칩니다. 따라서 이 질적인 특성들을 파악하면 기업의 수익성이나 성장가능성 등을 보다 면밀하게 파악할 수 있습니다. 현명한 투자를 위해서는 재무제표에 나타나지 않거나 계량화하기 힘든 요소에 대해 질적 분석을 병행하는 것이 좋습니다.

하지만 질적 분석의 단점은 역시 특정 수치로 나타낼 수 없다는 것입니다. 삼성그룹의 이건희 회장의 경영능력은 얼마이고, 현대차그룹의 정몽구 회장의 경영능력은 얼마인지 객관적으로 계산할 수 없지요. 이 때문에 분석하는 사람마다 각기 다른 평가가 나올 수 있어서 객관적인 평가가 불가능합니다. 다만, 유능한 분석자는 나름대로의 일정한 기준을 설정하여 분석함으로써 유용한 결과를 얻어낸다는 점을 잊지 마세요.

이제부터 질적 분석요소에 관해 하나씩 살펴보겠습니다.

03

경영자, 경쟁적 지위, 핵심역량

경영능력과 경쟁력,
핵심역량을 따져라

경영조직 및 경영자의 능력을 파악하라

기업의 경영조직은 경제환경 변화에 대처할 수 있는 능력의 정도에 따라 평가됩니다. 경영능력의 측면에서는 경영조직의 분권화, 경영정보시스템의 정비, 경영자의 개발과 능력 등을 평가해볼 수 있습니다.

경영조직의 분권화 | 분권화란 각 부서를 제품별, 시장별 또는 지역별로 분리하여 서로 다른 책임자가 책임지고 독립된 의사결정을 수행하는 것을 말합니다. 규모가 작은 기업의 경우는 대표이사가 모든 상황을 알고 있기 때문에 즉시 의사결정을 내릴 수 있어 환경 적응력이 큽니다. 하지만 회사의 규모가 커지면 대표이사가 모든 것을 다 파악할 수 없기 때문에 부하직원들의 보고를 통해 상황을 파악합니다. 문제는 이때 회사조직이 너무 커서 보고하는 데 며칠씩 시간이 소요되어버리면 적시에 의사결정을 하지 못하고 때를 놓치는 경우가 발생한다는 것입니다. 이로 인해 기업은 좋은 사업기회를 잃어버리고 맙니다. 따라서 기업의 규모가 커질수록 분권화가 잘 되어 있어야 변화에 재빨리 대처할 수 있는 능력이 생깁니다.

경영정보시스템의 정비 ┃ 분권화로 인한 완전한 권한이양이 이루어진 경우 기업 전체의 경영목표에 따라 기업을 통제할 수 있는 경영정보시스템이 구축되어 있어야 합니다. 최고경영자가 자기 자리에 앉아서도 회사의 경영상황을 훤히 볼 수 있어야 통제가 가능해지기 때문입니다. 효율적인 경영정보시스템을 위해서는 현금흐름, 제품수익성, 경영자성과 등의 주요사항이 적당한 시기에 최고경영자에게 보고될 수 있는 시스템이어야 합니다. 또한 경영자의 경영목표와 지시사항이 각 부서 경영자에게 빠르고 정확하게 전달될 수 있는 시스템이 효율적인 경영정보시스템입니다.

경영자의 개발 ┃ 기업이 경영활동을 지속적으로 원활하게 수행하기 위해서는 미래경영자에 대한 사내교육이 충분히 이루어져야 합니다. 이는 미래의 경영자를 육성하는 의미도 있지만 회사내부에 있는 직원들에게 능력 있는 사람은 최고경영자의 자리에 올라갈 수 있다는 동기부여를 해줄 수 있어 직원들의 사기에 많은 영향을 미친다는 점에서 중요합니다.

경영자의 능력 ┃ 경영자는 기업의 경제적 의사결정의 주체이며, 경영자의 경영능력은 기업성장의 필수요소입니다. 경영자의 능력을 평가하기 위해서는 경영자가 기업의 생산, 판매, 관리에 관하여 얼마나 적절한 의사결정을 할 수 있는지 등의 기본적인 사항 외에도 경영자의 경영철학, 건강, 경영진의 구성 등 세심한 사항까지 총체적으로 고려해야 합니다. 그러나 무엇보다 중요한 것은 경영자의 도덕성 또는 진실성일 것입니다. 경영자가 얼마나 진실하게 회사의 이해관계자를 위하는가 하는 것은 그 회사의 운명을 가름하는 잣대가 될 수 있습니다. 만약 경영자가 분식회계와 횡령을 일삼는다면 회사의 운명은 보지 않아도 뻔합니다. 바로 부도의 길로 떨어지는 것이죠. 도덕적인 경영자, 도덕적인 기업이 튼튼하고 가치 있는 기업이라는 것을 잊어서는 안 됩니다.

핵심역량을 평가하라

핵심역량이란 단순히 그 기업이 잘하는 활동을 의미하는 것이 아닙니다. 경쟁기업에 비하여 훨씬 우월한 능력, 즉 경쟁우위를 가져다주는 능력을 말합니다. 보다 우수한 수준으로 고객에게 만족을 제공할 수 있는 기업의 힘이지요. 예를 들어 소니의 소형화 기술, 캐논의 정밀기계기술과 광학기술, 혼다의 엔진관련 기술, 월마트의 강력한 물류시스템, 코카콜라의 자사 브랜드 이미지 통합을 통한 지속적인 마케팅 능력의 확대 등이 각 기업의 핵심역량이라고 할 수 있습니다.

아무리 훌륭한 경영전략이라 하더라도 실행가능성이 없으면 무의미합니다. 경영전략의 실행가능성은 추진하고자 하는 사업에 적합한 조직구조를 가지고 있느냐, 경영진들이 전략수행에 필요한 핵심역량을 지니고 있느냐 등에 달려 있습니다. 좋은 경영성과를 이끌어내는 조직은 효과적인 의사소통과 통제, 권한과 책임의 분권화, 환경변화에 대한 유연성, 두터운 경영층, 변화에 대처하는 능력, 시너지, 비용효율성이 높아야 합니다.

핵심역량 평가의 중심은 최고경영진에 대한 평가입니다. 전략적 의사결정의 주체인 최고경영진은 장기성장의 주역이라고 할 수 있으므로 이에 대한 분석은 매우 중요합니다. 경영진의 능력은 다음과 같은 측면에서 평가할 수 있습니다.

- 매출액성장률, 시장점유율의 유지와 그 안정성 등 경쟁력 유지능력
- 시설 확장능력
- 이익률 유지능력
- 생산효율 유지능력
- 자금조달능력, 금융기관과의 관계
- 종업원, 노동조합과의 관계

- 현대적 관리기법의 적용능력
- 정부와의 관계
- 연구개발, 신제품개발능력
- 후계자 양성능력
- 지역사회와의 관계 등

기업은 위와 같은 핵심역량을 바탕으로 미래에 더 나은 성과를 향해 나아가는 것입니다. 분석대상 기업이 핵심역량을 지니고 있다면 투자할 가치가 있습니다.

업계에서의 경쟁적 지위를 분석하라

기업이 자신이 속한 산업 내에서 경쟁업체들과 비교해 얼마나 경쟁력을 갖추고 있는가 하는 것은 기업분석을 하는 데 있어 핵심적인 요인입니다. 기업의 경쟁력 분석은 다음과 같은 요인들을 통해서 알아볼 수 있습니다.

시장점유율 | 경제구조가 양극화로 진행되면서 시장점유율과 기업수익성 간에는 깊은 상관관계가 나타났습니다. 시장점유율이 높은 기업의 수익성이 시장점유율이 낮은 기업의 수익성에 비해 월등히 높아지고 있습니다. 따라서 기업을 분석할 때 해당 산업 내에서 시장점유율이 높은 기업의 경쟁력이 상대적으로 높다고 볼 수 있습니다.

경쟁기업과 비교한 상대적 성장률과 성장가능성 | 기업은 끊임없이 성장을 추구합니다. 그러나 독점기업이 아닌 이상 서로 경쟁하는 구조가 이어집니다. 경쟁에서 우위를 점하기 위해서는 상대적으로 높은 성장률을 유지하고 또 높은 성장가능성을 확보하고 있어야 합니다.

안정적 수익의 확보가능성 ┃ 기업의 안정적인 수익 확보는 특허권, 영업권 등의 독점권을 보유하고 있는지, 그 상표에 대해서 소비자들이 충성도를 보이는지에 따라 달라집니다. 만약 독점권을 보유하고 있다면 경쟁기업들의 위협으로부터 자신을 보호할 수 있습니다. 또한 소비자들의 상표충성도가 높으면 안정적인 매출이 가능합니다.

연구개발R&D 관련사항 ┃ 기업이 지속적인 성장을 유지하기 위해서는 신제품 개발 능력, 신시장 개척능력 및 기술적인 리더십이 있어야 합니다. 기업의 제품은 언젠가는 시장에서 사라지므로 지속적인 매출을 일으킬 수 있는 신제품, 그리고 새로운 매출을 일으킬 수 있는 신시장을 개척하는 것이 중요합니다.

기업의 안정적 성장 ┃ 기업이 안정적으로 성장하기 위해서는 경영의 다각화, 경영지배권의 안정, 노사관계의 안정 등이 이루어져야 합니다. 경영의 다각화는 하나의 산업, 하나의 제품에 매달리는 것이 아니라 복수의 산업, 다양한 제품을 판매함으로써 실적의 변동가능성을 줄여줍니다. 그리고 경영지배권의 안정은 경영자가 M&A 가능성에 휘둘리지 않고 경영에 매진할 수 있도록 해주는 요인입니다. 노사관계의 안정은 파업이나 직장 폐쇄 등의 혼란이 없이 생산과 판매, 그리고 경영관리에 집중할 수 있게 하므로 매우 중요한 요소입니다.

원가우위 ┃ 기업이 경쟁기업에 비해 원가우위에 있다는 것은 매우 중요합니다. 다른 기업보다 낮은 원가에 물건을 만들 수 있다면 같은 물건을 싸게 팔 수 있고, 같은 가격을 책정하더라도 보다 높은 차익으로 더 많은 수익을 확보할 수 있기 때문입니다. 원가우위는 원료의 독점과 안정적 공급의 정도, 정부의 특혜, 비용통제의 효율성이나 월등한 경험의 축적 등을 바탕으로 이루어집니다.

04

시장점유율, 시장성장률, 산업매력도, 사업강점

제품 구성과
성장잠재력을 분석하라

기업의 성과는 시장의 수요 변화와 같은 외부환경 변화에 대응하여 기업 내부의 모든 자원을 효과적으로 배분하는 장기경영계획이나 경영전략에 좌우됩니다. 다수의 제품이나 복수의 사업 단위에 진출하고 있는 기업은 자원을 더더욱 효율적으로 배분해야 합니다. 자원 배분을 통한 기업의 성장잠재력을 평가할 때에는 다음과 같은 측면을 분석하는 것이 좋습니다.

첫째, 여러 제품 라인 또는 사업 단위들이 얼마나 성장잠재력 있는 시장에 포진하고 있는가? 제품 라인별로 매출액 구성, 시장점유율, 성장률, 이익률, 경기순환성, 시장의 안정성 등의 요소들을 분석함으로써 기업 전체의 성장잠재력과 수익의 안정성을 평가할 수 있습니다.

둘째, 현금흐름의 효율적 배분이라는 관점에서 볼 때 경쟁력 있는 제품 라인 또는 사업 단위에 자원이 집중적으로 사용되고 있는지, 그렇지 않으면 자원이 분산되어 낭비되고 있지는 않은지 평가해야 합니다.

이러한 사업부 구성에 대해 평가하려면 시장점유율과 시장성장률, 산업매력도와 사업강점을 분석해보는 방법이 있습니다. 하나씩 살펴봅시다.

시장점유율과 시장성장률을 한눈에 파악하라

사업부 구성에 대해 평가하기 위해 시장점유율과 시장성장률을 기준으로 사업부를 분류하여 분석하는 방법이 있습니다. 바로 보스턴컨설팅의 BCG 매트릭스입니다. BCG 매트릭스는 상대적 시장점유율과 시장성장률이라는 두 가지 지표를 이용하여 제품 포트폴리오를 분석합니다. 이는 현금흐름의 관점에서 사업부의 포트폴리오를 균형 있게 구성할 수 있도록 해줍니다.

상대적 시장점유율 | 상대적 시장점유율은 산업 내에서 경쟁관계에 있는 회사 제품의 시장점유율과 해당 기업이 판매하는 제품의 시장점유율 간의 비율을 말합니다. 이는 자사의 제품이 경쟁사에 비해 어느 정도의 위치를 차지하는지 평가할 수 있습니다. 일반적으로 상대적 시장점유율이 1보다 큰 경우 시장선도자의 위치에 있습니다. 1보다 작은 경우는 시장지배력이 떨어진다고 보면 됩니다. 시장점유율이 높으면 시장의 선도주자로서 경쟁력이 높기 때문에 상대적으로 기업의 수익성이 좋아져 주가도 올라갑니다.

시장성장률 | 시장성장률은 사업부 포트폴리오를 구성하는 데 있어 고려하여야 할 외부환경입니다. 만약 사업부의 시장성장률이 경제 전체의 성장률에 비해 높으면 좋은 사업기회라고 볼 수 있습니다. 하지만 만약 제품의 시장성장률이 경제 성장률보다 낮으면 사업 자체가 쇠퇴한 것이 아닌가 하는 의심을 해볼 만합니다. 따라서 계속적인 성장을 유지하기 위해서는 신제품 개발능력, 신시장 개척능력, 경영다각화, 원료의 안정적 공급 등이 뒷받침되어야 합니다. 또한 안정적인 수익을 확보할 수 있는 특허권, 영업권 등의 독점권 보유 여부와 그 상품에 대한 소비자 선호 등도 기업의 수익성 및 주가에 영향을 미치는 요소입니다.

그러면 시장점유율과 시장성장률을 기준으로 사업부를 분류하여 분석하는 BCG 매트릭스의 예를 살펴봅시다. 여기서 원의 위치는 각 사업 단위의 상대적 시장점유율과 시장성장률의 값을 나타냅니다. 원의 크기는 해당 사업 단위의 매출액을 의미합니다. 매출은 성장성과 수익성이 높은 부분에서 많이 나타나는 것이 중요합니다.

▼ BCG 매트릭스

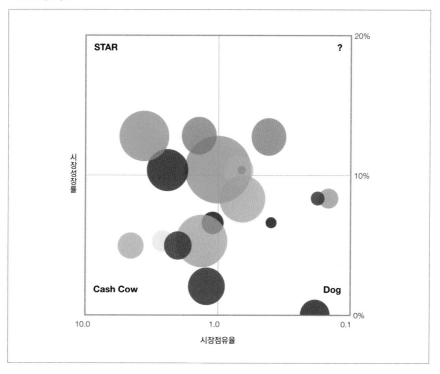

물음표 Question Mark ┃ 오른쪽 상단의 물음표 구역은 성장률은 높지만 시장점유율은 낮은 사업입니다. 따라서 경쟁적 위치는 약하지만 확장의 기회는 높다고 평가됩니다. 물음표에 있는 사업부는 장차 별Star 구역으로 갈 잠재력이 있습니다. 하지만 이 경우 많은 자금이 소요됩니다.

별Star ┃ 시장점유율도 높고 시장성장률도 높은 사업입니다. 경쟁적인 강점과 확장의 기회를 동시에 가진다는 의미입니다. 이 구역의 사업은 그 강점을 부각시키기 위해서 집중적인 투자가 요구됩니다. 따라서 벌어들이는 수익도 매우 크지만 그만큼 재투자가 이루어져야 합니다. 만약 여기서 성장률이 저하되면 자금젖소 구역으로 변합니다.

자금젖소Cash Cow ┃ 상대적으로 높은 시장점유율과 낮은 시장성장률을 가진 사업입니다. 경쟁사의 사업에 비해 시장지배적인 사업이긴 하지만 확장의 기회가 적고 시장기회가 줄어들면서 위험이 따릅니다. 그러나 이 구역의 사업은 높은 시장점유율에 의해 큰 이익을 창출하므로 여기서 나오는 이익은 별이나 물음표 구역의 사업을 지원할 수 있는 중요한 자금의 원천이 됩니다.

짖는 개 Barking Dog ┃ 낮은 시장점유율과 낮은 시장성장률을 가지는 사업입니다. 경쟁적 위치도 약하고 사업의 매력도 거의 없는 것으로 평가됩니다. 시장성장률이 낮기 때문에 대규모의 자금수요는 없으나 수익이 저조하여 현금흐름이 좋지 못합니다. 이 경우 기업은 사업을 철수시키는 것이 좋습니다.

이렇게 BCG 매트릭스를 통해서 사업이 어느 위치에 있는지를 확인하고 나면 그 후에는 어떤 전략을 세우면 되나요?

다음과 같은 전략을 생각할 수 있습니다. 자금젖소에 해당하는 사업은 현금유입이 많은 사업입니다. 그러므로 여기서 발생한 현금을 물음표에 해당하는 사업에 투자합니다. 이로써 장기적으로 볼 때 물음표의 사업이 별의 사업으로 전환되게 합니다. 물음표에 해당하는 사업은 시장점유율이 낮기 때문에 경쟁력이 떨어지고 시장에서의 성공가능성이 불확실한 사업입니다. 따라서 자금의 효율적인 사용을 위해서 물음표 제품 중 부적당한 것은 시장에서 철수시키는 것도 하나의 방법입니다. 또한 짖는 개의 위치에 있는 사업은 시장에서 철수시킵니다.

결국 기업의 성장과 이익을 극대화시키기 위해서는 사업의 균형포트폴리오를 구성하는 것이 중요합니다. 먼저 별에 해당하는 사업과 물음표에 해당하는 사업이 충분하도록 구성해야 하고 만약 그렇지 못하다면 그런 사업을 가진 기업과 합병하는 것도 고려해볼 만합니다. 이러한 사업부 또는 제품의 포트폴리오가 균형 있게 형성된 기업이 좋은 기업입니다.

산업의 매력도와 사업강점을 판단하라

BCG 매트릭스의 변수가 너무 단순하다는 단점을 개선한 것이 GE 매트릭스입니다. GE 매트릭스는 시장성장률과 시장점유율 이외의 여러 변수들을 함께 고려하여 산업매력도-사업강점 매트릭스를 통해 사업부를 평가하는 방법입니다. 다음과 같은 특성을 가지고 있습니다.

산업매력도와 사업강점의 결정 산업매력도는 시장의 규모, 산업의 수익률, 산업의 경기, 경쟁강도 등 기업의 외부요인들에 대한 평가를 종합하여 결정됩니다. 그리고 사업강점은 시장점유율, 매출성장률, 가격우위, 원가우위, 제품품질, 자금력, 고객, 기술력 등 기업의 내부요인들에 대한 평가를 종합하여 결정됩니다.

가중치의 결정 기업별로 산업매력도 및 사업강점을 평가하는 지표가 다르고 이들의 가중치를 구성하는 비중도 모두 다르므로 매우 주관적인 지표가 될 수 있습니다. 따라서 GE 매트릭스 모형을 사용하기 위해서는 이러한 변수들의 사용과 관련된 경험들을 지속적으로 계량화시켜 축적하면서 사용해야 합니다.

GE 매트릭스의 예를 그림으로 자세히 살펴봅시다.

가로축에는 사업의 강점을 고, 중, 저로 표시하고 세로축에는 산업의 매력도를 고, 중, 저로 표시하여 총 9개의 영역으로 구성합니다. 각 기업 내 각각의 사업단위들은 사업강점과 산업매력도를 고려하여 위치가 선정됩니다. 원의 크기는 각 사업 단위가 진출한 산업의 크기를 의미합니다. 원 내의 흰색으로 표시된 부분은 각 사업 단위의 산업 내 시장점유율을 나타냅니다.

▼ GE 매트릭스

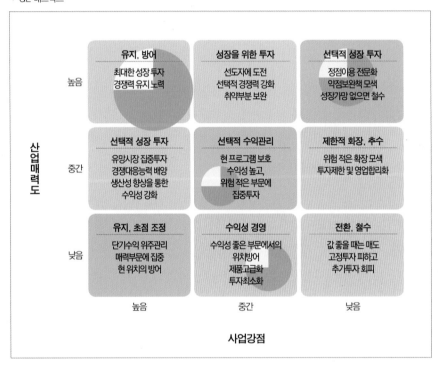

🙂 그럼 GE 매트릭스에서는 각 부문별로 어떤 전략을 선택하면 되나요?

GE 매트릭스 분석으로부터 도출되는 가장 중요한 시사점은 각 사업부에 대한 투자 우선순위를 결정하는 것입니다. 매트릭스 내의 9개 부문들은 매력적인 청신호지역, 매력도가 중간인 주의신호지역, 매력적이지 못한 적신호지역으로 구분됩니다. 왼쪽 상단의 푸른색을 띠는 청신호지역은 투자를 하며 지속적으로 성장시켜야 할 경쟁력 있는 사업 단위입니다. 대각선을 가로지르는 세 칸은 주의신호지역입니다. 여기에 위치한 사업 단위는 전반적인 매력도에서 중간 정도이므로, 경쟁력이 있다고 판단되는 사업 단위들에 대해서만 선별적 투자를 하고 가능한 현금흐름을 증가시킬 필요가 있습니다. 오른쪽 하단의 붉은색을 띠는 적신호지역은 경쟁력이 약하거나 시장 전망이 어두운 사업 단위입니다. 철수 또는 최소한의 투자를 통해 현금흐름을 극대화하는 전략이 필요합니다.

정리해볼까요? 시장에서의 상대적인 지위와 시장의 매력도가 떨어지는 위치에 있는 사업은 이 사업으로부터 투자를 철수하는 전략을 취합니다. 반대로 시장의 매력도가 높고 시장점유율이 높은 위치에 있는 기업은 이 시장을 더 키우기 위해 투자를 하는 전략입니다. 중간에 위치한 사업은 유지 전략을 취하면 됩니다.

HTS에서 기업개요 살펴보기

주식시장은 하루에도 수천수만 가지의 정보가 생성되고 소멸되는 시장입니다. 그래서 주식투자를 시작하고 조금만 지나면 누구든 정보의 소중함을 알게 됩니다. 정보가 곧 돈이기 때문이지요. 그런데 시장에 돌아다니는 정보가 실제로 돈이 되는 정보인지 거짓 정보인지를 판단하는 것은 대단히 어려운 일입니다. 주식시장에서는 투자를 통해서 돈을 벌려고 모여든 수많은 사람들이 무한경쟁을 하는 곳이기 때문에 때로는 거짓 정보를 퍼트려 남을 속이면서 돈을 벌려고 하는 사람들도 매우 많다고 알려져 있습니다.

제대로 된 정보는 그냥 주어지는 것이 아닙니다. 투자자 스스로가 검증하고 또 확인할 수 있는 능력이 있어야 합니다. 그중 가장 기본적인 정보가 바로 기업과 관련된 정보입니다. 투자하려는 기업이 도대체 어떤 기업인지, 최근 수년간의 실적은 어떠했는지, 그리고 애널리스트들의 평가는 어떠한지를 한눈에 알아볼 수 있는 방법은 우리가 매일 사용하고 있는 HTS 안에 모두 들어 있습니다.

먼저 주식투자자에게 가장 좋은 기업의 유형은 무엇일까요? 한 해도 거르지 않고 지속적으로 돈을 잘 버는 회사일 것입니다. 여기서 중요한 것은 단순히 돈을 잘 버는 것이 아니라 매년 조금씩이라도 더 버는 것이 중요합니다. 이런 기업을 LTPG Long Term Profitable Growth형 기업이라고 합니다. 장기적으로 수익성 있는 성장을 하는 기업을 말하지요. LTPG형 기업은 지금 현재의 영업환경도 좋지만 연구개발을 게을리하지 않아 새로운 신제품이 끊임없이 나오고 시장에서 신제품의 반응도 좋아 날개 돋친 듯이 팔려나가는 기업입니다. 이런 기업의 주가는 아마도 안정적으로 꾸준하게 상승하는 모습을 보일 것입니다.

과연 LTPG형의 기업을 찾을 수 있을까요? 그것은 꾸준한 노력으로 경제의 흐름을 예측하고 산업을 파악하며 그 속에서 적절한 기업은 없는지 연구하는 과정에서 찾을 수 있을 것입니다.

그럼 HTS상에서 제공되는 기업정보는 어떤 것들이 있는지 알아보겠습니다.

▼ 홈 ⋯▸ 투자정보 ⋯▸ 기업분석 ⋯▸ 기업분석

먼저 기업정보를 찾기 위해 [투자정보] ⋯▸ [기업분석] ⋯▸ [기업분석] ⋯▸ [기업개요]로 가서 간단한 기업의 내용을 살펴봅시다. 왼쪽 상단의 🔍 버튼을 클릭하면 찾고자 하는 기업을 선택할 수 있습니다. [기업개요]에서는 그 기업의 주소지와 설립일, 상장일, 대표이사, 업종, 주요상품과 주주현황을 개괄적으로 파악할 수 있습니다. 또한 주거래은행과 대체적인 지분관계도 알 수 있습니다.

특히 설립일을 주목해 봐야 합니다. 기업이 설립된 지 오래되었다는 것은 매우 큰 강점입니다. 매년 100개의 기업이 창업하면 95개는 망하고 나머지 다섯 개만 살아남는다는 통계가 있습니다. 그만큼 창업 이후 사업을 궤도에 올리기가 쉽지 않다는 것이지요. 그리고 설사 사업이 본 궤도에 올랐다 하더라도 경기의 부침에 따라 부도를 내고 도산을 하는 기업이 수두룩합니다. 연구된 자료에 의하면 우리나라 상장기업의 평균 상장연수가 약 18년 정도입니다. 이는 상장된 기업조차도 영속적으로 살아남지 못하고 망한다는 의미입니다. 그런데 설립된 이후 매우 긴 업력을 보여주는 기업은 그만큼 불황에 견딜 수 있는 능력이 있다는 점에서 높은 점수를 줘야 합니다. 설립일이 오래된 기업일수록 호황과 불황을 수없이 겪으면서도 기업을 이어오고 있으니 경영능력도 상당부분 인정할 수 있습니다. 주식시장에서 분식회계 등으로 퇴출되는 기업들 중에는 회사를 설립한지 얼마 되지 않은 기업들이 상당수 있다는 점도 기업의 연혁에 주목해야 하는 이유입니다.

05

필수품형 생산기업, 소비자독점형 기업

우량기업을 판단하기 위해 질문을 던져라

우량기업을 판단하기 위해 워런 버핏식으로 기업을 분류해볼까요? 비교적 간단하고 명쾌합니다. 그에 따르면 기업은 '대부분의 쓸모없고 가치 없는 기업들'과 '소수의 가치 있는 기업'으로 분류됩니다. 대부분의 쓸모없고 가치 없는 기업들은 필수품형 생산기업입니다. 이 기업들은 단지 가격경쟁에 의한 출혈만을 무기로 삼으며 하루하루 살아가는 것도 벅찬 기업들입니다. 반면에 소비자독점형 기업은 지속적으로 이익을 낼 수 있는 기업입니다. 이 기업들은 안정적으로 돈을 버는 대표적인 우량기업이라고 할 수 있습니다. 각 기업 분류에 대해 자세히 살펴봅시다.

필수품형 생산기업에 투자하지 마라

필수품형 생산기업이란 기업이 소비자의 구매결정에 영향을 미치는 요인이 단지 가격밖에 없는 기업을 말합니다. 섬유제조회사, 철강회사, 가스와 정유회사, 목재회사, 제지회사 등이 있습니다. 이런 기업들은 모두 일상용품을 판매하고, 시장에 다수의 경쟁자들이 있으며, 가격만이 소비자의 구매결정에 영향을 미칩니다.

필수품형 생산기업 중에서는 생산비용이 적게 드는 기업이 경쟁에서 이기기 마련입니다. 생산비용이 적게 들수록 가격결정에서 주도적 위치에 서기 때문입니다. 비용이 낮아지면 낮아질수록 차익이 커진다는 점을 생각해보면 쉽게 이해할 수 있습니다.

하지만 여기에는 깊이 생각해야 할 것이 있습니다. 생산비용이 적게 드는 기업이 되기 위해서는 생산기술을 지속적으로 향상시켜 기업의 경쟁력을 유지해야 합니다. 그런데 생산기술을 향상시키려면 추가적인 자본이 투자되어야 한다는 것이지요. 이렇게 투자자본을 지출하다 보면 기업의 가치를 높일 수 있는 새로운 제품을 개발하거나 새로운 기업을 인수하는 데 사용할 수 있는 유보수익은 잠식됩니다.

또 하나, 수익 면에서도 생각해보아야 합니다. 필수품형 생산기업이 수익을 발생시킬 수 있느냐의 여부는 전적으로 제품의 질과 경영진의 능력에 달려 있습니다. 만일 경영진의 예측이 빗나가거나 비합리적으로 자원을 사용한다면 기업의 경제적 손실이 커질 수 있습니다.

이런 점에서 본다면 필수품형 생산기업은 장래에 더 큰 가치를 지닐 가능성이 거의 없다고 볼 수 있습니다. 왜일까요? 첫째, 가격경쟁 때문에 기업의 이익이 항상 낮을 수밖에 없습니다. 따라서 사업을 확장하거나 수익력이 더 높은 새로운 기업에 투자할 여유가 없지요. 둘째, 만약 경영을 잘해서 돈을 번다고 할지라도 그 자본이 기업 발전에 쓰이기 어렵습니다. 경쟁에 뒤처지지 않기 위해 항상 공장과 설비를 보수하는 데 자본이 쓰이기 때문입니다.

필수품형 생산기업의 특징

적은 판매수입 | 적은 판매수입의 원인은 가격경쟁에 기인합니다. 한 회사가 가격을 내리면 다른 회사도 경쟁을 위해 가격을 내리기 때문입니다.

낮은 자기자본이익률 ┃ 자기자본이익률이 낮다는 것은 시장여건과 가격문제로 발생하는 취약한 재정상태를 반영하는 것입니다.

변별력 없는 상표 ┃ 구매하는 제품의 이름에 큰 의미가 없습니다.

다수의 생산업자 ┃ 다수의 생산업자는 경쟁을 부추기고, 경쟁은 가격인하를 부르며, 가격인하는 낮은 이익률을 가져와 결국 주주에게 낮은 수익을 가져다줍니다.

생산시설 과잉 ┃ 한 사업의 생산시설이 과잉이라면 수요가 초과된 공급량보다 많아질 때까지 누구도 이익을 얻을 수 없습니다. 초과수요가 생기면 이 회사들은 다시 생산량을 늘리고 시장은 다시 초과공급 상태에 빠집니다. 즉, 시설의 과잉은 가격전쟁을 의미합니다. 그 결과는 낮은 영업수익과 이익률로 나타납니다.

일정하지 않은 수익 ┃ 일정하지 않은 수익은 미래의 수익을 예측하는 것을 불가능하게 만듭니다. 이런 회사의 미래를 합리적으로 예측하려고 하는 것은 매우 어리석은 일이 되겠지요.

유형자산을 활용하는 경영진의 능력에 의한 수익성 ┃ 회사의 수익성이 특허권, 저작권, 상표권과 같은 무형자산에 의해 좌우되는 것이 아니라 경영진이 공장이나 설비와 같은 유형자산을 얼마나 효율적으로 활용하는가에 전적으로 달려 있다면 이는 필수품형 생산기업의 전형이라고 볼 수 있습니다.

소비자독점형 기업에 투자하라

소비자독점형 기업을 톨브리지형 Toll Bridge 기업이라 부릅니다. 톨브리지형 기업이란 앞에서 살펴본 바와 같이 소비자들에게 독점력을 행사하는 기업을 말하지요. 톨브리지형 기업에는 다음과 같은 세 가지 유형이 있습니다.

상표가치가 높고 단기간에 소모되는 제품을 생산하는 기업 | 만약 어떤 상품의 공급업자가 한 곳이고 이 상품의 상표에 대해 많은 소비자들이 충성심을 가지고 있다고 합시다. 유통업자는 돈을 벌기 위해 그 제품을 확보해야 합니다. 이런 경우 어떤 일이 벌어질까요? 유통업자들은 서로 그 물건을 확보하기 위해 가격경쟁을 벌입니다. 좀 더 높은 가격에라도 그 물건을 사려고 하겠지요. 이렇게 되면 유통업자의 입장에서는 가격경쟁이지만 그 물건을 판매하는 회사의 입장에서는 아무런 피해도 없습니다. 따라서 특정상표에 대해 소비자들의 충성심이 높아지면 이런 기업은 일종의 톨브리지형 기업이 됩니다.

제조업체가 광고를 하는 이유는 소비자가 그 제품을 구매하도록 하고, 유통업자들이 더 많은 이익을 얻기 위해 가격이 저렴한 다른 회사의 제품으로 대체하지 못하도록 하기 위해서라는 것을 기억하세요.

대중 광고매체 | 광고는 잠재고객과 제조업자 사이를 이어주는 교량역할을 합니다. 이것이 바로 광고의 톨브리지효과입니다. 최근 제조업자는 자산의 제품을 홍보하기 위해 TV, 신문, 잡지 등을 이용하여 광고를 하고 있습니다. 이런 광고매체들이 소비자에게 영향을 주어 판매수익을 증가시키지요. 결국 광고시장은 제조업자들의 경쟁의 장이 되었습니다.

특히 광고매체가 지역적인 독점력을 가지고 있다면 더 좋은 기업이 될 것입니다. 또한 전 세계를 무대로 활동하는 광고 대행사는 지구촌 전역에 걸쳐 제품을 판매하는 다국적기업으로부터 광고를 수주해서 높은 수익률을 올릴 수 있으므로 눈여겨보아야 합니다.

사람들에게 꼭 필요한 서비스를 제공하는 기업 | 자본의 소비가 거의 없고 고임금이나 고학력의 노동력도 필요 없지만 소비자들에게 꼭 필요한 서비스를 제공하는 기업이 있습니다. 경영진과 기본설비만 갖추어지면 수요에 따라 종업원을 해고할 수 있고, 재고도 없으며, 제품을 향상시키거나 신제품을 개발하기 위해 돈이나 에너지를 소모할 필요도 없는 기업. 또 벌어들인 돈은 그대로 회사에 쌓이고 그 돈을 영업 확장이나 배당금 지급, 또는 자기주식 매수에 사용할 수 있는 기업. 이런 기업이 사람들에게 꼭 필요한 서비스를 제공한다면 역시 톨브리지형 기업의 하나입니다. 이런 기업의 예로는 해충방제, 청소, 가정부파견, 잔디관리 등의 업체, 신용카드회사, 경비파견업체 등을 들 수 있습니다.

소비자독점형 기업 진단법

소비자독점형 기업을 찾아냈다면 이제는 실제로 그 기업이 소수의 살 만한 기업인지를 진단해보아야 합니다. 진단을 위해 다음의 질문들을 던져볼 수 있습니다.

소비자독점적인 사업인가?

소비자독점적인 사업은 유명상표의 제품일 수도 있고 일반 대중이나 기업이 꼭 필요로 하는 핵심적인 서비스일 수도 있습니다. 유명상표의 제품이란 장사를 하는 사람들이 그 물건을 구비해놓지 않으면 장사를 할 수 없다고 생각하는 제품입니다. 핵심적인 서비스란 서비스를 제공함으로써 소비자에게 독점력을 행사하는 것을 말합니다. 텔레비전 네트워크와 광고대행사, 신용카드회사와 같은 금융서비스 제공자가 여기에 속합니다.

수익성이 높고 상승세인가?

기업이 소비자독점력을 가지고 있다고 해도 주당이익의 등락폭이 크거나 경영진의 경영능력이 떨어지는 경우가 있습니다. 따라서 기업의 연간 주당이익이 높고 지속적으로 상승하는 경향을 보이는 기업을 찾아야 합니다. 기업의 주당이익이 꾸준한 상승세를 보이면 예측이 가능합니다. 하지만 만약 기업의 주당이익이 불규칙적인 흐름을 보인다면 미래를 예측하는 것이 불가능하지요. 미래를 예측하기 어려운 기업은 위험이 존재하는 기업이기 때문에 분석을 진행하기 어렵습니다.

보수적으로 자산을 운용하는가?

좋은 기업은 소비자독점력을 가지고 있으면서 보수적으로 투자하는 기업입니다. 기업이 소비자독점력을 가지고 있으면서 현금흐름이 좋다면 장기부채를 조달하지 않아도 됩니다. 일반적으로 장기부채가 거의 없는 기업이 안정적입니다. 하지만 소비자독점력을 가진 기업이 다른 기업을 인수할 때 엄청난 부채를 이용하는 경우가 있습니다. 이때 잘 살펴보아야 하는 것은 '인수대상 기업 역시 소비자독점력을 가지고 있는가?'입니다. 만약 그렇지 않다면 주의해야 합니다.

장기부채로 다른 기업을 인수할 때는 다음과 같은 규칙이 있습니다.

❶ 소비자독점력을 가진 두 기업이 결합한다면 가장 이상적인 결합이 됩니다. 소비자독점력을 가진 기업의 엄청난 초과이윤으로 인해 산더미 같은 빚도 얼마 지나지 않아 다 해결될 것이기 때문입니다.

❷ 만약 소비자독점력을 가진 기업이 필수품형 생산기업과 결합한다면 결과는 대개 실패로 끝납니다. 왜냐하면 필수품형 생산기업의 취약한 재무구조를 개선하기 위해 우량기업으로부터 자금이 빠져나갈 것이기 때문입니다. 그러나 반대로 필수품형 생산기업이 소비자독점력을 가진 기업을 인수하는 경우는 다릅니다. 결합 후 경영진은 필수품형 생산기업의 취약한 재무구조를 개선할 수 있습니다.

❸ 필수품형 생산기업이 다른 필수품형 생산기업을 인수하는 것은 재앙과도 같은 일입니다. 두 기업 모두 빚을 갚을 수 있는 충분한 수익을 창출할 수 없기 때문이지요.

자기자본에 대해 지속적으로 높은 수익을 내는가?

자기자본에 대해 지속적으로 높은 수익률을 보인다는 것은 경영진이 사업에서 이익을 내고 있을 뿐 아니라 유보수익을 투자해서 주주에게 더 큰 부를 가져다주는 것이므로 훌륭한 지표입니다. 여기서 지속적이라는 말은 가끔 이익을 내는 것이 아니라 말 그대로 오랫동안 계속적으로 이익을 낸다는 뜻입니다.

수익을 유보하는가?

기업의 주식가치가 상승한다는 것은 기업활동의 확장으로 얻은 잉여이익을 재투자하여 자산가치가 더욱 축적되었다는 의미입니다. 하지만 여기서 중요한 것은 기업이 유보한 수익에 대해서 장기간에 걸쳐 평균 이상의 수익률을 얻을 수 있어야 한다는 것입니다.

좋은 기업이란 유보수익을 공장이나 설비를 개선시키는 데, 혹은 신상품을 개발하는 데 사용할 필요가 없는 기업입니다. 좋은 기업은 그 유보수익을 오히려 새로운 기업을 인수하거나 이미 이윤이 나고 있는 핵심사업의 확장을 위해 쓸 수 있는 소수의 기업입니다. 일반적으로 주주가 배당으로부터 얻을 수 있는 수익보다 유보수익으로부터 얻는 수익이 더 높은 기업이 좋다는 것입니다.

영업활동에 쓰는 비용은 어느 정도인가?

일반적으로 기업이 자본투자에 너무 많은 돈을 쓰는 경우 주주에게 돌아갈 수익이 거의 없어집니다. 만약 어떤 기업이 연간 100억 원을 벌어서 모두 유보한 다음 2년마다 한 번씩 공장설비의 대체비용으로 200억 원을 사용한다면 유보된 이익은 주주에게 전혀 돌아가지 않을 것입니다. 따라서 유보된 자금을 설비대체비용으로 전혀 지불하지 않는 기업이 좋은 기업입니다. 유보된 이익을 자본적 지출로 사외로 유출하지 않고 오로지 주주의 이익증대를 위해 쓸 수 있는 기업이 좋습니다.

유보수익을 자유롭게 재투자하는가?

좋은 기업을 정의하는 또 다른 방법은 기업이 유보수익을 사용하여 새로운 사업에 재투자하고 추가로 높은 수익을 얻을 능력이 있는가 하는 것입니다. 만일 기업이 유보수익을 이용하여 평균수익률 이상이 되도록 활용할 수만 있다면 기업이 유보수익을 활용하는 것이야말로 주주가치를 증대시킬 수 있는 길입니다.

여기서 한 가지 주의할 점이 있습니다. 만약 어떤 기업이 추가 자본을 투입해달라는 요구가 적지만 상대적으로 높은 수익률 증가가 없어 자본이 증가할 전망도 없다고 해봅시다. 혹은 경영진이 유보수익을 수익성이 낮은 사업에 투자한 적이 있다고 해봅시다. 이러한 경우에 경영진은 기업의 수익을 주주에게 배당으로 지급하거나 자기주식을 매입하는 데 사용해야 합니다. 기업이 자기주식을 매입하는 것은 기업의 미래 주당이익을 증대시키는 결과를 가져오기 때문입니다.

결국 돈이 되는 기업이란 수익성이 매우 높고 추가적인 조사나 개발 혹은 공장이나 설비를 대체할 필요가 없는 기업입니다. 또한 돈이 되는 기업이 또 다른 돈이 되는 기업을 인수하는 것도 좋은 예가 될 것입니다.

물가상승 시 제품가격을 자유롭게 인상할 수 있는가?

인플레이션은 가격이 지속적으로 상승하는 것을 의미하지요. 필수품형 생산기업의 문제는 물가상승으로 임금과 원료의 가격은 오르는 반면, 초과생산이 발생하면 수요를 증가시키기 위해 가격을 낮추어야 하는 상황이 생긴다는 점입니다. 이렇게 되면 생산비용이 제품의 가격을 초과하여 손실을 보고 맙니다.

결국 훌륭한 기업이란 소비자독점력을 지니고 있고 물가가 상승할 때 제품의 가격을 올려도 수요가 줄어들지 않는 기업입니다. 이런 기업이야말로 물가상승과 관계없이 지속적으로 이윤을 낼 수 있습니다.

유보수익이 그 기업의 시장가치를 상승시킬 수 있는가?

기업의 순가치가 증가하는 한 기업의 가치는 커지고 주가도 오릅니다. 단기적인 투자는 비이성적인 분위기에 휩쓸려 주가를 어처구니없이 높게 만들기도 하고 생각지도 못할 만큼 낮게 만들기도 합니다. 하지만 장기적인 안목으로 볼 때 시장은 기업의 실질적인 가치상승을 반영하기 위해 주가를 조정합니다.

결국 투자란 실제적인 기업의 경제적 가치가 주가에 반영되는 것을 찾는 작업입니다. 따라서 시장에서의 장기투자 성향은 기업이 자신들의 유보수익으로 기업의 가치를 증대시키는 한 주가도 상승할 수 있다는 믿음에서 나옵니다.

06

리서치동향, 종목리포트, 기업분석보고서

애널리스트의 동향을
파악하라

증권시장에서는 각 회사들마다 리서치센터를 운영하고 있습니다. 그곳에서는 많은 애널리스트들이 활동하고 있지요. 이들은 자신이 맡고 있는 기업을 주기적으로 탐방하고 기업의 주식담당자들과 지속적으로 접촉하면서 리포트를 발간하고 있습니다. 예를 들어 삼성전자를 담당하는 애널리스트가 증권회사의 숫자만큼 된다고 보면 틀림없습니다. 이 수많은 애널리스트들, 즉 분석가들은 고액의 연봉을 받는 것으로 알려지고 있지요. 그렇다면 애널리스트들의 몸값은 어떻게 매겨지는 것일까요?

애널리스트들의 조직을 보면 크게 투자전략을 수립하는 사람들과 기업을 분석하는 사람들로 나누어집니다. 투자전략을 세우는 이들은 경제상황과 시장상황을 분석하여 종합주가지수의 향방에 대한 의견을 제시합니다. 기업을 분석하는 이들은 자신이 담당하고 있는 업종의 동향과 그 업종에 속한 기업들의 경영상황, 미래의 경영성과 등을 분석하여 기업의 주가를 예측한 리포트를 발간합니다. 두 부류의 분석가들의 몸값은 그들이 제시하는 지수 또는 주가의 예측치가 얼마나 정확한가에 따라서 정해집니다.

기업분석 애널리스트들은 어떻게 기업을 분석할까?

분석가들 중에서 기업분석을 담당하고 있는 사람들이 자신의 논리를 전개하는 과정은 결국 그 기업의 주가가 앞으로 어느 정도의 가치를 갖게 될 것인지 풀어가는 과정입니다. 그들은 자신이 담당한 기업이 업계에서 어느 정도의 시장점유율을 차지하면서 시장을 선도하는 위치에 있는지 아니면 선도하는 기업을 따라가는 위치에 있는지를 파악하고, 또 기업이 보유하고 있는 제품구성이 어떠한지를 따집니다. 이러한 자료들을 바탕으로 기업의 성장잠재력을 평가하는 것입니다.

만약 여러분이 애널리스트가 되어 기업을 평가한다면 어떤 요소들을 봐야 할까요? 다음의 몇 가지 사항을 잘 숙지한다면 꼼꼼한 애널리스트가 될 수 있습니다.

경영진의 능력 ┃ 먼저 가장 중요한 것은 경영진의 능력입니다. 기업이 지속적인 성장을 할 수 있도록 이끌어갈 수 있는 경영진의 능력은 기업의 존폐를 좌우하는 중요한 요소라고 할 수 있습니다. 일반적으로 경영진의 능력은 신문이나 뉴스 등을 통해서 나타나는 시장의 평판으로 판단해야 합니다.

시장점유율 ┃ 최근 경제의 흐름은 승자독식의 현상이 벌어지고 있습니다. 이런 점에서 본다면 가장 먼저 살펴야 하는 것이 시장점유율일 것입니다. 시장점유율이 높은 기업일수록 높은 수익성을 기록할 가능성이 크다는 점을 인식한다면 이 기업들의 경쟁력이 상대적으로 높으리라는 것을 짐작할 수 있습니다.

소비자충성도 ┃ 소비자들의 상표에 대한 충성도가 어느 정도인지를 살펴보는 것도 중요합니다. 상표에 대한 충성도가 높은 기업은 그만큼 안정적인 매출과 수익성을 확보할 수 있다는 점에서 매우 유리한 고지를 점할 수 있기 때문입니다.

신제품 개발능력 │ 기업이 하나의 제품만 팔고 사라질 것이 아니라 영속적으로 사업을 유지하려면 계속해서 새로운 물건을 만들어내고 시장에서 판매가 이루어지게 해야 합니다. 이를 위해서는 소비자들의 지속적인 관심을 유발할 수 있는 신제품을 개발하는 능력이 매우 중요합니다.

그 밖에도 제품원가를 보다 싸게 낮출 수 있는 능력, 경영의 다각화 정도, 노사관계의 안정성 등도 따져봐야 하는 요인입니다.

그런데 지금까지 살펴본 내용들은 사실은 기업가치를 따지는 과정에서 매우 중요한 요소임에도 불구하고 값으로 따지기가 어려운 것들입니다. 예를 들어서 삼성그룹의 이건희 회장의 리더십이 도대체 얼마일까? 그리고 포스코의 시장점유율은 어느 정도의 가치를 갖는 것일까? 이렇듯 정확한 수치를 산정할 수 없는 요소들이 분명 존재합니다. 하지만 돈으로 따질 수 없다고 해서 이 요소들을 간과해서는 안 됩니다.

위에서 열거한 모든 내용들을 종합적으로 판단하는 것이 기업을 분석하는 애널리스트들의 분석동향입니다. 그리고 그것을 한눈에 보여주는 곳이 바로 HTS의 [리서치동향]입니다.

주가가 어떻게 조정되었는지 살펴보라

HTS의 [리서치동향]에는 각 증권회사에서 추정한 적정주가 분석동향이 나와 있습니다. 또 최근 애널리스트가 발표한 리포트들이 투자의견, 목표주가와 함께 정리되어 있습니다. 애널리스트들이 목표주가를 산정하고 나면 현재의 주가와 목표주가 간의 괴리율을 살펴보는 것도 투자에 있어 중요한 역할을 합니다. 애널리스트들이 분석한 목표주가에 비해 현재 기업의 주가가 현저히 저평가되어 있다면 이는 매우 중요한 투자정보이므로 놓치지 말아야 합니다. 이들의 리포트를 모두 살펴보면 증권시장에서 어떤 주제에 초점을 맞춰서 기업을 분석하고 있는지를 파악할 수 있습니다.

HTS에서 리서치동향 읽기

[투자정보] ⟶ [기업분석] ⟶ [리서치동향]에서 분석동향을 살펴봅시다.

▼ 홈 ⟶ 투자정보 ⟶ 기업분석 ⟶ 리서치동향

삼성전자에 대한 리서치동향을 알아보겠습니다. 삼성전자는 이 그림에서와 같이 최근 유안타증권, SK증권, 신한금융투자 등에서 리포트를 발간했습니다. 이들의 투자의견은 (BUY 포함) 매수의견이 대부분입니다. 목표주가는 최저 8만 2,000원에서 최고 10만 7,000원까지 제시되고 있습니다.

[리서치동향]에서는 최근 투자의견과 목표주가의 변동내역도 볼 수 있습니다.

[1701] 기업분석 - 리서치동향　　　　재무차트

기업개요　기업분석　ETF정보　**리서치동향**　컨센서스　랭킹분석　부가정보　종목별증자예정현황　IR정보

005930　[20] 삼성전자

● 최근 리포트 목록

일자	제목	분량	작성자	제공처	투자의견	목표주가
21/10/20	SamsungElec-Every cloud has a silver lining	5	이재윤.백길현	유안타증권	BUY	107,000
21/10/20	삼성전자-우려가 반영된 현재 주가, 장기 투자자에 기회	7	김영우	SK증권	매수	90,000
21/10/20	삼성전자-겨울이 오면 봄도 온다	10	이재윤	유안타증권	BUY	107,000
21/10/19	삼성전자-고비의 9부 능선	9	최도연.남궁현	신한금융투자	매수	96,000
21/10/15	삼성전자-삼성전자 <주가>를 논하다	5	김장열	상상인증권	중장기주가상승	82,000
21/10/15	삼성전자-3분기 영업이익은 연중 최대 규모	5	김운호	IBK투자증권	매수	90,000

● 최근 투자의견 / 목표주가 변동

일자	증권사	작성자	투자의견 의견	투자의견 목표주가	이전 투자의견 의견	이전 투자의견 목표주가
21/10/15	IBK투자증권	김운호	매수	90,000	매수	100,000
21/10/12	신한금융투자	최도연	매수	96,000	매수	100,000
21/10/12	이베스트투자증권	남대종	BUY	87,000	BUY	95,000
21/10/12	하이투자증권	송명섭	BUY	89,000	BUY	92,000
21/10/12	유진투자증권	이승우	BUY	93,000	BUY	100,000
21/10/12	미래에셋증권	김영건	TRADING BUY	82,000	매수	100,000

● 컨센서스　　회계기준 선택　IFRS-연결

작성자	추정실적 (2021/12 연간) 매출액	발표영업이익	조정영업이익	지배주주귀속순이익	지배주주EPS	투자의견	적정주가
Consensus	2,764,737	527,697	-	389,691	5,737	4.00	95,909
최고값	2,832,500	-	543,244	418,150	6,156	4.00	107,000
최저값	2,675,610	-	505,250	294,956	4,342	4.00	82,000
중간값	2,754,055	-	524,247	356,553	5,249	4.00	94,500
전년동기실적	2,368,070	359,939	359,939	260,908	3,841		
증감률	16.75	46.61		49.36	49.36		

최근 발간된 리포트 중 IBK투자증권의 추정을 살펴보면 이전 목표주가는 10만 원이었는데 새로운 목표주가는 9만 원으로 하향조정되었습니다. 담당 애널리스트는 '삼성전자의 3분기 영업이익이 연중최대규모'라는 점에서 좋은 평가를 한 것으로 판단됩니다.

또한 화면의 [컨센서스]에서는 기업분석에서 가장 중요한 실적에 대한 대체적인 의견을 알아볼 수 있습니다. 2021년 매출액은 16.75% 증가할 것으로 보이고, 영업이익은 46.61% 증가할 것으로 의견이 모아지고 있다는 내용입니다.

저평가 종목이 저절로 보인다

[기업분석] ⋯ [컨센서스]에서는 각 사의 애널리스트들이 추정한 목표주가 괴리율,

주당순이익EPS의 상/하향비율도 보여줍니다. 이를 통해 애널리스트들이 추정한 실적의 변화내역과 추정실적을 바탕으로 산정한 목표주가를 기준으로 현재 주가가 어느 정도 저평가/고평가되어 있는지를 알아볼 수 있습니다.

▼ 홈 ⋯▶ 투자정보 ⋯▶ 기업분석 ⋯▶ 컨센서스 ⋯▶ 목표주가 괴리율

이 화면이 말하는 것을 이해해봅시다. 10곳의 증권사에서 효성티엔씨의 목표주가를 추정하고 있습니다. 목표주가가 118만 3,111원으로 전일종가인 62만 5,000원에 비해 89.3%나 높게 책정되어 있습니다. 그만큼 애널리스트들이 효성티엔씨의 주가가 싸다고 평가하는 것으로 볼 수 있습니다.

또한 목표주가 괴리율 하위 중 마이너스가 가장 큰 위메이드의 경우 네 곳의 증권사 평균목표가격이 5만 9,086원인 데 비해 전일종가는 13만 8,500원으로 주가가 목표주가 대비 무려 57.34%나 높게 형성되어 있습니다. 이를 통해 위메이드의 주가가 과대평가되어 있다고 해석할 수 있습니다.

애널리스트의 이익추정을 쫓아가라

목표주가 괴리율과 함께 볼 수 있는 것은 애널리스트들이 기업의 이익을 어떻게 추정하고 있는가입니다. 이는 주당순이익의 상향 또는 하향비율을 통해서 볼 수 있습니다. 이익추정치를 높이고 있는지 아니면 낮추고 있는지를 확인해보는 것입니다.

▽ 홈 ···▸ 투자정보 ···▸ 기업분석 ···▸ 컨센서스 ···▸ EPS 상/하향 비율

HTS에서는 EPS의 상향비율 상위 10개 사와 하향비율 상위 10개 사를 제시하고 있습니다. 역시 상향비율이 높은 기업의 주가가 상승할 가능성이 크다는 점도 기억해야 합니다.

종목리포트는 첫 페이지에 모든 것이 있다

애널리스트는 자신이 담당하고 있는 기업들의 분석 내용을 리포트 형식을 빌려 발표합니다. 따라서 기업분석 전문가들이 해당 기업을 어떤 시각으로 보고 있는지 알아보는 방법은 바로 발표된 리포트를 찾아서 읽어보는 것입니다. 그럼 실제

로 종목리포트에는 어떤 내용들이 담겨 있는지 HTS에서 살펴봅시다.

▼ 홈 ┈▸ 투자정보 ┈▸ 리서치 ┈▸ 기업리포트

번호	종목명	투자의견 (추천연혁)	제목	첨부	애널리스트	작성일	조회수	스크랩❷
8997	오리온	Buy(Mainta in)	오리온(271560): 양질의 성장이 결과를 만들다 N	📎	박상준 외1명	2021.10.20	121	🔖
8996	한화솔루션	Buy(Mainta in)	한화솔루션(009830): 변화하고 있는 첨단소재부문 N	📎	이동욱 외1명	2021.10.19	451	🔖
8995	이수페타시 스	Not_Rated (Not_Rate d)	이수페타시스 (007660): 기업가치 훼손 요인 해소, 재평 가로 가는 길 N	📎	김지산	2021.10.19	130	🔖
8994	피플바이오	Not_Rated (Not_Rate d)	피플바이오(304840): 내년 검진센터 진출에 따른 실적 개 선 기대	📎	허혜민 외1명	2021.10.18	192	🔖
8993	코스모신소 재	Not_Rated (Not_Rate d)	코스모신소재 (005070): 증설은 곧 성장이다	📎	김지산	2021.10.15	327	🔖
8992	강원랜드	Buy(Mainta in)	강원랜드(035250): 위드 코로나 수혜의 대표주자	📎	이남수 외1명	2021.10.15	165	🔖

그리고 자신이 필요로 하는 기업을 찾아서 클릭하면 애널리스트들이 종목에 대해 써놓은 리포트 내용을 확인할 수 있습니다. 일반적으로 종목리포트를 통해서 확인할 수 있는 것은 각 종목이 지금 현재 처해 있는 경영환경의 주요 포인트와 기업의 투자지표, 그리고 담당 애널리스트의 투자의견 및 목표주가 등입니다.

일반적으로 리포트의 첫 페이지에는 핵심키워드가 나오고 그다음 페이지부터는 키워드의 세부내용이 나옵니다. 그래서 리포트의 첫 페이지가 제일 중요합니다. 예를 들어 '한화솔루션'에 대한 리포트를 살펴보겠습니다. 리포트를 작성하게 된 핵심키워드는 "변화하고 있는 첨단소재부문"입니다. 이때 애널리스트가 주장하고 싶은 것은 다음과 같습니다.

❶ 중국 전력난 이슈 및 역내/외 플랜트 가동 차질 등으로 PVC/가성소다 가격이 강세를 지속하고 있다. 이에 동 제품 비중이 큰 한화솔루션은 올해 하반기에 타 석유화학 업체 대비 차별화된 수익성을 기록할 전망이다.

❷ 한편 동사는 첨단소재부문 밸류업을 위하여 수소저장용기, OLED 소재, 통신모듈 등의 전방위적인 M&A 등을 진행하고 있다.

❸ 따라서 투자의견은 매수를 유지하고 현재주가는 4만 3,800원이지만 목표주가를 6만 원으로 한다.

이후 이어지는 내용은 앞에서 적시한 ❶과 ❷의 핵심주장들을 뒷받침하는 내용들로 구성되어 있습니다. 이 종목이 속한 업종에 대한 리포트를 챙겨보는 것도 잊지 마세요.

그 밖의 모든 보고서를 놓치지 마라

이렇게 HTS에서는 여러 애널리스트들의 분석보고서를 검색할 수 있지만 한
국거래소www.krx.co.kr에서는 보다 다양한 경로의 분석보고서를 만날 수 있습니다.

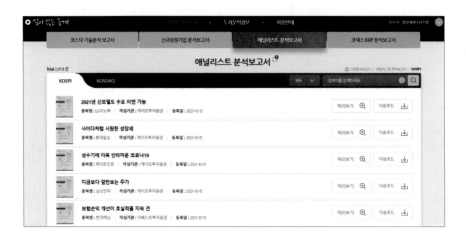

메인메뉴에서 [투자지표]를 선택하고 [깊이 있는 통계] ⋯ [기업분석보고서]로
들어가면 코스닥 기술분석보고서, 신규상장기업분석보고서, 애널리스트분석보고
등 다양한 리서치 자료들이 수록되어 있습니다. 이렇듯 각 기업에 대한 애널리스트
들의 투자의견과 실적추정에 대한 추이를 살펴보는 것은 이를 직접 추정하기 어려
운 개인투자자들에게는 매우 소중한 정보입니다.

07

기업의 배당정책

배당을 하면
기업가치가 높아질까?

배당 지급에 따라 기업의 자본조달을 알 수 있다

기업의 순이익 중 일부를 주주에게 지급하는 것이 배당입니다. 순이익은 주주에게 귀속될 이익이므로 모두 배당해줄 수도 있습니다. 하지만 대부분의 기업들은 순이익 중 일부만 배당하고 나머지는 유보하여 재투자 자원으로 사용하지요. 이렇게 기업이 순이익 중 일부를 유보하여 투자하는 것을 내부금융이라 합니다.

배당의 결정은 사실상 유보이익의 결정과 동일합니다. 그런데 또 한편으로 유보이익을 얼마로 할 것인가의 결정은 투자자금 중 얼마만큼을 내부금융으로 충당할 것인가를 결정하는 것이지요. 따라서 배당정책은 큰 의미에서 본다면 자본조달 결정의 일부라고 할 수 있습니다.

기업이 순이익을 배당으로 지급한다고 해도 순이익을 모두 다 배당하는 경우도 별로 없고 순이익이 발생했는데 배당을 전혀 지급하지 않는 경우도 별로 없습니다. 대부분의 경우 적당한 정도의 배당을 지급하여 이를 유지하려는 경향이 있지요. 기업이 어느 정도의 배당을 지급하는지를 나타내는 척도로 다음과 같은 여러 가지 개념들이 이용됩니다.

주당배당액 ┃ 주당배당액DPS, Dividend Per Share은 1주의 주식에 대해서 지급되는 현금 배당액을 의미합니다. 따라서 '배당액/발행주식수'로 나누어 산출합니다.

배당성향 ┃ 배당성향은 '배당액/순이익'입니다. 이는 당기순이익에서 어느 정도를 배당으로 지급하는지를 나타내는 지표입니다. 그렇게 본다면 '1−배당성향 = 유보율'로 계산할 수 있습니다.

배당수익률 ┃ 배당수익률은 '주당배당액/주가'입니다. 이는 배당의 수익률을 계산하는 것으로 배당투자를 할 때 고려해야 하는 지표입니다. 그런데 이 지표를 가만히 들여다보면 분모에 주가가 있으므로 주식시장이 침체기일 때는 주가가 떨어져서 배당수익률이 오르고, 주식시장이 활황기일 때는 주가가 올라서 배당수익률이 떨어지는 것을 알 수 있습니다.

기업의 배당정책이 기업가치에 미치는 영향

기업의 배당정책은 분명히 기업가치에 영향을 미칠 수 있습니다. 여기에서는 어떤 상황에서 배당이 기업가치에 영향을 줄 수 있는지 살펴보겠습니다.

배당의 정보효과 ┃ 현실의 주식시장에서 투자자들은 기업의 배당 수준으로 그 기업의 가치를 평가하는 경향이 있습니다. 그러나 한 기업이 배당금을 지급한다는 것은 배당금의 지급 그 자체가 중요한 것이 아니라 배당을 지급하거나 증가시킬 때 그 사실이 내포하는 정보가 중요합니다. 예를 들어 그 기업의 수익성과 현금 동원능력 및 재무적 건전성 등에 대한 정보를 투자자들에게 암시하고 있다고 생각하면 됩니다. 즉, 기업의 내용에 관해 완전한 정보를 갖고 있지 못하는 투자자들에게 현금배당은 단순히 소비가능한 자금의 이전효과 외에도 기업의 내용에 관한 정보를 전달해주는 효과를 갖는 것입니다. 이러한 정보는 투자자들에게 기업가치가 커지는 긍정적 효과를 유발하는 신호로 인식됩니다. 그러므로 기업은 현금배당을 증가시킴으로써 해당 기업의 주가를 올릴 수 있습니다.

대리비용, 외부금융과 최적배당정책 ┃ 기업들의 배당성향 결정은 현금배당을 늘리는 경우에 발생하는 외부자본 조달에 따른 발행비용의 증가 문제와 배당금 지급 증가에 따른 대리비용의 감소 이점 사이의 상관관계에 의해 설명될 수 있습니다. 즉, 배당성향의 증가로 현금배당이 늘어나면 기업의 신규투자를 위한 유보자금이 없어 외부에서 자금을 조달하는 외부금융의 비중이 커집니다. 외부금융이 커지면 발행비용 등 자본조달비용도 늘어납니다. 반면 소유경영자와 외부주주 사이의 대리비용_{감시비용}은 배당이 증가할수록 감소합니다. 왜냐하면 외부자본을 조달할 경우 자본시장에서의 기업평가 및 심사가 수반되어 저절로 감시효과가 발생하기 때문입니다. 따라서 이러한 발행비용의 증가와 감시비용의 감소 사이에서 최적의 배당정책이 존재할 수 있습니다.

참고 하세요

기업의 배당정책이 기업가치에 미치는 영향

정보효과 학문적으로는 투자자들이 모든 정보를 알고 있다고 가정하지만 현실에서는 투자자들이 모든 정보를 알 수 없으며 일반적으로 기업의 경영자가 투자자보다는 우월한 정보를 갖게 됩니다. 따라서 기업이 배당을 많이 주면 투자자들은 이를 현금흐름이 많은 기업, 즉 우량한 기업이라는 신호로 받아들여 기업의 가치를 높이 평가합니다. 반대로 배당을 적게 주는 기업은 가치를 낮게 평가합니다.

대리비용 정보가 완전하지 못하여 주주들이 경영자의 행동을 감시할 수 없는 경우 경영자는 주주의 이익을 해치더라도 자신의 효용극대화를 위해 행동할 가능성이 있습니다. 이로 인해 대리비용이 발생하여 기업의 가치가 하락합니다. 이러한 상황에서 배당을 많이 주면 유보자금이 줄어들어 외부로부터 많은 자금을 조달해야 하지요. 이 과정에서 기업은 금융기관으로부터 여러 가지 신용평가 등 기업의 내부사정에 대한 조사를 받게 됩니다. 외부자금 조달이 많은 기업은 그만큼 건전한 경영을 해야 하는 것이지요. 따라서 배당을 많이 주는 기업은 대리비용이 상당부분 줄어들고 그만큼 기업의 가치는 증가할 것입니다. 주주들은 배당을 많이 주는 기업을 회피할 이유가 없습니다.

배당정책 결정 시 반드시 고려해야 할 것들

배당정책의 기업가치에 대한 영향은 많은 논란이 계속되고 있습니다. 그럼에도 불구하고 경영자들은 현실적으로 배당정책이 기업가치에 중요한 영향을 미친다는 인식하에 배당실시 여부 및 배당수준 결정에 신중을 기합니다. 일반적으로 기업이 실제 배당정책을 결정할 때 고려해야 하는 요인은 다음과 같습니다.

당기순이익 ┃ 당기순이익은 배당규모를 결정하는 가장 중요한 요인입니다. 당기순이익이 많이 달성되면 기업에서는 보다 많은 배당을 지급할 수 있는 재원이 확보될 뿐만 아니라 주주들도 일반적으로 많은 배당을 받을 것으로 기대합니다. 그러나 과거에 누적된 기업이라든지 또는 성장기회가 많은 기업에서는 당기순이익이 많이 실현되었다 하더라도 배당지급을 억제하는 경우가 많습니다.

기업의 유동성 ┃ 당기순이익이 많이 실현되었다 하더라도 기업의 유동성이 확보되어 있지 않으면 배당을 많이 지급할 수 없습니다. 기업에서 당기순이익이 많다고 하여 반드시 유동성이 풍부하다고 할 수 없는 이유는 현금흐름과 회계적 이익의 개념이 서로 다르기 때문입니다. 따라서 기업에서 배당을 지급하기 위해서는 현금보유수준과 현금동원능력을 나타내는 유동성이 풍부해야 합니다.

부채상환의무 및 자본구조 ┃ 당기순이익이 많이 달성되고 유동성이 풍부하더라도 금번 영업기에 상환하여야 할 부채가 많은 경우 기업에서는 부채상환자금을 마련하기 위해 배당을 억제해야 할 것입니다. 또한 기업의 자기자본보다 상대적으로 부채가 많아 자본구조가 취약한 기업은 자기자본을 확충함으로써 자본구조를 개선시키기 위해 배당을 억제하는 경우가 많습니다. 실제로 우리나라 상법에서는 재무상태표상 순재산액 범위 내로 배당지급한도를 제한하고 있습니다.

동종 타기업의 배당수준 ┃ 개별 기업으로서는 실현된 이익에 많은 차이가 있음에도 불구하고 동종 타기업의 배당수준에서 크게 벗어나지 않으려는 경향이 있습니다. 이와 같이 업종별로 배당수준이 평준화되는 경향은 기업의 규모가 비슷하고 경쟁이 심한 업종일수록 더욱 두드러지게 나타납니다.

기업의 성장가능성 ┃ 성장가능성이 높고 투자기회가 많은 기업의 경우 설혹 이익이 많이 실현되었다 하더라도 투자자금을 확보하기 위하여 가능한 한 배당을 줄이고 사내유보를 늘립니다. 이러한 경우 주주들도 당장의 배당수익보다는 이익을 재투자하여 성장기회를 살림으로써 더 많은 미래 배당수익을 기대하는 것이 좋습니다. 이 때문에 비록 현재 배당은 적다고 하더라도 시장에서 주가가 높게 형성됩니다.

기업의 지배구조 ┃ 기업의 주식분포가 대주주에 편중되어 있을 때에는 기업의 이익이 배당의 형태로 분배되든 기업 내에 유보이익으로 남아 있든 결국 대주주의 소유입니다. 그러므로 대주주의 입장에서는 소득세를 절약할 수 있는 방법으로 사내유보를 선호하는 경향이 많습니다. 그러나 주식분포가 소액주주에게 널리 분산되어 있는 경우에는 기업의 소유개념이 약하고 당장의 배당수입을 선호하는 경향이 높기 때문에 일반적으로 배당률이 높아집니다.

기타 ┃ 기업의 배당 여부 및 배당수준을 결정하는 요인으로는 위에서 언급한 것 이외에도 시장금리수준, 물가상승률, 현금흐름의 안전성, 자금차입능력 등 많은 요인이 있을 수 있습니다. 시장금리수준은 주식투자수익률과 대체관계에 있기 때문에 금리가 오르면 주식으로 자금을 유인하기 위하여 배당수준도 높아지는 경향이 있습니다. 물가상승률은 주주들에게 주식투자의 실질소득을 보장한다는 측면에서 배당률과 (+)의 상관관계가 있는 것으로 알려져 있습니다.

08

대리인문제, 대리인비용, 기업지배구조

어떤 경영자가
기업가치를 높여주는가?

대리인문제에 따라 비용이 발생한다

주식회사는 소유와 경영이 분리되어 있다는 특징을 가지고 있습니다. 그래서 재
벌 1인에 의해 기업이 지배되게 하지 않고 전문경영자를 고용하여 경영을 위탁
하면 경영자가 주주이익을 극대화하기 위해 힘쓰지 않고 자신의 이익을 위해 일
하는 경우가 발생할 수 있습니다. 이때 주주들은 경영자가 주주들의 이익을 위해
전력을 기울이고 있는지 감시하려고 여러 가지 방법을 동원합니다. 또한 경영자
역시 자신이 항상 주주들의 이익을 위해 노력하고 있다는 것을 보여주고자 여러
가지 방법을 동원하기도 합니다.

이렇듯 전문경영자를 고용하는 경우에 그 경영자가 주주들의 이익에 반하는
행위를 하는 것을 대리인문제라고 하고 그와 관련하여 발생하는 비용을 대리인
비용이라고 합니다. 만약 기업을 경영하는 데 있어 대리인문제가 발생하고 그에
따른 비용이 증가한다면 이것 또한 주주들의 부를 감소시키는 일입니다. 바꿔 말
하면 기업가치를 훼손시키는 일이 발생한다는 것이지요. 이렇게 발생되는 대리
인비용은 다음과 같습니다.

감시비용Monitoring Cost ┃ 대리인의 행위가 주주의 이익으로부터 이탈하는 것을 제한하기 위하여 주주들이 부담하는 비용을 말합니다. 예를 들면 경영자를 견제하기 위해 감사위원회 등을 설치하는 경우 감사위원들에 대한 보수나 부수비용 등이 감시비용입니다.

확증비용Bonding Cost ┃ 대리인이 주주에게 해가 되는 행위를 하지 않고 있음을 확증하기 위하여 대리인이 부담하는 비용을 말합니다. 이는 대리인인 경영자가 자신이 경영을 잘하고 있음을 보여주기 위해 주주들에게 발송하는 각종 보고서의 작성비용 등이 포함됩니다.

잔여손실Residual Cost ┃ 대리인의 의사결정과 주주의 입장에서 본 최적의 의사결정 사이에는 괴리가 발생합니다. 이러한 괴리로 인해 주주가 감수하게 되는 부의 감소를 의미합니다.

과시적소비Perquisite Consumption ┃ 일부 지분만을 소유한 경영자가 100% 지분을 소유한 경영자에 비해 정해진 급여 외에 더 많은 편익을 갖는 것을 말합니다. 예를 들어 매우 넓고 호화로운 집무실을 사용한다든지, 아주 값비싼 고급 승용차를 여러 대 소유하고 있다든지, 또는 자가용 비행기를 타고 다니는 등의 과시적인 소비를 하는 것을 말합니다.

대리인비용이 발생하면 기업가치가 떨어진다

대리인비용이 발생하면 기업의 가치가 하락하는 경향이 있습니다. 경영자들의 책임은 기업가치 극대화에 있는데 기업가치 극대화와는 거리가 먼 의사결정을 하는 경우가 발생하기 때문입니다. 예를 들면 경영자들의 경우 회사의 규모가 커지면 커질수록 자신들의 위신이 서고 또 그만큼 자신들의 보수나 누릴 수 있는 권한이 커집니다. 이럴 경우 회사의 수익성 개선과는 별개로 회사의 자원을 몸집 불리기에 사용하여 회사의 가치를 갉아먹는 사업 확장을 하는 경우가 있습니다. 이는 주주들을 위해서라기보다는 자신들의 편익을 극대화하기 위한 의사결정입니다.

이런 것들은 소유경영자나 전문경영자 모두에게서 발생할 수 있는 문제입니다. 그 문제의 원인들이 바로 기업내부자와 기업외부자 사이의 정보비대칭에서 발생합니다. 즉, 주주들의 경우 회사경영을 속속들이 알 수 없어서 경영자들의 의사결정을 믿고 따를 수밖에 없는 상황이기 때문에 발생하는 문제인 것입니다.

대리인문제를 해결하기 위한 방법은 없을까?

내부 메커니즘을 이용한 방법 – 기업지배구조의 이용 ｜ 의사결정에 있어 견제와 균형의 원칙을 도입하여 경영자들이 일방적으로 의사결정을 하는 것을 감시·감독할 수 있는 기구를 만드는 것입니다. 기업의 모든 의사결정이 주주이익을 극대화할 수 있는 방향으로 이루어질 수 있도록 합니다.

내부 메커니즘을 이용한 방법 – 경영자 보상계약 ｜ 경영자들에게 스톡옵션 등을 지급함으로써 주식의 시장가치에 의한 보상이 이루어질 수 있도록 합니다. 경영자들이 자신들의 이익을 위해 힘쓰지 않더라도 기업경영으로 인해 주가가 충분히 상승하면 그에 상응하는 이익을 누릴 수 있게 함으로써 경영자들이 본연의 업무에 충실할 수 있도록 유도하는 것입니다.

외부 메커니즘을 이용한 방법 – 경영자 노동시장의 이용 ｜ 경영자 노동시장에서 임금조정과정을 통해 경영자의 계약 이탈행위를 통제하는 방법입니다. 즉, 경영자가 잘못된 의사결정을 하는 경우 다음 연봉협상에서 임금을 삭감합니다. 그러나 만약 제대로 된 의사결정을 하여 기업가치가 상승한 경우에는 이를 연봉협상에 반영해줍니다.

외부 메커니즘을 이용한 방법 – 자본시장 이용 우선 자본시장이 제대로 움직인다는 전제를 둡시다. 기업경영의 의사결정을 하는 경우 제대로 된 의사결정을 하면 주가가 상승하고 반대로 잘못된 의사결정을 하면 주가가 하락함으로써 자본시장을 통해서 그 평가가 이루어집니다. 이는 기업정보가 투명하게 공표되는 선진시장에서 기대할 수 있는 방법입니다.

외부 메커니즘을 이용한 방법 – M&A시장의 활성화를 통한 조정 기업경영권이 매매되는 인수합병시장에서는 경쟁적인 기업경영권을 획득하기 위한 M&A활동이 활발합니다. 만약 회사의 비효율적인 부분이 발견되면 M&A 메커니즘이 이를 해결해줄 것입니다. 즉, 소위 레이더스라고 하는 기업사냥꾼들이 기업의 비효율적인 부분을 발견한다면 기업의 인수합병을 통하여 그 비효율적인 부분을 효율적으로 개선시킴으로써 주가를 상승시킬 수 있고 그런 과정을 통해서 M&A로부터의 이익을 얻을 수 있습니다.

최근 기업구조가 복잡해져감에 따라 자연히 전문경영자에 의한 기업경영도 많아지고 있습니다. 이 경우 경영자의 도덕성은 기업가치에 매우 큰 영향을 줍니다. 만약 기업경영자가 도덕적이어서 대리인문제를 발생시키지 않는다면 기업의 가치는 상승할 것입니다. 하지만 기업경영자가 도덕적이지 못한 경우 어떤 식으로든 대리인문제가 나타나 기업의 가치는 하락할 가능성이 큽니다. 그러므로 어떤 경영자가 기업을 경영할 것인지의 문제는 기업으로서는 그 가치에 대단한 영향을 받을 수밖에 없다는 것을 알아야 합니다.

기업의 가치는 기업지배구조에 예민하게 작용한다

기업지배구조는 통상 기업내부의 의사결정시스템, 이사회와 감사의 역할과 기능, 경영자와 주주와의 관계 등을 총칭합니다. 기업을 둘러싼 환경 전체를 말하는 광의의 해석이 있고 기업내부에 초점을 맞춘 협의의 해석이 있습니다.

기업지배구조는 무엇을 의미하는가? ▏ 넓은 의미의 기업지배구조는 기업경영과 관련된 의사결정에 영향을 미치는 요소로 이해할 수 있습니다. 기업경영 환경에는 기업 내부의 의사결정시스템은 물론 시장에 대한 규제, 금융감독체계, 관행 및 의식 등이 망라됩니다. 좁은 의미의 기업지배구조는 기업경영자가 이해관계자, 특히 주주의 이익을 위해 역할을 다할 수 있도록 감시 통제하는 체계를 의미합니다.

우리나라에서는 어떻게 받아들이고 있을까요? 우리나라의 경우 기업지배구조 개선작업은 사외이사제도 도입, 감사의 독립성 제고, 회계제도의 선진화, 주주 권리의 강화, 금융감독체계 강화 등을 기본골격으로 진행되고 있습니다.

기업의 목표는 무엇인가? ▏ 기업의 목표는 관점에 따라 달라질 수 있습니다. 기업이익의 극대화를 목표로 보는 사람이 있는 반면 기업의 사회적 책임을 다하는 것이 목표라고 보는 사람도 있습니다. 이렇게 여러 가지 의견이 있을 수 있지만 무엇보다 기업의 목표는 기업가치의 극대화라는 데 이견이 없을 것입니다. 즉, 기업이 행하는 모든 의사결정이 주주이익의 극대화를 이루는 방향으로 이루어져야 합니다.

그렇지만 의사결정의 주체인 경영자들에 대한 견제장치가 없으면 전체 주주들의 이익보다는 소수 대주주들의 이익을 위해, 또는 오너들의 이익을 위해 많은 주주들의 부가 희생되는 경우가 발생하기도 합니다. 이런 경우에는 기업지배구조가 문제될 수 있습니다. 기업의 목표는 모든 주주들의 이익이 극대화되는 것임을 명심해야 합니다.

기업가치 극대화와 기업지배구조와의 관계 | 우리나라에서는 일단 기업의 지배구조가 제대로 되어 있는가의 척도로써 재벌총수의 1인 지배가 해소되었는가를 중심으로 판단하고 있는 상황입니다. 하지만 실제적인 의미에서의 기업지배구조는 어느 한 사람의 전횡이 기업의 가치를 훼손시키지 못하도록 하는 것을 의미한다고 볼 수 있습니다. 물론 모든 사람들의 합의체 형식이 반드시 기업의 가치를 극대화시킨다고는 볼 수 없지만 적어도 우리나라 재벌체제에서 볼 수 있는 바와 같이 대주주 또는 재벌총수의 전횡으로 인해 주주가치가 훼손되는 것은 막을 수 있을 것입니다.

즉, 기업의 지배구조가 투명한 상태에서는 대주주의 지배권 강화를 위해 계열사들이 동원된다든지 지분의 고가매수, 저가매도로 인해 계열사 경영에 부담을 주는 행위를 없앨 수 있습니다. 또한 2세 또는 3세로의 경영세습도 차단할 수 있습니다. 따라서 올바른 기업지배구조가 구축되려면 우선 정부의 정책이 공정해야 합니다. 정경유착의 고리가 끊어져야 하지요. 재벌구조를 개선하여 총수 1인의 전횡을 막아야 하며 기업 내부적으로도 인사에 있어 공정한 게임의 원칙을 세워야 합니다. 이 밖에도 금융기관 및 기관투자자에 의한 기업 감시기능, 소액주주의 권한보호, 변칙적인 상여 금지, 회계의 투명성 제고, 기업경영에 대한 책임강화 등의 제도가 제대로 정착되어야 합니다.

01 일광 씨는 내수관련주 중에서 꾸준한 소비가 이루어지는 라면을 만드는 회사를 비교하고 있습니다. 그런데 농심과 삼양식품을 비교하던 중 농심은 주가도 높고 시가총액도 큰 데 반해 삼양식품은 주가도 낮고 시가총액도 작은 것을 확인했습니다. 그런데 농심이 삼양식품보다 10배 정도 더 높은 가치를 받는 것은 지나치다는 생각이 들어서 담당 애널리스트에게 왜 이런 현상이 벌어지는지 물었습니다. 당신이 애널리스트라면 어떤 대답을 하겠습니까?

Answer 농심과 삼양식품의 차이는 여러 가지가 있겠지만 그중 기업가치에 결정적인 영향을 주는 것은 바로 시장점유율입니다. 두 기업의 시장점유율은 기업분석의 [기업개요]를 통해서 확인할 수 있습니다. 농심은 라면시장에서 점유율이 79.05%에 달하고, 삼양식품은 10.06%에 그치고 있습니다. 승자독식의 경제상황에서 당연히 시장점유율이 압도적인 농심의 수익성이 삼양식품의 수익성을 앞지르게 되어 있어 기업가치의 차이가 생깁니다. 이처럼 시장지배적 사업자는 이득이 큽니다.

▼ 농심의 기업개요

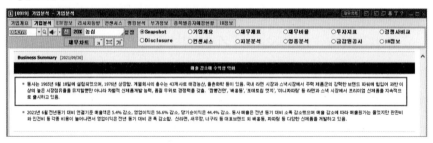

농심은 라면뿐 아니라 스낵부분에서도 15.39%나 되는 시장점유율을 차지하고 있습니다.

▼ 삼양식품의 기업개요

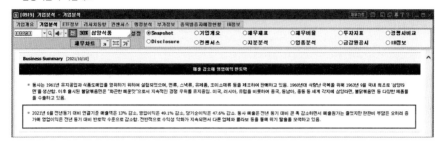

02 일광 씨는 같이 주식을 하는 구슬 씨와 오래된 기업이 좋은지 아니면 신생 기업이 좋은지에 대해 논쟁을 벌이고 있습니다. 일광 씨는 그래도 오래된 기업이 안정적이라고 생각하는 반면 구슬 씨는 첨단시대에 새로운 기술로 무장한 신생 기업이 더 유망하다고 주장합니다. 만약 당신이라면 이 두 사람에게 어떤 이야기 를 해주시겠습니까?

Answer 기업분석에 있어 설립일을 확인하는 것은 매우 중요하므로 이 관점에서 생각해봅시다. 두 사람의 논리는 대체로 수긍할 수 있는 부분이 많습니다. 그러나 기업가치를 분석하는 사람의 입장에서 는 미래 수익을 예측할 수 있어야 합니다. 기업이 오래된 경우에는 갖가지 어려움을 잘 견뎌왔기 때문 에 안정성이 있을 뿐 아니라 수익의 변동성이 적어 예측이 용이합니다. 그러나 신생기업의 경우에는 그 수익성을 담보할 수 없을 뿐 아니라 위기상황에서 위기대처능력이 검증되지 않아 기업가치를 합리 적으로 분석하기 어려운 경우가 많습니다. 따라서 기업가치를 계산할 경우 신생기업보다는 회사의 연 혁이 오래된 기업이 보다 안정적이고 합리적일 수 있습니다. 기업분석의 기업개요를 통해서 회사연혁 을 꼭 확인하세요.

03 일광 씨는 기업분석을 위해 현장을 자주 찾는 습관을 들이고 있습니다. 오늘도 대형할인점에서 사람들이 무엇을 많이 사는지를 관찰하고 있는 참입니다. 그런데 많은 사람들이 화장지를 큰 묶음으로 사 가는 것을 목격하였습니다. 그래서 '화장지를 만드는 회사를 주목해야겠구나!'라고 생각했습니다. 과연 일광 씨의 판단이 옳을까요? 당신의 생각은 어떠십니까?

Answer 화장지는 대표적인 소비재입니다. 그런데 화장지를 만드는 회사는 특별한 기술을 보유한 것이 아닙니다. 그래서 사람들은 특정 상표를 구입하기보다는 가격이 싸고 양이 많은 상품을 고르는 것이 일반적입니다. 즉, 화장지시장의 가장 큰 경쟁 포인트는 바로 낮은 가격인 것입니다. 기업이 낮은 가격에 제품을 많이 준다면 과연 무엇으로 수익성을 확보할까요? 따라서 화장지는 사람들이 많이 사는 물건이지만 가격경쟁이 심하기 때문에 수익성이 떨어지므로 일광 씨의 판단은 적절하지 않습니다. 자신이 분석하려는 기업이 다른 기업에 비해 가격적인 요소 이외에 어떤 경쟁요소를 보유하고 있는지 확인해야 합니다.

04 일광 씨와 쾌남 씨는 기업의 배당에 대해 논쟁을 하고 있습니다. 일광 씨는 배당을 주지 않고 기업에 재투자하는 쪽이 옳다고 하고, 쾌남 씨는 배당을 주는 쪽이 좋다고 합니다. 과연 누구의 말이 맞는 것일까요?

Answer 일반적으로 배당을 주지 않는 것보다 배당을 줌으로써 기업은 시장에 많은 사인을 보내게 됩니다. 그중 대표적인 것이 '이렇게 배당을 주더라도 우리 회사의 현금흐름에는 전혀 문제가 없다'는 것과 '지금 배당을 주는 것은 앞으로 우리의 사업성이 더 좋아질 것이라는 신호이다' 등의 긍정적인 사인입니다. 그러나 사실은 배당을 결정하는 경영자의 진실성이 더 중요합니다. 기업이 이익을 재투자해서 더 큰 이익을 거둘 수 있다면 배당을 주지 않고 재투자하는 것이 맞습니다. 그러나 그렇게 수익성 있는 프로젝트가 없을 경우에는 배당을 주는 용기가 있어야 합니다. 무조건 회사에 유보하기만 하여 주주를 무시하는 경영을 하는 회사는 진정 가치 있는 기업이라고 할 수 없습니다.

분석대상 기업이 꾸준히 배당을 해왔는지는 기업분석의 기업가치지표를 통해서 확인할 수 있습니다.

▼ 홈 ┄▸ 투자정보 ┄▸ 기업분석 ┄▸ 기업분석 ┄▸ 투자지표

IFRS 연결		2017/12	2018/12	2019/12	2020/12	2021/06
Per Share						
EPS	(원)	5,421	6,024	3,166	3,841	2,435
EBITDAPS	(원)	9,934	11,717	8,445	9,765	5,562
CFPS	(원)	8,321	9,659	7,523	8,307	4,766
SPS	(원)	31,414	33,458	33,919	34,862	19,000
BPS	(원)	28,971	35,342	37,528	39,406	40,361
Dividends						
DPS(보통주,현금)(원)		850	1,416	1,416	2,994	722
DPS(1우선주,현금)(원)		851	1,417	1,417	2,995	722
배당성향(현금)(%)		14.09	21.92	44.73	77.95	
Multiples						
PER		9.40	6.42	17.63	21.09	
PCR		6.12	4.01	7.42	9.75	
PSR		1.62	1.16	1.65	2.32	
PBR		1.76	1.10	1.49	2.06	2.00
EV/Sales		1.56	1.09	1.64	2.33	

우량기업의 투자적합도 따지는 6가지 질문

우량기업을 골라낸 후에는 어떤 작업에 들어가야 할까요? 워런 버핏은 우량기업을 뽑아낸 다음 실제로 투자를 할 것인지 결정하기 위해서 다음과 같은 작업을 합니다. 각각의 요소별로 투자에 적합한지를 꼼꼼히 따져보는 것이지요. 먼저 기업요소들을 살펴볼까요?

회사의 활동은 단순하고 이해하기 쉬운가?

모든 투자행위의 결과는 투자자가 그 투자행위에 대해 얼마나 잘 알고 있는지에 정비례하여 결정됩니다. 자신의 투자행위를 잘 알고 있다는 것은 단순히 주식을 사고팔기만 하는 투기꾼들과 진짜 투자자를 구분하는 중요한 척도입니다.

워런 버핏은 어떤 경우든 자신이 투자한 기업이 어떻게 움직이는지 정확하게 알고 있었다고 합니다. 다시 말해 투자한 기업의 매출액, 제조원가, 자금의 흐름, 노사관계, 가격탄력성, 자금요소 등에 대해 완벽하게 이해하고 있었던 것입니다.

많은 사람들이 워런 버핏이 자신이 잘 아는 기업에만 투자활동을 국한한 나머지 기술집약산업과 같이 대규모의 수익을 안겨줄 산업에 대한 투자기회를 놓치고 있다고 비판합니다. 하지만 워런 버핏은 "투자의 성공 여부는 자신이 얼마나 알고 있는가에 좌우되는 것이 아니라 자신이 모르는 분야가 얼마인지 정확히 아는 데 달려 있다"고 답하고 있습니다.

오랜 역사를 가지고 있는가?

일반적으로 오랫동안 변함없이 같은 제품을 생산해온 기업이 최고의 수익을 올릴 가능성이 큽니다. 왜냐하면 영업전략을 바꾼다든가 사업영역을 다른 쪽으로 돌려서 변화를 모색하는 기업은 결정적으로 실수를 저지를 가능성이 크기 때문입니다.

많은 투자자들은 기업이 변모하면 높은 수익을 올릴 것이라고 생각하기 쉽습니다. 하지만 기업의 변모 자체가 경영상의 불확실성을 높인다는 점을 기억해야 합니다. 워런 버핏은 기업의 극적인 전환은 좀처럼 일어나기 힘들다는 것을 경험적으로 알고 있습니다. 따라서 우량한 기업체를 합리적인 가격에 매수하는 것이 조악한 기업체를 싼값에 매수하는 것보다 유리하다고 믿고 있는 것입니다.

향후 전망은 밝은가?

지구상에는 두 가지 부류의 기업체가 있는데 그 하나는 소수의 유망기업들이고 나머지는 다수의 매입할 가치도 없는 기업들입니다. 소수의 유망기업들은 첫째, 꼭 필요한 제품을 생산하고 둘째, 그 회사의 제품 이외에는 다른 대안이 없으며 셋째, 정부의 규제를 받지 않는 기업으로 정의됩니다. 이 기업들은 시장점유율이 낮아지거나 매출액이 저하될 우려 없이 마음 놓고 제품의 가격을 인상할 수 있습니다. 또한 이 기업들은 수요도 늘지 않고 설비가 충분히 가동되지 않는데도 가격을 마음대로 인상할 수 있습니다. 이러한 가격정책 면에서의 융통성은 유망기업의 특징으로 꼽힙니다. 그리고 이 기업들은 다른 기업들보다 큰 금액의 경제적인 의미의 영업권을 보유하고 있으므로 인플레이션 기간 중에도 잘 견딜 수 있습니다.

다수의 매입할 가치도 없는 기업들은 다른 경쟁기업의 제품과 별 차이 없는 제품들을 생산하고 있습니다. 이들은 광고비에 막대한 예산을 쏟아붓지만 다른 경쟁업체들과 특별히 차별화되어 있지 못합니다. 이들은 일반적으로 수익률이 낮으며, 앞으로 수익에 문제가 있을 여지가 많은 기업입니다. 이 기업들의 제품은 경쟁사의 제품과 별반 다르지 않으므로 경쟁에서 이기기 위해서는 가격을 인하하여 수익을 줄이는 방법 외에 다른 방법이 거의 없다는 것이 문제입니다.

결국 소수의 유망기업을 찾아내야겠지요. 유망기업들을 분석해보면 다음과 같은 장점들이 있습니다. 첫째, 자유롭게 제품가격을 인상할 수 있어 높은 수익을 얻을 수 있습니다. 둘째, 불황기를 이겨나갈 충분한 여력이 있습니다. 따라서 경영상의 실수를 저지르더라도 여전히 평균이상의 수익을 올릴 수 있습니다.

다음으로 투자에 적합한 경영요소들은 무엇이 있는지 살펴봅시다. 경영자의 자질을 분석한다는 것은 계량화하기 힘든 주관적 판단입니다. 그러나 반드시 짚고 넘어가야 할 중요한 요소임을 잊지 마세요.

경영자는 합리적인가?

기업경영에 있어 가장 중요한 것은 기업의 재무자원을 효율적으로 배분하는 것입니다. 효율적인 재무자원의 배분이 수익성 제고로 이어져 주주의 이익을 증대시키는 것과 직결되기 때문입니다. 영업활동으로부터 벌어들인 이익을 어떻게 사용할 것인가? 즉, 사내에 유보하여 재투자에 사용할 것인가 아니면 주주들에게 배당을 할 것인가를 결정하는 것은 경영자의 합리적인 사고를 요구하는 부분입니다.

수익을 어떻게 처분할 것인가의 문제는 기업의 제품이 라이프사이클 중에서 어느 위치에 있는지의 문제와도 결합되어 있습니다. 라이프사이클이 진행되면서 기업의 성장률, 매출액, 수익, 자금흐름 등이 급격하게 변화하기 때문입니다. 기업경영 단계 중 자금 배분이 어떻게 이루어지는지 살펴볼까요?

● 개발단계: 이 단계에서 기업은 제품을 개발하고 시장에 침투시키는 과정을 겪

으면서 대체로 손실을 보게 됩니다.

● 성장단계: 이 단계에서는 수익을 내기 시작하면서 급속도로 성장이 진행됩니다. 이때 성장속도가 너무 빨라 회사가 제대로 따라갈 수 없는 경우도 있습니다. 따라서 벌어들인 수익을 유보하고 이 수익으로 재투자하는 것으로도 모자라 증자를 하거나 외부차입을 통하여 성장에 따른 자금수요를 충당하는 일도 생깁니다.

● 성숙단계: 이 단계에 접어들면 성장속도는 서서히 둔화되며 수익만으로도 충분히 자금수요를 충당할 수 있게 됩니다.

● 하락단계: 이 단계에서는 매출액도 감소하고 수익도 줄어들지만 자금이 모자라는 상황은 아닙니다.

위 네 단계 중에서 세 번째 성숙단계의 일부, 그리고 네 번째 하락단계에서 생기는 여유자금을 어떻게 배분할 것인가 하는 문제가 발생합니다.

영업활동에서 발생되는 수익을 내부유보하여 재투자할 경우 평균이상의 수익을 낼 수 있다면 당연히 수익은 재투자되어야 하지요. 그러나 만약 이익을 재투자했는데 평균이하의 수익밖에 기대할 수 없다면 취할 수 있는 선택은 대체로 세 가지입니다. 첫째, 평균이하의 수익에 그친다는 사실을 무시하고 이익을 유보하여 재투자하는 방법. 둘째, 다른 성장기업을 매수하는 방법. 셋째, 주주들에게 이익을 배당하는 방법. 이때 경영자가 어떤 결정을 내리는지를 통해 그의 합리성을 판단할 수 있습니다.

그렇다면 경영자는 어떤 결정을 내려야 할까요? 사내에 유보하여도 높은 수익을 얻을 수 없는 기업이 선택할 수 있는 가장 합리적인 방법은 주주들에게 이익을 돌려주는 것입니다. 거기에는 두 가지 방법이 있습니다. 주주들에게 배당금으로 직접 돌려주는 방법과 자기주식을 취득하는 방법입니다.

배당금을 받으면 주주들은 보다 높은 수익을 안겨줄 투자처를 찾아 나섭니다. 하지만 이때에도 사내에 재투자하는 것보다 주주들이 더 높은 가치가 있는 곳에 재투자할 수 있도록 기회가 주어지는 것이 좋습니다.

기업이 자기주식을 취득하면 두 가지 측면에서 이익을 볼 수 있습니다. 먼저 그 회사의 주가가 내재가치 이하로 거래되고 있다면 주식을 사는 일 자체가 높은 수익을 기대할 수 있는 좋은 투자입니다. 이와 같은 거래는 여타 주주들에게 매우 높은 수익을 안겨줄 것입니다.

다음으로 경영자들이 열심히 자기주식을 매입한다면 그 사실을 통해 이들이 쓸데없이 회사를 확장하기보다는 주주들의 이익을 극대화하기 위해 노력하고 있다는 것을 보여주는 셈입니다. 이 같은 활동은 결국 주식시장에서 주주들의 이익을 극대화하기 위해 노력하는 회사를 찾고 있는 여타 투자자들의 관심을 유발하여 주가가 상승하는 효과를 거둘 수 있습니다.

경영자는 솔직한가?

경영자는 주주들에게 회사의 모든 재무적인 실적을 숨김없이 보고하는 솔직함을 갖추어야 합니다. 즉, 회계의 기술을 이용하여 회사의 잘못된 일을 숨기거나 주주를 기만하는 행위를 해서는 안 됩니다. 경영자들은 영업보고서를 통해서 주주들이 그 기업의 가치를 평가하는 데 유용한 모든 정보를 솔직하게 기재해야 합니다.

수많은 경영자들이 저지르는 잘못이 있습니다. 바로 솔직한 고백보다 허황된 낙관적 전망을 담은 영업보고서를 주주들에게 보고하는 것입니다. 이런 경우 단기적으로는 좋은 평가를 받을 수 있을지 모르지만 장기적으로는 진실하지 못하고 자신의 실수를 숨기는 경영자를 누구도 인정하지 않을 것입니다. 경영자의 솔직함은 주주들에게 이익이 되기도 하지만 경영자에게도 큰 이익이 된다는 점을 잊어서는 안 됩니다.

업계의 관행에 도전할 용기가 있는가?

경영자들은 자신의 실수를 줄이기 위해 다른 경영자들의 행동을 맹목적으로 답습하려는 경향이 있습니다. 우선 회사의 현재 영업방침을 바꾸려고 하지 않습니다. 다음으로 시간을 때우기 위하여 일하는 것처럼 단지 회사의 여유자금을 이용하기 위하여 새로운 프로젝트나 다른 회사의 매수합병 등을 추진합니다. 세 번째로, 최고경영자의 경영전략은 어떤 것이든 간에 즉시 부하들에 의해 예상수익률 등의 자세한 자료로 포장됩니다. 마지막으로 동종업계에서의 선도회사가 계속 확장되건 다른 회사를 매수하건 또는 어떤 일을 하건 무조건적으로 그 회사의 전략을 추종합니다. 이러한 일들이 바로 업계의 관행을 따르는 대표적인 예입니다.

회사의 이익이 감소할 경우 대부분의 경영자들은 현재의 문제를 해결하려고 하기보다는 다른 회사를 흡수 합병하는 쪽으로 의사결정을 합니다. 그런 의사결정을 하는 이유는 무엇일까요? 첫째, 대부분의 경영자들이 자기 회사의 활동이 무조건 활발해야 한다고 믿고 있기 때문입니다. 둘째, 대부분의 경영자들이 자사의 매출이나 순이익 또는 임원에 대한 보수 등을 동종업계의 다른 회사들과 비교한다는 것입니다. 셋째, 대부분의 경영자들은 자신의 경영능력을 과신하고 있습니다.

기업의 가치를 높이기 위해서는 경영자가 바뀌어야 합니다. 그래야 경영전략도 바뀌고 기업문화도 바뀝니다. 기업의 경영방침을 바꾸는 것은 말처럼 그리 쉬운 일이 아니지요. 그러나 지각 있는 경영자라면 향후 기대되는 이익이 클 경우 단기간의 손실을 감수할 것을 주주들에게 인식시키고 동의를 이끌어낼 수 있어야 합니다.

　위와 같은 요소들은 수치화할 수 없어 경영자를 판단하기가 쉽지는 않습니다. 계량적인 분석기법으로 경영자의 자질을 알아볼 수 있는 몇 가지 방법이 있습니다. 바로 수익률, 자금흐름, 이익률 등 기업의 재무적 실적들을 분석해보는 것입니다. 다음 장에서 자세히 배워보겠습니다.

05

회사의 재무제표가
주가를 말해준다

기업은 많은 숫자들로 이루어져 있습니다.
HTS에서는 여러 가지 경로를 통해
이 숫자들과 주가의 관계를 말해줍니다.

> 재무제표는 기업이 투자자에게 직접 건네주는
> 건강진단서입니다.
> 기업의 재무상태가 엑스레이처럼 나와 있습니다.
> 기업의 가치를 뒷받침해주는 다양한 숫자들을
> 주의 깊게 살펴보아야 합니다.

기업도 건강이 가장 중요하다

우리나라 주식시장에도 전설의 대가가 많지요. 2000년대 들어 투자금만 1,000억 원이 넘으며 행보마다 뉴스가 될 정도였던 슈퍼개미가 있습니다. 특히 그는 철저한 산업분석을 바탕으로 거기 속한 기업분석을 하는 데 있어 최고의 투자대가로 꼽힙니다. 하지만 그런 슈퍼개미도 초보투자자였던 시절부터 무려 10년이나 실패를 거듭했지요. 그렇게 긴 시간 비싼 수업료를 내고 나서야 기업을 제대로 알려면 기업 본사며 공장이며 직접 현장을 찾아가서 눈으로 확인해야겠다는 교훈을 얻었다고 합니다. PER니 PBR니 하는 지표도 중요하지만 무엇보다 재무제표가 얼마나 정직하고 꼼꼼하게 작성되는지를 확인하는 게 더 중요하다는 걸 알게 된 것이지요.

일광 씨: 직접 현장을 찾아가서 뭘 알게 된 거죠? 자세히 좀 말해주세요.

애널리스트: 앞에서 산업분석 이야기를 하며 2000년 초 IT버블에 관한 이야기를 했었죠? 당시로 거슬러 올라가봅시다.

닷컴, 디지털이란 이름이 붙은 기업들의 주가가 몇십만 원씩 급등하던 시기였습니다. 그는 기업내용을 찾아본 후 IT업체들의 현장을 돌아다녔지요. 그런데 아무리 봐도 주식이 몇천 원도 안 될 것 같은 회사가, 심지어는 왜 상장됐는지조차 의심스러운 회사가 많았다고 합니다. 초보투자자 시절 같았으면 대박이겠거니 싶어 그런 주식을 의심 없이 샀겠지만, 이상하다는 생각이 들더라는 것이지요. 그는 남들이 쫓는 기업과는 다른 기업을 찾아 나섰습니다. 자신만의 기준을 세워서.

급등락이 없었고 외환위기 당시 외국인들의 투자가 많지 않았던 기업이 없을까? 그는 소위 말해 남들이 거들떠보지 않는 '지루하고 재미없는 주식'을 찾아다녔습니다. 그중에서도 수익구조가 탄탄한 기업이어야 했지요. 그 첫 기업으로 한 제약회사가 눈에 띄었습니다.

처음엔 기업의 현금창출능력과 재무상태가 눈에 들어왔습니다. 당시 자본금이 300억 원이었는데 액면가 5,000원에 거래가격이 6,000원 정도였지요. 그런데 영업이익이 300억 원이지 않겠어요? 자기자본금만큼 영업이익을 내는데 주가가 6,000원이니 주가 프리미엄이 1,000원밖에 안 된다는 건 말이 안 된다고 생각했지요. 그는 이 기업의 본질가치가 3만 원, 아니 4만 원은 갈 수 있다고 확신했습니다. 게다가 이 기업의 배당금은 1,500원에 달해 액면가의 30%나 차지했습니다. 시가로 따져도 25%인데 은행이자하고는 상대가 안 되었던 것이지요. 그는 당연히 이 기업을 투자대상 우선순위 1위로 꼽았습니다.

일광 씨: 그럼 바로 투자를 했군요! 대체 얼마를 벌었나요?

애널리스트: 그가 여기서 바로 투자를 했을까요? 그렇다면 전설이 아니지요.

그는 재무상태와 현금창출 등 1차적으로 재무제표 분석을 마쳤습니다. 그런 다음에야 기업 방문을 시도했습니다. 회사에 들어가기 전에 먼저 회사 주변 커피숍, 식당, 가게에 들러서 주인이며 종업원들에게 그 회사가 어떤 회사인지를 물었습니다. 회사에서 가장 가까운 주변 장사꾼들이 바라본 시각이면 어느 정도 평판을 내릴 수 있거든요.

모두 좋은 평가를 내리는 것을 보고 나서야 그 회사의 주식담당자를 만났습니다. 그러고는 여느때처럼 일상적인 이야기를 나누었지요 그런데 보통 주식담당자들이 거액의 투자자들에게는 으레 비싼 접대장소로 안내하는 데 반해 이 담당자는 구내식당을 가더랍니다. 어떻게 생각했을까요? '아, 이 회사는 허튼 데 돈을 쓰진 않겠다!' 그래서 투자를 결정했다고 해요.

그렇게 2000년 처음 이 회사에 투자하여 7년 만에 평가수익이 70억 원이 넘었습니다. 자연스럽게 그의 투자자산은 기하급수적으로 불어났지요.

대가의 이야기를 잘 새겨들으세요. 그가 실질적으로 움직이기 전에 맨 처음 주의 깊게 보았던 것은 재무제표입니다. 재무제표는 그 기업의 건강진단서입니다. 그런데 투자를 하겠다면서 기업의 건강진단서도 보지 않는다는 것은 말이 안 되지요. 이 진단서 안에는 기업이 얼마나 건강하고 건전한지, 앞으로 얼마나 더 살 수 있을지 예측할 수 있는 자료들이 다 나와 있습니다. 기업분석의 첫 단계인 재무제표를 이해하고 확인하는 것이 투자에 실패하지 않는 첫 번째 조건입니다.

투자할 회사의 재무제표는 꿰고 있으세요. 통상 재무제표상 영업이익이 전년 대비 10% 이상씩 몇 년간 상승하는 회사라면 현금창출력이 안정되어 있다고 말할 수 있지요. 이런 기업 중에서 투자대상을 찾는 것도 방법입니다. 이런 식으로 자신만의 투자기준을 만들어야 합니다.

투자를 하기 전에는 그 기업을 직접 방문해보는 것이 좋습니다. 기업 내부로 깊숙이 들어가 살펴볼 수 없다 해도 그 기업의 주변 사람들로부터 회사 평판과 분위기를 반드시 확인하세요. 구성원들이 회사에 얼마나 애착이 있는지, 얼마나 분주하게 움직이는지도 중요합니다. 이 일을 한 달에 한 번씩 지속적으로 한다면 당신은 성공적인 주주가 될 수 있습니다. 당신은 주식을 산 기업의 주인입니다. 당신의 회사가 어떻게 운영되는지를 관찰해야 합니다. 투자에도 관리가 필요한 것이지요.

일광 씨: 컴퓨터로 통장 잔고 확인하고, 수익률 체크하는 것만이 투자관리가 아니군요!

01

국제회계기준 IFRS

달라진 재무제표에
투자기회가 있다

회계를 알면 기업의 속내가 보인다

회계는 산업혁명을 지나면서 눈부시게 발전하였습니다. 특히 20세기 초에 주식회사가 발전함에 따라 근대 회계이론에 영향을 미친 사실은 특기할 만합니다. 주식회사의 출현과 발전은 투자자들에게 무기한으로 자본을 투자할 수 있는 대상을 찾게 하였습니다. 기업에서도 투자자로부터 대량생산에 필요한 자본수요를 조달할 수 있어 기업을 계속적인 존재로 이해하는, 소위 계속기업의 개념이 싹트기 시작하였습니다.

주식회사 형태의 기업이 발전함으로써 자본이 거대해지고 부재주주들의 수가 늘어났습니다. 기업은 **부재주주**들을 비롯한 채권자, 종업원, 소비대중, 국가공공기관, 기타 일반으로 형성되는 소위 이해관계자집단에 대한 이해조정 책임과 그 밖에 여러 가지 사회적 책임을 무시할 수 없게 되었습니다. 그리하여 기업은 일정 기간의 재무상태와 경영성과를 재무제표라는 수단에 의해 정규적으로 공시할 필요성을 느끼게 되었고, 나아가서는 국가에서도 이를 법제화하기에 이르렀습니다. 이와 같은 보고제도는 20세기 초

> **부재주주**
> 회사의 경영과 지배에는 관여하지 않고 이윤만 분배받는 주주입니다.

주식회사의 합병과 지주회사제도가 성행함에 따라 연결재무제표의 작성으로 보다 상세한 회계정보를 제공하기에 이르렀습니다.

이렇게 회계는 기업과 긴밀한 관계의 역사를 이어왔습니다. 따라서 회계가 조금 어렵다고 해서 무시하고 넘길 수는 없습니다. 사람을 이해하기 위해 하나의 언어로 의사소통을 하듯 기업을 분석하고 투자에 나서기 위해서는 기업의 언어인 회계에 대해 이해해야 합니다. 그러나 일반투자자들은 회계전공자가 아니므로 기업이 발표하는 재무제표를 읽을 수 있는 능력 정도만 있어도 충분합니다.

IFRS로 재무제표가 달라졌다

기업이 회계처리를 할 때 자신들에게 편리한 쪽으로 제멋대로 하는 것이 아닙니다. 만약 회계처리를 마음대로 할 수 있다면 기업들은 분식회계와 비자금조성을 일삼겠지요. 이는 국가적인 차원에서도 매우 불행한 일입니다. 따라서 회계처리를 하기 위해 공통적으로 지켜야 할 원칙이 필요합니다. 기업들이 장부를 기록하고 재무제표를 작성하는 등 회계처리를 할 때 기본적으로 준수해야 하는 규정이 기업회계기준입니다.

기업회계기준은 각 나라마다 내용이 조금씩 다를 수 있습니다. 이 때문에 투자자들이 국내기업과 해외기업을 비교할 때 불편함을 호소하곤 했지요. 그래서 세계적으로 통일된 기준에 의해서 회계처리를 하자고 합의하여 채택하게 된 것이 바로 국제회계기준IFRS, International Financial Reporting Standards 입니다. 1997년 외환위기 이후 국내회계기준도 국제표준에 상당부분 다가간 것이 사실입니다. 그럼에도 불구하고 국내회계기준이 국제회계기준과 완벽하게 일치하지 않았다는 점 때문에 외국투자자들이 우리나라 기업들의 재무제표를 믿지 못하겠다고 나서서 많은 어려움을 겪었습니다. 여기에 심심찮게 국내기업들의 분식회계 문제가 언론에 불거지면서 어려움은 더욱 커졌습니다. 이것이 바로 코리아디스카운트Korea Discount입니다. 즉, 우리나라 기업들의 회계처리가 불투명하다는 점을 빌미로 국제자본시장에서 제대로 된 평가를 받지 못한 것이지요. 이러한 배경으로 인해 우리도 IFRS를 적용하게 되었습니다.

IFRS가 도입됨에 따라 달라지는 것이 몇 가지 있습니다. 가장 중요하게 봐야 하는 것이 바로 재무제표의 종류입니다. 국내 기업회계기준에서는 재무제표의 종류를 대차대조표, 손익계산서, 자본변동표, 현금흐름표, 이익잉여금처분계산서, 주석 등으로 정하고 있었습니다. 그러나 IFRS에서는 대차대조표가 재무상태표로, 손익계산서가 포괄손익계산서로 이름이 바뀌었고 이익잉여금처분계산서가 재무제표에서 제외되었습니다.

▼ IFRS 전후 재무제표 차이

기업회계기준	국제회계기준
대차대조표	→ 재무상태표
손익계산서	→ 포괄손익계산서
현금흐름표	→ 현금흐름표
자본변동표	→ 자본변동표
이익잉여금처분계산서	주석
주석	→

IFRS에서는 주석의 비중이 커졌다.

우리나라가 채택한 IFRS는 무엇이 다른가?

우리나라가 채택한 IFRS는 K-IFRS라고 합니다. K-IFRS의 주요 특징을 살펴보면 다음과 같습니다.

거래실질에 맞는 회계처리를 합니다

이것은 형식보다는 실질에 따라 회계정보를 만들겠다는 의미입니다. 이에 따라 IFRS에서는 회계처리의 기본원칙만 제시하고 복수의 회계처리를 할 수 있도록 하고 있습니다. 이렇게 되면 개별 국가의 고유한 회계처리가 부인되고 실질에 맞는 회계처리만 인정되어 국가 간 비교가능성이 높아집니다. IFRS에서 자산과 부채를 평가할 때 시장의 매도자와 매수자 사이에서 공정하게 거래되는 가격, 즉 공정가치를 기초로 거래가 이루어진 것으로 평가해서 재무제표가 더욱더 유용해질 것입니다. 예를 들어 우리나라에서 지금 시행하고 있는 채권시가평가제와 같이 생각하면 됩니다. 어떤 채권의 액면가가 1만 원인데 이 회사의 신용도가 낮아져 지금 3,000원에 거래되고 있다면 이 채권을 1만 원으로 보기보다 3,000원으로 평가해야 맞는 것이지요. 이렇게 장부가격보다는 시장의 공정가격에 따라 평가함으로써 투자자에게 더 유용한 정보를 제공합니다.

연결재무제표가 주재무제표가 됩니다

과거 우리나라는 기업의 개별 재무제표가 주재무제표였습니다. 그러나 회사들이 지배종속관계에 있으면 거래의 내용이 제대로 평가되지 못하는 문제가 생깁니다. 예를 들어 어떤 기업의 매출이 100억 원인데 이 기업이 100% 출자해서 지배하고 있는 기업의 매출도 100억 원이라면 이 기업은 자신들의 매출 100억 원과 지배하고 있는 기업의 매출 100억 원을 합쳐 200억 원으로 평가하는 것이 맞습니다. 이렇게 각 기업의 재무제표를 하나의 재무제표로 묶어서 표시하는 것을 연결재무제표라고 합니다. 이는 경제적 실질을 중요하게 여기는 또 다른 방법입니다.

재무제표 본문 내용을 보완하는 주석의 중요성이 강조되었습니다

주석이란 재무제표 본문 뒤에 각 항목별로 보다 자세한 내용을 정리해놓은 것입니다. 일반적으로 각 기업의 재무정보는 그 기업의 경영진과 실무자들이 가장 잘 알고 있습니다. 따라서 이들이 알고 있는 정보는 주주를 포함한 이해관계자에게 가급적 자세히 제공되어야 합니다. 이러한 취지에서 IFRS는 회계정보를 되도록 이면 재무제표 본문보다 주석으로 기재하라고 요구하고 있습니다. 각 기업별로 회계처리 내용을 밝히면 주석의 분량이 엄청나게 많아지는 것은 물론 투자자들에게는 부담이 될 수도 있을 것입니다. 그러나 정보는 정확해야 하고 또 정확한 정보가 많아야 정보비대칭의 덫에 걸리지 않는다는 점을 상기해본다면 이런 조치는 시간이 걸리더라도 투자자에게 더욱 유리합니다.

투자자는 왜 IFRS를 알아야 하는가?

이미 많은 기업들이 IFRS를 적용해서 회계처리를 하고 있습니다. 그렇다면 IFRS를 적용하면 기업에는 어떤 점이 유용하고 어떤 점이 문제일까요? 먼저 이점부터 살펴보겠습니다.

첫째, 우리나라도 IFRS에 따라 재무제표가 작성되므로 세계적인 기업들과 동일한 잣대로 평가되어 기업의 경쟁력을 높일 수 있습니다.

둘째, 연결재무제표가 주재무제표가 됨에 따라 기업의 지배구조 개선에 도움이 될 것으로 보입니다. 그동안 장부 뒤에 숨겨져 있던 계열사에 대한 재무내용이 연결회계를 통해 모두 드러날 가능성이 크기 때문입니다.

셋째, 해외시장에 상장된 우리 기업들은 재무제표의 이중작성 부담이 줄어듭니다. 이전에는 해외시장에 상장된 기업들은 일단 국내 기업회계기준에 따라 재무제표를 작성한 후 국제회계기준에 따라 재무제표를 다시 작성해야 하는 번거로움이 있었습니다. 그러나 앞으로는 처음부터 국제회계기준에 의해 작성되므로 시간과 비용을 줄일 수 있습니다.

그러나 국제회계기준을 적용할 때 예상되는 문제점도 있습니다. 먼저 IFRS 전면 도입이 일시적으로나마 시장에 많은 혼란을 가져다줄 수 있습니다. 앞으로 각 기업마다 실정에 맞는 회계처리 방법을 개발해야 합니다. 그러다 보니 기업분석을 하는 경우 동일업종 내의 기업들 간에도 동일한 잣대로 기업을 분석하는 일이 힘들어집니다.

둘째, 각 기업들 간의 비교가능성이 떨어집니다. 앞서 설명한 대로 국제회계기준이 자율적으로 회계처리를 보장하기 때문에 동일업종이라도 회계처리 방식이 다를 수 있습니다.

셋째, 공평과세가 흔들릴 가능성이 있습니다. IFRS는 기업마다 다른 회계처리 방법을 선택할 수 있도록 하고 있어서 서로 비슷한 기업이라도 회계처리 방법을 달리함에 따라 이익의 규모가 달라질 수 있기 때문입니다.

넷째, 연결재무제표를 작성하는 데 더 많은 노력과 비용이 들어갑니다. 그리고 추정과 예측을 통한 회계처리의 근거를 확보하기 위해 많은 비용이 지출되고 실무자들의 부담도 늘어날 것으로 예상하고 있습니다.

결론적으로 IFRS의 도입이 기업의 본질가치를 바꾸는 것은 아니지만, 재무상태와 영업성과를 표현하는 회계처리기준을 변화시켜 기업가치를 다시 평가하게 합니다. 이는 주가의 재평가로 이어질 것입니다. 모든 상장기업이 IFRS 체제로 바꾸면 가치평가의 중심도 IFRS에 맞추어 변하겠지요. 비록 회사의 본질은 그대로지만 기존의 기업회계기준으로 본 가치평가 결과와 IFRS 기준으로 본 가치평가 결과가 다를 수도 있습니다. 따라서 투자자가 조금이라도 빨리 IFRS 체제에 적응하면 좋은 투자기회를 얻을 수 있습니다.

02

재무상태표, 자산, 부채, 자본

기업의 재무상태가
한 컷에 보인다

그 기업은 얼마에 살 수 있을까?

재무상태표란 일정시점에서 기업의 재무상태를 나타내는 장부를 말합니다. 지금 당장 어떤 기업을 돈으로 산다면 얼마를 주고 살 수 있을지를 알 수 있는 매우 중요한 재무제표입니다.

재무상태표는 자산, 부채, 자본에 대한 내용들을 담고 있습니다. 그런데 여기서 주목해야 하는 것은 회사가 어떤 경로를 통해서 자본을 조달했는가 하는 것입니다. 즉, 부채와 자본의 총계를 볼 필요가 있습니다. 부채는 자기자본이 아니라 타인자본입니다. 기업을 운영하기 위해 타인자본인 부채를 조달한 부분이 많은지 아니면 자기자본인 자본금으로 조달한 부분이 많은지를 반드시 따져봐야 합니다. 일반적으로 부채로 조달한 부분이 많으면 회사의 부도위험이 높아집니다. 이 점을 감안한다면 부채보다 자본으로 조달한 금액이 더 많은 것이 좋겠지요.

HTS에서는 국제회계기준 도입에 따라 IFRS에 맞춰 재무제표를 제공해주고 있습니다.

▼ HTS에서는 기업의 요약재무제표를 볼 수 있습니다

이제부터 재무상태표의 구성항목인 자산, 부채, 자본이 각각 어떤 성격을 가지고 있는지 자세히 살펴보겠습니다.

회사는 어떤 재산을 가지고 있는가?

자산은 현금, 매출채권(외상매출금, 어음 등), 유가증권, 재고자산, 건물 등과 같이 미래의 경제적 효익을 창출하는 것을 말합니다. 즉, 자산은 사업을 통해서 미래에 돈을 벌어들일 수 있는 자원입니다. 따라서 자산이란 특정기업이 과거의 거래 등의 결과로 얻었거나 통제하고 있는 미래의 경제적 효익이라고 정의할 수 있습니다.

자산은 두 가지 분류법에 따라 나눌 수 있습니다. 화폐액 표시 유무에 따라서는 화폐성자산과 비화폐성자산으로, 국제회계기준상의 분류에 따라서는 유동자산과 비유동자산으로 나뉩니다.

화폐액 표시 유무에 따른 자산 분류

화폐성자산은 시간경과나 화폐가치 변동에 관계없이 항상 일정한 화폐액으로 표시되는 자산을 말합니다. 현금, 채권 등이 있습니다. 비화폐성자산은 시간경과나 화폐가치의 변동에 따라 자산의 화폐평가액도 변동하는 자산을 말합니다. 예로 부동산 등이 있습니다.

국제회계기준상의 자산 분류

국제회계기준은 1년 기준과 영업주기 기준에 따라 자산을 유동자산과 비유동자산으로 분류하고 유동성배열 원칙에 의해 구분 표시하도록 되어 있습니다. 유동자산은 1년 이내에 현금화할 수 있는 자산입니다. 당좌자산과 재고자산으로 분류합니다. 비유동자산은 1년 이내에 현금화할 수 없는 자산입니다. 투자자산, 유형자산, 무형자산, 기타비유동자산으로 분류합니다.

자산에서 유동자산의 규모를 잘 살펴보아야 합니다. 유동자산을 많이 보유하면 그만큼 부도위험이 낮습니다. 하지만 유동자산의 규모가 지나치게 많으면 회사의 수익성 창출에 문제가 있는 것으로 판단할 수 있습니다. 왜냐하면 1년 이내에 현금화할 수 있는 자산들은 대부분 그 수익률이 매우 낮기 때문에 유동자산을 필요 이상으로 보유하는 것은 좋지 않습니다. 반대로 유동자산의 금액이 지나치게 적으면 회사의 단기채무 지불능력에 의심을 가질 수 있습니다. 따라서 유동자산을 적절한 수준으로 보유하고 있는지가 중요합니다.

자산 계정을 분류해보자

당좌자산 | 당좌자산은 1년 이내에 현금으로 전환되거나 소비될 것으로 예상되는 유동자산 중에서 판매 등을 거치지 않고 1년 이내 또는 영업순환주기 내에 즉

시 현금화되는 유동성이 가장 큰 자산입니다. 당좌자산에는 현금 및 현금성자산, 단기금융상품, 단기매매증권, 매출채권, 단기대여금, 미수금, 미수수익, 선급금, 선급비용, 기타당좌자산이 있습니다.

재고자산 ┃ 재고자산이란 정상적인 영업활동 과정에서 판매를 목적으로 보유하고 있는 자산을 말합니다. 재고자산은 다음과 같이 분류됩니다.

- 상품: 판매를 목적으로 구입한 상품, 미착상품, 적송품 등을 말하며, 부동산매매업에 있어서 판매를 목적으로 소유하는 토지, 건물, 기타 이와 유사한 부동산은 상품에 포함하는 것으로 합니다.
- 제품: 판매를 목적으로 제조한 생산품, 부산물 등입니다.
- 반제품: 자가제조한 중간제품과 부분품 등입니다.
- 재공품: 제품 또는 반제품의 제조를 위하여 제조과정에 있는 것을 말합니다.
- 원재료: 원료, 재료, 매입부분품, 미착원재료 등입니다.
- 저장품: 소모품, 소모공구기구비품, 수선용 부분품 및 기타 저장품 등입니다.

재고자산의 평가방법으로는 선입선출법과 후입선출법이 있습니다. 선입선출법FIFO, First-In First-Out은 먼저 매입한 상품을 먼저 매출하는 것으로 가정하여 먼저 구입한 상품의 단가를 매출원가에 적용하는 방법입니다. 선입선출법에서 기말재고액은 최근에 매입한 원가로 구성됩니다. 따라서 디플레이션 시에 절세효과를 가질 수 있습니다. 반대로 후입선출법LIFO, Last-In First-Out은 나중에 매입한 상품을 먼저 매출한다는 것으로 가정하여 최근에 구입한 상품의 단가를 매출원가에 적용하는 방법입니다. 후입선출법에서는 기말재고자산을 과거 원가로 기록합니다. 이 방법은 물가상승 시 재고가 증가하는 경우 이익을 적게 계상하므로 법인세 이연효과가 있습니다.

유형자산 | 유형자산은 재화의 생산, 용역의 제공, 타인에 대한 임대 또는 자체적으로 사용할 목적으로 보유하는 물리적 형체가 있는 자산을 말합니다. 1년을 초과하여 사용할 것이 예상되는 자산이지요. 즉, 유형자산은 영업활동에 사용할 목적으로 취득한 자산으로서 미래에 장기간 동안 경제적 효익을 제공할 것으로 기대되는 물리적 실체를 지닌 자산입니다. 따라서 재판매나 투자를 목적으로 보유하고 있는 것이 아니라 기업의 영업활동에 사용할 목적으로 보유한다는 점에서 재고자산이나 투자자산과는 다르며, 실물형태를 갖추고 있다는 점에서 무형자산과 구별됩니다.

유형자산과 관련된 지출은 자본적 지출과 수익적 지출로 나눌 수 있습니다. 자본적 지출Capital Expenditure 은 취득 또는 완성 후의 지출이 가장 최근에 평가된 성능수준을 초과하여 미래 경제적 효익을 증가시키는 경우를 말하며, 해당 자산의 취득원가에 가산하여 자본화합니다. 수익적 지출Revenue Expenditure 은 해당 유형자산의 수선이나 유지를 위한 지출, 즉 해당 자산으로부터 당초 예상되었던 성능수준을 회복하거나 유지하기 위한 지출을 말합니다. 따라서 기간비용으로 처리합니다.

구분	자본적 지출	수익적 지출
예시	– 미래 경제적 효익의 증가	– 당기의 효익에만 영향이 있음
	– 생산력 증대, 내용연수 연장, 상당한 원가절감이나 품질 향상을 초래하는 지출	– 해당 자산의 원상회복, 능률유지를 위한 지출
	– 비반복적, 비경상적 발생	– 반복적 경상적으로 발생
	– 금액의 크기가 중요함	– 금액의 중요성이 상대적으로 낮음

유형자산을 이야기할 때 중요한 항목 중 하나가 감가상각비입니다. 유형자산은 사용에 의해서 소모되거나 시간의 경과와 기술의 변화에 따라 진부화되면서 경제적 효익이 감소합니다. 유형자산의 장부금액은 일반적으로 이러한 경제적 효익의 소멸을 반영하는 감가상각을 통해 감소합니다. 감가상각이란 유형자산의

감가상각대상금액을 그 자산의 내용연수에 걸쳐 합리적이고 체계적인 방법으로 각 회계기간에 배분하는 과정을 말합니다. 그러므로 감각상각은 자산의 평가과 정이 아닌 취득원가 배분과정으로 봐야 합니다.

감가상각의 방법은 해당 자산으로부터 예상되는 미래 경제적 효익의 소멸형태에 따라 합리적인 방법을 선택하고 계속해서 적용해야 합니다. 감가상각법을 분류하면 다음과 같습니다.

정액법	
가속상각법	체감잔액법(정률법, 이중체감법), 연수합계법
비례법	생산량비례법, 작업시간비례법
복리법	연금법, 상각기금법
기타 상각법	재고법, 폐기법, 갱신법, 조별상각법, 종합상각법

투자와 기타비유동자산 ┃ 투자자산이란 영업활동에 사용할 목적이 아닌 투자이익을 얻을 목적 또는 타 회사를 지배하거나 통제할 목적으로 장기적으로 투자된 자산을 말합니다. 투자자산에는 투자부동산, 장기투자증권, 지분법적용투자주식, 장기대여금 등이 있습니다. 기타비유동자산에는 이연법인세자산 등이 있습니다.

무형자산 ┃ 무형자산은 재화의 생산이나 용역의 제공, 타인에 대한 임대 또는 관리에 사용할 목적으로 기업이 보유하고 있으며, 물리적 실체가 없지만 식별가능하고 미래 경제적 효익이 있는 비화폐성자산을 말합니다. 물리적 실체가 없고 미래의 경제적 효익이 불확실하다는 점을 제외하고는 유형자산과 동일한 기능을 가지고 있습니다. 무형자산의 분류는 다음과 같습니다.

기업회계기준서 제3호 무형자산	기업회계기준서 제21호 재무제표 작성과 표시
1. 산업재산권	1. 영업권
2. 라이선스와 프랜차이즈	2. 산업재산권
3. 저작권	3. 개발비
4. 컴퓨터소프트웨어	4. 기타
5. 개발비	
6. 임차권리금	
7. 광업권	
8. 어업권	

무엇이 부채인가?

부채란 과거의 거래나 사건의 결과로 기업이 현재시점에서 부담하는 경제적 의무입니다. 쉽게 말하면 앞으로 원금 또는 이자를 갚거나 그와 비슷한 것으로 변제를 해야 할 의무를 뜻하지요.

부채는 1년을 기준으로 유동부채와 비유동부채로 분류합니다. 다만 정상적인 영업주기 내에 소멸할 것으로 예상되는 매입채무와 미지급비용 등은 재무상태표일로부터 1년 이내에 결제되지 않더라도 유동부채로 분류합니다. 이 경우 유동부채로 분류한 금액 중 1년 이내에 결제되지 않을 금액을 주석으로 기재합니다.

▼ 부채의 분류

유동부채	비유동부채
단기차입금	사채
매입채무	신주인수권부사채
미지급법인세	전환사채
미지급비용	장기차입금
이연법인세부채	퇴직급여 충당부채
기타	장기제품보증 충당부채
	이연법인세부채
	기타

부채의 인식과 측정은 어떻게 이루어지나? ｜ 어떤 것을 부채로 할 것인지 알아봅시다. 부채는 기업이 현재 부담하고 있는 의무를 미래에 갚을 때 기업으로부터 현금 등이 유출될 가능성이 매우 높고 또한 그 금액을 비교적 확실하게 측정할 수 있는 시점에서 부채로 판단합니다. 그러나 어떤 경우에는 현재 의무가 불확실한 미래 사건의 발생 여부에 따라 부채로 올릴 것인지가 결정됩니다. 이 경우 이용 가능한 모든 증거를 고려할 때 재무상태표에 현재 존재할 가능성이 높고 그 금액을 신뢰성 있게 추정할 수 있을 경우 부채로 판단합니다.

다음으로 부채를 얼마만큼의 금액으로 할 것인지 살펴봅시다. 부채는 과거에 빌린 금액이나 앞으로 갚아야 할 금액, 또는 현재가치로 측정됩니다. 일반적으로 부채의 측정은 과거에 빌린 금액이 이행가액으로 측정됩니다.

우발부채와 충당부채란 무엇인가? ｜ 우발상황이란 갚아야 할 의무가 있는지, 그 금액은 얼마인지, 지급시기는 언제인지 등이 미래에 나타날 사건의 결과에 따라서 결정되는 상황을 말합니다. 즉, 미래에 어떤 사건이 발생하거나 발생하지 않음으로써 궁극적으로 손실이나 이득의 발생이 확정되는 불확실한 상황을 말하지요. 우발부채란 현재시점에서 확정적으로 존재하는 부채는 아니지만 미래에 우발상황이 확정된다면 감소가 예상되는 순자산의 추정치입니다. 예를 들어서 보증을 서줬는데 그 보증을 서준 대상이 부도를 내면 내가 대신 갚아야 하는 상황이 생길 수 있으므로 이는 우발부채로 판단합니다.

다음으로 충당부채를 살펴봅니다. 당기의 수익에 대응하는 비용으로 장래에 지출될 것이 확실하고 당기의 수익에서 차감되는 것이 합리적인 것에 대해서는 그 금액을 추산하여 충당부채로 계상해야 합니다. 예를 들면 외상으로 매출을 했는데 외상값이 모두 회수되지 않고 그중 일부분이 회수되지 않을 것을 과거 경험상 알고 있을 때 그 부분이 바로 충당부채가 됩니다. 외상이 모두 걷히지 않을 것을 대비해서 쌓아두는 것이 대손충당금입니다.

▼ 우발부채와 충당부채

자원의 유출가능성	신뢰성 있는 추정가능	신뢰성 있는 추정 불가능
가능성이 매우 높음	충당부채로 인식	우발부채로 주석 공시
어느 정도 가능성이 있음	우발부채로 주석 공시	우발부채로 주석 공시
가능성이 거의 없음	공시하지 않음	공시하지 않음

자본은 주주를 위해 남겨진 순수자산

자본은 자산에서 부채를 차감한 순자산을 말하며 소유주지분 또는 주주지분이라고도 합니다. 기준에 따라 현행 기업회계기준서로 분류하거나 법률적 관점에서 분류할 수 있습니다.

현행 기업회계기준서상의 분류

1. 자본금	– 보통주자본금(보통주 발행주식수 × 1주의 액면가액) – 우선주자본금(우선주 발행주식수 × 1주의 액면가액)	
2. 자본잉여금	자본거래에서 발생한 잉여금 – 주식발행초과금 : 발행가액에서 액면가액을 초과하는 금액 – 기타자본잉여금 : 감자차익, 자기주식처분이익, 전환권대가, 신주인수권대가 등	
3. 자본조정	– 자본에 차감할 항목 주식할인발행차금 감자차손 자기주식처분손실 자기주식 배당건설이자	– 자본에 가산할 종목 미교부주식배당금 신주청약증거금 출자전환의무(채권, 채무조정) 주식선택권
4. 기타포괄 손익누계액	– 매도가능증권평가손익 – 해외사업환산손익 – 현금흐름위험회피파생상품평가손익	
5. 이익잉여금	손익거래에서 발생한 이익 중 사내유보된 금액 – 법정적립금 　① 이익준비금 　② 기타 법정적립금 : 재무구조개선적립금 – 임의적립금 　① 적극적 적립금 : 사업확장적립금, 감채적립금, 신축적립금 등 　② 소극적 적립금 : 배당평균적립금, 결손보전적립금 등 – 미처분이익잉여금(또는 미처리결손금)	

법률적 관점에서의 분류

법정자본은 기업회계기준에 의한 분류에서 액면가액에 해당하는 자본금을 의미하는 것입니다. 채권자 보호를 위해 회사가 유지해야 할 최소한의 재산 또는 담보액으로 상법상 매우 중요한 의미를 갖습니다.

잉여금은 자본 중 법정자본을 초과한 부분으로, 기업회계기준에 의한 분류로서 자본금을 제외한 나머지를 의미합니다.

자기주식이란 이미 발행하여 사외에서 유통되고 있는 주식을 발행회사가 매입 소각하거나 재발행할 목적으로 매입 또는 증여를 통하여 재취득한 주식을 말합니다. 따라서 자기주식을 취득했다는 것은 실질적으로 자본을 환급한 것과 동일한 효과를 가져오므로 현행 상법상 예외사항을 제외하고는 원칙적으로 자기주식 취득을 금지하고 있습니다. 이를 자본유지원칙이라고 합니다.

재무상태표는 기업의 건강상태표이다

기업분석을 하는 사람이 재무상태표에서 얻을 수 있는 정보는 다양합니다. 일단 기업은 자금을 조달해서 자산을 구성하고 구성된 자산을 통해서 영업활동을 합니다. 따라서 좋은 기업일수록 질 좋은 자원을 보유하고 있다고 봐야 합니다. 재무상태표를 통해 양질의 자원을 얼마나 많이 보유하고 있는지 판단할 수 있습니다.

재무상태표를 통해서 재무구조의 안정성을 파악할 수 있습니다

재무상태표를 통해서 회사의 재무구조가 얼마나 안전한지를 볼 수 있습니다. 이를 잘 보여주는 것이 바로 부채비율입니다. 실제로 부채비율은 100% 이하가 되어야 안정성이 있다고 보고 있으며 우리 정부의 가이드라인은 200% 이하입니다. 즉, 부채가 자본총계의 두 배를 넘어서는 안 된다는 것이죠. 이 비율은 가급적 낮으면 낮을수록 재무안전성이 높다고 봅니다.

$$부채비율 = \frac{타인자본}{자기자본} \times 100$$

재무상태표를 통해서 차입금 상환능력을 평가할 수 있습니다

기업이 거두는 최악의 성과는 부도입니다. 빌린 돈의 원금과 이자를 갚지 못하는 상황이지요. 기업의 차입금 상환능력을 볼 수 있는 가장 대표적인 지표는 바로 유동비율입니다. 일반적으로 유동비율은 200% 이상이어야 안전하다고 봅니다.

$$유동비율 = \frac{유동자산}{유동부채} \times 100$$

재무상태표를 통해서 불황에 견딜 수 있는 능력을 평가할 수 있습니다

불황에 이길 수 있는 능력은 바로 잉여금이 회사에 얼마나 남아 있는지를 통해 알 수 있습니다. 잉여금은 앞으로 재투자를 위해 사용될 수도 있고 배당을 해줄 수도 있는 재원입니다. 또한 손해가 나더라도 완충역할을 해주기도 합니다. 일반적으로 잉여금이 많은 기업이 불황을 극복할 가능성이 큰 것은 물론이고 앞으로 성장가능성도 높다고 볼 수 있습니다.

재무상태표를 통해서 우량자산의 보유 여부를 판단할 수 있습니다

기업의 경영성과는 자산의 운용을 통해서 이루어집니다. 자산이 얼마나 우량한가는 경영성과에 결정적인 영향을 미칩니다. 만약 기업이 보유한 자산 중 저평가된 부동산이나 투자자산이 있다면 이는 투자이익을 가져올 수 있는 원천이 됩니다.

03

포괄손익계산서와 기업분석

포괄손익계산서가 말하려고 하는 것은?

포괄손익계산서가 의미하는 것은 무엇인가?

포괄손익계산서는 일정한 기간 동안 기업의 경영성과인 수익, 비용 및 순이익에 관한 정보를 제공하는 재무보고서입니다. 기업이 일정 기간 동안 어느 정도의 재무성과를 거두었는지를 나타낼 뿐만 아니라 기업의 미래 현금흐름과 수익창출능력 등을 예측하는 데 유용한 정보를 제공합니다. 즉, 분기, 반기, 결산기 동안의 당기순이익을 포함한 기업의 경영성과를 알아볼 수 있는 기본적인 재무제표 중 하나입니다.

포괄손익계산서는 기업의 이익을 원천별로 분류하고 있습니다. 그 내용을 하나씩 살펴보면 다음과 같습니다.

매출총손익 | 매출총손익은 매출총이익과 매출총손실을 보여주는 항목입니다. 기업활동의 기본은 매출로부터 어느 정도의 이익을 얻었는지가 매우 중요합니다. 그리고 매출총손익을 마진Margin 이라는 말로 쓰기도 합니다.

매출총손익 = 순매출액 - 매출원가

여기서 순매출액이란 매출액에서 매출할인, 매출에누리, 매출환입 등의 항목을 빼준 것을 말합니다. 그리고 투자자들은 매출원가에 대한 이해가 필요합니다. 매출원가는 다음과 같이 구합니다.

$$매출원가 = 전기이월액 + 당기매입액 - 기말재고액$$

이때 매출원가 구성항목 중 기말재고액을 어떻게 평가하느냐에 따라 매출총이익이 달라질 수 있다는 점에 주의해야 합니다. 만약 기말재고액을 작게 평가한다면 매출원가가 커지고, 그러면 매출총이익이 작아지는 효과를 거둘 수 있습니다. 반대로 기말재고액을 크게 평가한다면 매출원가가 작아지고 이는 매출총이익을 크게 계상하는 효과를 거둘 수 있습니다.

▼ HTS에는 포괄손익계산서가 잘 정리되어 있습니다

앞서 재무상태표에서 살펴본 바와 같이 기말재고액을 선입선출법으로 평가하느냐 아니면 후입선출법으로 평가하느냐에 따라 매출총이익이 달라지겠죠? 다시 한 번 살펴보면 물가상승기에 선입선출법보다는 후입선출법으로 재고자산을 평가하면 기말재고액이 작아져 매출원가가 커집니다. 그러면 당연히 매출총이익이 작아지는 보수적인 회계처리가 가능해집니다. 그러나 이를 반대로 생각하면 어떤 경영자가 자신이 재임하는 동안에 이익을 크게 만들려고 재고자산평가방법을 변경해서 이익을 늘릴 수도 있다는 점을 이해해야 합니다.

영업손익 ┃ 영업손익은 영업이익과 영업손실을 보여주는 것입니다. 여기서 말하는 영업손익이란 기업의 본업으로부터의 이익을 말합니다. 예를 들어 자동차를 만들어 파는 기업은 자동차 매출과 관련된 제반 수입과 비용을 계산해서 영업손익을 계산합니다. 영업손익이 중요한 이유는 어떤 기업이 자신의 본업으로부터 충분한 경쟁력을 갖고 지속적으로 이익을 창출할 수 있는지를 알아볼 수 있는 매우 중요한 항목이기 때문입니다. 영업손익은 다음과 같이 계산됩니다.

> 영업손익 = 매출총손익 – 판매비와 관리비

▼ HTS에서 확인할 수 있는 판매비와 관리비 항목입니다

IFRS(연결)	2018/12	2019/12	2020/12	2021/06	전년동기	전년동기증(%)
매출액	2,437,714	2,304,009	2,368,070	1,290,601	1,082,913	19.2
매출원가	1,323,944	1,472,395	1,444,883	785,659	667,129	17.8
매출총이익	1,113,770	831,613	923,187	504,942	415,784	21.4
판매비와관리비	524,903	553,928	563,248	285,446	269,848	5.8
인건비	64,514	64,226	70,429	36,000	34,779	3.5
유무형자산상각비	14,477	20,408	20,857	10,311	11,091	-7.0
연구개발비	183,541	199,072	211,115	108,231	105,776	2.3
광고선전비	39,985	46,145	42,690	22,294	15,947	39.9
판매비	123,417	117,222	114,488	56,998	50,203	13.5
관리비	57,548	55,131	56,787	29,296	28,111	4.2
기타판매비용						
기타	41,423	51,724	46,883	22,317	23,946	-6.8
영업이익	588,867	277,685	359,939	219,496	145,936	50.4

각 기업들의 판매비와 관리비 항목을 알아보기 위해서는 위와 같이 HTS의 포괄손익계산서상의 판매비와 관리비에 있는 콤보박스를 눌러보면 자세한 내용을 알아볼 수 있습니다.

한 가지 알아두어야 할 것은 IFRS에 의해서 회계처리를 할 경우 영업이익을 반드시 표시해야 하는 것은 아니라는 점입니다. 그러나 기업들은 회계정보의 유용성을 높이기 위해 영업이익을 표시하는 경우가 많습니다. 그렇기 때문에 과거와 같이 영업이익을 계산할 때 표시하는 판매비와 관리비의 항목이 각 기업마다 일치하지 않을 가능성도 남아 있습니다.

법인세비용차감전계속사업손익 | 영업손익에서 영업외수익과 영업외비용을 반영한 것으로, 기업이 연중 경상적으로 얻을 수 있는 손익을 법인세비용차감전계속사업손익이라 말합니다. 여기서 말하는 영업외수익와 영업외비용은 기업의 수익과 비용항목 중 본업인 영업과는 관련이 없는 항목입니다. 예를 들면 이자를 받았거나 배당을 받은 것을 반영한다는 것이지요.

법인세비용차감전계속사업손익 = 영업손익 + 영업외수익 − 영업외비용

▼ HTS에서 확인할 수 있는 영업외손익입니다

금융수익 ⊞	80,147	82,598	105,149	30,799	23,997	28.3
금융원가 ⊞	77,550	72,940	100,318	30,064	22,655	32.7
기타수익 ⊞	24,296	38,014	16,859	7,026	3,661	91.9
기타비용 ⊞	16,140	22,597	37,234	3,386	3,162	7.1
종속기업,공동지배기업및관계기업관련손익 ⊞	5,041	3,425	11,019	91	552	-83.4

당기순손익 | 당기순손익은 법인세비용을 차감해서 구합니다. 플러스면 당기순이익, 마이너스면 당기순손실로 표시됩니다.

당기순손익 = 법인세비용차감전계속사업손익 - 법인세비용

기타포괄손익 | 기존의 손익계산서와는 달리 IFRS를 적용하면 손익계산서의 이름이 포괄손익계산서로 바뀌지요. 포괄손익계산서를 작성하는 기본적인 목적이 뭘까요? 기존 손익계산서에는 출처가 분명하지 않은 알 수 없는 내용의 이익과 손실이 기타손익에 반영되었으나 포괄손익계산서에서는 자산평가토지 및 부동산, 주식 포함 내용을 기타포괄손익으로 반영하도록 함으로써 연결재무제표에 그 내용을 표기하기 위한 것입니다. 즉, 포괄손익계산서의 당기순이익 아래에 기타포괄이익이란 추가 계정에 이익을 표기하도록 합니다.

▼ 손익계산서와 포괄손익계산서의 기본구조 비교

기업회계기준 손익계산서	K-IFRS 손익계산서	
	포괄손익계산서	별개의 손익계산서
01. 매출액	매출액(수익)	매출액(수익)
02. 매출원가	매출원가	매출원가
03. 매출총이익	**매출총이익**	**매출총이익**
04. 판매 및 일반관리비	기타수익	기타수익
05. 영업이익	물류원가	물류원가
06. 기타수익	관리비	관리비
07. 기타비용	기타비용	기타비용
08. 경상이익	금융원가	금융원가
09. 특별이익	관계기업이익지분	관계기업이익지분
10. 특별손실	법인세비용차감전이익	법인세비용차감전이익
11. 법인세차감전순이익	법인세비용	법인세비용
12. 법인세 등	계속영업이익	계속영업이익
13. 당기순이익	중단영업이익	중단영업이익
	당기순이익	**당기순이익**
	기타포괄이익	
	총포괄이익	

그렇다면 기타포괄이익이란 무엇인지 간단한 예를 통해서 알아보겠습니다.

예를 들어 A사가 상장기업의 주식 1주를 기초에 주당 100원에 구입했는데 기말에 이 주식의 가격이 주당 120원으로 상승했다고 가정해봅시다. A사는 이 주식을 단기매매금융자산 또는 매도가능금융자산으로 분류할 수 있습니다. A사 입장에서는 기말까지 이 상장기업의 주식을 매각하지 않았으므로 20원은 실현되지 않은 미실현수익입니다. 그런데 단기매매금융자산으로 분류하는 경우 20원×1주=20원을 당기이익으로 반영할 수 있고, 매도가능금융자산으로 분류하는 경우 20원을 기타포괄이익으로 반영하게 됩니다. 즉, 기존의 회계처리 방법을 따를 경우 단기매매금융자산으로 분류하면 당기순이익에서 20원이 나오지만 매도가능금융자산으로 분류하면 당기순이익에 20원이 보이지 않게 된다는 겁니다. 이렇게 되면 재무제표 이용자 입장에서는 A회사의 분류 결과에 따라 마치 당기순이익이 다른 것처럼 보일 수 있습니다. 그러나 실질적으로 주식가치는 20원이 오른 것이므로 분류에 상관없이 가치상승분을 보고하는 것이 재무제표 이용자의 의사결정에 도움이 됩니다. 이러한 포괄손익계산서의 변화는 기업의 영업성과를 분석하는 패러다임을 바꿀 수 있는 대단히 큰 변화라고 할 수 있습니다.

투자자는 포괄손익계산서에서 무엇을 얻을 수 있는가?

당기순이익은 기업의 중요한 회계정보입니다

왜냐하면 당기순이익은 기업성장의 원천이 되는 동시에 주주들에 대한 배당재원이 되기 때문입니다. 따라서 이 금액이 크면 기업의 가치가 올라가는 것이 보통입니다. 다만, 당기순이익이 크다는 것이 곧 현금흐름이 좋다는 뜻은 아니라는 점은 이해해야 합니다. 예를 들어 매출을 현금으로 했다면 이익이 현금으로 남아있겠지만 만약 외상으로 매출을 했다면 이익은 있지만 돈은 들어오지 않은 상황이 되기 때문입니다.

비용의 분류를 통해 기업의 영업 비밀을 알 수 있습니다

포괄손익계산서는 비용을 기능별로 분류하는 경우가 있습니다. 즉, 기업이 매출을 달성하기 위해 물류비는 얼마를 쓰는지 등의 비용구조를 알 수 있다는 것입니다. 따라서 포괄손익계산서를 통해 기업의 비용정보를 알아볼 수 있습니다.

기타포괄손익에 대한 정보를 얻을 수 있습니다

포괄손익계산서는 당기순손익 밑에 기타포괄손익의 당기변동액이 포함됩니다. 그리고 기타포괄손익의 잔액은 재무상태표의 자본항목에 표시됩니다. 이는 정보의 유용성이 증가하는 것으로 기타포괄손익이 어떻게 기업의 순자산 변동에 기여했는지를 알 수 있습니다.

04

영업활동, 투자활동, 재무활동

현금흐름표가
말하려고 하는 것은?

기업이 부도위험 없이 원활하게 돌아가기 위해서는 현금관리가 잘 이루어져야 합니다. 만약 현금관리가 제대로 이루어지지 않는다면 늘 부도위험에 노출될 수밖에 없습니다.

현금흐름표는 일정 기간 동안 기업의 현금이 어떻게 변동되었는지를 보여주는 재무제표입니다. 현금흐름표에서 볼 수 있는 바와 같이 기업활동이 영업활동, 투자활동, 재무활동으로 구분되어 있어 각각의 활동에서 현금이 어떤 변화를 보였는지를 파악할 수 있습니다.

현금흐름이 많으면 이익이 많을까?

현금흐름표는 포괄손익계산서와 함께 기업의 수익성을 보여주는 대표적인 재무제표입니다. 다만, 포괄손익계산서상의 이익이 많아지면 현금흐름도 좋아진다고 할 수 있지만 현금흐름이 많다고 반드시 이익이 많아지는 것은 아닙니다. 따라서 최근 투자자들은 투자를 할 때 포괄손익계산서보다 현금흐름표상의 정보를 더 중요하게 생각합니다.

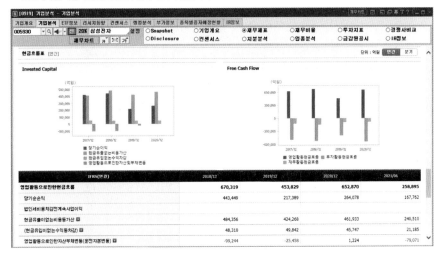

IFRS(연결)	2018/12	2019/12	2020/12	2021/06
영업활동으로인한현금흐름	670,319	453,829	652,870	258,895
당기순이익	443,449	217,389	264,078	167,762
법인세비용차감전계속사업이익				
현금유출이없는비용등가산 ☑	484,356	424,268	461,933	240,510
(현금유입이없는수익등차감) ☑	48,310	49,842	45,747	21,185
영업활동으로인한자산부채변동(운전자본변동) ☑	-99,244	-25,458	1,224	-79,071

영업활동의 현금흐름이 (+)의 흐름을 보였다는 것은 제품의 생산과 판매라는 영업활동을 통해 현금이 사내로 들어왔다는 뜻입니다. 여기에 현금유출이 없는 비용, 즉 대표적인 예로 감가상각비를 더해준다는 것은 덤으로 알아둬야 합니다. 감가상각비는 비용이되 실제로 현금이 나가지 않는 비용이기 때문입니다.

또한 투자활동 현금흐름의 경우 현금대여와 회수활동, 유가증권 또는 유형자산 등의 취득이나 처분 등과 관련된 활동입니다. 이 항목이 (−)의 수치를 보였다는 것은 투자로 인해 돈이 사외로 빠져나갔다는 것입니다. 즉, 투자가 이루어졌다는 것이지요. 반대로 (+)의 흐름을 보였다면 투자했던 돈을 회수하는 것입니다. 예를 들어 투자했던 주식이나 부동산을 매각한 경우입니다.

마지막으로 재무활동 현금흐름은 현금의 차입 및 상환 등에 관한 활동입니다. (−)의 수치를 보인 것은 채무를 위한 돈이 사외로 빠져나갔다는 것을 보여줍니다. 즉, 부채를 상환하고 있다는 뜻이지요. 만약 재무활동 현금흐름이 (+)의 수치를 보였다면 이는 부채가 추가적으로 발생되었다는 뜻이 됩니다.

이때 가장 중요한 부분은 바로 영업활동에 의한 현금흐름입니다. 기업이 영업을 잘하면 사내에 현금이 쌓이고 이를 통해서 투자를 하거나 부채를 갚을 수 있기 때문입니다. 그런데 영업으로부터의 현금흐름이 불량하면 투자활동이나 재무활동이 위축되어 기업의 성장동력이 떨어질 수밖에 없습니다. 만약 이러한 상태에서 신규투자 등을 위한 자금이 필요하다면 어쩔 수 없이 부채나 유상증자를 통해서 자금을 조달해야 합니다.

활동 유형	활동 내용		
영업활동 현금흐름	제품의 생산, 상품의 판매 및 용역의 구매·판매활동으로 투자와 재무활동에 속하지 않는 거래를 포함	**유입거래** – 상품의 판매와 용역 제공 – 이자수익·배당수익 등	**유출거래** – 상품과 용역 등의 구입에 따른 현금 유출 – 종업원에 대한 현금유출 – 이자비용·법인세비용
투자활동 현금흐름	영업활동과 관련 없는 자산의 증감 거래	**유입: 자산의 감소** – 대여금 회수 – 단기금융상품 처분 – 단기매매증권 처분 – 비유동자산 처분	**유출: 자산의 증가** – 현금대여 – 단기금융상품 취득 – 단기매매증권 취득 – 비유동자산 취득
재무활동 현금흐름	영업활동과 관련 없는 부채 및 자본의 증감 거래	**유입: 부채 및 자본 증가** – 장·단기 차입 – 사채발행 – 주식발행·자기주식 처분	**유출: 부채 및 자본 감소** – 차입금·사채상환 – 배당금 지급 – 자기주식 취득

그렇다면 기업의 현금흐름을 양호하게 만드는 방법은 어떤 것들이 있나요?

첫째, 기업이 보유하고 있는 자산 중 불필요한 자산을 매각하고 재고자산을 줄이는 방법이 있습니다. 둘째, 외상매입금 등 매출채권이나 기타 미수금 또는 대여금 등 각종 채권이 불량하게 되지 않도록 관리하는 방법입니다. 셋째, 자금을 가급적 부채가 아닌 자기자본으로 조달하는 방법입니다. 넷째, 되도록이면 현금을 수반하는 매출비중을 늘리는 방법 등이 있습니다.

HTS에서 재무정보 따져보기

HTS에서 [기업개요]를 클릭하면 기업의 개요뿐 아니라 재무제표, 재무비율, 투자지표, 공시자료 등을 볼 수 있습니다. 일반적인 기업정보와 신용등급 변동내역, 자본금 변동내역을 파악할 수 있습니다. 특히 자본금 변동내역을 살펴보면 기업이 증자를 해온 역사를 한눈에 알 수 있습니다.

▼ 홈 ⋯▸ 투자정보 ⋯▸ 기업분석 ⋯▸ 기업분석 ⋯▸ 기업개요

[재무제표]에서는 포괄손익계산서와 재무상태표, 그리고 현금흐름표를 파악할 수 있습니다. 특히 각각의 재무제표는 적어도 3년 이상 비교를 해놓았고 주요 재무항목과 지표는 그래프로 처리되어 있어 시각적인 파악도 가능합니다. 또한 2010년부터는 IFRS에 의해 회계처리한 내용도 한눈에 볼 수 있습니다.

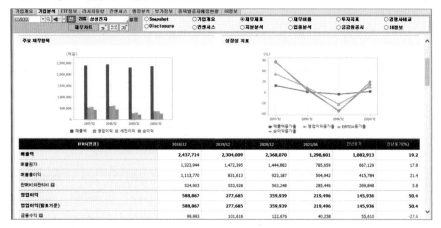

[재무비율]은 재무제표를 바탕으로 의미 있는 자료를 생산해놓은 것입니다. 재무비율은 기업의 재무안정성, 수익성, 성장성, 활동성 등을 파악할 수 있는 매우 유용한 정보입니다.

IFRS(연결)	2017/12	2018/12	2019/12	2020/12	2021/06
안정성비율					
유동비율	218.8	252.9	284.4	262.2	263.8
당좌비율	181.6	210.9	242.4	219.8	217.4
부채비율	40.7	37.0	34.1	37.1	36.3
유보율	23,681.4	26,648.2	28,302.4	29,723.5	30,446.7
순차입금비율	N/A	N/A	N/A	N/A	N/A
이자보상배율	81.9	87.3	40.5	61.7	128.6
자기자본비율	71.1	73.0	74.6	73.0	73.4
성장성비율					
매출액증가율	18.7	1.8	-5.5	2.8	19.2
판매비와관리비증가율	8.2	-7.3	5.5	1.7	5.8
영업이익증가율	83.5	9.8	-52.8	29.6	50.4
EBITDA증가율	51.7	12.7	-32.8	15.6	28.4
EPS증가율	98.2	11.1	-47.5	21.3	59.4

[투자지표]에서는 재무비율과 함께 투자를 할 때 반드시 챙겨 봐야 하는 항목들을 볼 수 있습니다. 주가관련 지표, 기업가치 지표들이 수록되어 있습니다.

홈 ···▶ 투자정보 ···▶ 기업분석 ···▶ 기업분석 ···▶ 투자지표

[0919] 기업분석 - 기업분석

기업개요 | 기업분석 | ETF정보 | 리서치지동향 | 컨센서스 | 랭킹분석 | 부가정보 | 종목별증자예정현황 | IR정보

○Snapshot ○기업개요 ○재무제표 ○재무비율 ●투자지표 ○경영사배교
○Disclosure ○컨센서스 ○지분분석 ○업종분석 ○금감원공시 ○IR정보

주가관련 지표 단위 : 억원, 배

IFRS 연결	2017/12		2018/12		2019/12		2020/12		2021/06	
	최고	최저	최고	최저	최고	최저	최고	최저	최고	최저
주가 (원)	57,220	35,560	53,000	38,250	56,700	37,450	81,000	42,500	91,000	78,500
시가총액	4,142,750	2,791,338	3,786,284	2,541,828	3,767,509	2,486,253	5,441,168	2,833,397	6,099,040	5,280,404
PER	10.55	6.56	8.80	6.35	17.91	11.83	21.09	11.06		
PBR	1.98	1.23	1.50	1.08	1.51	1.00	2.06	1.08	2.25	1.94

기업가치 지표 단위 : 억원, 주, %, 배

IFRS 연결		2017/12	2018/12	2019/12	2020/12	2021/06
Per Share						
EPS	(원)	5,421	6,024	3,166	3,841	2,435
EBITDAPS	(원)	9,934	11,717	8,445	9,765	5,562
CFPS	(원)	8,321	9,659	7,523	8,307	4,766
SPS	(원)	31,414	33,458	33,919	34,862	19,000
BPS	(원)	28,971	35,342	37,528	39,406	40,361

05

분식회계

기업의
분식회계법을 간파하라

분식회계는 기업의 자산을 부풀리거나 부채를 축소하거나 이익을 늘리는 방법을 통해서 회사의 경영성과를 인위적으로 좋게 만들려고 하는 행위이지요. 회계처리는 담당자가 마음만 먹으면 눈속임을 할 수 있는 여지가 많습니다. 따라서 기업이 발표하는 재무정보를 액면 그대로 받아들이기보다는 비판적인 태도로 살펴볼 필요가 있습니다. 그러면 기업들이 어떤 방법으로 분식회계를 하는지 간단한 예를 통해 살펴보겠습니다.

자산이 부풀려졌는지 체크하라

불량자산 처리하지 않기 ┃ 회사가 보유하고 있는 자산이 부실화되면 그 가치를 줄여서 보고하는 것이 원칙입니다. 그러나 부실화된 자산의 가치를 줄이지 않는다는 것은 그만큼 자산을 부풀린 것으로 봐야 합니다. 예를 들어 장부에는 외상매출금이 1억 원이지만 실제로는 외상으로 물건을 사간 사람이 부도가 나서 외상대금을 못 받게 되었다고 합시다. 이런 경우 외상매출금 1억 원은 없어져야 합니다. 그대로 남아 있는 경우 자산을 과대계상한 것입니다.

감가상각비 줄이기 ▎ 유형자산 등은 시간이 지남에 따라 감가상각을 통해서 그 가치를 줄여나갑니다. 그런데 감가상각을 제대로 하지 않으면 이 또한 자산을 부풀리는 결과로 나타납니다.

수익적 지출을 자본적 지출로 둔갑시키기 ▎ 보유하고 있는 자산의 유지 보수를 위해 지출한 돈은 수익적 지출로서 당기손익으로 처리해야 합니다. 그런데 그렇지 않고 자본적 지출로 처리해버리면 자산의 가치를 더 크게 만들어서 자산가치가 부풀려집니다.

부채가 축소되었는지 체크하라

부채항목 누락시키기 ▎ 차입금이나 외상매입금 등의 부채항목을 일부러 누락시키면 부채가 작게 나타납니다. 그러면 부채가 별로 없는 것처럼 보이고 당연히 부채비율도 낮아져 회사의 내용이 건실하게 보입니다.

부채의 실제가치 줄이기 ▎ 부채를 평가할 때 부채의 공정가치를 지나치게 작게 하면 전체적인 부채의 규모가 줄어듭니다.

수익은 늘리고 비용은 줄였는지 체크하라

매출액 뻥튀기 ▎ 할부매출을 한 경우 내년에 매출로 돌아와야 하는 부분을 올해의 매출로 당겨서 계상하면 매출이 과대계상되어 이익을 늘릴 수 있습니다. 그렇지 않으면 있지도 않은 매출을 거짓말로 넣는 경우도 있습니다. 아주 질이 나쁜 사례입니다.

비용 줄이기 ┃ 앞서 살펴본 바와 같이 수익적 지출을 자본적 지출로 처리하면 당기에 계상해야 하는 비용이 줄어듭니다.

부채를 축소해서 이자비용 줄이기 ┃ 부채의 실제가치를 인위적으로 줄이면 공정가치를 기준으로 한 이자비용이 적게 계상되어 이익을 부풀리는 결과를 가져옵니다.

기업의 분식회계는 앞서 설명한 것보다 더 지능적이고 악질적으로 행해지는 경우가 많습니다. 따라서 아무리 전문가라 하더라도 원래 장부인 원장을 대조하지 않으면 찾아내기 어렵습니다. 기업분석을 할 때 양심적으로 회계처리를 하는 경영자의 용기와 도덕성을 중요시하는 이유가 여기에 있습니다.

안정성비율, 수익성비율, 활동성비율

재무제표를 이용하여
비율을 만들어보자

재무상태표와 손익계산서, 그리고 현금흐름표를 이용해서 기업을 분석할 때는 매우 좋은 자료를 가지고 있다는 생각이 듭니다. 그런데 막상 실제로 분석에 들어가면 대단히 난감한 상황에 처하곤 합니다. 바로 분석하려고 하는 기업의 내용이나 비교해보려고 하는 기업들 간의 자산, 부채, 자본 그리고 매출액과 수익의 규모가 다르기 때문입니다. 과연 어떤 기준으로 분석을 해야 좋을지 고민스러워집니다.

그럴 때 사용할 수 있는 방법 중 하나가 재무제표의 각 항목들을 이용해서 비율을 만들어보는 것이지요. 이것이 재무비율입니다. 재무비율은 재무제표의 주요 계정별 상관관계를 나타냅니다. 재무비율을 만들면 실제 자산규모나 매출액 규모 그리고 이익의 규모가 다르더라도 동일한 기준에 의해서 평가할 수 있는 도구가 생깁니다.

재무비율을 이용하면 재무제표를 구성하고 있는 각종 항목들 간의 관계를 통해 해당 기업이 우량기업인지 아니면 부실기업인지를 판단해볼 수 있습니다. 기업의 건전성 정도를 파악하기 위해 주로 안정성, 수익성, 활동성, 성장성 정도를 재무비율을 통해 알아봅니다.

IFRS(연결)	2017/12	2018/12	2019/12	2020/12	2021/06
안정성비율					
유동비율	218.8	252.9	284.4	262.2	263.8
당좌비율	181.6	210.9	242.4	219.8	217.4
부채비율	40.7	37.0	34.1	37.1	36.3
유보율	23,681.4	26,648.2	28,302.4	29,723.5	30,446.7
순차입금비율	N/A	N/A	N/A	N/A	N/A
이자보상배율	81.9	87.3	40.5	61.7	128.6
자기자본비율	71.1	73.0	74.6	73.0	73.4
성장성비율					
매출액증가율	18.7	1.8	-5.5	2.8	19.2
판매비와관리비증가율	8.2	-7.3	5.5	1.7	5.8
영업이익증가율	83.5	9.8	-52.8	29.6	50.4
EBITDA증가율	51.7	12.7	-32.8	15.6	28.4
EPS증가율	98.2	11.1	-47.5	21.3	59.4
수익성비율					
매출총이익률	46.0	45.7	36.1	39.0	39.1
세전계속사업이익률	23.5	25.1	13.2	15.4	17.5
영업이익률	22.4	24.2	12.1	15.2	17.0
EBITDA마진율	31.6	35.0	24.9	28.0	29.3

안정성비율

기업이 안정성을 지니고 있다는 것은 일차적으로는 부채를 상환하는 데 별 무리가 없다는 의미입니다. 또한 국내외적으로 잦은 경기변동에 적절하게 대처할 수 있는 능력이 있다는 것을 말합니다. 특히 안정성 비율은 기업의 재무유동성과 안정성을 나타내는 비율을 말합니다. 유동비율, 당좌비율, 부채비율, 고정비율, 이자보상배율, 유보율 등이 활용됩니다.

유동비율 | 기업이 부채를 사용하는 데 있어 상환기간이 1년이 훨씬 넘는 장기부채뿐만 아니라 1년이 채 못 되는 단기부채를 사용하는 경우도 있습니다. 단기부채의 경우 차입한 후 상환하기까지의 기간이 비교적 짧기 때문에 현금흐름이 그만큼 빠르다고 할 수 있습니다. 이러한 단기채무 지급능력을 알아보고자 측정하는 비율이 유동비율입니다.

유동비율은 1년 이내에 현금화할 수 있는 자산인 유동자산을 1년 이내에 갚아야 하는 유동부채로 나누어서 계산하며 표준비율은 200%입니다.

$$유동비율 = \frac{유동자산}{유동부채} \times 100$$

당좌비율 ▎ 당좌비율은 산성시험비율이라고도 합니다. 유동자산 중 제조와 판매의 과정을 거쳐야 하는 재고자산을 제외한 자산을 당좌자산이라 합니다. 재고자산은 머리 아픈 자산이라고 할 수 있습니다. 물건을 제조해서 판매가 되어야 하는데 만약 판매가 되지 않으면 현금화할 수 없기 때문입니다. 그래서 유동자산에서 재고자산을 제외한, 즉 '유동자산 − 재고자산 = 당좌자산'은 대체로 즉시 현금화가 가능한 자산이라고 볼 수 있습니다. 이런 점에서 본다면 당좌비율은 표준비율이 100% 이상이 됩니다.

$$당좌비율 = \frac{당좌자산}{유동부채} \times 100$$

부채비율 ▎ 기업의 총자본은 타인자본과 자기자본으로 구성되어 있습니다. 이러한 자본의 구성 중 타인자본과 자기자본이 차지하는 비율이 얼마인지를 알아보고자 타인자본을 자기자본으로 나눈 비율이 부채비율입니다.

$$부채비율 = \frac{총부채(타인자본)}{자기자본} \times 100$$

부채비율을 통해서 기업의 자본구성이 얼마나 건전한지를 파악할 수 있습니다. 보통 우리나라에서는 200% 이하가 적당한 것으로 알려지고 있습니다. 그러나 타인자본의 사용을 늘리면 늘릴수록 재무레버리지 효과로 인해 이득을 볼 수 있기 때문에 가급적 자기자본보다 타인자본을 더 많이 조달하는 경우가 대부분입니다. 그러나 반대의 경우 타인자본이 증가하면 도산의 위험이 있다는 점도 고려해야 합니다. 기업을 분석할 때 되도록이면 부채비율을 낮추려고 하는 노력이 엿보이는 기업이 위험이 낮은 우량기업이라고 볼 수 있습니다.

고정비율 ┃ 자기자본이 고정자산에 어느 정도 투입되었는지를 알아보기 위한 비율로 자본 사용의 적절성을 평가하기 위한 비율입니다. 기업의 고정자산은 통상 자기자본으로 조달해야 하는 것이 당연하다고 보고 이 비율을 측정합니다. 만약 고정비율이 100%를 넘으면 자기자본 이외의 자산이 고정화된 것이지요. 그러면 부채상환에 어려움을 겪을 가능성이 있는 것으로 판단합니다.

$$고정비율 = \frac{고정자산}{자기자본} \times 100$$

이자보상비율 ┃ 이자보상비율은 기업의 부채 사용으로 인해 발생하는 이자가 미치는 영향을 살펴보기 위한 것입니다. 기업의 영업이익이 지급해야 할 이자비용의 몇 배에 해당하는지를 나타내는 비율입니다. 즉 기업의 본업으로부터의 이익인 영업이익으로 이자를 갚을 수 있는 능력의 정도를 보여주는 비율입니다. 따라서 이자보상비율은 높을수록 좋습니다.

$$이자보상비율 = \frac{영업이익}{이자비용}$$

유보율 ┃ 잉여금은 자본잉여금과 이익잉여금으로 구성됩니다. 유보율은 자본잉여금과 이익잉여금을 합한 금액을 납입자본금으로 나눈 비율입니다. 기업의 설비확장 또는 재무구조의 안정성을 위하여 사내유보가 어느 정도 되어 있는지 나타내는 지표이지요. 이 비율이 높을수록 불황에 대한 기업의 적응력이 높다고 볼 수 있습니다. 또한 유보율은 무상증자의 가능성을 측정하는 지표로 이용됩니다.

$$유보율 = \frac{잉여금}{납입자본금} \times 100$$

수익성비율

기업의 수익창출능력을 나타내주는 비율로서 영업성과에 미치는 종합적인 효과를 보여주는 비율입니다. 매출액과 관련된 수익성비율은 포괄손익계산서상의 각 항목들을 매출액에 대한 백분율로 표시함으로써 특정의 수익, 비용항목과 매출액 사이의 관계를 평가하는 것입니다. 총자산순이익률, 자기자본이익률, 매출액순이익률 등을 활용할 수 있습니다.

총자산순이익률 | 총자산순이익률ROA, Return on Assets 은 기업의 생산활동에 투입된 자본이 얼마나 효율적으로 운영되고 있는지를 측정하는 것입니다. 아무리 많은 자본을 보유하고 있어도 이를 효율적으로 운영하지 못한다면 진정한 자본의 가치를 높일 수 없습니다.

$$총자산순이익률 = \frac{순이익}{총자산} \times 100$$

총자산순이익률은 다음과 같이 세부항목으로 분해가 가능합니다. 이렇게 재무비율을 다시 세부항목으로 분해하는 것은 듀폰DuPont 사에서 제일 먼저 사용했다고 해서 듀폰시스템이라고 합니다.

$$총자산순이익률 = \frac{매출액}{총자산} \times \frac{순이익}{매출액} = 총자산회전율 \times 매출액순이익률$$

위 식을 통해 총자산순이익률의 변화원인이 매출액순이익률, 즉 수익성비율의 변화에 의한 것인지 아니면 총자산회전율, 즉 활동성비율의 변화에 의한 것인지, 혹은 두 요인이 모두 작용한 것인지를 알아볼 수 있습니다. 그러나 이를 위해서는 기업분석가가 따로 계산기를 눌러가면서 확인해야 합니다.

자기자본이익률 ┃ 자기자본이익률ROE, Return on Equity 은 순수한 주주자본의 이익률을 나타냅니다. 주주들이 가장 관심을 갖는 지표이지요. 주주들의 재산이 바로 자기자본이므로 기업분석을 할 때 가장 중요하게 살펴보아야 합니다. 워런 버핏이 가장 먼저 살피는 재무비율이 자기자본이익률입니다.

$$\text{자기자본이익률} = \frac{\text{순이익}}{\text{자기자본}} \times 100$$

자기자본이익률도 다음과 같이 세부항목으로 분해가 가능합니다.

$$\text{자기자본이익률} = \frac{\text{순이익}}{\text{매출액}} \times \frac{\text{매출액}}{\text{총자산}} \times \frac{\text{총자산}}{\text{자기자본}} = \text{매출액순이익률} \times \text{총자산회전율} \times \text{레버리지}$$

매출액순이익률 ┃ 매출액순이익률은 기업의 매출액과 당기순이익과의 비율을 알아보는 것입니다. 이 비율을 통해 기업의 전반적인 경영활동이 얼마나 합리적으로 이루어졌는지를 평가해볼 수 있습니다.

$$\text{매출액순이익률} = \frac{\text{당기순이익}}{\text{매출액}} \times 100$$

포괄손익계산서를 통해서 알 수 있듯이 기업이 제품을 팔아 벌어들인 매출액에서 해당 기업의 재투자와 배당의 근원이 되는 당기순이익이 산출되기까지는 많은 이익과 비용들이 발생합니다. 즉 당기순이익이 산출되는 과정에서 영업활동과는 직접적인 연관이 없는 비용들이 발생하여 이들을 고려하기 때문에 매출액순이익률만을 가지고 기업의 영업활동의 진정한 효율성을 판단하는 것은 곤란합니다. 이 비율과 더불어 고려해야 할 비율이 매출액영업이익률입니다. 영업이익은 앞에서도 살펴본 바와 같이 기업의 이익 중에서 가장 핵심이 되는 이익이라는 점을 잊어서는 안 됩니다.

$$매출액영업이익률 = \frac{영업이익}{매출액} \times 100$$

포괄손익계산서에서 영업이익이 산출되기까지는 기업의 순수한 영업활동에 의해 발생한 비용만을 고려하므로, 이 비율을 통해서 기업의 영업활동을 측정할 수 있는 것입니다.

주당순이익 | 주당순이익은 기업분석에서 많이 사용되는 수치입니다. 규모가 다른 기업의 수익성을 비교할 때는 이익의 절대적 규모만으로는 그 비교가 불가능하므로 주당순이익으로서 수익성을 평가합니다. 당기순이익은 기업의 수익성을 분석하는 중요한 수치로서 이익을 예측하는 데 이용될 뿐만 아니라 주가수익비율PER 계산의 기초가 됩니다.

$$주당순이익 = \frac{당기순이익}{발행주식수}$$

배당성향 | 배당성향은 당기순이익 중에서 유보금액을 제외하고 실제로 배당금이 지급된 비율을 말합니다. 배당성향이 높다는 것은 기업이 벌어들인 이익 중에서 많은 부분이 배당으로 지급된다는 의미이지요. 일반적으로 성장성이 둔화되지만 현금흐름이 좋은 기업에서 나타나는 현상으로 평가해야 합니다. 배당성향

이 낮다는 것은 기업이 벌어들인 이익 중에서 많은 부분이 기업의 유보자금으로 남는다는 것입니다. 이는 경영자들이 기업의 미래성장을 위해 기업내부에 이익을 쌓아둔 것으로 확인될 때 좋은 것으로 평가할 수 있습니다.

$$배당성향 = \frac{배당금}{당기순이익} \times 100$$

배당수익률 | 배당수익률은 현재주가 대비 주당배당액으로 계산됩니다. 이 비율은 시장이 불황기일 때 높아지고 활황기일 때 낮아지는 경향이 있습니다.

$$배당수익률 = \frac{주당배당액}{주가} \times 100$$

EVA 분석 | 경제적 부가가치EVA, Economic Value Added는 기업이 투자한 자금에서 어느 정도의 이익이 발생했는지를 살펴보는 지표입니다. EVA 개념은 앨프리드 마셜이 1890년에 저술한《경제학원리》에 나오는데, 이를 살펴보면 다음과 같습니다.

"주주 또는 경영자의 이윤 중 그들이 투자한 자본에 대해 현재 이자율 수준을 반영한 이자를 공제한 나머지가 주주 또는 경영자가 기업을 경영한 것에 대해 얻는 이익이라고 할 수 있다."

EVA = 세후순영업이익(NOPAT)-{평균투하자본(IC)×가중평균자본비용(WACC)}
= 평균투하자본×{투하자본수익률(ROIC)-가중평균자본비용(WACC)}

위의 EVA를 구하는 공식을 살펴보면 투하자본수익률ROIC이 가중평균자본비용WACC 보다 큰 경우에는 EVA가 (+)의 값을 갖게 되어 가치창조가 이루어집니다. 반대로 투하자본수익률이 가중평균자본비용보다 작은 경우에는 EVA가 (−)의 값을 갖게 되어 가치파괴가 이루어집니다. 이는 기업활동의 본질적인 사항을 판단하는 것으로 1990년대 말 IMF 외환위기 이후 삼성그룹에서 계열사들의 경영평가 시에 사용한 지표입니다.

활동성비율

기업은 한정된 자원을 이용해서 경영을 합니다. 어느 기업도 무한대의 자본을 가지고 있는 것은 아닙니다. 따라서 기업이 보유한 자원을 가급적이면 효율적으로 사용해야 하는 것은 말할 필요도 없습니다. 기업이 소유하고 있는 자산들이 얼마나 효율적으로 이용되고 있는지를 추정하는 비율이 바로 활동성비율인데, 일정 기간_{보통 1년}의 매출액을 각종 주요자산으로 나누어 산출합니다.

기업의 활동을 대표하는 것은 매출액이며 이를 뒷받침하기 위해 투자된 구체적인 형태의 자산이 외상매출대금, 재고자산, 총자산 등입니다. 따라서 매출액과 주요 자산의 관계를 비율로 평가하는 것은 기업을 이해하는 데 큰 도움이 됩니다.

총자본(자산)회전율 | 총자본회전율은 총자본이 1년 동안 몇 번 회전했는지를 나타내는 비율입니다. 기업이 총자본을 얼마나 능률적으로 활용했는지를 판단하는 지표로 활용됩니다. 총자본이익률은 매출액이익률과 총자본회전율의 곱으로 표현될 수 있으므로 이는 기업의 수익성비율과도 밀접한 관련을 가지고 있습니다. 이 비율이 높으면 자기자본회전율과 고정자산회전율이 높은 것이 보통이며, 이 비율이 낮으면 과다투자나 비효율적인 투자를 하고 있다는 것을 의미합니다.

$$총자본회전율 = \frac{매출액}{총자본 \ or \ 총자산}$$

재고자산회전율 | 재고자산회전율은 연간매출액을 평균재고자산으로 나눈 것으로서 재고자산의 회전속도, 즉 재고자산이 당좌자산으로 변화하는 속도를 나타냅니다.

$$재고자산회전율 = \frac{매출액}{재고자산}$$

이 비율은 재고자산 보유수준의 과부족을 판단하는 데 가장 적합한 지표입니다. 일정한 표준비율은 없으나 일반적으로 이 비율이 높을수록 ❶ 자본수익률이 높아지고 ❷ 외상매입금 또는 지급어음과 같은 매입채무가 감소되며 ❸ 상품재고손실을 막을 수 있고 ❹ 보험료, 보관료를 절약할 수 있어 기업 측에 유리합니다. 그러나 이 비율이 과다하게 높을 경우는 원재료 및 제품들의 부족으로 계속적인 생산 및 판매활동에 지장을 초래할 수도 있습니다.

자기자본회전율 | 자기자본회전율은 기업의 재원 중 주주들의 재산인 자기자본이 얼마나 효율적으로 사용되고 있는지를 살펴보는 비율입니다.

$$자기자본회전율 = \frac{매출액}{자기자본}$$

순운전자본회전율 | 순운전자본이란 기업의 운영을 위해 보유하는 자산으로 '유동자산-유동부채'를 말합니다. 즉, 유동성이 가장 큰 운영자금입니다.

$$순운전자본회전율 = \frac{매출액}{순운전자본}$$

성장성비율

개별 기업은 수익성 및 안정성도 중요하지만 성장성이 있어야 합니다. 대부분의 경우 기업의 초기단계에서는 성장이 빨라지다가 성숙단계에 들어서면 다소 둔화되는 것이 일반적인 현상입니다. 성장성분석은 기업이 일정 기간 동안 얼마나 성장하고 있는지, 즉 매출액, 총자산, 자기자본, 순이익 등은 얼마나 증가하고 있으며 균형적인 성장을 하고 있는지의 여부를 측정하는 것입니다. 여기서 성장성비율의 증가율은 균형을 크게 저해하지 않는 한 높을수록 양호하다고 할 수 있습니다.

총자산증가율 | 총자산증가율은 기업에 투하되어 운용되고 있는 총자산이 당해 연도에 얼마나 증가했는지를 표시하는 비율로서, 기업의 전체적인 성장규모를 측정하는 지표입니다.

$$총자산증가율 = \frac{당기총자산증가액}{전기말총자산} \times 100$$

매출액증가율 | 매출액증가율은 전년도 매출실적에 대한 당해 연도 매출액의 증가율로 표시되며, 기업의 신장세를 판단하는 주요 지표로 이용되고 있습니다.

$$매출액증가율 = \frac{당기매출증가액}{전기매출액} \times 100$$

주당순이익증가율 | 주당순이익증가율은 경상이익에서 당기의 영업활동과 관계없이 비경상적으로 발생하는 특별손익을 가감하여 산출한 순이익의 증가를 나타내는 비율입니다. 성장성분석에 있어서 매출액증가율과 더불어 가장 많은 관심을 받는 비율입니다.

$$주당순이익증가율 = \frac{당기순이익증가액}{전기순이익} \times 100$$

재무비율분석에는 한계가 있다

이상에서 살펴본 다양한 비율분석은 비교적 간단하고 이해하기 쉬우므로 쉽게 사용할 수 있습니다. 또한 이미 작성된 재무제표를 사용함으로써 시간과 경비를 절약할 수 있다는 이점이 있습니다. 그러나 비율분석은 다음과 같은 한계점을 가지고 있습니다.

❶ 재무제표를 분석하는 기본적인 목적은 기업의 미래 이익을 예측하기 위한 것인데 비해 비율분석은 과거의 회계정보에 의존하고 있습니다.

❷ 재무제표가 일정시점이나 일정 기간을 중심으로 작성되고 있어서 회계기간 동안 계절적 변화를 나타내지 못하고, 결산기가 다른 기업과의 상호비교가 불가능합니다.

❸ 합리적 경영을 하고 있는 같은 산업에 속하는 기업들 사이에서도 경영방침이나 기업의 성격에 따라 재무비율이 큰 차이를 보입니다.

❹ 표준비율 설정에 큰 어려움이 있습니다.

❺ 재무비율 상호 간에 연관성이 없으며 종합적인 결론을 내릴 수 없다는 점 등의 제약요인이 있습니다.

따라서 재무비율을 분석하는 것은 기업 내용을 판단하는 기준 중 하나로 삼아야지 이것이 절대적이라는 믿음은 버려야 합니다.

HTS에서 기업공시 확인하기

상장기업은 기업을 공개하는 과정에서 많은 주주들로부터 자금을 유치합니다.

자금을 유치하기 위해서는 수많은 주주들에게 자신들의 경영상황에 대한 정보를 빠짐없이 제공해야 하지요. 이렇듯 상장기업이 자신들의 정보를 공개하는 것을 공시라고 합니다. 기업의 공시사항은 그 기업의 현황과 미래 계획을 파악하는 데 있어 매우 중요한 정보입니다.

공시는 주식과 채권 등의 증권을 발행할 때 하는 발행시장 공시와 주식시장에서 일상적으로 일어나는 것을 공시하는 유통시장 공시로 나누어집니다.

먼저 발행시장 공시에는 증권신고서와 사업설명서 등이 있고, 유통시장공시에는 사업보고서, 반기 및 분기보고서 등의 정기공시와 기업의 주요 경영사항에 대한 수시공시가 있습니다. 그리고 합병을 한다든지 영업의 양수도, 공개매수가 있는 경우에는 특수공시를 해야 합니다. 정기공시는 주로 재무제표를 공시하는 것인데 사업보고서는 결산일 이후 90일 이내에 공시를 해야 하고 반기 및 분기보고서는 반기 및 분기 결산일 이후 45일 이내에 공시를 해야 합니다.

이 밖에도 거래소가 주권상장법인의 기업 내용에 관한 풍문이나 보도내용의 사실 여부를 확인하기 위해서 해당 기업에 공시를 요구하는 경우가 있는데 이를 조회공시라 합니다. 기업이 조회공시를 요구받은 경우에는 오전에 받았으면 오후까지, 오후에 받았으면 다음 날 오전까지 공시해야 합니다.

또한 IR Investor Relations 라 불리는 기업설명회도 중요한 공시행위로 볼 수 있습니다. 상장기업이 경영내용, 사업계획 및 향후 전망에 대해 설명회를 통해 공시합니다.

그러면 이토록 중요한 공시자료는 어디에서 볼 수 있을까요? 공시자료를 볼 수 있는 곳은 많습니다. 먼저 HTS상에는 앞서 살펴봤던 기업분석에서 [Disclosure]를 클릭하면 다음과 같은 화면을 볼 수 있습니다.

▽ 홈 ···▶ 투자정보 ···▶ 기업분석 ···▶ 기업분석 ···▶ Disclosure

공정공시제도

기업이 공시하는 내용 중에서도 특히 기업의 실적과 관련되는 내용 또는 미래의 계획에 관한 내용은 주가에 매우 민감한 영향을 미칩니다. 예를 들어 적자를 기록하던 기업이 흑자로 전환했다든지 아니면 반대로 흑자를 보였던 기업이 적자로 돌아섰다든지 하는 정보는 주가가 급등 또는 급락할 수 있는 정보입니다. 이들 정보를 어느 특정인에게 먼저 제공한다면 그 정보를 받은 사람은 다른 사람보다 먼저 매매를 함으로써 큰 이익을 보거나 큰 손실을 회피할 수 있습니다. 따라서 어느 누구도 먼저 정보를 받는 일이 있어서는 안 되겠지요. 이를 제도화한 것이 바로 공정공시제도입니다. 공정공시제도는 기업이 공시되지 않은 중요정보를 어느 특정인에게 선별적으로 제공하고자 하는 경우, 모든 시장참여자들이 이를 알 수 있도록 그 특정인에게 정보를 제공하기 전에 거래소에 신고하여 이를 공시하는 것을 말합니다.

또한 금융감독원의 전자공시시스템dart.fss.or.kr 에서는 보다 상세한 공시정보를 검색할 수 있습니다. 전자공시시스템에서는 각 공시유형별로 기간을 설정해서 볼수도 있고 기업별 공시도 검색할 수 있습니다. 공시와 관련해서는 대단히 유용한정보를 제공하고 있으니 잘 활용하기 바랍니다.

이 밖에도 한국거래소 홈페이지www.krx.co.kr 에서도 공시자료를 확인할 수 있습니다.

기업공시는 실시간으로 적극 활용하라

장중에 매매를 하는 경우에는 각종 뉴스정보와 공시정보를 빠르게 확인하는 것이 좋습니다. HTS의 현재가 화면에서 뉴스를 확인할 수 있도록 되어 있으니 실시간 뉴스를 수시로 확인하세요.

| [0101] 키움현재가 | | | | | | 일회주문안내 N이슈 | | | |

| 005930 | ▼ Q ◀" ▪ 신 20% 삼성전자 | KOSPI200 | 전기전자 | 신용A/담보A/대주A/ | | 단 |

250일최고	▼	96,800	-27.38%	21/01/11	액면가	100 원	시가총액	4,196,757 억	EPS	▼	3,841
250일최저		56,000	+25.54%	20/11/02	자본금	7,780 억	대용가	55,060	PER	▼	18.30
외국인보유		51.44%	3,070,612(천)	주식수	5,969,783 천	신용비율	0.17%	결산월		12월

| 70,300 ▼ | | 300 | -0.42% | 10,151,638 | 107.14% | 거래원 | 투자자 | **뉴스** | 재무 | 종목별 | 프로 |

| 증감 | 70,400 | 70,300 | 715,666백만 | 0.17% | | | |

일자	시간	제목
10/20	19:28	"S펜 탑재하고 물방울 디자인" … 갤럭시S22
10/20	19:00	마이크론은 지출을 늘리면서 미국 메모리
10/20	18:35	20일, 거래소 기관 순매도상위에 전기,전
10/20	18:27	삼성전기, MLCC 사업 영업이익률 전기 대
10/20	18:17	주식거래대상, D.P.다퍼준다 이벤트 진행I
10/20	18:16	주식대차거래 상환 상위종목(코스피)

	54,961	71,300	70,700 시	수
	54,038	71,200	71,000 고	도
	53,012	71,100	70,200 저	투
	197,546	71,000	70,600 기준	외
	90,010	70,900	91,700 상	차
	92,878	70,800	49,500 하	뉴
	139,943	70,700	184 비용	권
	117,623	70,600	70,300 예상	기
	75,371	70,500	871,032 수량
	85,132	70,400	▼ 300 -0.42%

| | 체결 | 차트 | 일별 | 예상체결 |

시간	체결가	전일대비	체결량	체결강도
15:59:58	70,300 ▼	300	1	71.83
15:59:49	70,300 ▼	300	1	71.83
15:59:48	70,300 ▼	300	1	71.83
15:59:46	70,300 ▼	300	70	71.83
15:59:34	70,300 ▼	300	10	71.83
15:59:30	70,300 ▼	300	1	71.83
15:59:16	70,300 ▼	300	1	71.83
15:59:15	70,300 ▼	300	10	71.83
15:59:13	70,300 ▼	300	3	71.83
15:59:06	70,300 ▼	300	1	71.83
15:59:05	70,300 ▼	300	25	71.83

	70,300	36,451
	70,200	214,608
	70,100	185,523
	70,000	295,346
	69,900	63,437
	69,800	76,412
	69,700	24,514
	69,600	37,336
	69,500	60,841
	69,400	24,205

| 960,514 | 16:00:00 | 1,018,673 |
| 19,378 | 시간외 | |

01 일광 씨는 재무제표를 공부하면서 우리나라와 다른 나라의 재무제표는 어떻게 다를까 궁금해졌습니다. 그러던 중 국제회계기준이라고 하는 IFRS에 대한 기사를 봤는데 그 개념이 너무 어려운 것 같아 증권을 연구하시는 강 박사를 찾아갔습니다. 그리고 IFRS를 짧고 쉽게 설명해달라고 했습니다. 강 박사는 어떤 답변을 해줬을까요?

Answer 국제회계기준, 즉 IFRS의 핵심은 두 가지 정도로 정리할 수 있습니다. 첫째는 공정가치 평가입니다. 공정가치 평가란 내가 1만 원에 물건을 샀는데 그 물건값이 떨어져서 5,000원이 되었다면 재무제표에 5,000원이라고 평가하자는 것입니다. 그러면 그 기업이 보유하고 있는 자산의 실제가치가 보다 정확하게 나타납니다.

그리고 두 번째는 연결재무제표가 주재무제표가 된 것입니다. 연결재무제표가 중요한 것은 경제적 실질을 중요시한다는 것 이외에도 계열사들끼리 서로 내부자 거래가 일어나면 개별적인 재무제표에서는 가공의 이익이 발생하는데 이를 제거해서 정확한 이익을 계산할 수 있다는 이점이 있습니다. 예를 들어 A사가 B사의 주식을 50% 보유하고 있을 때 A사가 보유 중인 장부가 100억 원인 토지를 150억 원에 매각하였다면 실제로 내부거래로 인한 A사의 토지처분이익이 50억 원이 됩니다. 하지만 이 중 지분율만큼의 이익은 가공의 이익이 되어 50억 원의 50%인 25억 원은 미실현이익이 되므로 이익에서 차감하여야 마땅한 것입니다. 이것이 바로 경제적 실질입니다.

02 도호 씨는 자신이 아는 회사 중 밤새 공장을 돌리면서 열심히 작업하는 회사에 투자를 했습니다. 그런데 그 회사가 그만 부도가 나고 말았지 뭡니까? 일반적으로 부도는 일감을 얻지 못해 발생한다고 생각했는데 열심히 일하는 회사가 부도가 나다니 도저히 이해가 되지 않았습니다. 그래서 흑자도산을 감지할 수 있는 방법은 없는지 궁금해서 친구 일광 씨에게 질문했습니다. 일광 씨는 어떤 답을 주었을까요?

Answer 부도란 원금과 이자를 못 갚은 것을 말합니다. 일반적으로 현금조달이 어려운 경우에 발생합니다. 따라서 공장 작업을 많이 한다고 해서 부도가 나지 않는 것은 아닙니다. 만약 어떤 회사가 매출은 많지만 그것이 현금매출이 아니고 외상매출이었을 때 외상이 잘 회수되지 않으면 현금부족으로 인해 흑자부도에 빠질 수 있습니다. 그래서 기업이 즉시 현금화할 수 있는 자산을 어느 정도 보유하고 있는지 따져봐야 합니다. 이를 감지할 수 있는 대표적인 지표는 안정성비율 중 유동비율과 당좌비율입니다. 그리고 당연히 현금흐름표상에서 현금흐름이 원활히 이루어지는지도 확인해야 합니다. [기업분석] ┅ [재무비율]에서 유동비율과 당좌비율을 확인하세요.

▽ 홈 ┅ 투자정보 ┅ 기업분석 ┅ 기업분석 ┅ 재무비율

IFRS(연결)	2017/12	2018/12	2019/12	2020/12	2021/06
안정성비율					
유동비율	109.5	113.0	111.9	115.0	115.9
당좌비율	75.8	77.9	78.7	78.2	77.0
부채비율	180.9	171.8	173.1	174.8	170.9
유보율	1,367.6	1,481.4	1,489.9	1,612.3	1,713.9
순차입금비율	40.8	40.0	38.9	27.3	25.1
이자보상배율	6.7	6.5	6.0	8.7	26.6
자기자본비율	35.6	36.8	36.6	36.4	36.9
성장성비율					
매출액증가율	10.9	-0.1	1.6	1.5	38.3
판매비와관리비증가율	-1.7	1.5	4.2	1.7	34.8
영업이익증가율	84.5	9.5	-9.9	31.2	34.4
EBITDA증가율	37.5	11.0	5.1	18.1	25.0
EPS증가율	2,144.8	-28.1	-97.5	6,191.6	-43.8
수익성비율					

03 구슬 씨는 포괄손익계산서를 공부하고 있습니다. 그런데 매출총이익, 영업이익, 법인세차감전계속사업이익, 당기순이익 등 이익의 종류가 너무 많습니다. 이들 중 기업을 분석하는 사람이 가장 관심을 가지고 봐야 하는 이익은 무엇인지 궁금했습니다. 구슬 씨는 주로 어떤 이익을 봐야 할까요?

Answer 기업에 가장 중요한 이익은 학자에 따라 달라질 수 있겠지만 대체로 영업이익이라고 보고 있습니다. 영업이익은 그 기업의 본질적인 영업으로부터 발생한 이익을 말합니다. 즉 건설회사는 건설로부터, 철강회사는 철강판매로부터 얻은 이익입니다. 그 기업의 본업 경쟁력을 가늠할 수 있는 것이 바로 영업이익입니다. 영업이익이 꾸준히 늘어나는 기업이 있다면 성장가능성이 큰 기업입니다. 영업이익과 관련해서는 [기업분석] ···▶ [재무제표]를 통해서 그래프와 숫자로 모두 확인할 수 있습니다.

▼ 홈 ···▶ 투자정보 ···▶ 기업분석 ···▶ 기업분석 ···▶ 재무재표

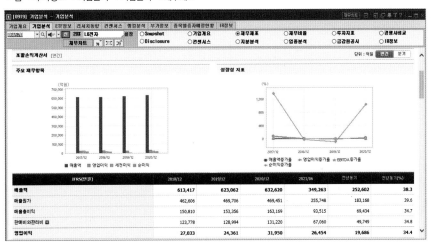

04 쾌남 씨는 기업이 분식회계를 하는 것이야말로 부도덕의 극치라고 생각하고 있습니다. 그런데 문제는 그 기업이 어떤 방법으로 분식회계를 하는지 알아내는 것입니다. 기업의 분식회계는 어떤 식으로 이루어질까요?

Answer 분식회계란 실적이 좋지 못한 기업이 가공의 실적을 만들어 실적을 부풀리는 것을 말합니다. 그러니 자산은 부풀리고 부채는 줄이며, 이익은 많이 계상하고 비용은 적게 계상하는 방법이 사용됩니다. 그중 자산을 부풀리는 방법으로는 불량자산을 처리하지 않는 것, 감가상각비를 줄이는 것, 수익적 지출을 자본적 지출로 처리하는 것 등을 사용하고, 부채를 줄이는 방법으로는 부채항목을 누락시키거나 부채의 실제가치를 줄이는 방법을 사용합니다. 수익의 과대 계상은 매출액을 뻥튀기하고 비용은 줄이고, 부채를 줄여 이자비용을 적게 계상하는 방법 등이 사용됩니다.

우리 경제계를 떠들썩하게 했던 분식회계 사례를 하나 들어보겠습니다. 조선업 구조조정과 관련해서 감사를 벌이던 중 적발된 대우조선해양과 관련된 내용입니다. 손익계산서와 관련기사를 실어드립니다. 한번 읽어보시기 바랍니다.

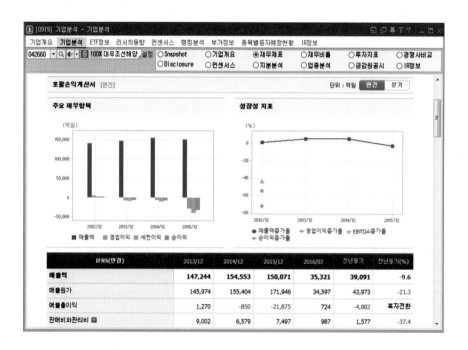

대우조선 분식회계 10년간 5조 원 넘어

검찰 부패범죄특별수사단(단장 김기동)은 남상태 · 고재호 전 사장이 재임하던 2006년부터 작년까지 10년간 대우조선해양이 저지른 분식회계 규모가 5조 원이 넘는다는 사실을 확인하고, 당시 경영진이 이 같은 분식회계를 통해 금융기관을 속여 수조 원대 사기 대출을 받은 혐의를 집중 수사 중이다.

검찰은 지난 몇 개월간 내사를 통해 분식회계 규모를 파악해왔다. 감사원은 15일 감사 결과를 발표하면서 "대우조선해양이 2013년부터 2년간 40여 개 해양플랜트 사업에서 1조 5,000억 원의 분식회계를 한 사실을 확인했다"고 밝혔다. 그런데 검찰이 2006년부터 이뤄진 분식회계를 조사해보니 그 규모가 '5조 원'에 달하더라는 것이다.

검찰 관계자는 16일 이에 대해 "감사원 감사는 조사 대상이 된 시기가 한정돼 있고 검찰 수사와 대상 및 목표가 달라 분식회계의 전모(全貌)가 드러난 게 아니다"라며 "검찰은 대우조선해양 분식회계 범행의 전모를 조사할 것"이라고 말했다. 검찰은 앞서 남상태, 고재호 전 사장이 재임하던 시기(2006~2015년) 대우조선해양이 진행한 500여 개 사업에 대해 전수(全數)조사를 하겠다고 밝힌 바 있다.

검찰이 확인한 분식회계 수법 가운데 상당수는 선박이나 해양플랜트 제조 등에 대한 계약이 중간에 해지됐을 때 이 부분을 당해연도 회계에 손실로 올리지 않았거나, 도리어 이득으로 둔갑시킨 경우인 것으로 알려졌다. 대우조선해양은 2013년과 2014년 각각 4,409억 원, 4,711억 원씩 흑자(黑字)를 봤다고 공시(公示)했다. 그러나 지난해 들어 2013년에 7,784억 원, 2014년에 7,429억 원의 적자(赤字)를 냈다며 정정 공시를 했다.

검찰이 수사에서 무게중심을 두는 또 다른 부분은 대우조선해양의 대주주인 산업은행의 역할이다. 검찰은 산업은행 관계자들이 대우조선해양의 분식회계를 모른 척하거나 감독을 게을리한 채 금융 지원을 했는지를 추적하고 있다. 감사원 감사에선 산업은행이 2006년부터 분식회계 적발을 위한 '재무 이상치 분석 시스템'을 도입했지만 이 시스템이 대우조선해양에선 작동하지 않은 것으로 드러났다. 대우조선해양은 2006년부터 2015년까지 산업은행으로부터 일반 대출 2조 4,000억 원과 경영정상화 금융지원액 3조 2,000억 원 등 모두 5조 6,000억 원의 금융 지원을 받았다.

검찰은 또 대우조선해양의 외부 감사기관인 안진회계법인이 분식회계를 돕거나 묵인했는지 여부도 수사 중이다. 산업은행 측은 "대우조선의 분식회계를 몰랐다"는 입장이다. 한편 검찰은 남상태 전 사장이 물류운송사업을 하는 대학 동창 정모 씨(65)에게 특혜를 주는 대가로 수억 원을 받은 것 외에도 정씨 회사 주식 10억 원어치를 차명(借名)으로 보유하고 있다는 혐의를 잡은 것으로 알려졌다.

조선일보(2016. 6. 17.)

좋은 종목 선택을 위해 따지는 6가지 요소

벤저민 그레이엄은 투자의 안전마진을 주가가 기업의 순자산가치의 2/3 이하인 주식, 그리고 PER가 낮은 주식으로 인식했습니다. 주가가 순자산가치 이하로 거래되는 주식을 매입하려면 주식시장이 약세가 되기를 기다려야 합니다. 하지만 기업의 가치가 확보되어 있는 PER가 낮은 기업을 택하면 주식시장이 약세국면으로 들어가는 것을 기다리지 않아도 된다는 것입니다.

벤저민 그레이엄의 종목 선택 기준은 다음과 같습니다.

- 적정한 회사규모
- 건실한 재무상태
- 최소 20년간 지속적인 배당
- 최근 10년간 적자가 없을 것
- 최소한 10년간 EPS의 1/3 이상의 성장
- 주가가 주당 순자산가치의 1.5배를 넘지 않을 것
- 주가가 최근 3년 평균 EPS의 15배를 넘지 않을 것

그렇다면 벤저민 그레이엄의 제자인 워런 버핏은 기업을 평가할 때 어떻게 재무분석을 했을까요? 먼저 재무요소를 살펴봅시다.

자기자본이익률

기업의 경영실적을 정확하게 알아보기 위해서는 주당순이익보다는 자기자본이익률인 ROE를 살펴야 합니다. 여기서 자기자본이익률을 이용하기 위해서는 몇

가지 조정을 해야 합니다. 첫째, 보유 유가증권은 취득원가로 평가해야 합니다. 왜냐하면 시가로 평가할 경우 주가의 변동에 따라 자기자본이익률이 왜곡될 가능성이 크기 때문입니다. 둘째, 특별이익이나 특별손실과 같은 예외적인 손익은 제외되어야 합니다. 즉, 오직 회사의 순수한 영업수익만으로 자기자본이익률을 구해야 하는 것입니다.

또한 우량한 기업이라면 소규모의 부채를 가지거나 부채가 전혀 없이 높은 자기자본이익률을 기록해야 합니다. 일반적으로 많은 기업들이 부채를 증가시키면서 자기자본이익률을 높이는 것을 볼 수 있습니다. 그러나 이런 기업들은 경기하락 국면에서 과중한 금융비용 때문에 도산할 우려가 있습니다. 결국 좋은 회사는 부채를 늘리지 않더라도 높은 자기자본이익률을 유지하는 기업입니다. 만약 부채를 늘려야 자기자본이익률이 높아지는 기업이라면 조심해야 합니다.

주주이익

주당순이익은 기업의 경제적 가치를 알아보기 위한 출발점일 뿐입니다. 이후 현금흐름분석 등 다양한 분석이 이어져야 합니다. 우리가 흔히 사용하고 있는 현금흐름분석은 세후순이익에서 감가상각, 분할상환 등 현금이 수반되지 않는 제비용을 합한 것으로 정의됩니다. 하지만 여기서 더 고려해야 하는 것은 바로 기업의 경제적 가치를 평가하는 데 필수요소인 자본적 지출도 고려대상에 넣어야 한다는 것입니다. 자본적 지출은 기계를 신규로 설치하고 설비를 현대화하기 위해 영업활동으로부터 벌어들인 수익으로 투자하는 것을 말하지요.

또 하나는 향후 소요될 것으로 예상되는 운전자금소요액을 고려해야 합니다. 여기서 말하는 운전자본이란 '유동자산−유동부채'로, 기업이 영업을 위해 보유하고 있어야 하는 재원입니다. 이렇게 세후순이익에서 감가상각 등 현금유출이 수반되지 않는 제비용을 더하고 여기에 자본적 지출 및 운전자금소요액 등을 차감한 것을 주주이익이라고 합니다. 주주이익은 다른 의미에서 보면 잉여현금흐름이 됩니다. 결국 잉여현금흐름이 많이 발생하는 기업이 주주의 부를 늘려주는 기업이 되는 것입니다.

매출액이익률

매출액이란 기업의 본질적 영업을 통해서 벌어들이는 자원입니다. 매출액이익률이 높은 기업은 영업을 잘하는 기업이자, 회사의 비용을 효과적으로 통제하는 기업인 셈입니다. 매출을 통해서 이익을 만들어내지 못하는 회사는 결코 좋은 회사가 아닙니다. 왜냐하면 기업의 본질적인 영업상황이 좋지 못한 것이고 회사의 비용통제가 뭔가 제대로 이루어지지 못하고 있는 기업일 것이기 때문입니다. 일반적으로, 비용이 과다하게 지출되는 회사의 경영자일수록 비용을 더 늘리는 쪽으로 생각하고 비용이 적게 지출되는 회사의 경영자는 오히려 비용을 더욱 줄이는 쪽으로 생각하는 경향을 가지고 있습니다. 결국 좋은 회사란 수익이 기록적으로 늘어나는 상황에서도 비용을 줄이기 위해 적극적으로 노력하는 회사를 말하는 것이고 그것이 바로 매출액이익률이 높아지는 첩경입니다.

유보자금의 수익성

어떤 회사가 실적뿐 아니라 주주이익을 극대화하고 있는지를 한눈에 알 수 있는 지표가 뭘까요? 바로 그 회사의 주가입니다. 주가는 기업의 가치를 장기적으로 반영하기 때문입니다. 이를 기업의 유보자금의 수익성 측면에서 볼 수도 있습니다. 어떤 회사가 오랫동안 유보자금을 비생산적인 곳에 투자했다면 그 회사의 주가는 하락할 수밖에 없습니다. 반대로 어떤 회사가 유보자금으로 평균이상의 수익을 올리고 있다면 당장은 주주들에게 배당금으로 지불되지는 않더라도 장기적으로 주가에 그 실적이 반영될 것입니다.

유보자금은 자기자본이익률로 재투자되는 것입니다. 그러므로 자기자본이익률이 평균 이상의 수준을 유지하는 기업이라면 좋은 회사라고 판단할 수 있습니다.

다음은 시장요소를 살펴봅시다.

기업의 내재가치평가
기업의 내재가치를 평가하는 방법은 전통적으로 세 가지 방법이 있습니다.

- 청산법: 이 방법은 어느 순간 기업을 청산했을 때 잔여자산에서 잔여부채를 차감한 잔액으로 구해집니다. 즉 '자산－부채＝순자산'으로 구합니다. 청산법에서는 어느 시점에서 기업을 청산한다는 가정을 하고 있으므로 향후 예상되는 수익을 고려치 않습니다.
- 계속기업법: 향후 예상되는 현금흐름의 현재가치의 합으로 기업의 내재가치를 평가하는 방법입니다. 다만 미래에 예상되는 현금흐름을 정확히 예상하기 어렵다는 단점이 있습니다.
- 시장가치법: 이 방법은 분석대상이 되는 기업과 동종업계의 대표적인 기업을 비교하여 내재가치를 산출하는 방법입니다. 주가수익비율, 주가순자산비율 등을 이용해서 구합니다.

많은 재무분석가들은 이 세 가지 방법 중 계속기업법을 주로 사용하고 있습니다. 미래 현금흐름을 현가로 환산하는 작업은 마치 채권의 가치를 평가하는 일과 유사합니다. 채권마다 표면금리와 만기일자가 서로 다르며, 표면금리와 만기를 토대로 미래의 현금흐름이 결정됩니다. 기업의 경우에는 이 기업이 향후 계속적으로 얻을 수 있는 현금흐름을 표면금리로 생각해서 현재가치화하면 될 것입니다.

일반적으로 기업의 미래 현금흐름의 현재가치를 알기 위해서는 현금흐름과 적정할인율을 알아야 합니다. 그러나 기업의 현금흐름이 불규칙적인 경우에는 정확한 가치를 평가하기 어려우므로 불확실한 기업은 평가에서 제외합니다. 그래서 어떤 기업의 영업활동이 단순하고 이해하기 쉬우며 수익이 안정적으로 지속된다면 그런 기업의 내재가치는 비교적 정확하게 산출될 수 있습니다.

　워런 버핏의 경우는 적정할인율로 국채수익률을 사용하였다는 점도 주목할 만한 점입니다. 많은 사람들에게 무위험이자율로 알려진 국채수익률을 적정할인율로 사용한 이유는 위험을 지닌 투자안을 회피하려 했기 때문입니다. 그는 부채비율이 높은 기업은 매수대상에서 제외함으로써 재무위험을 회피하려 하였습니다. 그리고 안정적이고 예측가능한 수익을 내는 기업들을 선별하는 방법을 택함으로써 위험을 최소화하였습니다. 그래서 무위험이자율을 사용해도 별다른 문제가 없는 것입니다.

내재가치 이하로 주식을 매입할 가능성

이해하기 쉽고 오랜 역사를 가지고 있으며 주주이익을 극대화하려는 경영자에 의해 경영되는 기업을 선별한다 하더라도 이것이 곧바로 성공투자로 이어지는 것은 아닙니다. 투자에 성공하기 위해서는 그런 기업의 주식을 합당한 가격에 매입하고 그 투자자가 생각한 대로 기업이 실적을 올릴 수 있어야 합니다. 만약 투자에 실패했다면 그 이유는 너무 높은 가격으로 주식을 매입하였거나 경영자의 자질이 못 미쳤거나 기업의 장래를 잘못 예측했기 때문일 것입니다.

　결국 투자에 성공하려면 평균 이상의 수익을 올리는 기업을 선별하는 일도 중요하지만 동시에 그 기업을 내재가치 이하의 가격으로 매입하는 것도 중요합니다. 주식을 기업의 내재가치 이하로 매입하면 할수록 그만큼 위험이 줄어들기 때문입니다.

주식을 내재가치 이하로 매입하면 두 가지 장점이 있습니다. 첫째, 주가가 더 이상 하락할 위험이 줄어듭니다. 둘째, 기업의 내재가치와 해당 기업의 주가와의 차이가 충분히 크다면 설령 기업의 내재가치를 다소간 잘못 산출하는 일이 있더라도 손해를 볼 가능성이 줄어듭니다. 이처럼 내재가치 이하로 충분히 낮은 가격에 주식을 매입한다면 큰 이익을 볼 가능성은 항상 열려 있습니다. 장기적으로 주식은 기업의 내재가치를 찾아 올라갈 것이기 때문이지요. 그래서 가치투자자에게 있어 최적의 매수 타이밍은 주가가 급락하고 있는 때라는 것입니다.

06

기업의 가치를
계산할 수 있을까

기업의 가치는 현금흐름이나 배당,
이익률, 잉여현금흐름 등으로
계산할 수 있습니다. 기업가치를 손쉽게
계산하도록 도와줍니다.

" 기업의 가치는 보이지 않는 것이지만
구체적인 숫자로 계산될 수 있습니다.
투자자들이 모든 공식을 알 필요는 없어도
그것이 갖는 의미를 이해함으로써
가치의 기준을 만들어둘 수 있습니다. "

투자는 관리가 필요한 애인과 같다

가치투자의 투자수익률은 내가 얼마나 싸게 주식을 살 수 있느냐에 달려 있습니다. 주가가 기업가치에 접근하면 수익을 실현한다고 생각해봅시다. 만약 내가 분석한 동화기업의 기업가치가 2만 원이라고 했을 때 이 주식을 1만 5,000원에 사는 경우와 1만 원에 사는 경우의 수익률은 다음과 같이 달라집니다.

> 동화기업을 1만 원에 사서 2만 원에 파는 경우
> (2만 원 - 1만 원) / 1만 원 = 100% 수익
>
> 동화기업을 1만 5,000원에 사서 2만 원에 파는 경우
> (1만 5,000원 - 1만 원) / 1만 원 = 33% 수익

애널리스트: 현재가치와 미래가치를 계산해보고 투자수익률을 가늠하여 주식을 샀습니다. 그렇다면 이제 어떻게 해야 할까요?

일광 씨: 장기투자를 해야 하지 않을까요? 가치투자는 시간 싸움이라고 들었습니다. 기업분석은 가치를 알아내기 위한 작업이었고, 이제 저평가된 좋은 기업을 찾았으니 기업이 그 가치를 찾아가기를 기다리며 인내해야지요.

일광 씨는 으쓱했습니다. 하지만 애널리스트는 고개를 저었습니다. 일광 씨의 생각은 주식투자를 할 때 투자자들이 저지르는 대표적인 오류 중 하나였으니까요. 주가가 떨어져서 손해가 나면 투자자들은 별 생각 없이 원래의 목적과는 달리 장기투자로 전략을 바꿉니다. 장기적으로 두면 언젠가는 가치를 획득할 거라고 막연하게 믿는 것이지요. 그렇게 주식을 방치하고 있다가 회사가 부도나는 상황에 몰리게 되는 것이 최악의 성과입니다.

일광 씨의 말처럼 가치투자는 흔히 시간과의 싸움이라고 하지요. 즉, 장기투자를 한다는 것입니다. 기업분석이 기업가치를 찾는 일이므로 대부분의 투자자들은 기업을 분석해서 장기투자를 하면 되겠거니 생각합니다. 그러나 장기투자를 한다고 해서 주식을 매수하고 아무것도 하지 않는 것은 아닙니다. 한 번의 분석으로 모든 것을 끝내고 주식을 묻어두는 것이 아니라는 이야기지요. 그것은 단지 주식을 보유하는 것이고, 방치하는 것입니다.

기업분석은 기업가치의 흐름을 따라가야 합니다. 따라서 투자자들은 끊임없이 기업가치가 변화하는 것을 확인하기 위해 정기적으로 처음의 분석방법을 반복해서 확인해야 합니다. 또 되도록이면 종종 기업을 방문해서 회사 사정의 변화는 없는지도 살펴보아야 하는 것입니다.

일광 씨: 애인을 다루듯 언제나 끊임없이 보살펴야 하는 것이 기업분석이군요.
애널리스트: 그렇죠. 자주 들여다보아야 합니다. 중간점검을 잊지 마세요. 중간점검은 처음 기업을 분석할 때 했던 작업들을 반복적으로 해나가면서 기업가치에 변화가 있는 것은 아닌지 지속적으로 추적해나가는 작업입니다.

중간점검은 기업 내부에서만 일어나는 것은 아닙니다. 주식시장의 상황에 따라서도 점검해야 하는 부분들이 생깁니다. 만약 주식시장에서 주가가 급등한다든지 급락한다면 투자자는 매우 민첩한 판단력을 발휘해야 합니다. 그동안의 분석자료를 토대로 해서 기업가치에 변화가 생겼는지의 여부를 판단해야 하지요.

주가가 급등한 경우 만약 기업가치에 변화가 없다면 자신이 생각했던 것보다 이른 시기에 수익을 실현하는 것입니다. 그러나 주가의 급등이 기업가치의 변화를 수반하는 것이라면 기업의 가치를 다시 산정하는 기회로 삼아야 할 것입니다. 반대로 주가가 급락하는 경우 만약 기업가치에 변화가 생긴다면 더 큰 위험으로 번지기 전에 주식을 매도함으로써 자신을 방어해야 합니다. 아무리 우수한 기업도 환경변화에 적응하지 못하면 기업가치가 훼손될 수 있습니다. 이런 낭패스러운 상황을 피하기 위해 정기적으로 기업분석을 반복하는 것입니다. 그러나 만약 기업가치에 변화가 없는데도 불구하고 주가가 급락한 경우라면 이때는 주식을 추가적으로 더 살 수 있는 기회가 될 수 있습니다. 여기서 혼동하지 말아야 하는 것은 단기매매와 가치투자의 매매입니다. 단기매매는 시장의 단기적인 주가흐름에 편승해서 차익을 거두려는 것을 말하지만 가치투자의 경우는 단기매매를 하더라도 오로지 주가의 움직임만을 보는 것이 아니라 기업가치에 대비해서 어느 정도의 차이를 보이는지를 판단기준으로 해서 이루어진다는 점입니다.

일광 씨: 그럼 중간점검을 하려면 처음 기업분석을 했을 때 얻었던 분석결과가 비교기준이 되어야겠네요?

애널리스트: 그렇습니다. 나중을 위해서라도 기업의 가치를 비교가능한 데이터로 남겨두면 좋지요. 그러기 위해서 이제부터 기업가치를 계산해보겠습니다.

일광 씨: 기업의 가치를 수치로 계산할 수 있다구요?

이제 전문 애널리스트들처럼 기업의 정보를 이용해 가치를 계산해봅시다.

현금흐름할인법, 할인율

돈에도
시간가치가 있다

가치 있는 주식을 찾는 것은 직관으로부터 시작한다고 볼 수 있습니다. 워런 버핏이 즐겨 하는 말 중에 이런 말이 있습니다. "길거리에서 겉보기에 뚱뚱한 사람을 만나면 몸무게를 달아보지 않아도 그 사람이 뚱뚱하다는 것을 알 수 있다." 마찬가지로 그 기업이 좋은 기업인지 그렇지 않은 기업인지는 몇 가지 사항만 짚어보면 금방 알 수 있습니다. 그러나 일단 좋은 기업을 찾으면 그 기업의 가치가 실제로 얼마나 되는지 반드시 따져봐야 합니다. 실질적인 투자를 하기 위해서는 우선 자산의 가치를 평가할 수 있어야 하지요. 그런데 여기에는 약간의 수학적인 작업이 사용됩니다. 수학이라는 말에 지레 겁먹지 마세요. 원리를 알고 나면 그다지 어렵지 않습니다. 찬찬히 읽으며 따라 해보시기 바랍니다.

가치평가의 중요한 연장, 현금흐름할인법

기업의 가치를 평가하기 위해서는 두 개의 중요한 연장이 필요합니다. 다음의 두 가지 연장만 손에 넣을 수 있다면 우리는 어떤 기업이든 가치를 평가할 수 있습니다.

1. 기업이 벌어들이는 현금흐름을 알아내는 것
2. 그 현금흐름을 할인하는 할인율을 알아내는 것

우리가 기업으로부터 발생하는 현금흐름과 할인율을 정확히 유추해낼 수 있다면 기업가치를 평가하는 것은 참으로 간단해집니다. 하지만 문제는 그 작업이 간단하지 않다는 데 있습니다. 먼저 기업가치를 평가하는 데 있어 가장 기초가 되는 내용부터 살펴보기로 하겠습니다.

기업가치를 평가할 때 가장 많이 사용되는 기법이 바로 현금흐름할인법입니다. 현금흐름할인법을 알기 위해서는 우선 현재가치가 무엇이고 미래가치가 무엇인지를 알아야 합니다.

미래가치는 현재의 돈이 미래에 얼마만큼의 가치를 가지는지 계산한 값

예를 들어 내가 지금 100원을 은행에 예금한다고 해봅시다. 그러면 이자율이 10%인 상황에서 1년 뒤에 내가 예금한 100원은 얼마가 될까요? 이자율을 감안하여 계산해보면 100원×(1+0.1)=110원이 됩니다. 그렇다면 내가 지금 예금한 100원의 2년 뒤의 가치는 얼마가 될까요? 첫 번째 연도에 받은 110원에서 또다시 (1+0.1)만큼의 이자를 더 받습니다. 따라서 계산해보면 100원×(1+0.1)(1+0.1)이므로 정리하여 $100 \times (1+0.1)^2 = 121$원이 되는 것을 알 수 있습니다. 즉, 이자율이 10%일 때 100원을 예금하면 1년 뒤의 미래가치는 110원, 2년 뒤의 미래가치는 121원이 됩니다. 이처럼 미래가치는 현재의 돈이 해당 이자율 상황에서 미래에 얼마만큼의 가치를 가지느냐를 살펴보는 것입니다.

현재가치는 미래의 가치를 현재의 것으로 계산한 값

예를 들어 이자율이 10%인 상황에서 내가 1년 뒤에 100원을 만들려면 지금 얼마를 예금하면 될까요? 이 문제를 풀어봅시다. 계산해보면 100/(1+0.1)=90.9

이므로 90.9원을 예금하면 됩니다. 왜냐하면 90.9×(1+0.1)=100원이 되기 때문입니다. 그럼 2년 뒤에 100원을 만들기 위해 지금 얼마를 예금하면 될까요? 계산해보면 $100/(1+0.1)^2$=82.6원이 됩니다. 마찬가지로 82.6×$(1+0.1)^2$=100원이 되기 때문이지요. 즉, 1년 뒤에는 틀림없이 받게 될 100원을 현재의 가치로 산출한 것입니다. 이처럼 현재가치는 미래에 발생하는 현금흐름에 화폐의 시간가치를 반영하여 적절한 할인율로 현재시점에서의 가치로 환산한 값을 말합니다.

투자를 함에 있어 내가 가진 자금의 미래가치와 현재가치를 따져보는 것은 이미 오래전부터 사람들이 가지고 있던 생각입니다. 그러니 투자자들도 간단한 수식에 억눌려 힘들어하지 말고 가치를 셈해보기 바랍니다.

현금흐름할인법을 이용해 가치를 구체화하자

그럼 지금부터 본격적으로 현금흐름할인법을 이용해서 어떻게 기업가치를 계산하는지, 그리고 그와 관련된 중요한 내용은 무엇인지 살펴볼까요? 현금흐름할인법을 보다 쉽게 이해하기 위하여 간단한 채권을 가정해보겠습니다. 지금부터 우리가 사용하려는 채권의 성격은 다음과 같습니다.

▼ 민주상사 발행 회사채

액면가	표면이자율	만기	이자지급
10,000원	10%	3년	연단위 이표채

위에서 보는 바와 같이 민주상사가 발행한 채권의 액면가는 1만 원입니다. 그리고 1년에 한 번 주어지는 이표채의 표면이자율은 10%이고 만기는 3년입니다. 누구든 이 채권을 가지고 있으면 매년 돈을 빌려준 대가로 원금 1만 원의 10%인 1,000원을 이자로 받게 되지요. 그리고 만기 3년이 지나면 원금 1만 원을 돌려받을 수 있습니다. 그럼 이 채권의 미래 예상되는 현금흐름은 어떤 모습을 보일까요?

아래 그림과 같이 될 것입니다. 1년 뒤에는 이자 1,000원을 받고 2년 뒤에도 이자 1,000원을 받지만 만기에는 원금과 이자를 합쳐 1만 1,000원을 받습니다.

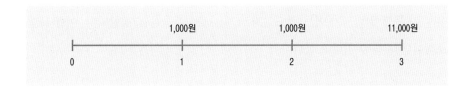

이런 것이 바로 현금흐름입니다. 모든 자산의 가치를 평가할 때 가장 먼저 해야 하는 작업이 바로 그 자산으로부터 발생할 것으로 예상되는 미래의 현금흐름을 추정하는 것입니다.

위험도에 따라 할인율이 달라진다

이렇게 현금흐름이 파악되면 그다음은 얼마의 이자율로 할인할 것인지를 결정해야 합니다. 여기서 말하는 이자율은 앞에서 말한 '원금의 10%'와 같은 표면이자율과는 다른 의미입니다. 예를 들어봅시다. 은행에서 돈을 빌리는 사람 중 어떤 사람은 신용도가 매우 높고 어떤 사람은 신용도가 매우 낮다면 이 두 사람의 대

표면이자율과 이표채

표면이자율은 간단히 말하면 채권의 표면에 표시된 수익률을 말합니다. 채권의 액면가액에 대한 연간 이자지급액의 비율로 나타내는 수익률입니다. 표면이자율=연간이자지급액÷채권액면가액으로 구할 수 있습니다.
채권의 종류는 이자지급방법에 따라 이표채, 할인채, 복리채로 분류됩니다. 이표채는 액면가로 채권을 발행하고, 표면이자율에 따라 이자를 일정 기간 나누어 지급하며 만기에 원금을 상환하는 채권입니다.

출이자율은 같을 수 없습니다. 당연히 신용도가 높은 사람의 대출이자율이 더 낮겠지요. 그럼 신용도가 높은 사람과 신용도가 낮은 사람의 대출이자율의 차이는 무엇을 뜻하는 것일까요? 은행의 입장에서 보았을 때 대출을 받은 사람이 원금을 갚지 못할 위험도가 어느 정도인지 따져 대출이자율을 결정합니다. 이를 위험프리미엄 Risk Premium 이라고 합니다.

위험프리미엄의 예를 들어보겠습니다. 은행에서 대출을 받을 수 있는 기업과 은행 이외의 제2금융권에서만 대출을 받을 수 있는 기업을 생각해봅시다. 은행에서 대출을 받을 수 있는 기업은 상대적으로 낮은 이자율로 대출을 받을 수 있습니다. 그러나 은행에서 대출을 받을 수 없는 기업은 제2금융권인 저축은행이나 대부업체에 가서 대출을 받아야 하므로 상대적으로 매우 높은 이자를 물지 않을 수가 없죠. 이 두 사람의 차이는 신용도입니다. 여기서 말하는 신용도란 빌린 돈의 원금과 이자를 제대로 갚을 능력입니다. 은행에서 돈을 빌릴 수 있는 기업은 나름대로 신용도가 높은 기업들입니다. 하지만 은행이 돈을 빌려주지 않는 기업은 은행 입장에서 봤을 때 빌려간 돈의 원금과 이자를 갚지 않을 가능성이 큰 것으로 평가되는 저신용자들이지요. 이런 저신용자들은 보다 높은 이자를 부담하고서라도 다른 금융기관에서 대출을 받을 수밖에 없습니다. 이때 은행 이자율과 제2금융권 등의 이자율의 차이는 차입자의 위험을 반영하는 이자율이므로, 이를 위험프리미엄이라 하는 것입니다.

위험프리미엄과 관련해서 다른 예를 하나 더 들어볼까요? 다음 표는 만기 3년의 국채이자율과 회사채 중 우량채권, 그리고 비우량채권의 월간 이자율을 비교한 것입니다.

표를 보면 국고채 3년물의 이자율이 가장 낮고 우량채권의 이자율이 그다음으로 낮으며 비우량채권의 이자율이 가장 높은 것을 알 수 있습니다. 돈을 빌린 사람, 즉 채무자를 살펴보면 국고채의 경우 정부가 채무자이고 나머지는 개별 회사들이 채무자입니다. 따라서 채무자의 신용도를 따지면 정부가 제일 높고 그 다음은 우량회사, 그리고 비우량회사 순서가 되겠죠? 신용도가 제일 높은 정부의 경우 이자를 조금만 주고도 돈을 빌릴 수 있지만 비우량회사의 경우는 신용도가 낮기 때문에 많은 이자를 지불해야 합니다.

▼ 채권 간 수익률 비교표   단위: %

	국고채(3년)	회사채3년물(AA-등급) (우량회사채)	회사채3년물(BBB-등급) (비우량회사채)
2020년 10월	0.901	2.239	8.598
2020년 11월	0.965	2.247	8.636
2020년 12월	0.970	2.211	8.619
2021년 01월	0.975	2.143	8.543
2021년 02월	0.995	2.055	8.439
2021년 03월	1.133	2.091	8.459
2021년 04월	1.138	1.938	8.351
2021년 05월	1.134	1.891	8.259
2021년 06월	1.302	1.913	8.290
2021년 07월	1.419	1.888	8.245
2021년 08월	1.411	1.838	8.170
2021년 09월	1.515	1.935	8.197

　지금 우리가 살펴보고 있는 이자율이 바로 자산의 가치를 평가할 때 사용할 할인율입니다. 그럼 할인율이 높고 낮음에 따라 자산의 가격이 어떻게 변하는지를 살펴보겠습니다. 앞에서 살펴본 민주상사 채권의 할인율이 8%일 때, 10%일 때, 그리고 12%일 때를 통해 자산의 가격이 어떻게 변하는지를 살펴보면 이해가 빠를 것입니다.

　먼저 할인율이 8%인 경우 채권의 가격은 다음과 같습니다.

$$\frac{1,000}{(1+0.08)} + \frac{1,000}{(1+0.08)^2} + \frac{11,000}{(1+0.08)^3} = 10,500원$$

할인율이 10%일 때 채권의 가격은,

$$\frac{1,000}{(1+0.1)} + \frac{1,000}{(1+0.1)^2} + \frac{11,000}{(1+0.1)^3} = 10,000원$$

그리고 할인율이 12%일 때 채권의 가격은 다음과 같습니다.

$$\frac{1,000}{(1+0.12)} + \frac{1,000}{(1+0.12)^2} + \frac{11,000}{(1+0.12)^3} = 9,520원$$

위의 결과에서 알 수 있는 것은 할인율이 높아지면 채권의 가격이 낮아진다는 것입니다. 이것은 이렇게도 설명할 수 있습니다. 할인율은 그 채권을 구입했을 경우의 수익률이라고 보기도 합니다. 다시 말하면 낮은 가격으로 채권을 구입하면 높은 수익률을 기대할 수 있다는 것이지요. 채권을 1만 500원에 매입해서 만기까지 보유하면 이자와 원금으로부터 연평균 8%의 이익을 얻을 수 있습니다. 또한 채권을 1만 원에 매입하면 이자와 원금으로부터 연평균 10%의 수익이, 채권을 9,520원에 매입하면 연평균 12%의 수익이 난다는 계산이 나옵니다.

그런데 위의 예는 위험을 반영하지 않은 상태입니다. 할인율을 고려할 때 미래의 현금흐름이 확실하게 발생한다면 무위험이자율로 할인합니다. 앞의 민주상사의 예로 설명해보면 1년 뒤의 1,000원, 2년 뒤의 1,000원, 3년 뒤의 1만 1,000원이 누가 뭐라 해도 확실하게 받을 수 있는 것이라면 이때는 무위험이자율로 할인하는 것이지요. 하지만 미래의 현금흐름이 불확실하면 불확실할수록 그 불확실성의 정도에 따라서 위험프리미엄을 요구하게 됩니다. 그렇게 본다면 할인율이란 '무위험이자율 + 위험프리미엄'으로 구성되어 있음을 알 수 있습니다. 따라서 할인율이 높다는 것은 그만큼 위험도가 크다는 것이고 위험도가 크기 때문에 가격이 싸다는 것으로 해석할 수 있겠지요. 위험도가 높은 채권이 수익을 많이 가져다준다는 고위험 – 고수익 High Risk-High Return 의 원칙이 지켜지는 것을 볼 수 있습니다. 하지만 수익이 높은 채권은 그만큼 원금을 돌려받지 못할 위험도 있다는 것을 잊어서는 안 됩니다.

그렇다면 주식의 위험프리미엄은 어떻게 결정하나요?

앞의 예를 통해 알 수 있듯이 현금흐름법을 이용해 기업가치를 평가한다는 것은 결국 그 기업으로부터 예상되는 현금흐름을 합리적으로 예측해내고 이를 적절한 할인율로 할인한다는 의미입니다. 그런데 사실상 현금흐름을 예측하는 일도, 적절한 할인율을 찾아내는 일도 그다지 쉽지는 않습니다. 채권의 경우 현금흐름이 비교적 명쾌하고 시장에서 유통되는 수익률이 있기 때문에 그 가치를 계산하는 데 큰 무리가 없습니다. 하지만 주식의 가치를 계산하는 데는 많은 어려움이 있습니다. 특히 주식의 가치를 평가하기 위해 사용하는 할인율의 경우는 기본적으로 '무위험이자율 + 위험프리미엄'의 틀 속에서 판단할 수 있습니다. 각각의 주식이 가진 위험프리미엄을 어떻게 결정할 수 있을까 하는 것은 많은 고민이 있어야 할 것입니다.

그리고 기업가치를 평가하는 경우 그 자금원천에 맞는 할인율을 결정해야 합니다. 그런데 주식의 가치는 회사의 입장에서 보면 바로 자기자본의 가치이기 때문에 주가를 계산하는 데 사용되는 할인율에는 자기자본비용이 사용됩니다. 그러나 기업가치는 회사가 보유하고 있는 모든 자산의 가치이고, 이는 바꾸어 말하면 자기자본의 가치와 타인자본인 부채의 가치를 합해야 한다는 것입니다. 따라서 회사의 가치를 평가하기 위해서는 자기자본비용과 타인자본비용을 동시에 고려한 비용인 가중평균자본비용-WACC, Weighted Average Cost of Capital 으로 할인함을 기억해야 합니다.

다시 한 번 요약해보겠습니다. 기업가치를 평가하는 방법은 여러 가지가 있습니다. 그러나 현대에 와서는 자산으로부터 발생할 것으로 예상되는 미래 현금흐름을 적절한 할인율을 이용해서 현재가치화하는 현금흐름할인법이 일반적으로 사용됩니다.

현금흐름할인법을 사용하기 위해서는 기업의 현금흐름도 합리적으로 예측할 수 있어야 하겠지만 합리적인 할인율을 결정하는 것도 매우 중요합니다. 할인율은 미래의 현금흐름이 얼마나 확실하게 나타날 수 있는지에 따라 결정되는데 만약 미래의 예상 현금흐름이 비교적 확실하게 나타난다면 그 할인율은 무위험이자율을 사용합니다. 국채의 이자율을 무위험이자율로 보는 까닭도 여기에 있습니다. 그러나 현금흐름의 발생이 불확실해질수록 위험이 커지는데 그 불확실성의 크기를 위험프리미엄이라 부릅니다. 따라서 일반적으로 할인율은 '무위험이자율 + 위험프리미엄'으로 구성됩니다. 위험이 커질수록 할인율이 커지고 이는 결국 자산의 가격을 낮추는 역할을 하게 되지요. 자본시장에서 고위험-고수익이라고 여기는 데는 다 이유가 있는 것입니다.

할인율

할인율을 이용해
기업가치를 계산해보자

할인율은 어떻게 결정하는가?

앞에서 배운 것과 같이 기업가치를 계산하기 위해서는 할인율을 결정해야 합니다. 그런데 주식의 가치는 주주들로부터 투자받은 돈에 대한 대가로 지불하는 비용이므로 자기자본비용을 구하여 할인해야 합니다. 기업의 자기자본비용이란 주주들이 주식을 보유하기 위해 기업에 요구하는 수익률로 볼 수 있습니다. 만약 어떤 기업의 위험도가 크다면 주주들은 주식을 사는 데 있어 보다 낮은 가격을 원할 것이고 반대로 우량기업이라 위험도가 거의 없다면 기꺼이 높은 가격을 부담하고서라도 주식을 보유하려고 하겠지요. 그러므로 여기서도 기본적인 아이디어는 '무위험이자율 + 위험프리미엄'의 공식이 존재합니다. 즉 기업이 부실하여 위험도가 높으면 자기자본비용이 커져 할인율이 높아지고 반대로 기업이 우량해서 위험도가 낮으면 자기자본비용이 작아져 할인율이 낮아진다는 것입니다.

자본자산가격결정모형 | 자기자본비용의 계산식 중 가장 일반적인 것은 자본자산가격결정모형CAPM, Capital Asset Pricing Model을 통해서 구하는 방법입니다. CAPM은

1990년에 노벨경제학상을 받은 모형으로 모든 자산의 가격을 구할 때 사용하는 할인율을 구하는 대표적인 방법입니다. CAPM 식의 구성을 살펴보면 다음과 같습니다.

$$E(R_i) = \Upsilon_F + [E(R_m) - \Upsilon_F] \cdot \beta_i$$

$E(R_i)$: 투자로부터 기대하는 수익률 또는 투자로부터 요구하는 수익률

Υ_F: 무위험이자율(정기예금이자율 또는 국채수익률을 말함)

$E(R_m)$: 주식시장의 기대수익률(종합주가지수수익률을 대용으로 사용)

β_i: 당해 주식 또는 투자안의 베타, 즉 위험도

위 식의 기대수익률이 바로 자기자본비용입니다. 우변의 첫 번째 항 Υ_F는 무위험이자율을 의미합니다. 그리고 두 번째 항 $E(R_m) - \Upsilon_F$가 바로 위험프리미엄을 의미합니다. 위험프리미엄을 들여다보면 재미있는 사실을 발견할 수 있습니다. 종합주가지수수익률에서 무위험이자율을 뺀 것에 각 회사의 위험도 β_i를 곱한 것이 위험프리미엄이지요. 여기서 주목할 것이 있습니다. 종합주가지수수익률과 무위험이자율은 가치평가를 하는 기업에 모두 동일하게 적용된다는 것입니다. 그렇다면 기업의 자기자본비용을 결정하는 가장 중요한 요소는 바로 기업의 위험도인 베타계수 β인 것이지요.

베타계수 | 기업의 베타계수라는 것은 각 개별 기업의 주가가 종합주가지수와 어떤 관계를 가지고 움직이는지를 알려주는 지표입니다. 베타계수는 기업의 위험도를 측정해줍니다. 즉 베타값이 바로 기업의 위험을 대표하는 수치라고 보면 됩니다.

이 지표는 일자별로 개별 종목의 수익률과 종합주가지수의 수익률의 관계를 계속 추적해서 그 관계를 잘 나타냅니다. 따라서 시장의 수익률과 대비되는 가격의 민감도라고 말할 수 있습니다. 이를 그림을 통해서 살펴보면 다음과 같습니다.

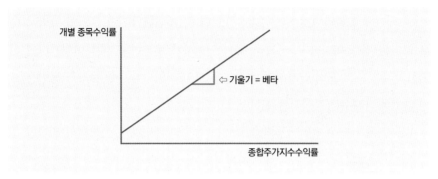

예를 들어 베타의 성질은 이런 것입니다. 베타는 그 범위가 (−)무한대에서 (+)무한대까지인데 베타가 1일 때와 1보다 크거나 작을 때 각각의 의미가 다릅니다.

- 베타가 1일 때의 의미: 베타가 1이라는 것은 종합주가지수가 10% 상승하면 그 종목도 10% 상승하고, 반대로 종합주가지수가 10% 하락하면 그 종목도 10% 하락한다는 것을 의미합니다. 즉 종합주가지수와 같이 움직입니다.
- 베타가 1보다 크다는 말의 의미: 베타가 1보다 큰 종목은 종합주가지수가 움직이는 것보다 크게 변동하는 것을 말합니다. 예를 들어 베타가 1.5라면 종합주가지수가 10% 상승할 때 그 종목은 15% 상승하고, 반대로 종합주가지수가 10% 하락하면 그 종목은 15% 하락합니다. 이렇게 되면 베타가 크다는 것은 종합주가지수에 비해 더 크게 변동한다는 의미이지요.
- 베타가 1보다 작다는 말의 의미: 베타가 1보다 작은 0.5라면 종합주가지수가 10% 상승하거나 하락할 때 그 종목은 5%만 상승하거나 하락한다는 것이지요. 즉 베타가 1보다 작은 주식은 시장의 변동성에 비해 작게 변동합니다.

직관적으로 생각해봅시다. 만약 회사의 이익이 들쭉날쭉하여 어떤 해는 적자를, 이듬해에는 흑자를 내는 회사라면 적자를 내는 해에는 주가가 많이 떨어지고 흑자를 내는 해에는 주가가 많이 올라갈 것입니다. 그럼 종합주가지수에 비해 주가가 더 크게 등락하므로 베타계수는 1보다 클 것입니다. 즉, 주가의 등락이 매우 크다는 것을 의미하지요. 그러나 어떤 회사가 꾸준히 흑자를 이어간다면 이 회사의 주가는 비교적 안정적인 움직임을 보일 것입니다. 즉, 주가의 등락은 크지 않고 베타계수는 작아지는 것이지요.

이렇게 본다면 주가가 급등락을 보이는 종목의 베타계수는 커져서 위험한 주식이라고 부르고 주가의 움직임이 비교적 안정적인 종목은 베타계수가 작아져서 덜 위험한 주식이라고 부를 수 있습니다.

HTS에서 베타계수 계산해보기

HTS의 [리서치] … [기업분석]에서 베타계수가 큰 종목과 베타계수가 작은 종목의 예를 찾아볼 수 있습니다. 먼저 베타계수가 큰 종목으로 유가증권시장에 상장되어 있는 삼양홀딩스를 살펴봅시다.

▼ 홈 … 투자정보 … 리서치 … 기업분석

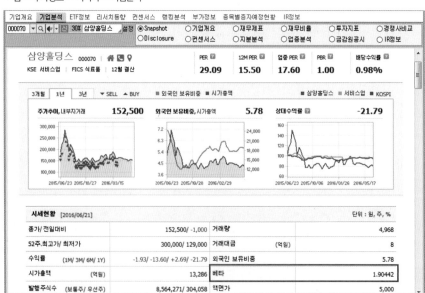

삼양홀딩스의 베타계수는 종합주가지수대비 1.90442입니다. 이 말은 종합주가지수가 10% 오르면 이 종목의 주가는 약 19.04% 오르고 종합주가지수가 10% 내리면 이 종목의 주가도 약 19.04% 내린다는 의미입니다.

그럼 실제로 삼양홀딩스의 주가는 종합주가지수와 비교해서 어떻게 움직였는지를 살펴보겠습니다. HTS에서는 복합비교차트를 제공하고 있는데요. [차트] …▸ [비교차트] …▸ [복합비교차트]에서 지수와 종목 간의 움직임을 비교해볼 수 있습니다.

▼ 홈 …▸ 차트 …▸ 비교차트 …▸ 복합비교차트

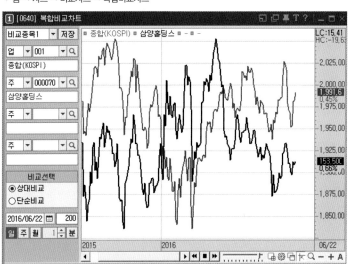

위 차트에서 분홍색 선은 종합주가지수의 움직임을 보여주고 있고 검은색 선은 삼양홀딩스의 주가 움직임을 보여주고 있습니다. 서로 어떤 움직임을 보였기에 베타계수가 커졌는지 시각적으로 볼 수 있는 그림입니다. 즉, 삼양홀딩스의 주가 움직임은 종합주가지수의 움직임에 비해 변동성이 크게 나타났다는 점을 알아차려야 합니다.

그럼 이번에는 베타계수가 작은 종목의 예를 보겠습니다. 베타계수가 작은 종목 중 경방을 살펴볼까요?

▽ 홈 ⋯› 투자정보 ⋯› 기업분석 ⋯› 기업분석

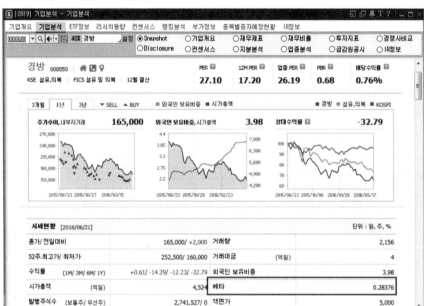

경방의 베타계수는 0.28376입니다. 이는 종합주가지수가 10% 상승하면 경방의 주가는 2.84% 상승하고 종합주가지수가 10% 하락하면 경방의 주가는 2.84% 하락한다는 뜻이지요. 종합주가지수에 비해서 변동성이 훨씬 작다는 것을 의미합니다. 실제로 주가의 움직임은 어떠했는지 복합비교차트를 통해 살펴보겠습니다.

차트를 통해서 보더라도 경방 주가의 움직임은 종합주가지수에 비해 훨씬 변동성이 작았다는 것을 알 수 있습니다.

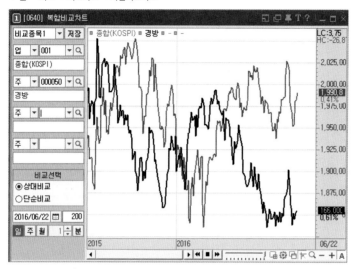

　　지금까지 베타계수의 성질과 베타계수의 정보를 얻는 방법을 살펴봤습니다. 이제부터는 베타계수를 이용해서 자기자본비용을 구하는 예를 살펴보겠습니다. 현재 은행정기예금 이자율이 5%이고 종합주가지수가 10% 정도 올라갈 것으로 예상되는 상황에서 기업의 베타계수가 1.2라고 가정해봅시다. 그럼 CAPM 공식에 따라서 우리가 구하려고 하는 자기자본비용은 다음과 같이 계산됩니다.

$$5\% + (10\% - 5\%) \times 1.2 = 11\%$$

　　결국 베타계수가 높은 기업, 즉 기업의 위험도가 높은 기업은 자기자본비용이 높아지는 구조를 가지고 있으며 자기자본비용이 높아지는 회사의 주가는 상대적으로 낮아집니다. 여기서 반드시 기억해야 하는 것은 자기자본비용을 결정하는 요소가 바로 기업의 위험도라는 것입니다.

03

배당평가모형

배당금을 이용하여
기업가치를 계산해보자

배당평가모형은 무엇을 의미하는가?

앞에서 기업가치를 평가하는 방법 중 현금흐름할인법의 기초적인 내용을 살펴보았습니다. 현금흐름할인법을 이용해서 기업가치를 평가하기 위해서는 두 가지 자료가 필요하지요. 하나는 현금흐름에 대한 정보이고 다른 하나는 적절한 할인율입니다. 마찬가지로 주식의 가치를 평가하는 데도 현금흐름할인법을 사용할 수 있습니다. 주식을 보유하면 언제 현금이 내 손에 들어오는 것일까요? 두 가지 경우를 생각해볼 수 있을 텐데요, 첫 번째는 주식을 발행한 회사가 배당금을 주는 경우입니다. 주식은 채권처럼 매년 정해진 이자를 받는 것이 아니라 영업활동의 결과 이익이 발생하면 그 이익 중 일부를 배당으로 받습니다. 만약 회사가 이익을 내지 못하면 배당을 하지 않는 경우도 있지요. 현금이 수중에 들어오는 두 번째 경우는 주식을 매각하는 경우입니다. 주식을 다른 사람에게 매각하면 매각대금을 받으니까요. 하지만 이 경우는 미래에 배당을 받을 나의 권리를 주식을 매수하는 사람에게 넘겨주는 것이기 때문에 이 또한 배당을 받는 범주에서 벗어나기 어렵습니다. 따라서 주식을 보유한 투자자에게 현금이 발생하는 경우는 배당을 받는 경우밖에는 없다고 볼 수 있습니다.

주식의 가치는 이렇게 주식을 보유함으로써 나타나는 배당의 크기를 이용해서 미래의 현금흐름으로 예측해볼 수 있습니다. 그리고 또 한 가지 생각해야 하는 것은 채권의 경우 원금을 돌려받는 만기가 있지만 주식은 계속기업의 원칙으로 인해 만기가 존재하지 않는다는 점입니다.

그렇다면 본격적으로 기업의 배당흐름을 이용해서 어떻게 주식가치를 평가하는지 살펴보겠습니다.

배당의 성장이 없는 경우의 기업가치 평가

제일 먼저 생각해볼 수 있는 것은 기업이 배당을 주는데 매년 같은 크기의 배당을 주는 경우입니다. 즉 배당의 성장이 없는 것이지요. 사실 경영자들의 기본적인 임무는 주주이익을 극대화시키는 것입니다. 주주이익 극대화는 주주가 보유하고 있는 주식의 가격이 높이 올라가게 하거나 배당을 많이 주는 방법이 있습니다. 하지만 기업의 입장에서는 대체로 이익이 많이 났다고 해서 배당을 많이 주지도 않고 이익이 없다고 해서 배당을 지급하지 않는 것도 위험한 일이라고 생각하는 경향이 있습니다. 만약 기업이 적자가 나서 배당을 제대로 주지 못한다면 주주들로부터 원성을 들을 것이기 때문입니다. 그래서 기업들은 이익이 많이 날 때는 이익이 나지 않을 때를 대비하는 경향이 있습니다. 즉 이익이 많이 발생하더라도 배당을 줄여서 일정부분 회사에 유보해놓고, 만약 회사의 경영성과가 좋지 않아 배당을 지급하지 못하는 상황이 오면 비축해놓은 유보자금을 이용해 배당을 하는 것이지요. 이런 것을 배당의 평준화라고 합니다. 결과적으로 배당이 항상 일정하다는 가정이 무리한 가정은 아닙니다.

배당이 일정할 경우 주식으로부터 발생하는 배당흐름을 그림으로 살펴보면 다음과 같습니다. 그림에서 D는 배당Dividend 을 의미합니다.

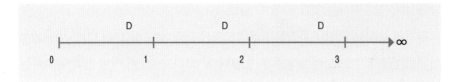

기업이 존속할 때까지 매년 D만큼의 배당흐름이 이어진다고 가정하면 기업은 계속기업이므로 배당은 무한대까지 이어질 것입니다. 그리고 매년 일정한 배당 평준화를 한다고 가정한다면 배당흐름은 매년 같겠지요. 이때 이 기업의 자기자 본비용을 할인율로 할인해보는 식은 다음과 같을 것입니다.

$$주가 = \frac{D}{(1+k_e)} + \frac{D}{(1+k_e)^2} + \frac{D}{(1+k_e)^3} + \cdots + \infty$$

여기서 k_e는 자기자본비용을 나타내는 기호입니다. 이를 정리하면 다음과 같이 요약할 수 있습니다.

$$주가 = \Sigma \frac{D_0}{(1+k_e)^t}$$

위 식을 정리해보면 아래와 같이 됩니다.

$$주가 = \frac{D_0}{k_e}$$

결국 이 식은 다음과 같은 의미를 갖습니다.

$$주가 = \frac{배당금}{자기자본비용(위험)}$$

위 식을 이용해서 주가를 해석해보면 다음과 같습니다. 주식의 가치가 높은 기업은 첫째 배당을 많이 주는 기업입니다. 배당을 많이 주기 위해서는 기업의 이익이 많아져야 하므로 당연히 영업이 잘되는 기업의 주가가 높아집니다. 또한 자기자본비용은 낮아져야 합니다. 자기자본비용이 낮다는 것은 기업의 위험이 낮다는 것이므로 낮은 위험을 보유한 기업은 주가가 높아집니다. 반대의 경우 배당을 주지 못하거나 위험이 높은 기업의 주가는 낮아지는 것이지요.

예를 들어보겠습니다. 어떤 회사가 매년 주당 2,000원의 배당을 준다고 할 때 만약 이 기업의 자기자본비용을 계산해보니 10%였다면 이 회사 주식의 본질가치는 다음과 같이 계산될 것입니다.

$$\frac{2,000}{0.1} = 20,000원$$

배당이 일정하게 성장하는 경우의 기업가치 평가

앞에서 우리는 기업의 배당이 매년 일정하다는 가정하에서 기업가치인 주가를 계산해봤습니다. 그러나 사실 기업의 경영자가 매년 일정한 배당을 준다면 주주들은 그 경영자를 무능한 경영자라고 생각할 것입니다. 고액의 연봉을 주고 기업경영을 맡겼으면 어느 정도 기업을 성장시키는 모습을 보여주어야 합니다. 만약 그렇지 못하다면 경영진에서 물러나야 할지도 모를 일입니다.

그래서 생각해낸 것이 만약 회사가 일정한 속도로 성장할 경우에 주가를 어떻게 계산할 것인지의 문제입니다. 그러나 회사의 성장률이라는 것은 매년 들쭉날쭉할 수 있습니다. 그러면 기업의 주가를 계산하는 것은 대단히 어려운 일이 되겠지요. 그래서 이번에는 회사가 성장을 하는데 그 속도가 매년 일정한 비율로 성장을 한다는 가정하에서 주가를 계산하는 방법을 살펴보겠습니다. 사실 전문 애널리스트들은 이 공식을 이용해서 주가를 계산하지만 일반 투자자들은 주가를 계산하는 것보다 어떤 상황이 되었을 때 주가가 올라갈 수 있는지를 아는 것이 더욱 중요함을 깨달아야 합니다.

만약 기업의 배당이 매년 일정한 성장률 g,Growth Rate 로 성장한다면 그때 배당의 흐름은 다음 그림과 같을 것입니다.

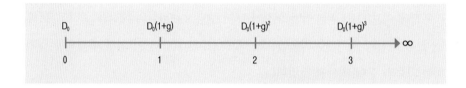

이러한 상태의 흐름을 현재가치화시키는 식은 다음과 같습니다.

$$주가 = \frac{D_0(1+g)}{(1+ke)} + \frac{D_0(1+g)^2}{(1+ke)^2} + \frac{D_0(1+g)^3}{(1+ke)^3} + \cdots + \infty$$

이를 정리하고 간소화하면 결국 다음과 같은 의미가 됩니다.

$$주가 = \sum \frac{D_0(1+g)^t}{(1+k_e)^t} \quad \Rightarrow \quad \frac{D_1}{k_e - g}$$

$$주가 = \frac{배당금}{자기자본비용(위험) - 성장률}$$

위 식을 통해 주가의 성질을 살펴보도록 하겠습니다. 기업의 주가가 높아지기 위해서는 먼저 영업이 잘되어 배당을 많이 줄 수 있어야 합니다. 그리고 기업의 위험이 낮아야 합니다. 그럼 성장률은 어떤 역할을 할까요? 바로 기업의 성장률

334

이 높아져야 주가가 올라간다는 것을 알 수 있습니다. 그러므로 성장가능성이 큰 기업의 주가가 성장가능성이 낮은 기업의 주가에 비해 더 높은 현상을 위 식을 통해서 명확히 확인할 수 있습니다.

그런데 과연 성장가능성이 높은 기업이란 어떤 기업인지 명확히 알려주세요!

성장가능성이 높다는 것은 두 가지 정도의 의미로 평가할 수 있습니다. 첫 번째는 미래 성장성이 높은 산업에 속한 기업들을 말합니다. 흔히 미래 성장성이 높은 산업으로는 IT산업, 바이오산업, 신재생에너지산업 등이 시장에서 거론되고 있습니다. 그런데 이 기업들이 안고 있는 문제는 과연 미래에 실제로 수익성이 확보될 수 있는지를 확신할 수 없다는 것입니다. 각 산업에 속한 기업들이 그 산업 내에서 제품을 만들어내고 판매하여 고수익을 올릴 수 있어야 하는데 실제로 어떻게 될지는 아무도 모릅니다. 따라서 미래 성장성이 높은 산업에 속한 기업들의 성장률은 높게 평가되기도 하지만 이때는 많은 거품이 포함되어 있다는 점을 반드시 기억해야 합니다.

두 번째는 이익이 빠르게 증가하는 기업을 말합니다. 그런데 여기서 기업의 이익이 빠르게 증가한다는 것은 그 기업이 속한 산업이 첨단산업이 아니라 굴뚝산업에 속할 수도 있다는 것을 이해해야 합니다. 어떤 산업에 속해 있든지 그 기업의 이익이 빠르게 증가하면 그 기업의 성장률이 높다고 판단하는 것입니다. 그래서 기업의 성장률은 다음과 같이 구합니다.

성장률 = 유보율 × 자기자본이익률(ROE)

위 식을 통해서 보면 기업의 성장동력은 기업에 유보된 자금으로부터 이루어집니다. 이 유보된 자금의 주인인 주주들의 이익률, 즉 자기자본이익률을 곱해서 구하는 것입니다.

배당이 일정하지 않은 경우의 기업가치 평가

앞에서 살펴본 방법들은 배당이 성장하지 않고 매년 일정하다는 가정과 배당이 성장은 하되 매년 일정한 비율로 성장한다는 비현실적인 가정을 담고 있었습니다. 그러나 여기서 배당흐름으로 주가를 평가하는 경우 또 하나 생각해봐야 할 것이 있습니다. 바로 최근 벤처기업이나 신기술을 바탕으로 하는 기업들입니다. 이 기업들의 경우 초기의 성장률과 일정 기간이 지난 다음의 성장률이 서로 다른 경우가 발생하고 있습니다. 예를 들어 마이크로소프트의 경우 처음에는 무서운 기세로 성장했지만 시장이 포화상태가 되고 경쟁자들이 나타나면서 성장률이 둔화되기 시작했지요. 결국은 처음과 같은 무서운 기세의 성장이 더 이상 어려운 상태에 들어가서 매년 일정한 성장을 하는 현상이 나타났습니다. 1990년대 이후 나타난 우리나라 벤처기업의 경우도 마찬가지의 현상을 보이고 있습니다. 이런 경우에는 초기의 고속성장기의 성장률(A^1)과 이후 저속성장기의 성장률(A^2)로 구분하여 평가해야 합니다.

이 모형은 다소 복잡하여 아이디어만 살펴보는 것으로 마무리하겠습니다.

앞서 살펴본 바와 같이 배당평가모형은 기업의 주가를 배당흐름을 통해 계산하는 방법입니다. 이 방법은 기업가치를 평가하는 사람들에게 배당과 기업의 위험, 그리고 성장률에 대한 많은 직관을 제공해줍니다. 즉, 주식의 가치가 높은 기업은 영업을 잘해서 배당을 많이 주는 기업, 기업의 위험이 낮은 기업, 그리고 성장가능성이 큰 기업입니다. 이 방법은 주식을 평가하는 데 가장 기본이 되는 방법이므로 숙지할 필요가 있습니다. 하지만 배당평가모형이 기업의 질적인 측면을 모두 반영하고 있는 것은 아닙니다. 이 방법을 통하여 가치가 우수하다고 계산된 기업들도 수치화할 수 없는 다른 많은 영업적인 측면을 고려해서 투자의사를 결정해야 합니다.

산업이 고도화되는 과정에서 성장잠재력이 큰 기업의 경우 배당보다는 기업의 내부유보를 통해 기업성장의 원동력을 제공받는 모습을 보입니다. 이 때문에 기업이 배당을 하는 것이 좋은지 아니면 회사에 유보하는 것이 좋은지에 관한 논쟁이 번지고 있습니다. 따라서 배당평가모형만으로는 설명이 어려워졌고 여러 가지 현금흐름을 이용해 가치를 평가하고 있습니다.

HTS에서 기업주가 계산하기

먼저 기업의 배당금은 [기업분석] ⋯ [투자지표]에서 확인할 수 있습니다. 일단 배당금이 계산되고 나면 할인율은 앞서 살펴본 바와 같이 기업의 베타계수를 이용해서 CAPM 공식으로 간단히 구할 수 있으니 기업주가를 계산하는 것이 그렇게 어려운 것만은 아닙니다.

▼ 홈 ⋯ 투자정보 ⋯ 기업분석 ⋯ 기업분석 ⋯ 투자지표

IFRS 연결		2012/12	2013/12	2014/12	2015/12	2016/03
Per Share						
EPS	(원)	136,278	175,282	135,673	109,883	31,481
EBITDAPS	(원)	262,568	312,876	253,205	278,279	72,634
CFPS	(원)	228,101	271,944	241,787	232,909	64,187
SPS	(원)	1,182,039	1,344,201	1,212,030	1,179,394	297,747
BPS	(원)	731,458	892,045	1,002,811	1,095,132	1,105,307
Dividends						
DPS(보통주,현금)(원)		8,000	14,300	20,000	21,000	
DPS(1우선주,현금)(원)		8,050	14,350	20,050	21,050	
배당성향(현금)(%)		5.20	7.23	13.00	16.42	
Multiples						
PER		11.17	7.83	9.78	11.47	
PCR		6.67	5.05	5.49	5.41	
PSR		1.29	1.02	1.09	1.07	
PBR		2.08	1.54	1.32	1.15	1.19

다음으로 성장률을 구해봅시다. HTS에 성장률이 구해져 있지는 않지만 제공되는 자료를 통해서 성장률을 쉽게 구할 수 있습니다. 그림을 통해서 확인해보겠습니다.

▼ 홈 ···› 투자정보 ···› 기업분석 ···› 기업분석 ···› 재무비율

간단한 예를 통해서 기업의 주가를 계산해보겠습니다. 매년 1,000원의 배당을 주는 기업이 있다고 가정합시다. 이 회사의 배당성장률이 5%이고 할인율, 즉 자기자본이익률이 15%라면 이 기업의 주가는 다음과 같습니다.

$$\frac{1,000원(1+0.05)}{0.15-0.05} = 10,500원$$

그런데 HTS에 이렇게 계산된 기업의 가치가 적시되지 않는 이유는 모든 것이 추정이어서 객관적이지 않기 때문입니다. 사실 주가는 과거와 현재, 그리고 미래

의 모든 상황을 내포하고 있는 매우 복잡한 지표입니다. 그러나 우리가 구할 수 있는 재무자료는 과거의 자료이기 때문에 그 자료를 바탕으로 합리적인 추정을 해야 하는 어려움이 있습니다. 그리고 그 추정치가 얼마나 실제에 가까운지를 통해서 애널리스트들이 평가를 받는다는 것을 생각해보면 전문가들도 해내기 어려운 작업임에는 틀림없습니다.

04

이익평가모형

이익을 이용하여
기업가치를 계산해보자

기업의 배당보다 이익에 관심을 가져라

가치투자의 대가로 알려진 워런 버핏은 기업의 배당보다는 이익에 더 큰 관심을 가졌습니다. 기업의 배당흐름만을 통해서는 진정한 기업가치를 파악할 수 없다는 생각에서입니다. 예를 들어 마이크로소프트 같은 기업은 기업의 고도성장기에는 배당을 전혀 해주지 않았습니다. 또 마이크로소프트 이외에도 어떤 기업은 배당을 매우 적게 하는 경우도 있습니다. 그렇다면 이 기업들은 가치평가를 할 수 없다는 것일까요? 그렇지 않지요. 기업가치는 이익을 통해서도 평가될 수 있습니다.

　앞서 살펴본 배당평가모형에 대입해볼 때 만약 기업이 배당을 전혀 주지 않는다면 기업의 주가는 과연 얼마가 되는 것일까요? 간단히 이해하기 위해 배당의 성장이 없는 경우를 식으로 계산해보겠습니다.

$$\text{주가} = \frac{\text{배당금}(0)}{\text{자기자본비용}(\text{위험})}$$

위 식에서와 같이 배당금이 전혀 주어지지 않는 상황, 즉 배당금이 0원이라면 주가도 0원이 되어야 합니다. 그러나 마이크로소프트의 주가는 0원이 아니라 고공행진을 했던 점을 기억해본다면 배당평가모형을 통해서 모든 것을 다 설명할 수는 없습니다. 그래서 기업의 이익을 이용해 기업가치를 평가하는 것이 필요합니다.

기업의 이익을 이용해 기업가치를 평가할 때 또 한 번 고려해야 하는 것은 주주가치를 극대화시켜야 하는 경영자의 임무입니다. 이는 회사에 이익이 났을 때 배당을 할 것인지 아니면 회사에 유보해서 더 높은 성장을 올릴 것인지를 고민하게 합니다. 만약 더 높은 성장을 할 기회가 있어서 회사가 배당을 하지 않았다면 이 회사의 주가는 어떻게 될까요?

예를 들어 한 회사가 연말에 배당을 할 것인지 고민하고 있다고 가정해봅시다. 만약 주주들이 배당을 받으면 그 돈으로 10% 정도의 수익을 올릴 수 있는 투자안이 있습니다. 그런데 경영자가 판단했을 때 만약 이익을 회사에 유보한다면 15%의 수익을 추가적으로 발생시킬 수 있는 기회가 있습니다. 그러면 당연히 배당보다는 유보자금으로 두어 성장의 기회를 살려야 할 것입니다. 그러나 주주들이 거둘 수 있는 10% 정도의 성장기회도 확보되지 않는다면 배당을 해야 마땅하다는 점을 기억해야 합니다. 이러한 기업의 의사결정을 통해서 그 기업이 주주의 이익을 얼마나 소중하게 여기는지 알 수 있습니다.

이런 관점에서 본다면 기업의 주가는 단지 배당흐름만으로 평가되어서는 안 되며 기업의 주당이익 전체를 대상으로 평가해야 합니다. 주당이익은 배당뿐만 아니라 기업에 유보된 유보이익까지도 포괄하는 개념이기 때문입니다. 이것이 바로 이익의 크기로 주가를 평가해야 한다는 주장의 당위성입니다.

이익의 성장이 없는 경우의 기업가치 평가

이익평가모형도 큰 틀에서는 배당평가모형과 흡사합니다. 다만 현금흐름을 배당으로 보는 것이 아니라 기업의 이익으로 보는 점만 다르다고 생각하면 됩니다. 이렇게 현금흐름할인모형은 현금흐름을 무엇으로 보느냐에 따라서 그 아이디어가 달라진다는 점을 이해하면 그다지 어려운 것이 아닙니다. 다시 한 번 주의해야 할 점을 얘기한다면 공식을 보고 어려워할 것이 아니라 그 공식이 품고 있는 경제적인 의미를 다지는 것이 더 중요하다는 것입니다. 그럼 이익평가모형을 살펴보겠습니다.

만약 어떤 기업이 회사내부에 이익을 유보해도 추가적으로 성장할 수 있는 기회가 없다면 그 기업은 모든 이익을 배당으로 지출해야 합니다. 또한 기업의 재투자수익률이 자기자본비용과 같은 경우에는 이익평가모형이나 배당평가모형이 동일한 형태를 보입니다. 즉 이익의 흐름을 할인율로 할인하는 경우를 나타내는 식을 써보면 다음과 같습니다.

$$P_0 = \frac{EPS_1}{(1+k_e)} + \frac{EPS_2}{(1+k_e)^2} + \frac{EPS_3}{(1+k_e)^3} + \cdots \infty$$

따라서 성장의 기회가 없는 경우에 기업의 주가는 다음과 같이 구할 수 있습니다.

$$P_0 = \frac{EPS_1}{k_e}$$

이를 풀어보면 다음과 같습니다.

$$주가 = \frac{주당순이익}{자기자본비용(위험)}$$

이 모형을 통해 살펴보면 주식의 가치는 주당이익이 높은 경우에, 그리고 기업의 위험도가 낮은 경우에 올라간다는 것을 알 수 있습니다. 즉, 배당평가모형과 같이 기업이 영업을 잘해서 이익을 많이 거두거나 회사의 위험도가 현저하게 낮아지는 경우 주가는 상승한다는 것이지요.

성장의 기회가 있는 경우의 기업가치 평가

기업의 성장을 가져오는 원동력은 무엇일까요? 기업은 내부에 유보된 자금을 이용해서 성장을 합니다. 그래서 기업의 성장률은 '유보율 × ROE'임을 앞에서도 살펴보았습니다. 만약 지금 기업의 자기자본비용을 넘는 재투자수익률을 거둘 수 있는 기회가 존재한다면 유보자금을 투자해서 그보다 더 큰 이익을 남길 수 있다는 의미입니다. 매년 재투자되는 유보자금의 현재가치보다 투자로부터 얻을 수 있는 이익증가분의 현재가치가 더 크다면 순현재가치가 0보다 큰 것입니다.

즉, 순현재가치NPV, Net Present Value는 '현금유입의 현재가치 − 현금유출의 현재가치'로 구하는데 만약 재투자수익률>자기자본비용의 상태에 있다면 그 기업은 NPV>0이 되어 투자로부터 성장할 수 있는 기회를 가집니다. 그렇다면 회사의 가치는 '성장이 없는 경우의 주식가치 + 성장기회의 현재가치'로 평가됩니다.

이때 성장기회의 현재가치PVGO, Present Value of Growth Opportunity는 다음과 같이 구합니다.

$$PVGO = \frac{NPV_1}{(1+k_e)} + \frac{NPV_2}{(1+k_e)^2} + \frac{NPV_3}{(1+k_e)^3} + \cdots \infty$$

그럼 성장기회가 있는 경우의 기업가치는 다음과 같습니다.

$$P_0 = \frac{EPS_1}{k_e} + PVGO$$

이 식을 통해 살펴보면 주식의 가치는 이익이 클 때, 기업의 위험도가 낮을 때, 그리고 성장기회의 현재가치가 클 때 커집니다. 반대로 본다면 이익이 나지 않고 기업의 위험도가 높으며 성장기회의 현재가치가 낮으면 주식의 가치도 떨어집니다.

배당평가모형을 지지하는 사람들의 주장은 과연 기업이 유보한 자금을 이용해서 적절한 수익을 올릴 수 있는 능력이 있는지 의문이 든다는 것입니다. 만약 유보한 자금을 가지고 투자를 했는데 상황이 좋지 않아 오히려 손해가 났다면 이는 배당을 받지 않은 것보다 못한 결과입니다. 그래서 불확실한 미래에 더 큰 배당을 받는 것을 기대하는 것보다 현재 내 수중에 현금이 들어오는 것이 더 낫다는 주장입니다.

하지만 이익평가모형의 기본적인 아이디어는 배당을 주든지 회사에 유보하든지 간에 그 모든 것이 바로 주주의 이익이라는 것입니다. 그런 점에서 본다면 배당의 흐름보다는 이익의 흐름을 통해서 주가를 평가하는 것이 더 마땅한 일입니다.

05

잉여현금흐름할인법

잉여현금흐름을 이용하여
기업가치를 계산해보자

기본적분석가들이 주장하는 기업가치 평가방법은 원칙적으로 현금흐름할인법을 사용하는 것입니다. 앞서 배당평가모형이나 이익평가모형에서 살펴본 바와 같이 미래 현금흐름의 현재가치의 합이 바로 기업의 가치 또는 주식의 가치가 됩니다. 하지만 이런 경우를 생각해볼까요? 어떤 회사가 올해 벌어들인 현금을 앞으로의 회사운영을 위해 투자해야 한다고 생각해봅시다. 그 회사의 입장에서는 벌어들인 모든 현금을 마음대로 사용할 수 있는 것이 아닙니다. 벌어들인 현금에서 투자액을 차감한 부분이 바로 회사가 마음대로 처리할 수 있는 현금입니다. 이런 개념으로 접근하는 것이 잉여현금흐름Free Cash Flow접근법입니다.

실제로 기업의 포괄손익계산서에 나타나는 자료를 기초로 하면 기업의 순수한 현금흐름을 평가하기는 어렵습니다. 예를 들어 기업회계에서는 감가상각비나 미지급비용과 같이 돈이 실질적으로 회사 밖으로 나가지 않았는데도 비용으로 계산되는 부분이 적지 않습니다. 또한 미수수익과 같이 돈이 회사 안으로 들어오지 않았는데도 불구하고 이익으로 계산되는 경우도 있습니다. 그래서 현금흐름표를 통해 나타난 기업의 현금흐름을 기업가치 평가에 사용하자는 의견도 있습니다.

하지만 이것도 현금흐름표의 현금흐름을 그대로 사용하는 것이 아니라 회사의 정상적인 운영을 위해 꼭 필요한 지출에 사용되어야 하는 부분이 있다면 그 부분을 제외한 현금흐름으로 기업가치를 평가해야 합니다.

잉여현금흐름으로 기업을 판단한 사람이 바로 워런 버핏입니다. 그는 잉여현금흐름을 주주이익이라고 부르고 있습니다. 잉여현금흐름은 누구에게 주어지는 잉여현금흐름인가를 기준으로 주주잉여현금흐름FCFE, Free Cash Flow to Equity 과 기업잉여현금흐름FCFF, Free Cash Flow to Firm 으로 구분할 수 있습니다.

먼저 FCFE의 경우는 회사의 현금흐름 중 투자소요액을 제외한 후 여기에 부채를 상환한 것과 새롭게 조달할 것을 상계하여 구합니다. 따라서 FCFE는 완전히 주주의 몫이 됩니다. 회사는 FCFE를 통해 추가적인 사업의 기회를 얻지 못한다면 당연히 전액 배당으로 지급해야 마땅합니다.

다음으로 FCFF는 주주들뿐만 아니라 회사에 대하여 주주나 채권자와 같이 청구권이 있는 모든 사람들에게 돌아가는 잉여현금흐름입니다.

FCFE와 FCFF의 계산은 어떻게 다른가?

주주에게 귀속되는 잉여현금흐름 FCFE는 다음과 같이 계산합니다.

FCFE = 순이익 + 감가상각비 - 자본적 지출 - 순운전자본의 증가분 - 부채의 원금상환액 + 신규부채 조달액

여기서 감가상각비는 실제로는 현금유출이 일어나지 않지만 고정자산의 원가회수를 위하여 비용처리한 것이지요. 그렇기 때문에 순수하게 현금이 들고 나는 것을 기준으로 본다면 당기순이익에서 그만큼을 더해주어야 합니다. 또한 자본적 지출은 회사의 신규투자 등을 위해 지출한 것을 말하고 순운전자본의 증가분

은 회사가 영업을 위해 증가시킨 '유동자산 - 유동부채'의 증가분이므로 이 부분도 순이익에서 빼주어야 합니다. 그리고 나머지는 부채의 원금을 갚았는지, 아니면 추가로 조달했는지에 대한 부분을 말합니다. 회사 입장에서 보면 원금을 갚는 것은 현금이 빠져나간 것을 의미하고 추가로 조달한 것은 현금이 회사 안으로 들어온 것을 의미합니다. 바로 이렇게 계산된 것이 FCFE, 즉 주주잉여현금흐름입니다.

FCFF는 주주뿐 아니라 채권자와 같이 회사에 청구권을 가진 모든 이해관계자에게 귀속되는 잉여현금흐름이므로 계산법이 조금 다릅니다.

FCFF = FCFE + 이자비용(1-세율) + 부채의 원금상환액 - 신규부채 조달액 + 우선주배당금

위 식에서 보는 바와 같이 FCFF는 FCFE에다 채권자들에게 지급했던 이자비용 부분을 더해주어야 합니다. 왜냐하면 당기순이익을 구하기 위해서 영업외비용으로 이자비용을 빼주었기 때문에 이를 되돌리는 것입니다. 그리고 FCFE를 구할 때와는 반대로 부채의 원금상환액은 더해주고 신규부채조달액은 빼줍니다. 그리고 마지막으로 우선주배당금을 더해줍니다.

여기서 우선주에 대해 잠시 살펴보아야 합니다. 우선주는 보통주에 비해 배당을 우선적으로 받을 수 있는 주식을 말합니다. 통상 우선주는 배당률이 정해져 있는 경우가 일반적이지요. 그런 점에서 본다면 우선주는 만기가 없는 채권과 같은 성질을 가지고 있어 주식과는 다른 평가방법을 사용합니다.

잉여현금흐름할인법을 이용한 경우의 기업가치 평가

잉여현금흐름을 이용해서 기업가치를 평가하는 경우에는 그 현금흐름이 FCFE를 이용하는지 아니면 FCFF를 이용하는지에 따라 방법이 달라집니다. 즉 FCFE

는 주주에게 귀속되는 현금흐름만을 대상으로 하기 때문에 할인율로 자기자본비용을 사용하여 할인해야 합니다. 같은 관점에서 FCFF는 주주뿐 아니라 회사의 채권자 또는 우선주주 부분까지 고려해야 하기 때문에 자기자본비용을 사용해서는 안 되고 가중평균자본비용, 즉 WACC를 이용해서 가치를 평가해야 합니다.

그렇다면 각각의 경우 배당평가모형 등에서 살펴본 바와 같이 다음과 같은 방법으로 구할 수 있습니다. 먼저 FCFE의 경우를 살펴봅시다.

$$\text{주가} = \frac{FCFE_1}{k_e - g}$$

그리고 FCFF의 경우는 다음과 같이 구할 수 있습니다.

$$\text{기업가치} = \frac{FCFE(1+g)}{WACC - g}$$

다시 한 번 생각할 것은 FCFE의 경우는 주가가 계산되는 것이고 FCFF의 경우는 기업가치가 계산된다는 것입니다. 부채와 자본으로 조달된 기업의 경우 재무상태표의 자산항목과 같은 값을 가져야 하므로 이는 기업가치를 말합니다. 만약 어떤 기업이 부채가 전혀 없다면 FCFE와 FCFF는 같아질 것입니다.

가치평가에 있어 기본적인 방법은 현금흐름할인법입니다. 그러나 현금흐름을 보는 데도 시각의 차이가 있습니다. 현금흐름표에 나와 있는 현금흐름을 사용하는 방법이 있는가 하면 현금흐름표의 현금에서 기업이 미래를 위해 투자해야 하는 부분을 차감한 부분만을 가치평가에 사용해야 한다는 시각도 있습니다. 후자의 경우가 바로 잉여현금흐름할인법을 말하는 것이지요. 잉여현금은 기업이 마음대로 사용할 수 있는 현금입니다. 잉여현금은 좋은 투자 기회가 있으면 투자를 하고 기회가 없으면 배당으로 지급해야 합니다. 만약 그렇지 않고 잉여현금을 회사 내부에 방치하면 회사는 M&A의 표적이 될 가능성이 매우 큽니다. M&A를 시도하는 사람들은 기업의 부채를 일으켜 회사를 취한 이후에 잉여현금흐름을 이용해서 부채를 갚아버릴 수도 있기 때문입니다.

잉여현금흐름은 주주이익이라는 이름으로 기업을 평가하는 데 핵심적인 잣대로 사용되었습니다. 그런 점에서 좋은 기업가치에 투자하려고 하는 독자들은 앞으로 이에 대해 많은 이해가 필요합니다.

HTS에서 잉여현금흐름 찾아보기

앞서도 언급했지만 잉여현금흐름은 최근 기업분석을 하는 사람들에게 매우 중요한 지표가 되기 때문에 HTS에서도 자료를 제공하고 있습니다. [투자정보] ⋯ [기업분석] ⋯ [기업분석] ⋯ [투자지표]에서 그 값을 찾아볼 수 있습니다.

▼ 홈 ⋯ 투자정보 ⋯ 기업분석 ⋯ 기업분석 ⋯ 투자지표

[0919] 기업분석 - 기업분석					
Dividends					
DPS(보통주,현금)(원)	850	1,416	1,416	2,994	722
DPS(1우선주,현금)(원)	851	1,417	1,417	2,995	722
배당성향(현금)(%)	14	22	45	78	
Multiples					
PER	9	6	18	21	
PCR	6	4	7	10	
PSR	2	1	2	2	
PBR	2	1	1	2	2
EV/Sales	2	1	2	2	
EV/EBITDA	5	3	7	8	
FCF					
총현금흐름	623,891	691,786	494,337	564,882	321,023
세후영업이익	402,717	426,966	198,361	261,526	162,696
유무형자산상각비	221,174	264,820	295,976	303,356	158,327
총투자	506,359	368,741	386,970	244,511	324,788
FCFF	117,533	323,045	107,367	320,372	-3,765

06

경제적 부가가치 EVA

EVA가 좋은 기업은
장사를 잘하는 기업이다

경제적 부가가치EVA는 기업이 투자한 자금에서 어느 정도의 이익이 발생했는지를 살펴보는 지표입니다. EVA의 개념은 앨프리드 마셜이 1890년에 저술한《경제학원리》에 나오는데 다시 한 번 살펴보면 다음과 같습니다.

"주주 또는 경영자의 이윤 중 그들이 투자한 자본에 대해 현재 이자율 수준을 반영한 이자를 공제한 나머지가 주주 또는 경영자가 기업을 경영한 것에 대해 얻는 이익이라고 할 수 있다."

쉽게 설명하기 위해 다음과 같은 예를 들 수 있습니다. 강동화 군이 대학을 졸업하고 마땅히 취직이 되지 않아 창업을 하기로 결정하였습니다. 강동화 군은 창업을 위해 은행으로부터 창업자금 1억 원을 대출받았는데 이자율이 10%였습니다. 그러면 매년 차입금의 이자 1,000만 원을 은행에 갚아야 하지요. 만약 회사 운영을 잘해서 2,000만 원의 영업이익을 냈다면 이자를 갚고도 1,000만 원의 경제적 부가가치가 발생합니다. 그러나 만약 회사운영이 잘되지 않아 500만 원의 영업이익밖에 내지 못했다면 이자조차 갚지 못하는 상황이 됩니다. 이때 강동화 군의 회사는 500만 원만큼의 가치파괴가 이루어졌다고 볼 수 있습니다. 이것이 바로 EVA의 개념입니다.

기업의 가치가 창조되고 있는가, 파괴되고 있는가?

앞의 예를 통해서 본다면 EVA 지표는 경영자가 지켜야 할 기본적인 내용입니다. 즉, 이익을 내는 기업은 계속해서 경제적 부가가치가 창조되는 것이고 이익을 내지 못하는 기업은 경제적 부가가치의 파괴가 이루어지는 것입니다.

이를 구하기 위한 기본적인 산식을 살펴보겠습니다.

> EVA = 세후영업순이익(NOPAT) − {평균투하자본(IC) × 가중평균자본비용(WACC)}
>   = 평균투하자본 × {투하자본수익률(ROIC) − 가중평균자본비용(WACC)}

EVA를 구하는 위 공식을 살펴보면 ROIC가 WACC보다 큰 경우 EVA가 (+)의 값을 갖게 되어 가치창조가 이루어지고 반대로 ROIC가 WACC보다 작은 경우 EVA가 (−)의 값을 갖게 되어 가치파괴가 이루어집니다.

EVA 지표는 특히 기업의 도산을 예측하는 지표로도 많이 사용되고 있습니다. 1997년 대우증권의 조사연구에 따르면 도산하는 기업의 경우 도산하기 5년 전부터 EVA가 (−)상태를 보였다는 결과가 나타났습니다. EVA 지표를 이용한다면 이를 통해 기업이 실제로 가치창조가 이루어지고 있는지 아니면 가치파괴가 이루어지고 있는지에 대해 쉽게 판단할 수 있습니다.

EVA, 기업경영의 판단지표로 떠오르다

우리나라는 IMF 외환위기 이후 각 기업들이 EVA를 중요시하는 경영체제로 탈바꿈하였습니다. 사실 외환위기 이전에 우리나라 기업의 경우 EVA가 (−)를 기록한 기업이 (+)를 기록한 기업보다 더 많았습니다. 1996년의 경우에는 전체 상장기업의 70% 이상이 (−)EVA를 기록하기도 하였습니다. 하지만 IMF 이후 기업경영의 투명화 바람이 불면서 기업들의 시선이 자연 EVA를 중시하는 경영풍토로 돌아가고 있습니다. 사실 EVA가 (−)를 기록해서 가치파괴가 이루어지는 기업이라면 존재할 가치가 없는 기업일 테고 이런 회사가 주식시장에 상장되어 있다는 것 자체가 주주의 재산을 갉아먹는 셈입니다.

앞으로 우리 시장에서 어떤 기업의 가치가 창조되고 어떤 기업의 가치가 파괴되는지를 살펴보는 것이 중요합니다. 또한 어떤 기업이 실제로 EVA의 증대를 위해서 노력하고 있는지를 판단하는 것도 매우 중요한 체크포인트가 될 것입니다.

EVA에 대한 신문기사를 통해 EVA에 대해 좀 더 이해하고 넘어갑시다.

포스코 · 현대모비스 등 유망 … 지속가능 성장률 · EVA, 내년 투자지표로 각광

2007년에는 투자지표로 PER(주가수익비율)나 PBR(주가순자산비율)보다는 지속가능성장률과 EVA(경제적 부가가치)가 더 각광받을 것이란 분석이 나왔다. NH투자증권은 지속가능성장률 등을 기준으로 포스코 SK텔레콤 현대모비스 LG데이콤 등 15개 유망주를 선정했다.

이종승 NH투자증권 리서치센터장은 13일 "주식시장에서 중장기 투자가 정착돼감에 따라 이익의 지속성과 안정성은 물론 투자성과의 안정성까지도 겸하는 지표 선정이 요구되고 있다"며 "이에 따라 지속가능성장률과 EVA가 새로운 투자지표로 부각할 것"이라고 말했다.

지속가능성장률(Sustainable Growth Rate)이란 ROE(자기자본이익률)에다 사내유보율을 곱한 값으로 회사가 주주들한테 얼마나 지속적으로 안정적인 수익을 내주느냐를 판단하는 지표다. 또 EVA(Economic Value Added)는 기업이 영업활동을 통해 얻은 영업이익(투하자본수익률 · ROIC)에서 법인세 · 금융비용 · 자본비용 등을 제외한 수치로 투자된 자본을 빼고 실제로 얼마나 이익을 냈는가를 보여주는 지표다.

이 센터장은 "지속가능성장률과 EVA 기준으로 상위 20%에 속하는 상장사를 대상으로 1993년 이후 투자성과를 시뮬레이션해본 결과 연 환산 복리수익률은 14년 동안 15.6%에 이르는 것으로 나타났다"며 "같은 기간 코스피지수 연간 평균상승률인 5.9%를 훨씬 웃돌았다"고 설명했다. 또 월별 투자성과 분석 결과에서도 연 환산 복리수익률이 35.9%로 14.7%를 기록한 코스피지수 상승률을 초과했다고 덧붙였다.

한국경제신문(2006. 12. 13.)

---

01 일광 씨는 최근 금융기관들의 대출금리 책정에 대해 많은 관심을 가지고 있습니다. 은행들은 신용도가 높은 사람에게는 낮은 이자율을 적용하고, 신용도가 낮은 사람에게는 높은 이자율을 적용합니다. 그리고 저축은행과 같은 제2금융권이나 대부업체에서는 더 높은 이자율을 적용하고 있죠. 이런 이자율의 차이가 의미하는 것은 무엇일까요?

Answer 먼저 금융기관들의 대출금리를 비교해보겠습니다. 먼저 은행의 신용대출금리의 예입니다. 최고 금리는 기본금리가 5.17%이고 급여이체 등 각종 혜택이 주어지면 4.27%의 금리를 적용받을 수 있습니다. 반면 최저 금리는 기본금리가 4.10%이고 마찬가지로 적용금리는 3.20%가 됩니다.

모바일

쏠편한 직장인대출S

지정업체에 재직중인 직장인에게 한도와 금리를 우대해드리는 신용대출

대상고객   신한은행이 선정한 기업에 1년 이상 재직중이고 연환산소득이 2,800 만원 이상인 직장인
대출한도   최대 1억5천만원

♥ ♬ ↗

상담신청

상품안내   금리안내

대출실행시 적용금리   (2021.10.20 기준, 연이율)

구분 ⇕	기본금리 ⇕	적용금리 ⇕
최고	5.17%	4.27%

그렇다면 캐피털의 금리는 얼마일까요? 한 캐피털회사의 금리는 연 4.9%~19.5%의 금리를 적용하고 있습니다. 평균적으로 은행 이외의 금융기관들의 대출금리가 훨씬 높은 것을 확인할 수 있지요. 그 이

유를 살펴보면 다음과 같습니다.

첫째, 신용도가 낮은 사람들은 원리금을 갚지 않을 가능성이 있으니 금융업체들은 돈을 빌려주는 대신 높은 이자를 통해 보상을 받으려고 합니다. 둘째, 이자율이 높아지면 미래 현금흐름의 현재가치가 낮아집니다. 즉 대출의 현재가치를 낮게 책정해서 전체 대출의 가치를 줄이려는 것이 기본적인 목적입니다. 할인율이 높아지면 현금흐름의 현재가치가 낮아진다는 점을 기억해야 합니다.

02 구슬 씨는 이자율이 신용도 이외의 다른 것에도 영향을 받는다고 배웠는데 그것이 무엇인지 궁금해졌습니다. 당신이라면 구슬 씨에게 어떤 답변을 주시겠습니까?

Answer   이자율은 일반적으로 신용도에 의해서도 영향을 받지만 만기까지의 기간에 따라서도 영향을 받습니다. 왜냐하면 만기가 길어지면 즉시 현금화를 할 수 없다는 위험을 느끼기 때문입니다. 다음은 우리나라 채권수익률을 보여주는 표인데요. 신용도가 같은 국고채권의 경우 만기가 길어질수록 이자율이 높아지는 것을 확인할 수 있습니다. 따라서 신용도가 낮은 채권의 수익률이 상대적으로 높고, 만기가 긴 채권의 신용도가 높아진다는 점을 기억해야 합니다. 주가도 마찬가지로 신용도가 낮은 기업의 주가가 낮고 투자한 돈을 회수하는 데 시간이 오래 걸리는 회사의 주가가 낮아집니다.

▼ 홈 ⋯› 투자정보 ⋯› 주요금리 ⋯› 국내주요금리

금리/채권명	수익률	전일대비	등락률	1개월전대비	3개월전대비	시간
회사채(무보증)AA-	2.31	0	0%	17.26%	24.19%	10/20 16:00
회사채(무보증3년)BBB	8.38 ▼	0.01	-0.12%	2.20%	2.07%	10/20 16:00
국고채권(1년)	1.15	0	0%	6.48%	26.37%	10/20 16:00
국고채권(3년)	1.84 ▼	0.01	-0.54%	20.26%	30.50%	10/20 16:00
국고채권(5년)	2.14 ▲	0.01	0.47%	19.55%	30.49%	10/20 16:00
국고채권(10년)	2.39 ▲	0.01	0.42%	16.02%	26.46%	10/20 16:00
국고채권(30년)	2.26	0	0%	9.18%	15.31%	10/20 16:00
국민주택1종(5년)	2.25 ▲	0.02	0.90%	18.42%	25.70%	10/20 16:00
한전채(3년)	2.08 ▼	0.01	-0.48%	18.86%	29.19%	10/20 16:00
통안증권(364일)	1.18	0	0%	9.26%	26.88%	10/20 16:00
통안증권(2년)	1.65 ▼	0.01	-0.60%	19.57%	28.91%	10/20 16:00
산금채(1년)	1.41	0	0%	6.82%	27.03%	10/20 16:00
CD(91일)	1.09	0	0%	7.92%	55.71%	10/20 16:00
CP(91일)	1.20 ▲	0.01	0.84%	2.56%	23.71%	10/20 16:00
콜금리	0.69	0	0%	-13.75%	38.00%	10/19 16:00

03 쾌남 씨는 베타계수에 대해 공부하고 있습니다. 베타계수는 주식의 위험을 보여주는 지표이므로 고위험-고수익의 원칙에 입각하면 무조건 높은 베타계수의 주식을 사는 것이 옳다는 결론에 도달했습니다. 과연 쾌남 씨의 생각은 맞는 것일까요?

Answer   절반은 맞지만 절반은 틀립니다. 베타계수가 높다는 것은 주가가 상승할 때는 주가지수보다 더 크게 상승한다는 뜻이지만 주가가 하락할 때는 주가지수보다 더 크게 떨어진다는 것을 의미합니다. 그리고 베타계수가 낮다는 것은 주가가 올라갈 때는 주가지수보다 적게 올라가지만 떨어질 때는 주가지수보다 더 적게 떨어진다는 것을 의미하지요. 그렇다면 시장의 세력을 파악해서 판단하는 것이 중요합니다. 시장이 강세를 보일 때는 높은 베타의 주식(High Beta Stock)에, 약세를 보일 때는 낮은 베타의 주식(Low Beta Stock)에 투자하는 것이 옳습니다.

04 도호 씨는 이론적으로 주가를 계산하는 방법을 익히고 있습니다. 그래서 최근 동화테크라는 기업을 방문해서 다음과 같은 자료를 얻었습니다. 과연 동화테크의 이론적 주가는 얼마 정도 될까요?

반도체를 제조하는 동화테크는 내년 1,000원의 배당금을 지급하기로 결정하였으며 이 기업은 앞으로 계속적으로 10%의 성장을 하리라고 전망된다. 이때 자기자본비용이 15%일 것으로 예상된다.

Answer   동화테크의 주가는 정률성장모형을 적용해서 계산해야 합니다.

주가 = (배당금)/(자기자본비용 - 성장률)
1,000원/(0.15-0.10) = 20,000원

동화테크의 주가가 2만 원으로 나오는군요. 현재 주가가 저평가되어 있다면 좋은 투자기회가 될 수 있습니다. 이렇게 기업의 기본적인 사항에 대한 정보를 취합하여 주가를 현금흐름할인모형으로 계산하면 기계적으로 계산이 가능합니다. 따라서 기본적 정보를 얼마나 정교하게 수집하느냐가 관건이라는 것을 잊지 마세요.

05 일광 씨는 최근 기업분석에 흥미를 느끼고 있습니다. 특히 전통적인 주가 모형보다는 새롭게 나오는 모형들에 대해 더 큰 흥미를 느끼고 있는데요. 요즘 주가를 비교적 잘 설명한다는 경제적 부가가치EVA에 부쩍 관심을 기울이고 있습니다. 그래서 민주상사를 탐방해서 다음과 같은 정보를 얻었습니다. 민주상사의 EVA를 구해보면 얼마가 될까요?

민주상사의 2010년 영업이익은 20억 원이다. 자기자본비용은 16%, 세전타인자본비용은 10%이며 법인세율은 30%, 자기자본의 비율은 40%이다. 2010년 평균투하자본이 80억 원이었다.

Answer 민주상사의 EVA를 구하는 과정을 단계별로 풀어보면 다음과 같습니다. 먼저 EVA는 다음과 같이 구해집니다.

EVA = 세후영업이익 - 세후총자본비용 = 영업이익 - 법인세비용 - 총자본비용 × 가중평균자본비용

따라서 세후영업이익 = 20억 원 × (1-0.3) = 14억 원이 되고 할인율을 구하기 위해 가중평균자본비용을 구해서 세후자본비용까지 구해보면 다음과 같습니다.

세후가중평균자본비용 = 0.6×0.1×(1-0.3) + 0.4×0.16 = 10.6%
세후총자본비용 = 80억 원×10.6% = 8억 4,800만 원

위 정보를 이용해서 EVA를 구하면 다음과 같습니다.

EVA = 14억 원 - 8억 4,800만 원 = 5억 5,200만 원

06 혜정 씨는 기업가치 계산에 관심이 많습니다. 최근에 관심을 두고 있는 것은 신생기업의 주가를 계산해보는 것입니다. 일반적으로 신생기업들은 초기에는 저성장을 보이고 성장동력 안정기에 들어가면 그 이후부터는 안정적인 성장을 한다는 것에 주목하고 있습니다. 그래서 최근 새롭게 상장이 된 주혁상사를 지켜보고 있습니다. 혜정 씨가 알아본 기업 정보는 다음과 같습니다.

주혁상사는 처음 2년(t=2)동안 성장률이 2%이고 이후에 5%로 꾸준히 성장할 것으로 예상된다. 자기자본비용은 12% 정도일 것으로 예상되고 있다. 작년에 주당 1,000원의 배당이 있었다.

이러한 자료를 바탕으로 기업가치를 구해보면 어떤 결과가 나올까요?

Answer 주혁상사의 성장률은 초기에는 저성장을 보이지만 2년이 지나고 나서는 안정적인 고성장을 보일 것으로 예상되었습니다. 이는 성장률을 두 단계로 나눠서 계산하는 다단계 성장모형으로 계산이 가능합니다. 계산이 조금 복잡하긴 하지만 아래의 식을 살펴보면 처음 2년간은 2%의 성장률로, 그리고 그다음부터는 5%의 성장률로 성장한다는 것을 감안해서 계산할 수 있습니다. 이렇게 계산된 기업가치는 1만 4,180원입니다.

$$\frac{1,000(1.02)}{1.12} + \frac{1,000(1.02)^2}{1.12^2} + \frac{1,000(1.02)^2(1.05)}{(0.12-0.05)}(1/1.12^2) = 14,180원$$

매수대상 주식을 분석하기 위한 11가지 지표

—

피터 린치는 매수대상 주식을 선정한 이후에 다음과 같은 지표들을 이용하여 그 기업을 분석하였습니다.

매출액비율 ｜ 회사에서 히트를 치고 있는 상품의 매출 비중이 그 회사 전체의 매출에서 어느 정도를 차지하고 있는지를 반드시 확인해야 합니다. 만약 히트상품의 매출비중이 크다면 좋지만 그렇지 않다면 별로 좋을 것이 없는 상태입니다.

주가수익비율 ｜ 일반적으로 수익성장률의 1/2에 해당하는 PER는 매우 긍정적인 것으로 판단할 수 있습니다. 반면 수익성장률의 2배 이상을 기록하는 PER는 매우 부정적인 것으로 판단해야 합니다.

　좀 더 복잡하게 계산하는 방법은 배당금을 감안해서 성장률과 수익을 비교하는 것입니다. 예를 들어 어떤 업체의 장기성장률이 12%이고 배당률이 3%입니다. 그리고 PER가 10이라고 가정해봅시다. 그럼 성장률에 배당률을 더하고 이를 PER로 나누어 (12+3)/10=1.5가 됩니다. 이때 1 이하는 불량한 것으로 2 이상은 매우 매력적인 것으로 판단합니다.

현금보유상황 ｜ 기업이 현금을 많이 보유하고 있다는 것은 일단 환영할 만한 일입니다. 이렇게 보유하고 있는 현금은 내가 주식을 사면 보너스로 받게 되는 것입니다. 하지만 항상 현금상황이 중요한 것은 아닙니다. 반드시 확인해야 하는 것은 기업이 그 현금을 어떻게 사용하는가입니다. 만약 기업이 풍부한 현금을 바탕으로 배당을 늘리고 자사주를 매입함으로써 주주이익의 증대에 힘썼다면 이는 긍정적인 신호입니다. 하지만 만약 잘못된 사업다각화에 돈을 쏟아붓는다든지 하면 이는 매우 부정적인 신호로 받아들여야 할 것입니다.

부채비율 | 우선 기업의 부채비율을 살펴보는 것이 중요합니다. 부채비율은 '부채총계/자기자본'으로 구하는데 이 비율이 지나치게 높으면 기업으로서는 도산의 가능성이 있어 불황기를 제대로 견디지 못하는 사태가 벌어집니다. 따라서 부채비율은 가급적 낮은 것이 좋습니다.

한 가지 더 살펴보아야 하는 것은 부채의 만기구조입니다. 부채는 1년 이내에 갚아야 하는 유동부채(단기부채)와 비교적 장기간 사용할 수 있는 고정부채(장기부채)로 나눌 수 있습니다. 기업의 입장에서 단기부채가 많다는 것은 그만큼 단기적인 부도상황에 빠질 우려가 있는 것입니다. 따라서 부채구조를 살필 때 부채비율을 살핀 이후 단기부채와 장기부채의 비율을 살펴보는 것도 매우 중요합니다.

배당금 | 기업이 배당금을 정기적으로 지급하는 것이 좋은지에 대해서는 논란의 여지가 있습니다. 기업이 배당금을 지급해서 주주가 그 배당금으로 더 큰 수익을 올릴 수 있는 기회를 가진다면 당연히 배당금을 지급해야 할 것입니다. 하지만 회사 입장에서 배당을 하지 않고 회사에 유보해서 신규투자로 더 큰 수익을 올릴 수 있는 기회가 있다면 당연히 배당을 하기보다는 신규투자로 이익을 얻어 주가를 올리는 것이 주주이익을 증대시키는 데 올바른 의사결정을 한 것으로 평가받습니다.

사실 배당을 하느냐 유보를 하느냐의 문제는 주주와 경영자 사이의 줄다리기 같은 게임입니다. 경영자의 입장에서는 항상 사업을 확장하고자 하는 유혹을 느낍니다. 보다 큰 규모의 조직을 움직이고 싶어 하는 것이 바로 경영자들의 욕망이니까요. 따라서 많은 경영자들은 가급적 이익을 유보해서 이를 사업다각화의 재원으로 사용하려고 합니다. 하지만 문제는 과연 제대로 된 사업다각화가 이루어질 수 있느냐는 것이지요. 이런 부분에서 대리인문제가 발생합니다.

이런 입장에서 보면 주주는 기업이 수익을 유보해서 사업다각화에 나서는 것보다는 현금으로 배당을 하든지 아니면 자사주 매입을 통해 유통주식수를 줄여주는 것을 더 선호하게 됩니다. 과거의 경우를 보더라도 꾸준히 배당을 하거나 자사주를 매입하는 기업의 주가가 더 견고한 흐름을 보였음을 경험적으로 알 수 있습니다.

그리고 만약 배당투자를 위해 저성장종목에 투자를 했다면 그 회사가 지속적으로 배당을 하고 있고 또한 지속적으로 증가시켜왔는지를 반드시 확인해야 합니다. 만약 저성장종목의 기업에서 배당을 거르는 일이 발생한다면 이는 기업이 매우 어려운 상황에 봉착한 것으로 판단해야 합니다. 이 경우 생각해봐야 하는 것은 저성장종목일수록 부채비율이 낮아야 한다는 것입니다. 부채비율이 높으면 부채에 대한 이자를 지급해야 하기 때문에 상대적으로 배당여력이 낮아지는 경우가 많기 때문입니다.

장부가치 ┃ 장부가치가 높은 회사일수록 사람들은 자산주로 인식합니다. 장부가치는 일반적으로 청산가치로 인식됩니다. 만약 어떤 회사의 주당장부가치가 2만 원인데 주가가 1만 원이라면 사람들은 그 주가가 매우 낮게 평가되었다고 인식합니다. 하지만 문제는 기업의 장부가치와 실제가치 사이에는 많은 괴리가 생길 수 있다는 것입니다. 즉 기업이 보유하고 있는 고정자산 같은 경우는 실제로 그 자산을 매각할 경우 장부가치에 비해서 형편없는 가격을 받거나 아니면 아예 가치가 전혀 없어서 자산으로 취급받지 못하는 경우도 많습니다. 따라서 기업의 장부가치에 근거해서 투자를 하려고 한다면 그 기업이 보유하고 있는 자산의 장부가치와 실제가치 사이에 어느 정도의 괴리가 있는지 반드시 확인하여 과대평가된 자산은 없는지 판단한 후에 투자에 임해야 할 것입니다.

숨겨진 자산 ┃ 시장에서 인식하지 못하고 있는 숨겨진 자산이 있는 경우입니다. 예를 들면 프랜차이즈의 가치가 있는 경우나 보유하고 있는 부동산이 용도변경 되어 가치가 올라가는 경우 등을 말합니다.

현금흐름 ┃ 현금흐름이란 사업의 결과로서 기업이 얻는 돈의 액수를 말합니다. 모든 기업들은 현금을 벌어들이지만 어떤 기업은 다른 기업에 비해 수익을 위한 지출을 더 많이 하는 경우도 있습니다. 따라서 투자 시에 관심을 가져야 하는 것은 일반적인 현금흐름보다는 잉여현금흐름입니다. 즉 벌어들인 현금에서 자본적 지출을 제외한 현금흐름을 주의 깊게 보아야 합니다.

만약 어떤 기업이 막대한 현금을 벌어들이지만 미래에 그 사업을 유지하기 위해서 벌어들인 만큼의 설비투자를 해야 한다면 그 회사는 실질적으로는 아무런 현금도 창출하지 못한 것이나 마찬가지입니다. 따라서 가장 좋은 기업은 벌어들이는 현금은 막대하지만 그 현금으로 추가적인 설비투자를 하지 않아도 되는 기업입니다. 그런 기업이 벌어들인 현금이야말로 모두가 주주가치의 증대를 위해서 쓰여질 수 있는 잉여현금흐름이 되는 것입니다.

재고자산 ┃ 재고자산에 대한 내용은 재무상태표 주석사항으로 자세히 기재되어 있습니다. 재고자산의 경우 제조업이나 유통업에서 그 규모가 빠르게 증가하는 것은 좋지 못한 신호로 받아들여야 합니다. 기업들은 재고가 쌓이면 재고 조정을 위해 염가세일을 하는 경우가 많습니다. 특히 섬유, 패션제품에서 그런 경우가 많지요. 일반적으로 제품가격은 그 제품을 만드는 데 들어간 변동원가 정도까지 가격을 다운시켜 팔 수 있습니다. 그렇기 때문에 상상도 못할 염가로 처분하는 경우가 많습니다. 하지만 이런 경우 회사는 현금유동성에는 숨통이 트일지 몰라도 향후 기업의 존망을 장담하지는 못하는 경우가 많습니다. 예외적으로 자동차산업의 경우는 재고가 쌓여 있어도 위와 같은 재고조정은 일어나지 않습니다.

기업들은 재고관리에 특히 만전을 기해야 합니다. 재고가 지나치게 쌓여도 안되지만 또 재고가 부족해서 물건을 제때에 댈 수 없는 경우에도 막대한 손실을 입습니다. 일반적으로 기업이 위축된 상태였다가 재고 조정이 이루어지고 재차 재고가 쌓이는 때가 사업이 다시금 풀려나가고 있다는 증거입니다.

성장률 | 주식시장에서 대다수의 사람들이 성장 = 사업 확대라는 공식을 가지고 있습니다. 그래서 많은 사람들이 간과하는 성장주들이 있습니다. 성장은 업종 구분만으로는 가려낼 수 없습니다. 진정한 의미에서 성장이란 사업 확대가 이루어지지 않더라도 매출이나 이익이 지속적으로 늘어나는 기업을 말합니다.

성장업체들의 예를 들어보면 산업의 수요는 감소하고 있더라도 기업이 비용을 절감하거나 지속적으로 가격을 올려 오히려 수익이 늘어나는 업체, 즉 소비자에게 가격을 부담시킴으로써 수익을 확보하는 기업이 있습니다. 담배회사가 그 예입니다. 이렇게 상장된 기업 중에서 고객을 잃지 않으면서 가격을 지속적으로 올려갈 수 있는 기업이 있다면 그런 회사는 투자하기에 참으로 좋은 회사입니다. 또한 그런 회사들의 특징은 사업을 계속 영위하기 위해 벌어들이는 막대한 현금을 딱히 재투자하지 않아도 된다는 것입니다. 또한 여타의 기업들에 비해 PER가 높은 수준에서 거래된다는 것도 하나의 특징입니다.

세전이익 | 세전이익은 기업분석가들이 많이 이용하는 지표입니다. 일반적으로 세전이익은 매출액에서 판매관리비, 그리고 영업외비용과 수익을 가감한 이후에 나타나는 이익입니다. 이 지표는 업종 간에 비교하는 것은 큰 의미가 없고 업종

내에서 각 기업들 간의 세전이익률을 살펴보는 것은 좋은 지표가 될 수 있습니다. 결론적으로 보면 세전이익률이 가장 높은 업체가 가장 낮은 비용의 사업체입니다. 낮은 비용의 사업체는 사업이 악화되는 여건에서도 살아남을 수 있는 확률이 매우 크다고 봐야 합니다. 위기극복능력이 높게 평가되는 것이지요.

투자를 할 때 가장 바람직한 것은 호황과 불황을 막론하고 장기 보유 시에는 비교적 높은 세전이익률을 갖는 기업을 찾는 것이고, 성공적인 전환형종목을 고를 때는 비교적 낮은 세전이익률을 갖는 기업을 찾아야 합니다.

07

우량기업을
선별하는 핵심지표

우량주들의 공통점은 몇 가지 핵심지표로
파악할 수 있습니다. 이 지표들을 무기로 삼아
투자 결실을 맺을 수 있도록 안내합니다.

꼼꼼한 기업분석가는 다양한 지표를 활용하여
기업가치의 키를 재볼 수 있어야 합니다.
그동안 어렵게만 느껴지던 주가지표들이 이제
구체적인 의미로 다가올 것입니다.
핵심지표로 무장하여 투자 고수 레벨로 올라서세요.

주가는 미리 말하고 후에 찾아간다

우리나라에 본격적인 가치투자의 바람이 불어온 것은 1992년 외국인투자자들에게 주식시장을 개방하고나서였습니다. 당시 많은 사람들은 외국인들이 우리 주식시장에 들어온다면 삼성그룹주, 현대그룹주, LG그룹주, SK그룹주 등과 같은 대형우량주에 투자하리라 예상했습니다.

그러나 외국인투자자들의 행보는 예상에서 빗나갔습니다. 이들은 대형우량주보다는 PER가 시장평균에 비해 형편없이 낮은 주식들을 매수해서 엄청난 수익을 내고 매도했습니다. 바로 저PER 혁명이 일어난 것입니다. 그 후로 주식시장에서는 지금도 PBR, PSR, EVA, EV/EBITDA 등등 각종 기업가치 지표들을 이용해서 저평가된 기업을 찾고 있습니다.

일광 씨: 그럼 가치투자를 하려면 저평가 상태에서 가치를 찾으며 성장해가는 주식을 찾아야 하니 성장주를 찾으면 되나요?

애널리스트: 가치투자는 기업이 급성장하는 성장주에 투자하는 것과는 다른 투자방법입니다. 가치투자는 기업의 가치가 시장에서 현저히 낮게 저평가되어 있는 것을 찾아내어 그 가치가 시장에서 인정받을 때를 기다리는 전략입니다. 예를 들어볼까요? 시장에서 저평가되었던 대표적인 종목이 아모레퍼시픽입니다. 지금은 주가가 높게 상승해서 더 이상 저평가 가치주라고 보기 어렵지만 이 종목의 움직임을 보면 우리가 왜 기업분석을 해야 하는지 그 위력을 느낄 수 있습니다.

화장품회사 중 대표적인 업체인 아모레퍼시픽의 월별 움직임을 봅시다. 그림에서 볼 수 있듯이 아모레퍼시픽은 2006년 이후 2013년까지 꾸준히 주가가 상승하다가 실적이 본격적으로 증가하는 2014년 이후 급등하는 모습을 보여주고 있습니다. 이렇게 저평가된 종목이 결국은 자신의 기업가치를 찾아 수익으로 돌려주는 것이 기업분석의 매력입니다. 결국 기업분석이란 미래의 가치를 미리 말하고 있는 잠재성장기업을 찾아내고 그 기업이 가치를 찾아가는 것을 확인하는 작업이지요.

▼ 아모레퍼시픽 월봉

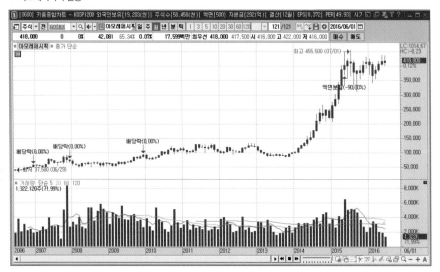

애널리스트: 주가는 저평가된 채로 본질가치를 숨기고 있는 경우가 많습니다. 그러나 주가는 언젠가 그 가치를 찾아가기 위해 조금씩 계단을 오를 것입니다. 당신이 치열하게 분석한다면 주가는 당신을, 아니 가치를 배신하지 않습니다. 그러나 이제 많은 기업들이 저평가를 해소하는 모습을 보여주고 있어 시장에서 저평가 우량주를 찾아나가는 일이 점점 어려워지고 있는 것이 사실입니다.

일광 씨: 앞으로 투자 환경은 어떻게 될까요?

앞으로 가치투자의 방향은 두 가지 정도로 열려 있다고 생각됩니다. 첫 번째는 소극적인 투자방법입니다. 역사적으로 기업들의 경영환경은 늘 좋지만은 않았죠. 기업에 우호적인 환경도 있고 불리한 환경도 있었습니다. 불리한 환경에서는 사업을 철수하거나 도산하는 기업들이 속출할 가능성이 큽니다. 이런 때에도 꿋꿋하게 현상 유지를 하는 기업은 불황에도 내성을 가진 기업이지요. 그러나 경영환경이 좋지 않으니 주가가 낮게 떨어질 가능성이 높습니다. 이때가 투자자에게는 오히려 가장 좋은 기회입니다. 좋은 기업을 낮은 가격에 살 수 있으니까요.

두 번째는 적극적인 투자방법입니다. 기업은 언제 어떤 경우에도 수익을 올릴 수 있는 길을 찾습니다. 그러나 많은 기업들이 자본의 한계생산성 저하로 투자에 어려움을 겪고 있습니다. 이럴 때는 창의적인 사고를 통해 혁신상품을 만들어내는 기업이 나타나지요. 그 예가 페이스북입니다. 창의적인 아이디어로 사회관계망서비스SNS, Social Network Service 시장을 점령한 페이스북은 SNS를 통해 공유와 연결의 힘을 보여주는 업체로 앞으로 그 사업은 인공지능분야까지 넓어질 것입니다.

▼ 페이스북 월봉

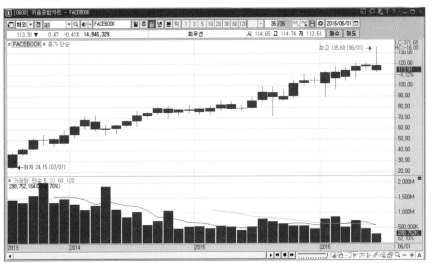

이를 바탕으로 모든 온라인 광고 플랫폼이 페이스북을 기반으로 하고 있어 그 영향력의 확대는 물론이고 이를 바탕으로 수익성도 확보될 것으로 예상하고 있습니다. 특히 미국시장에서는 FANG주Facebook, Amazon, NetFlix, Google을 말함라고 미래를 주도할 주식들의 주가가 좋은 모습을 보여주고 있습니다. 투자자는 이런 미래를 주도할 혁신적인 상품을 만들어내는 기업을 찾아 나서야 합니다.

앞으로 주식시장이 존재하는 한 잠재가치를 보유한 기업은 끊임없이 나타날 것이고 자신의 가치를 증명하기 위해 성장해나갈 것입니다. 분석가에게 그 기업들은 미지의 보물상자입니다. 이 보물상자는 꼼꼼하고 치열하게 기업을 분석하는 자에게만 열리지요. 이것이 우리가 기업분석에 가치를 두는 이유입니다.

01

주가수익비율 PER, 저PER주

PER 지표는
마구 쓰는 것이 아니다

주가수익비율PER, Price Earning Ratio이 낮은 주식이 주식시장에서 상대적으로 높은 수익을 얻는다는 것을 처음으로 증명한 사람은 니컬슨입니다. 그에 의하면 주식시장에서 상대적으로 관심을 받지 못하거나 우수하지 못한 실적을 거둔 기업들의 주식이 제대로 평가받지 못하기 때문에 PER가 과소평가되는 경우가 발생합니다. 이렇게 시장이 과소평가된 PER를 정상수준으로 상승시키는 과정에서 PER가 낮은 종목들의 주가가 PER가 높은 종목들의 주가에 비해 더 높은 수익률을 가져다준다는 것이 그의 기본적인 아이디어였습니다. 이후에 많은 사람들이 PER에 관한 연구조사를 진행하였는데 PER가 주식투자에서 유용한 지표라는 것에 대체로 동의하고 있습니다.

그럼 PER란 무엇을 말하는지 살펴봅시다. PER란 기업의 주가Price를 주당순이익EPS으로 나누어준 것을 말합니다. 다음과 같이 표시할 수 있습니다.

$$PER = \frac{P}{EPS}$$

앞의 식은 무엇을 의미할까요? 기업의 주식 1주가 벌어들이는 수익력이 시장에서 얼마만큼의 가격으로 평가받고 있는지를 의미합니다.

▼ 홈 ⋯› 투자정보 ⋯› 기업분석 ⋯› 기업분석 ⋯› 투자지표

주가관련 지표 (단위 : 억원, 배)

IFRS 연결	2017/12		2018/12		2019/12		2020/12		2021/06	
	최고	최저	최고	최저	최고	최저	최고	최저	최고	최저
주가 (원)	57,220	35,560	53,000	38,250	56,700	37,450	81,000	42,500	91,000	78,500
시가총액	4,142,750	2,791,338	3,786,284	2,541,828	3,767,509	2,486,253	5,441,168	2,833,397	6,099,040	5,280,404
PER	10.55	6.56	8.80	6.35	17.91	11.83	21.09	11.06		
PBR	1.98	1.23	1.50	1.08	1.51	1.00	2.06	1.08	2.25	1.94

기업가치 지표 (단위 : 억원, 주, %, 배)

IFRS 연결		2017/12	2018/12	2019/12	2020/12	2021/06
Per Share						
EPS	(원)	5,421	6,024	3,166	3,841	2,435
EBITDAPS	(원)	9,934	11,717	8,445	9,765	5,562
CFPS	(원)	8,321	9,659	7,523	8,307	4,766
SPS	(원)	31,414	33,458	33,919	34,862	19,000
BPS	(원)	28,971	35,342	37,528	39,406	40,361
Dividends						

예를 들어 2020년 결산기에 삼성전자의 주당순이익은 3,841원이었습니다. 그리고 삼성전자의 주가는 최고 8만 1,000원에서 최저 4만 2,500원이었습니다. 앞의 자료를 토대로 삼성전자의 PER를 구해보면 최고 21.09배에서 최저 11.06배가 됩니다.

그럼 어떤 경우에 PER가 낮아지거나 높아지나요?

PER를 구하는 식을 들여다보면 PER가 낮아지기 위해서는 EPS가 같을 경우 주가가 낮아져야 합니다. 즉, 같은 EPS 수준에서 기업의 주가가 상대적으로 낮을 경우 저PER주가 되는 것입니다. 또한 주가수준이 같다면 EPS가 높은 기업의 주가가 EPS가 낮은 기업의 주가에 비해 저PER주가 됩니다. 정리해보면 저PER주란, 기업의 수익력은 높지만 상대적으로 주식시장에서 저평가받고 있는 주식입니다.

저PER주에 대한 다른 접근

1992년에 외국인투자자들에게 증시가 개방된 이후 우리 주식시장에서는 저PER주 혁명이 일어났습니다. 외국인투자자들이 PER가 낮은 종목들을 집중적으로 사들여 이 주식들의 주가가 하늘 높은 줄 모르고 올라갔지요.

단위: %

종목	상승률	종목	상승률	종목	상승률
대한화섬	390.7	한국이동통신	157.9	세방기업	122.7
삼아알미늄	280.5	고려시멘트	156.4	만호제강	121.8
삼나스포츠	261.0	한농	151.6	건설화학	118.6
백양	244.1	혜인	149.1	고려종합운수	117.7
남영나이론	236.4	고려제강	147.0	성보화학	117.0
신영	224.6	동아타이어	146.2	삼양중기	116.1
태광산업	215.2	동일고무벨트	145.5	한일시멘트	114.4
연합철강	209.4	동방아그로	143.6	대한페인트	111.8
대일화학	202.9	롯데칠성	142.3	한국카프로락탐	111.2
부산산업	198.3	오리엔트시계	141.1	롯데제과	109.4
남양유업	182.9	대웅제약	141.0	쌍방울	108.7
동양철관	175.1	경농	138.6	나산실업	108.0
계몽사	168.9	동양강철	132.9	진흥상호신용금고	107.2
삼양사	168.9	삼영무역	131.7	백화	106.7
조광페인트	166.9	한일철강	128.0	조일알미늄	105.4
송원산업	163.3	한국타이어	127.9	보락	104.7
태창	161.4	신풍제지	127.9	동양석판	102.1
대한제당	160.0	대영전자	127.2		

당시 저PER종목들의 주가가 얼마나 높게 올라갔는지를 살펴볼 필요가 있습니다. 외국인에게 주식시장이 개방되기 3개월 전인 1991년 10월 초부터 1992년 2월 말까지 저PER종목의 주가수익률을 살펴보면 가장 높은 상승률을 기록한 종목은 대한화섬으로 390.7%였습니다. 기타 기업들은 당시 주가가 두 배 이상 뛰어오른 종목입니다.

이렇게 주식시장에서 단기간에 주가가 두 배 이상으로 뛰어오르는 일이 벌어지자 시장에서는 너 나 할 것 없이 모두 저PER주 찾기에 혈안이 되었습니다. 그런데 여기서 당시의 상황을 엿볼 수 있는 중요한 기사를 하나 살펴보겠습니다.

저PER(주가수익비율) 종목들 1월 중 31.8%나 올라

증시 개방 이후 기업가치에 비해 현재의 주가가 낮게 평가된 저PER(주가수익비율)종목의 오름세가 지속되면서 PER수준에 따라 주가가 크게 재편된 것으로 나타났다. 12일 한양증권이 지난 1월 중 총 6백 6개 상장회사의 PER수준별 주가상승률을 조사한 결과, 시장전체의 월말 가중평균주가는 연초 대비 5.6% 올랐으나 PER 7.0 이하의 저PER종목 70개 사의 주가는 31.8%나 올랐다. 이 밖에 PER 7.1~14.0의 223개 사는 13.9%, PER 14.1~21.0의 129개 사는 4.5%, PER 21.0이상의 고PER종목 184개 사 1.4% 등으로 나타나 지난 1월의 활황장세 기간 중 PER가 낮을수록 주가의 오름폭이 컸던 것으로 나타났다. 그러나 동일한 PER 수준에서의 가격대별 주가오름폭을 보면 주가의 높낮이에 관계없이 고른 상승폭을 나타내고 있는 것으로 나타났다. 증시관계자는 증시 개방과 함께 저PER종목에 대한 투자자들의 관심이 부쩍 높아졌으며 효율적인 투자판단을 위해서는 주당순이익(EPS)의 변화로 대폭적인 PER변화가 이루어질 12월 결산법인의 실적발표에 관심을 기울여야 할 것이라고 지적했다. 그러나 연초에 부도를 냈던 신한인터내쇼날, 양우화학의 경우 PER수준이 시장평균에 비해 훨씬 낮았다는 점에 비추어 PER 지표가 투자판단의 절대적인 지표는 아니라고 강조했다.

한국경제신문(1992. 2. 12.)

위 기사를 읽어 보면 저PER주 중에서도 부도가 나는 회사가 있음을 알 수 있습니다. 따라서 단순히 PER가 낮다고 해서 주식을 매수해서는 안 되겠지요. 왜 저PER주에서 부도와 같은 현상이 일어나는 걸까요? 그걸 알기 위해서 우리는 PER 지표를 수학적으로 조작해볼 필요가 있습니다. 현금흐름할인을 이용해서 기업가치를 계산했던 것을 잠시 떠올려보겠습니다. 정률성장을 가정한 배당평가 모형에 의할 경우 주가는 다음과 같이 평가해볼 수 있었습니다.

$$P = \frac{D_1}{K_e - A}$$

그런데 여기서 한 가지 살펴볼 것은 기업이 어떤 과정을 거쳐서 배당을 하는가입니다. 기업은 당기순이익이 발생하면 그중에서 회사가 유보해야 하는 금액을 먼저 제한 후 나머지 배당가능한 이익으로 주주들에게 배당을 합니다.

그렇다면 배당을 나타내는 $D_1 = EPS(1-b)$로 표시할 수 있을 것입니다(b=유보율). 즉, 어떤 회사가 주당순이익이 1,000원인데 유보율이 40%라면 이 회사의 주당배당은 1,000(1−0.4)=600으로 600원이 됩니다.

그렇다면 주가를 구하는 식은 다음과 같이 써볼 수 있습니다.

$$P = \frac{EPS(1-b)}{K_e - A}$$

이 식은 다시 다음과 같이 표현될 수 있습니다.

$$\frac{P}{EPS} = PER = \frac{(1-b)}{K_e - A}$$

무엇이 PER에 영향을 끼치는가?

이렇게 보면 PER라는 것이 어떤 것들로부터 영향을 받는지를 알 수 있습니다. PER는 기업의 유보율, 자기자본비용(위험계수), 그리고 성장률에 의해 결정됩니다. 그럼 이 요인들이 PER에 어떻게 영향을 주는지 하나씩 살펴보겠습니다.

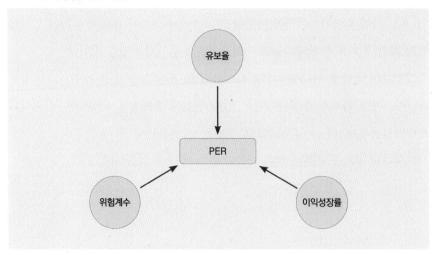

유보율 ┃ 어떤 주식이 저PER가 되기 위해서는 먼저 기업의 유보율이 높아져야 합니다. 기업의 유보율이 높아지면 그렇지 못한 기업에 비해 PER가 낮아짐을 위식을 통해서 알 수 있습니다. 유보율이 높다는 것은 기업이 불황에서도 잘 견뎌낼 수 있는 여력이 충분하다는 것으로 이해할 수 있습니다.

자기자본비용 ┃ 저PER가 되기 위해서는 기업의 자기자본비용이 높아져야 합니다. 그런데 여기서 기업의 자본비용이 높다 또는 낮다는 것이 어떤 의미인지를 살펴볼 필요가 있습니다. 예를 들어 우리가 은행에서 돈을 빌려온다고 생각해봅시다. 그럼 우리는 돈을 빌려온 대가로 이자를 치러야 하지요. 이때 이자를 자본비용이라고 합니다. 만약 나의 신용이 높으면 상대적으로 낮은 이자율로, 신용도가 낮으면 상대적으로 높은 이자율로 자본비용이 들어갑니다. 그렇다면 기업의 자기자본비용이 높다는 것은 회사의 위험도가 크다는 의미이고, 반대의 경우는 회사의 위험도가 낮다는 의미겠지요. 따라서 자기자본비용은 위험계수로 볼 수 있습니다. 그러니 상대적으로 위험이 높은 기업의 PER가 낮아집니다. 앞서 읽어본 신문기사의 경우 부도 기업들이 저PER 대열에 합류할 수 있었던 것도 바로 위험계수가 높아져서 주가가 떨어졌기 때문으로 판단할 수 있습니다.

성장률 │ 성장률은 어떻게 판단할 수 있을까요? 성장률이 낮은 기업의 PER는 낮아집니다. 반대로 본다면 성장률이 높은 기업의 PER는 높아집니다. 시장에서 기업의 성장률이 높아지면 이를 반영하여 주가가 높게 오를 것이기 때문입니다. 그러므로 PER는 성장산업에 속한 기업의 경우 높게 오르는 경향이 있고 그렇지 못한 산업에 속한 기업의 경우 낮게 떨어지는 경향이 있음을 기억하면 됩니다.

결론적으로 살펴보면 PER는 투자에 있어 매우 중요한 지표임에는 분명하지만 단순히 높고 낮음만으로 투자에 적용해서는 안 됩니다. PER가 낮은 경우 이 기업이 실제로 저평가되어 있는지, 아니면 기업의 위험이 높아서인지, 그것도 아니면 더 이상 성장할 수 없는 상황이기 때문인지 꼼꼼히 분석하는 지혜가 필요합니다. PER를 지표로 삼아 투자하려면 단순히 지표만 보지 말고 종합적인 판단을 할 수 있어야 한다는 것을 잊지 마세요.

PER를 이용하여 주가를 예측하라

미래의 주가를 정확하게 산정하는 것은 매우 힘든 일입니다. 하지만 힘들다고 해서 아무것도 하지 않는 것보다는 무언가 만들어보는 것이 중요하다는 것은 말할 필요도 없겠지요. PER 지표를 이용해서 주가를 예측하는 방법을 생각해봅시다. 생각보다는 간단한 아이디어에서 출발할 수 있습니다.

PER=P/EPS라고 했으니 P=EPS×PER가 됩니다. 즉, 주당 순이익에 PER를 곱해서 구할 수 있습니다. 예를 들어 어느 회사의 주당순이익이 2,000원인데 이 회사의 PER가 15배라고 한다면 이 회사의 주가는 2,000×15=3만 원이 됩니다.

그런데 여기서 생각해야 하는 것은 과연 어떤 PER를 대입할 것인가 하는 것인데요, 일반적으로 다음과 같은 것들을 사용하고 있습니다.

● 해당 기업의 과거 평균 PER: 이 방법은 해당 기업의 정상적인 PER를 과거의 평균적인 PER로 보는 것입니다. 모든 지표는 평균으로 모인다는 것을 전제로 합니다.

● 산업의 평균 PER: 해당 기업이 속한 동종 산업의 PER를 이용하는 방법입니다. 금융업종이면 금융업종의 평균 PER를, 조선업종이면 조선업종의 평균 PER를 사용하면 됩니다.

● 이론적인 PER를 구해서 사용하는 방법: 이론적인 PER는 앞에서 살펴봤던 공식을 이용하는 것입니다. 즉, PER=$(1-b)/(K_e-A)$에 각 구성항목을 대입해서 구합니다. 그런데 이때 한 가지 문제가 되는 것은 기업의 성장률을 어떻게 구할 것인지의 문제입니다. 일반적으로 기업의 성장률은 '유보율×자기자본이익률'로 구합니다. 이를 식으로 써보면 A=b×ROE가 되고 다시 위의 식에 대입해보면 PER=$(1-b)/K_e-b×ROE$와 같이 구할 수 있습니다.

이렇듯 PER 지표는 분명 현실세계에서 투자를 할 때 매우 유용한 지표임에는 분명합니다. 하지만 단순히 PER가 낮다는 측면에서 접근한다면 매우 위험한 투자에 빠집니다. 그 이유는 PER 지표가 가지고 있는 성질 때문이지요. 저PER주는 실제로 회사가 저평가되어 있을 수도 있지만 그렇지 않은 경우 부도와 같은 큰 위험으로 인해 주가가 하락하여 PER가 낮아진 것일 수도 있습니다. 또한 기업의 성장가능성이 낮은 경우에도 PER는 낮아질 수 있지요. 그러므로 PER 지표를 이용해서 투자에 적용할 경우 여러 가지 변수를 고려해야 합니다.

끝으로 PER 지표에 대해 사람들이 어떤 생각을 하고 있었는지 신문기사의 한 토막을 살펴보겠습니다.

저PER 맹신에 "비판의 소리"

저PER(주가수익비율)종목에 대한 투자자들의 관심이 높아지면서 투자지표로서 PER가 지닌 유용성에대한 재평가작업도 활발해지고 있다. PER가 과연 개별 종목 주가의 높고 낮음을 판단하는 완벽한 지표가 될 수 있는가 하는 점이다. 최근 조정양상을 보이고 있지만 저PER종목은 폭발적인 매수세에 힘입어 올 들어 상위종목을 휩쓸고 있다. (중략)

일부 전문가들은 증시가 최근 종합주가지수 600선이 붕괴되는 심각한 국면에 처한 것도 이 같은 맥락에서 파악하고 있다. 저PER종목이 선호되면 선호될수록 고PER종목은 기피될 수밖에 없어 고PER종목이 주로 속한 금융주와 대형제조주의 하락세를 초래함으로써 주가지수하락을 가속화시키고 있다는 설명이다. 그러나 저PER종목의 최근 매매상황은 주가가 제자리를 찾아가는 단계를 지나쳐 과열양상을 빚고 있다는 것이 전문가들의 대체적인 인식이다. 투자지표로서 PER가 지닌 유용성이 비록 선진증시에서도 경험적으로 입증됐다고 하지만 PER가 제공하는 정보의 한계에 대해 냉철한 검토가 부족하다는 것이 이들의 지적이다.

투자지표로서 PER가 지닌 한계는 주가를 해당 기업의 연간 주당순이익으로 나누어주는 산출방식을 살펴봄으로써 쉽게 드러난다. 분모로 사용된 주당순이익이 크면 클수록 PER는 낮아지는데 해당 기업이 설령 경상실적에서 적자를 보더라도 부동산매각 등으로 당기순이익이 대규모 흑자를 기록할 경우 PER는 떨어질 수 있다. 따라서 PER의 높고 낮음으로써 우량기업 여부를 가리는 것은 오류를 빚을 우려가 크다. 보다 근본적인 한계는 PER가 미래의 기업가치를 감안한 것이 아닌 실적치만을 반영한 것이라는 점에 있다. 기업의 최근 이익실적치가 비교적 큰 데 비해 주가는 향후 불투명한 영업전망을 반영하여 낮게 형성될 경우 PER는 낮게 나타날 수 있다. (중략)

전문가들은 PER가 유용한 지표인 것은 틀림없지만 우량기업 선별을 위해서는 PER와 함께 경제기조. 업종전망. 기업의 성장잠재력에 대한 보조지표의 활용이 반드시 필요하다고 강조하고 있다.

한국경제신문(1992. 4. 4.)

HTS에서 저PER주 찾아보기

HTS를 통해서 저PER주를 찾으려면 랭킹분석을 통해서 찾을 수 있습니다. [리서치] ⋯ [기업분석] ⋯ [랭킹분석] ⋯ [지표순위]에서 PER를 이용해서 오름차순으로 정렬을 해보면 다음과 같은 화면이 나옵니다.

1	[1703] 기업분석 - 랭킹분석											

기업개요 기업분석 ETF정보 리서치동향 컨센서스 **랭킹분석** 부가정보 종목별증자예정현황 IR정보

조회정보설정 ○업종랭킹 ●지표순위

업종별 순위 | 지표별 순위

랭킹분석 기준 유가증권시장 ▽ 항목 개별 ▽ 전체 ▽ 조회

지표별 순위 [유가증권시장 | 개별 | 전체 | 최근결산월가준] 단위 : %, 원, 배 ⬇ Download ▼ Show Columns

No	종목명	시장	부채비율	유보율	매출액증가율	EPS증가율	ROA	ROE	EPS	BPS	▲ PER	PBR	EV/EVITA
721	넥솔론	유	3,155.59	N/A	-41.10	흑전	50.17	완전...	1,855	94	0.47	9.26	N/A
133	동양	유	16.05	720.81	13.47	-22.12	66.72	94.14	2,676	4,113	1.04	0.67	27.44
473	한솔로지스...	유	122.52	354.83	-4.05	6,187.66	38.16	64.92	1,579	2,440	2.18	1.41	16.86
229	사조대림	유	73.95	499.84	5.91	1,740.59	16.22	29.98	7,897	29,992	2.33	0.61	18.35
258	SK	유	53.23	80,408.07	4.60	2,010.51	56.05	92.79	101,...	174,634	2.37	1.38	73.11
423	일성신약	유	15.29	3,048.10	-1.73	2,350.18	26.52	30.56	37,163	157,405	3.08	0.73	56.92
50	티에이치앤	유	233.55	666.04	34.09	54.52	5.13	19.40	592	3,830	3.10	0.48	5.62
328	한국전력	유	99.89	1,556.83	2.10	877.57	9.87	21.06	15,835	82,842	3.16	0.60	7.19

그림에서는 유가증권시장의 넥솔론이 0.47배의 PER로 가장 낮은 수준을 보여 주고 있습니다. 그러나 앞서 살펴본 바와 같이 PER 수준이 낮다고 해서 무조건 저평가되었다고 볼 수 없다는 것을 상기해야 합니다. 실제 저PER주인지 알아보 기 위해 조건검색을 해보겠습니다.

조건검색의 예를 하나 살펴봅시다. PER는 기업의 실적이 나쁘거나 성장가능 성 등이 떨어져서 주가가 하락해도 낮은 수준을 보여주는 경우가 많습니다. 따라 서 다음과 같은 조건으로 종목을 검색할 수 있습니다. ❶ PER 수준이 시장의 평 균적인 수준인 7배 이하인 종목 ❷ 순이익률이 10배 이상인 종목 등 두 가지 조건 을 이용해서 종목을 골라내봅시다. ❶ 먼저 왼쪽의 재무분석 > 주가지표 > PER를 클릭하고 ❷의 두 번째 줄에서 0 이상 7 이하로 설정한 후 ❸ 추가 버튼을 클릭하면 ❹ 부분에 조건항목이 생깁니다. 같은 방식으로 ❶ 왼쪽 메뉴에서 재무분석 > 수

익성분석 > 순이익률을 클릭하고 ❷의 첫 번째 줄에서 10 이상을 설정한 후 ❸ 추가 버튼을 클릭하면 ❹ 부분에 조건항목이 추가됩니다. 이제 ❺ 검색을 클릭하면 다음 그림과 같은 결과를 얻을 수 있습니다.

▽ 홈 ···▸ 조건검색

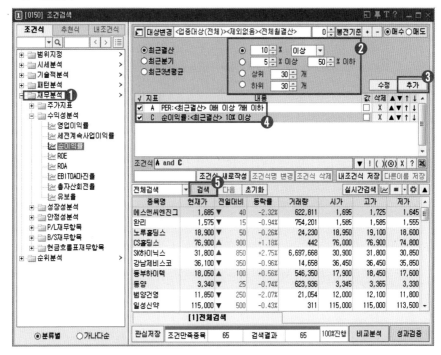

위 조건을 충족하는 종목은 모두 65개 종목입니다. 그 종목들의 이름을 나열해 보면 에스앤씨엔진그룹, 완리, 노루홀딩스, CS홀딩스, SK하이닉스 등등이 나옵니다. 결국 이 종목들이 시장에서 저평가된 종목이라고 볼 수 있습니다.

02

주가순자산비율 PBR, 저PBR주

PBR 지표로
별걸 다 알게 된다

PER 지표가 기업의 수익력에 대한 시장의 평가를 측정한 것이라면 주가순자산
비율PBR, Price Book-value Ratio인 PBR는 기업의 순자산가치가 시장에서 얼마만큼의 평
가를 받고 있는지를 측정하는 지표로 볼 수 있습니다.

 기업의 순자산이란 무엇을 말하는 것일까요? 기업의 순자산은 '총자산-총부
채', 즉 기업의 자기자본을 말하는 것입니다. 이를 민주상사의 예를 들어 그림으
로 표시해보면 아래와 같습니다.

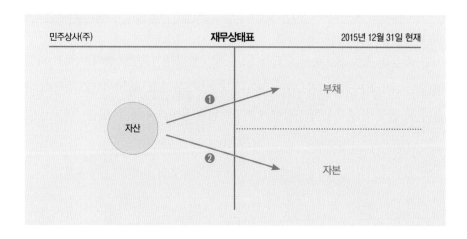

주식회사 민주상사의 재무상태표를 통해 본다면 자산에서 부채를 뺀 나머지 자본항목이 민주상사의 순자산이 됩니다. 그런데 이는 다른 쪽에서 생각해보면 다음과 같습니다. 만약 민주상사가 지금 당장 청산을 한다고 가정해봅시다. 그러면 민주상사는 회사의 자산으로 먼저 부채를 상환해야 할 것입니다. 이렇게 부채를 상환하고 남은 것이 바로 기업의 주주들이 나누어 갖는 잔여재산인데, 이 잔여재산의 크기가 바로 순자산입니다.

이렇게 구해진 순자산은 장부에 나타난 금액입니다. 이를 발행주식수로 나눈 것을 주당순자산BPS, Book-value Per Share 이라 합니다. 따라서 BPS는 기업이 청산할 경우 주식 1주가 가지고 있는 자산가치를 말합니다. BPS가 시장에서 얼마만큼의 가치를 인정받고 있는지를 나타낸 것이 바로 주가순자산비율이지요. 이를 공식화하면 다음과 같습니다.

$$PBR = \frac{P}{BPS}$$

PBR의 경우 BPS가 일정하다고 생각할 경우 주가(P)가 낮은 수준이라면 PBR도 낮게 나타날 것입니다. 또한 주가가 일정한 수준인데 반해 BPS가 높으면 이 또한 PBR가 낮게 나타날 것입니다. 결국 PBR 수준이 낮은 주가는 기업의 BPS에 비해 시장에서 저평가되어 있다고 판단해야 합니다.

우리 시장에서 가장 대표적인 자산주인 태광산업의 예를 들어봅시다. 2020년 말 기준 태광산업의 주당순자산이 322만 5,004원이었습니다. 2020년 중 주가가 496,000원~107만 9,000원에서 움직였으므로 태강산업의 PBR는 0.15배~0.33배 사이에서 형성되었습니다. 이를 통해 기업이 청산할 경우 주가가 청산가치에도 미치지 못하는 상태였다는 것을 알 수 있습니다.

기업개요 | 기업분석 | ETF정보 | 리서치동향 | 컨센서스 | 랭킹분석 | 부가정보 | 종목별증자배정현황 | IR정보

00?2410 ▼Q 20% 대양산업 경정 ○Snapshot ○기업개요 ○재무제표 ○재무비율 ◉투자지표 ○경쟁사비교
재무차트 ○Disclosure ○컨센서스 ○지분분석 ○업종분석 ○금감원공시 ○IR정보

주가관련 지표 (단위 : 억원, 배)

IFRS 연결	2017/12		2018/12		2019/12		2020/12		2021/12	
	최고	최저	최고	최저	최고	최저	최고	최저	최고	최저
주가 (원)	1,328,000	883,000	1,699,000	1,170,000	1,749,000	974,000	1,079,000	496,000	1,300,000	787,000
시가총액	14,786	9,831	18,917	13,027	19,473	10,845	12,014	5,522	14,474	8,762
PER	10.65	7.08	8.84	6.08	14.31	7.97	11.35	5.22		
PBR	0.50	0.33	0.56	0.39	0.56	0.31	0.33	0.15	0.36	0.22

기업가치 지표 (단위 : 억원, 주, %, 배)

IFRS 연결		2017/12	2018/12	2019/12	2020/12	2021/06
Per Share						
EPS	(원)	124,662	192,300	122,200	95,038	180,182
EBITDAPS	(원)	363,657	426,367	289,219	107,960	210,077
CFPS	(원)	271,691	320,922	238,944	154,910	197,719
SPS	(원)	2,618,846	2,792,134	2,030,465	1,563,309	1,063,662
BPS	(원)	2,671,790	3,013,073	3,110,701	3,225,004	3,563,000

반면 박셀바이오의 경우를 살펴보겠습니다.

기업개요 | 기업분석 | ETF정보 | 리서치동향 | 컨센서스 | 랭킹분석 | 부가정보 | 종목별증자배정현황 | IR정보

323990 ▼Q◄› 30% 박셀바이오 경정 ○Snapshot ○기업개요 ○재무제표 ○재무비율 ◉투자지표 ○경쟁사비교
재무차트 ○Disclosure ○컨센서스 ○지분분석 ○업종분석 ○금감원공시 ○IR정보

주가관련 지표 (단위 : 억원, 배)

IFRS 개별	2017/12		2018/12		2019/12		2020/12		2021/06	
	최고	최저	최고	최저	최고	최저	최고	최저	최고	최저
주가 (원)	0	0	0	0	0	0	167,300	10,650	269,500	85,500
시가총액							25,172	1,602	40,549	13,016
PER							N/A	N/A		
PBR							72.61	4.62	124.23	39.41

기업가치 지표 (단위 : 억원, 주, %, 배)

IFRS 개별		2017/12	2018/12	2019/12	2020/12	2021/06
Per Share						
EPS	(원)		-694	-117	-293	-139
EBITDAPS	(원)		-257	-356	-299	-161
CFPS	(원)		-690	-99	-279	-131
SPS	(원)		0	0	0	0
BPS	(원)		-1,233	697	2,304	2,169

2020년 신규상장한 바이오기업인 박셀바이오의 경우 2020년 말 기준 주당순자산이 2,304원이었는데 주가는 1만 650원~16만 7,300원에 형성되었으므로, 박셀바이오의 PBR가 4.62배~72.61배 사이에서 형성되었음을 볼 수 있습니다. 다시 말하면 박셀바이오의 경우 회사의 청산가치를 훨씬 웃도는 수준의 주가가

형성되었다고 판단할 수 있지요.

저PBR주에 대한 다른 접근

1992년 초 광풍과도 같았던 PER혁명의 소용돌이 속에 피어난 것이 바로 자산주에 대한 투자였습니다. 시장에서 저PER주들이 엄청난 수익을 거두자 사람들은 또 다른 지표를 찾아내기 시작했는데 그 지표가 바로 PBR 지표였습니다. 신문기사 내용을 통해 당시의 상황을 살펴보겠습니다.

저PBR주 강세현상 분석… 보수적 투자 선회 반증

증시가 약세를 보이고 있는 가운데서도 PBR(주가순자산비율)가 낮은 종목들이 강세를 나타내고 있어 관심을 끌고 있다. (중략)

저PBR종목들이 최근 들어 돌연 각광을 받게 된 데는 몇 가지 원인이 작용하고 있다. 우선 올해 들어서도 상장기업들이 부도 또는 법정관리를 신청하는 사태가 그치지 않고 있는 데 대한 보수적인 투자자세로의 선회를 꼽을 수 있다. PBR는 현재주가를 해당 기업의 주당순자산으로 나눠 산출되는 비율로 일종의 청산가치이기도 한 것이어서 저PBR주에 대한 투자는 타종목에 비해 투자위험을 줄일 수 있다는 매력이 있기 때문이다. 다른 하나는 다분히 투자심리적인 요소와 관련이 있다. 충남방적 일신방직 동국방직 등 섬유관련 종목들이 외국인매수 기대감을 업고 금주 초부터 두드러진 강세를 나타냈는데 이들 종목의 PBR가 낮다는 점이 부각되면서 이후 일반매수세가 저PBR종목군으로 확산돼가는 양상을 보이고 있다. 고가주 가운데 상당수가 저PBR종목이란 점도 투자심리를 부추기고 있다. (중략)

그러나 증권관계자들은 저PBR주가 올해 들어 주도주로 자리 잡은 저PER(주가수익비율)주를 밀어내고 새로운 주도주로서 각광을 받게 될 가능성은 크지 않다고 분석하고 있다. 저PBR주의 강세는 상장기업의 부도 또는 법정관리신청 등의 여파가 채 가시지 않고 있는 가운데 저PER주의 물량확보가 쉽지 않다는 점에서 발생한 일시적인 현상이라는 해석이다.

한국경제신문(1992. 3. 5.)

언론에서의 이러한 평가에도 불구하고 자산주 개념의 PBR 지표 역시 PER와 함께 우리 시장에서 중요한 위치를 차지하고 있는 것은 분명한 사실입니다. 하지만 PBR 지표도 PER 지표와 마찬가지로 단순히 그 배수가 낮다고 해서 무조건 투자

하면 낭패를 보고 맙니다. 따라서 PBR 지표의 성질에 대해서 면밀하게 검토해야 합니다.

그렇다면 PBR 지표는 어떤 요인들에 의해 결정되는지 살펴보겠습니다. 정률 성장을 가정한 배당평가모형에 의할 경우 주가는 다음과 같이 평가해볼 수 있었습니다.

$$P = \frac{D_1}{K_e - A}$$

이는 다음과 같이 쓸 수 있음을 앞에서 살펴보았습니다.

$$P = \frac{EPS(1-b)}{K_e - A}$$

여기서 기업의 자기자본이익률인 ROE를 다음과 같이 생각해볼 수 있습니다. ROE는 '당기순이익/자기자본총계'인데 분자와 분모를 주식수로 나눠보면 ROE=EPS/BPS와 같이 구할 수 있다는 것이죠. 즉 기업의 ROE는 자기자본에 대한 수익률을 나타내는 지표인데 이는 위 식에서와 같이 주당순자산에 대한 주당이익의 비율로도 나타내볼 수 있는 것입니다. 그렇다면 주당순이익은 다음과 같이 표현할 수 있습니다.

$$EPS = BPS \times ROE$$

이것을 대입해보면 주가를 구하는 식은 다음과 같습니다.

$$P = \frac{BPS \times ROE \times (1-b)}{K_e - A}$$

위 식을 적절히 변형시켜보면 다음과 같은 결과를 얻을 수 있습니다.

$$\frac{P}{BPS} = PBR = \frac{ROE \times (1-b)}{K_e - A}$$

무엇이 PBR에 영향을 끼치는가?

앞에서와 같이 PBR가 어떤 것들로부터 영향을 받는지 알 수 있겠지요? PBR 역시 기업의 유보율, 자기자본비용(위험계수), 성장률에 의해 영향을 받습니다. 그리고 하나 더, PBR는 ROE에 의해 결정됩니다. 그런 점에서 본다면 기업의 PBR라는 것은 PER×ROE로 구할 수도 있을 것입니다. 그렇다면 각각의 요소들이 PBR에 어떻게 영향을 미치는지 살펴보겠습니다.

유보율 ┃ 어떤 주식이 저PBR주가 되기 위해서는 먼저 기업의 유보율이 높아져야 할 것입니다. 기업의 유보율이 높아지면 그렇지 못한 기업에 비해 PBR가 낮아짐을 위 식을 통해서 알 수 있습니다.

자기자본비용 ┃ 기업의 자기자본비용은 저PBR주가 되기 위해서는 높아져야 합니다. 즉 기업의 위험도가 높아야 한다는 것이지요. 기업의 위험도가 높아지면 주가가 떨어져 상대적으로 저PBR주가 됩니다.

성장률 ┃ 저PBR주가 되기 위해서는 성장률이 낮아져야 할 것입니다. 성장률이 낮다면 투자자들이 그런 주식은 매수를 피할 것이고 그러면 주가가 떨어져 PBR 수준이 낮아집니다. 반대로 성장률이 높다는 것은 기업의 주가를 높이는 요인이 되어 PBR 수준을 높이게 됩니다.

ROE ┃ ROE는 낮아져야 합니다. 만약 ROE가 높다면 시장에서 이를 알게 된 투자자들이 주식을 매수하여 주가가 상승할 것입니다. 그러므로 ROE가 높은 기업의 주가가 상승하여 PBR가 높아지고 반대로 ROE가 낮은 기업은 투자자들이 주식을 내다 팔아 주가가 떨어지므로 PBR가 낮아지는 것입니다.

▼ PBR 지표에 영향을 주는 요인들

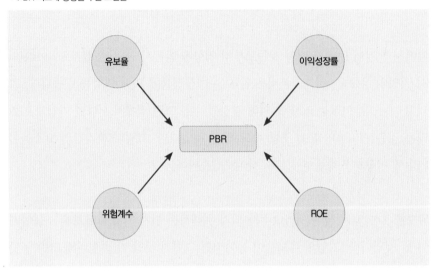

그렇다면 PBR를 이용하여 투자의사결정을 하는 한 가지 방법을 살펴봅시다. 바로 PBR 수준과 ROE를 이용하여 분석하는 방법입니다. 앞에서 살펴본 바와 같이 ROE가 높으면 PBR도 높아지고 반대로 ROE가 낮으면 PBR도 낮아집니다. 이것을 그림으로 나타내면 다음과 같습니다.

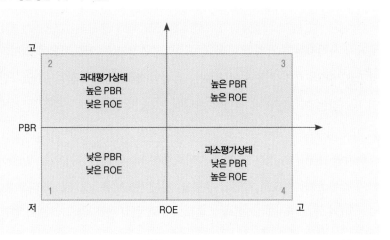

출처: Damodaran A., Investment Valuation, Wiley, 1996, p. 328

위 그림을 통해 볼 때 1사분면과 3사분면은 이론적인 상황과 들어맞습니다. 하지만 2사분면과 4사분면의 경우 이론적인 관계가 성립하지 않습니다. 먼저 2사분면에 나타나는 ROE는 낮은데 반해 PBR가 높은 경우는 분명히 자산가치에 비해 주가가 과대평가되어 있는 것입니다. 이런 주식은 매도를 통해 위험을 관리해야 합니다. 반대로 4사분면에서 나타는 바와 같이 ROE는 높은데 PBR가 낮은 상황이라면 이는 실제로 회사가 보유한 자산가치에 비해 주가가 저평가되어 있는 것입니다. 이런 주식을 시장에서 골라내어 매수한다면 투자성과는 좋아질 것으로 판단됩니다.

결론적으로 살펴보면 PER의 경우와 마찬가지로 PBR의 경우도 투자에 있어 매우 중요한 지표임에는 분명하지만 역시 단순히 높고 낮음만으로 투자에 적용해서는 안 됩니다. 즉 PBR가 낮은 경우 이 기업이 실제로 저평가되어 있는지, 아니면 기업의 위험도가 높아서인지, 그렇지 않으면 더 이상 성장할 수 없는 상황이기 때문인지를 판단해야 합니다. 또한 자기자본이익률인 ROE와 PBR의 관계를 꼼꼼히 따져서 PBR 지표를 똑똑하게 사용해야 합니다.

PBR 지표에 대한 추가적인 논의사항들

주가가 자기자본의 가치를 나타내는 것이라면 PBR는 이론적으로 얼마가 되어야 할까요? 여러 가지 의견들이 있겠지만 만약 정확하게 측정될 수 있다면 시장에서 평가받는 PBR는 1이 되어야 합니다. 그렇지 않을까요? 주식의 가치라는 것이 바로 장부상에 나타나는 자본항목의 가치와 일치해야 하니까요.

하지만 대부분의 경우 PBR가 정확히 1이 되지 않습니다. 이는 앞에서 살펴본 바와 같이 PBR 지표가 기업의 유보율, 자기자본비용, 성장률 그리고 ROE에 영향을 받기 때문입니다. 이외에도 PBR가 1이 되지 않는 데는 다음과 같은 이유들이 있습니다.

PBR를 산출하는 데 사용되는 주가와 주당순자산은 서로 계산되는 시점의 차이가 있을 수 있습니다

주가는 현재 또는 미래의 상황이 포함된다고 보는 것이 일반적입니다. 하지만 장부상에 나타나는 순자산은 과거의 내용을 담고 있는 것이기 때문입니다.

주당순자산과 주가는 정보에 있어 차이가 날 수 있습니다

주당순자산은 장부상에 나타나는 자기자본의 가치만을 담고 있는 반면 주가는 자기자본에 대한 내용뿐 아니라 기업의 전체 자산에 대한 정보를 내포하고 있다는 점에서 차이가 날 수 있습니다.

위에서 제시된 문제점들을 해결할 수 있는 방법은 분석가가 그 기업에 대해 많은 지식을 가지고 있는 상태에서 재무항목들을 적절히 조정하는 방법이 있을 것입니다. 하지만 이럴 경우 분석가의 자의적인 해석이 개입될 여지가 있다는 점이 문제시될 수 있습니다.

또한 PBR에 영향을 미치는 요인 중에 자기자본이익률ROE이 있습니다. 앞서 살펴본 재무비율분석에서 자기자본이익율을 다음과 같이 표현한 적이 있습니다.

$$\text{자기자본이익률} = \frac{\text{순이익}}{\text{매출액}} \times \frac{\text{매출액}}{\text{총자산}} \times \frac{\text{총자산}}{\text{자기자본}} = \text{매출액이익률} \times \text{총자산회전율} \times \text{레버리지}$$

따라서 PBR 지표는 기업 이익의 질적인 지표인 PER는 물론이고 수익성, 활동성, 그리고 안전성까지 모든 항목들을 관찰할 수 있는 말 그대로 종합적인 지표라는 것을 알 수 있습니다.

이렇듯 PBR 지표는 기업의 장부가치를 바탕으로 주가를 판단해보는 지표라는 점에서 상당히 객관적인 지표입니다. 물론 이 지표를 사용하기 위해서는 기업의 회계 관행이 투명해야 합니다. PBR 지표를 제대로 사용하기 위해서는 투자자 입장에서도 어느 정도 회계적인 지식이 있어야 합니다. 또한 이 지표를 사용하는 데 있어 신문이나 분석보고서에 나오는 것처럼 단순히 지표의 높고 낮음에 기초해서 투자판단을 해서는 안 됩니다. 이 지표도 기업의 유보율, 자기자본비용, 성장률 그리고 자기자본이익률 등 매우 복잡한 상황이 얽혀서 나타는 것이기 때문에 무엇보다 그 기업에 대한 정확한 판단이 선행되어야 합니다.

HTS에서 저PBR주 찾아보기

HTS의 조건검색을 통해서 보면 PBR-ROE 기준의 종목들을 찾아볼 수 있습니다. 일반적으로 PBR는 1배 미만이 되면 저평가된 것으로 봅니다. 하지만 그래도 보다 엄격한 기준의 저평가 영역으로 보기 위해 PBR가 0.5배 이하인 종목들 중에서 ROE가 적어도 15% 이상인 종목들을 조건검색으로 찾아봅시다. 다음과 같은 결과를 얻을 수 있습니다.

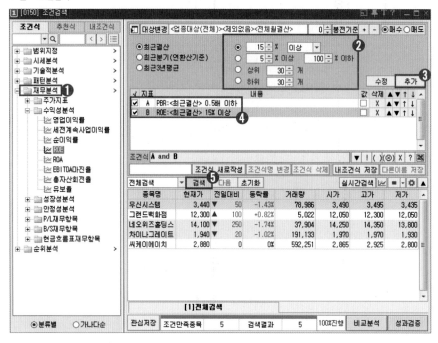

　　위 조건을 만족하는 종목은 우신시스템, 그랜드백화점, 네오위즈홀딩스, 차이나그레이트, 씨케이에이치 등 모두 다섯 개 종목입니다. 앞서 살펴본 내용에 의하면 이 종목들이 저평가 영역에 있다고 볼 수 있습니다.

03

주가매출액비율 PSR, 저PSR주

PSR 지표가 신생기업의
가치평가를 맡는다

기업들 가운데는 가끔 PER나 PBR를 이용하여 기업가치를 평가할 수 없는 경우가 있습니다. 왜일까요? PER의 경우 '주가/주당순이익'으로 계산되는데 만약 기업이 적자를 내고 있다면 이런 기업은 분석을 할 수 없습니다. 또한 PBR의 경우도 자본잠식으로 기업의 순자산가치가 (−)를 기록하고 있는 기업이라든지 아니면 새로 창업한 기업의 경우 그 자산가치를 제대로 평가하는 것은 매우 어려운 일이기 때문입니다.

또 한 가지 생각해볼 문제는 기업들의 회계이익 조작가능성입니다. 2000년대 들어 국내외에서 대규모 분식회계사건이 불거진 것에서 알 수 있듯이 기업들은 자신들의 입맛에 맞도록 회계처리를 하려는 경향이 있습니다. 그런 점에서 본다면 당기순이익을 바탕으로 주가를 평가하는 PER 지표의 경우 회계조작에 많이 노출되어 있음을 쉽게 짐작할 수 있습니다. 이를 보완해줄 수 있는 지표가 바로 주가매출액비율PSR, Price Sales Ratio 지표입니다. 특히 매출액은 기업의 이익지표에 비해 변동성이 크지 않고 기업의 순수한 영업활동 결과를 나타낸 보다 객관적인 지표이기 때문에 PER 지표를 보완할 수 있는 지표로 인식되고 있습니다.

PSR 지표는 1984년경부터 새로운 투자판단 기준으로 사용되었습니다. 수치
화가 비교적 용이하고 저평가된 비인기종목을 발굴하기 위한 방법으로 사용되고
있습니다. PSR 지표에 대해 다음 기사를 읽어보면 도움을 얻을 수 있습니다.

투자 포인트 / PSR 지표

장외기업 중 상당수 벤처기업이나 중소기업의 평가 기준은 성숙단계의 기업과는 달리 외형성장이 우
선적으로 강조되어야 하기에 주가매출액 비율의 평가가 유용하다 하겠다. PSR는 수치가 마이너스인
문제 기업일 경우에는 PER나 PBR와는 달리 평가가 유효하며 PER보다 변화 크기가 적어 신뢰감이
높고 매출에 대한 조직이 상대적으로 어렵기에 장기추세 관찰이 쉽다. 따라서 장외기업의 성장 기대
치 측정에 더 없이 효과적인 투자 척도라 할 것이다.

매일경제신문(1997. 6. 5.)

PSR 지표는 주가를 주당매출액SPS, Sales per Share 으로 나누어 구할 수 있습니다.
즉, '주가/주당매출액'이 됩니다. 이를 식으로 표시하면 다음과 같습니다.

$$PSR = \frac{P}{SPS}$$

위 식을 통해서 본다면 PSR를 이용하여 투자의사결정을 할 경우 만약 주가가
같은 수준이라면 주당매출액이 높은 기업은 PSR가 낮아질 것입니다. 주가는 동
일하지만 상대적으로 매출능력이 뛰어난 기업이 바로 저PSR 기업이 되는 것이
지요. 또 주당매출액 수준은 동일한 상태에서 주가가 내려가더라도 저PSR종목
이 됩니다. 위 식을 통해본다면 저PSR종목이 시장에서 상대적으로 저평가된 종
목이라고 판단할 수 있습니다.

코스닥시장에 상장된 회사인 에코프로비엠과 펄어비스의 2020년 PSR를 비교
해보면 다음과 같습니다.

■ 에코프로비엠과 펄어비스의 2020년 PSR 비교

항목	에코프로비엠	펄어비스
2020년 주가(최저/최고)	50,000 / 170,100	31,520 / 56,000
2020년 주당매출액	40,947	7,048
2020년 PSR(최저/최고)	1.22 / 4.15	4.74 / 7.94

에코프로비엠의 2020년 PSR는 1.22배에서 4.15배 사이를 기록했고, 펄어비스는 4.47배에서 7.94배 사이에서 움직였습니다. PSR를 기준으로 놓고 보면 펄어비스에 비해 에코프로비엠이 저평가되었다고 판단할 수 있습니다.

하지만 PSR도 앞서 살펴본 PER나 PBR 지표와 마찬가지로 기업의 위험이 증가하여 주가가 하락한 경우 낮아지는 현상을 보입니다. 이를 해결하기 위해 PSR의 구성요소를 살펴보는 것도 의미 있는 일입니다.

PSR 지표의 유용성을 알아보기 전에 다음 기사를 읽어봅시다.

새로운 기업가치 지표(PSR)

아마존은 지난 2년간 적자폭 확대에도 불구하고, 엄청난 주가상승률(열 배 이상)을 보여주었다. 하지만 미국에서 대표적인 고마진, 고수익 업종인 RV(자동차)와 담배회사는 오히려 소외된 종목이었다. (중략)

최근에 주가를 가늠하는 새로운 지표로 PSR(주당매출액비율)가 각광을 받고 있다. PSR란 해당 종목의 주가를 1주당 매출액으로 나눈 지표이다. PER와 마찬가지로 낮을수록 주가는 상대적으로 저렴한 것으로 평가되는데 적자기업에도 적용되는 연속성의 강점이 있다. 반도체관련주, 인터넷관련주 등 첨단벤처기업의 적정주가를 평가하는 지표로 활용되고 있다.

벤처기업의 경우 수익성보다는 성장성과 미래 가치가 중요한 투자지표인 만큼 EPS나 PER 대신 PSR를 사용하고 있다. PSR가 높다는 것은 그만큼 주가가 고평가되었다는 얘기일 수도 있으나 나스닥의 예로 보아 고평가돼 있다기보다 오히려 매출액 신장가능성, 다시 말해 성장가능성이 크다는 것이다. 즉 현재의 주가 수준에서 본 매출액 성장여력의 기대치라고도 할 수 있다. (하략)

매일경제신문(2000. 3. 4.)

기술주들의 등장과 PSR 지표의 유용성

실제로 PSR 지표는 코스닥시장이 개장되고 세계적으로 IT열풍이 불면서 각광을 받게 된 지표입니다. 이 지표는 벤처기업들의 기업가치 평가를 하는 데 많이 사용되었습니다. 위의 신문기사로 당시 상황을 간단히 살펴볼 수 있습니다.

그렇다면 PSR 지표는 어떤 요인들에 의해 결정되는지 살펴봅시다. 정률성장을 가정한 배당평가모형에 의할 경우 주가는 다음과 같이 평가해볼 수 있었습니다.

$$P = \frac{D_1}{K_e - A}$$

이는 다음과 같이 쓸 수 있음을 앞에서 살펴보았습니다.

$$P = \frac{EPS(1-b)}{K_e - A}$$

여기서 기업의 매출액순이익률(당기순이익/매출액)을 마진이라고 할 때 이는 다음과 같이 생각해볼 수 있을 것입니다.

$$Margin = \frac{EPS}{SPS}$$

즉, 기업의 마진은 매출액에 대한 수익률을 나타내는 지표인데 이는 위 식에서와 같이 주당매출액에 대한 주당순이익EPS의 비율로 나타낼 수 있습니다. 그렇다면 주당순이익은 다음과 같이 표현할 수 있습니다.

$$EPS = SPS \times Margin$$

이것을 대입해보면 주가를 구하는 식은 다음과 같습니다.

$$P = \frac{SPS \times Margin \times (1-b)}{K_e - A}$$

위 식을 적절히 변형시켜보면 다음과 같은 결과를 얻을 수 있습니다.

$$\frac{P}{SPS} = PSR = \frac{Margin \times (1-b)}{K_e - A}$$

PSR는 매출액순이익률에 의해서도 결정된다

PSR는 기업의 유보율, 자기자본비용(위험계수), 성장률 그리고 매출액순이익률인 마진에 의해 결정됩니다. 이런 점에서 본다면 기업의 PSR라는 것은 PER × Margin으로 구할 수도 있겠지요. 그렇다면 각각의 요소들이 PSR에 어떤 영향을 미치는지 살펴보겠습니다.

▼ PSR 지표에 영향을 주는 요인들

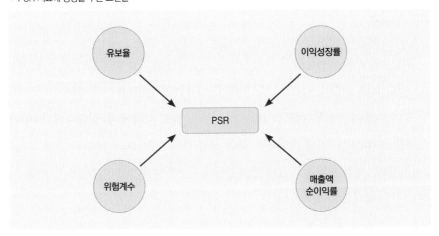

유보율 │ 주식이 저PSR가 되기 위해서는 먼저 기업의 유보율이 높아져야 할 것입니다. 기업의 유보율이 높아지면 그렇지 못한 기업에 비해 PSR가 낮아짐을 위식을 통해서 알 수 있습니다.

자기자본비용 │ 기업의 자기자본비용은 저PSR가 되기 위해서는 높아져야 합니다. 즉, 기업의 위험이 높아야 한다는 것입니다. 기업의 위험도가 높아지면 주가가 떨어져 상대적으로 저PSR주가 되는 것입니다.

성장률 │ 성장률은 낮아져야 합니다. 성장률이 낮으면 주가가 떨어져 PSR 수준을 낮아지게 하고 반대로 성장률이 높으면 기업의 주가도 올라가게 하는 요인이 되어 PSR 수준을 높아지게 합니다.

마진 │ 매출액순이익률인 마진은 저PSR가 되기 위해서는 낮아져야 합니다. 만약 마진이 높으면 시장에서 이익률이 높다는 것을 알게 된 투자자들이 주식을 매수하여 주가가 상승하게 될 것입니다. 그러므로 마진이 높은 기업은 주가가 상승하여 PSR가 높아지고 반대로 마진이 낮은 기업은 투자자들이 주식을 내다 팔아 주가가 떨어지므로 PSR가 낮아집니다.

그렇다면 PSR를 이용하여 투자의사결정을 하는 방법을 살펴볼 필요가 있습니다. 바로 PSR 수준과 마진을 이용하여 분석하는 방법입니다. 앞에서 살펴본 바와 같이 마진이 높으면 PSR가 높아지고 마진이 낮으면 PSR도 낮아집니다. 이런 관계를 그림으로 나타내면 다음과 같습니다. 먼저 PBR-ROE 모형과 마찬가지로 2사분면과 4사분면을 주의깊게 살펴봅시다. 앞의 두 모형을 이해했다면 PSR 모형도 같은 맥락으로 쉽게 이해할 수 있습니다.

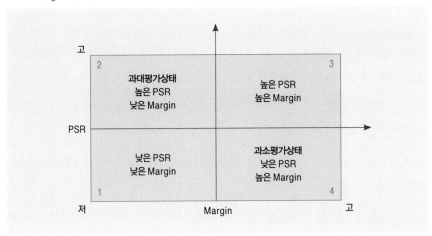

출처: Damodaran A., Investment Valuation, Wiley, 1996, p. 348

위 그림을 통해서 볼 때 1사분면과 3사분면은 이론적인 상황과 들어맞습니다. 하지만 2사분면과 4사분면의 경우 이론적인 관계가 성립하지 않습니다. 먼저 2 사분면에 나타나는 마진은 낮은데 이에 반해 PSR가 높은 경우는 분명히 회사의 매출능력에 비해 주가가 과대평가되어 있는 것입니다. 이런 주식은 매도를 통해 위험을 관리해야 합니다. 반대로 4사분면에서 나타나는 바와 같이 마진은 높은데 PSR가 낮다면 이는 실제로 매출능력에 비해 주가가 저평가되어 있는 것입니다. 이런 주식을 시장에서 골라내어 매수한다면 투자성과는 좋아지리라 판단됩니다.

결론적으로 살펴보면 요즘처럼 IT기술에 기반을 둔 기업들이 새로 생겨나는 상황에서 PSR는 투자에 있어 매우 중요한 지표입니다. 하지만 PER나 PBR와 마찬가지로 이를 단순히 높고 낮음만으로 투자에 적용해서는 안 됩니다. 즉 PSR가 낮은 경우 이 기업이 실제로 저평가되어 있는지, 아니면 기업의 위험도가 높아서 인지, 그렇지 않으면 더 이상 성장할 수 없는 상황이기 때문인지를 판단해야 함은 물론 매출액순이익률인 마진과 PSR와의 관계를 꼼꼼히 따져서 PSR 지표를 투자의사결정의 지표로 삼아야 합니다.

이렇게 PSR 지표는 PER 지표나 PBR 지표가 가진 단점을 보완할 수 있는 지표입니다. 기업의 손실이 발생하고 있는 상태라든지 아니면 자본잠식 상태에 있다면 PER나 PBR를 통해서는 기업가치를 산정할 수 없습니다. 이때 PSR 지표를 사용하면 됩니다. 또한 벤처기업의 경우 초기에는 이익이 생기기까지 다소 시간이 걸리는 경우가 많고 자산가치를 평가하기도 마땅치 않은데 이때 PSR는 매우 유용한 지표가 됩니다.

하지만 PSR 지표를 사용함에 있어서도 단순히 그 지표의 높고 낮음으로 투자판단을 한다면 낭패를 볼 수 있습니다. 이 지표도 기업의 유보율, 위험계수, 성장률, 그리고 매출액순이익률에 영향을 받기 때문입니다. PSR 지표를 적절히 사용하기 위해서는 기업의 특성을 올바르게 이해한 상태에서 사용해야 합니다. 기업을 모르는 상태에서 단순히 지표만을 가지고 투자의사결정을 내린다면 처음 가는 산행에 지도도 없이 가는 꼴과 같다는 것을 명심하세요.

HTS에서 PSR-Margin 기준의 종목 고르기

PSR는 유가증권시장에서 그 사용이 적절치 않은 경우가 많습니다. 따라서 코스닥 기업들의 저평가 여부를 따지기 위해 주로 사용됩니다. HTS의 조건검색을 통해서 PSR가 3배 이하인 종목 중 영업이익률이 15% 이상인 종목을 찾는 예를 들어보겠습니다. 현재 조건검색 항목 중 매출액순이익률이 나와 있지 않은 관계로 그 기업의 본업의 경쟁력을 보여주는 영업이익률을 항목으로 선정해도 무방합니다.

위 조건을 만족시키는 코스닥 기업은 모두 68개 기업입니다. 그중 PSR가 가장 낮은 기업은 에스앤씨엔진그룹이고 영업이익률은 22.05%에 이릅니다. 그 밖에도 완리, 삼천당제약 등의 기업이 명단에 이름을 올리고 있습니다.

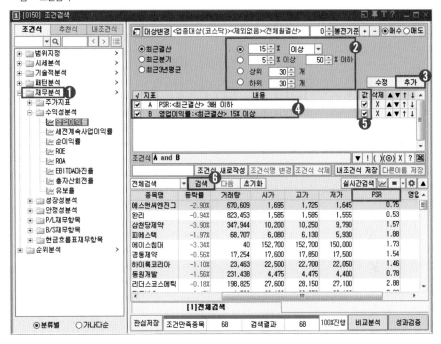

04

EV/EBITDA와 기업가치

EV/EBITDA는
왜 사용하는 것일까?

기업의 가치, 즉 주식의 가치를 평가하기 위한 다양한 지표들을 앞에서 살펴보았습니다. 하지만 몇몇 지표들은 기업이 계속적으로 손실을 발생시킨다든지 그렇지 않으면 자본잠식상태에 들어가버리면 가치평가를 위한 지표로 아무런 쓸모가 없게 됩니다.

특히 PER 지표의 경우 주당순이익을 구해야 하는데 우리나라 회계 관행으로 본다면 주당순이익을 구하기 위해서는 매출총이익, 영업이익, 세전이익, 당기순이익의 순으로 순차적으로 구해야 합니다. 그러다 보니 영업외비용, 특별손실, 세금 등에 영향을 받아 자칫 당기순손실이 발생하는 경우가 종종 있었습니다.

사실 기업을 평가할 때 그 기업의 주된 영업이 얼마나 잘 되는지를 중심으로 평가하는 것이 적절한 방법이라면 주당순이익을 통하여 평가하는 것도 문제가 있다는 것입니다. 그래서 세전영업이익EBIT, Earnings Before Interest and Tax에 현금의 유출이 없는 비용인 감가상각비와 감모상각비를 더해준 영업현금흐름 지표를 바탕으로 기업을 평가하고자 하는 욕구가 시장에 나타나게 되었습니다. 그 지표가 바로 EV/EBITDA입니다.

특히 EBITDA는 영업이익에서 감가상각관련 부분만 더해주는 것이기 때문에 회계적인 조작가능성이 상당히 감소한다는 이점도 있어 당기순이익에 비해서는 보다 투명한 자료가 될 수 있습니다.

저평가주 골라내는 'EV/EBITDA' 활용법

한 기업의 총가치는 어떤 매수자가 기업을 살 때 지불해야 하는 금액, 즉 주식의 시가총액과 순부채의 합으로 나타낼 수 있다. 이를 기업가치(EV, Enterprise Value)라고 부르는데, EV를 세금이나 감가상각비 등 비현금성비용 등을 포함한 영업이익(EBITDA)으로 나누면 에비타 배수(EV/EBITDA)를 구할 수 있다.

EV/EBITDA는 기업이 영업활동으로 벌어들인 현금창출 능력을 나타내는 지표로, 현재의 순수 영업활동으로 창출해내는 현금으로 투자금액을 회수하는 데 걸리는 기간이 얼마인지를 보여준다.

예를 들어 EV/EBITDA가 열 배라면 해당 기업을 시장가격(EV)으로 매수했을 때 그 기업이 벌어들인 이익(EBITDA)을 10년간 합하면 투자원금을 회수할 수 있다는 의미다.

따라서 이 비율이 낮을수록 기업의 주가가 기업가치에 비해 저평가됐다고 볼 수 있으며, 기업의 현재 주가와 기업가치를 비교함으로써 적정주가를 산정할 수 있다.

특히 EV/EBITDA는 주가수익비율(PER)을 보완하는 지표로 활용된다. PER는 주가가 해당 기업의 가치에 비해 고평가돼 있는지, 저평가돼 있는지를 평가하는 데 주로 이용되지만, 단순히 시가총액을 순이익으로 나누어 산출되는 만큼 종종 왜곡된 수치가 산출되기도 한다.

EV/EBITDA의 경우에는 분자에 실제 기업을 인수할 경우 떠안아야 하는 잠재비용까지 기업가치에 포함했고, 분모에는 단순한 순이익이 아닌 영업이익에 현금흐름까지 반영하는 등 보다 정교한 기업가치 평가가 가능해진다.

중소기업신문(2016. 6. 17.)

그럼 각각의 지표들의 의미와 구하는 방법을 살펴보도록 하겠습니다.

먼저 EV Enterprise Value 는 기업가치를 말합니다. 다른 경우에는 FV Firm Value 라고 부르기도 합니다. 이론적으로 EV는 자기자본의 시장가치와 부채의 시장가치를 더해서 구합니다. 또한 EBITDA Earnings Before Interest, Tax Depreciation and Amortization 는 영업이익에 감가상각비와 감모상각비를 합해서 구합니다. 여기서 감가상각비는 유형고정자산에 대한 감가상각을 말하고 감모상각은 무형고정자산에 대한 감가상각을 말합니다. 이 지표는 기업이 영업활동을 통해 벌어들이는 현금흐름지표로 생각할 수 있습니다. 하지만 이는 실무적으로는 다음과 같이 구합니다.

> **EV = 우선주를 포함한 시가총액 + 순부채**
> 여기서 시가총액 = 발행주식수 × 주가
> 순부채 = 총차입금 – 현금예금
>
> **EBITDA = EBIT + 유형자산 감가상각**

이상과 같은 과정을 거쳐 구해진 EV/EBITDA의 의미를 곱씹어볼 필요가 있습니다. 이 비율은 기업의 자기자본과 타인자본을 이용하여 어느 정도의 현금흐름을 창출할 수 있는지를 나타내는 지표로 이 비율이 높을수록 주가가 과대평가된 것으로 판단합니다. 즉, 기업이 벌어들이는 영업현금흐름에 비해 기업의 총가치가 높게 평가되고 있다는 것이지요.

EV/EBITDA의 의미를 더 확장해서 해석해볼까요? 만약 이 비율이 5배라고 하면 이 주식을 매수했을 때 5년 후면 기업이 영업으로부터 벌어들이는 현금으로 원금을 회수할 수 있다는 의미가 되고 만약 10배라면 10년 후 원금 회수가 가능하다고 해석할 수 있습니다.

EV/EBITDA

EV/EBITDA는 기업가치(시가총액+부채)를 세금. 이자지급. 감가상각전이익으로 나눈 값입니다. 이때 이익도 영업이익을 사용합니다. EV/EBITDA는 값이 낮을수록 저평가된 것으로 해석됩니다. 현재 시장평균은 6.5배인데 이보다 높으면 고평가된 것으로 봅니다. 다만 업종별로 해석은 약간씩 달라질 수 있습니다. 꼭 일치되는 것은 아니나 ROIC는 주당순이익(EPS), EV/EBITDA는 PER가 대응하는 것이라고 보면 이해하기 쉽습니다.

EV/EBITDA를 통해 기업가치를 판단하라

우리나라 시장에서 EV/EBITDA를 이용해서 본격적으로 주가를 판단한 것은 외환위기 이후 글로벌스탠더드에 대한 관심이 커지면서부터입니다. 아래는 주요기업들의 EV/EBITDA의 흐름을 정리한 것입니다. 삼성전자와 SK텔레콤은 상장회사 중 대표적인 기업들이고 아모레G는 EV/EBITDA 수준이 높은 기업을 택한 것입니다.

▼ 주요기업의 EV/EBITDA   단위: 배

종목명	2017년	2018년	2019년	2020년
삼성전자	5	3	7	8
SK텔레콤	6	6	6	5
아모레G	15	11	10	12

▼ 주요기업의 주가동향   단위: 원

종목명		2017년	2018년	2019년	2020년
삼성전자	최고가	57,220	53,000	56,700	81,000
	최저가	35,560	38,250	37,450	42,500
SK텔레콤	최고가	283,500	289,500	279,500	249,500
	최저가	218,000	220,500	231,500	165,500
아모레G	최고가	158,135	156,140	87,398	91,600
	최저가	109,248	57,268	51,481	43,550

위의 결과를 보면 EV/EBITDA 수준이 낮은 기업의 경우 주가도 대체로 고가권에 형성되고 있음을 볼 수 있습니다. EV/EBITDA의 경우 분석을 위해서는 전문적인 회계지식을 가지고 또 복잡한 계산과정을 거쳐야 합니다. 하지만 이와 비슷한 의미인 PER의 경우 주당순이익은 재무제표에서 확인이 가능하고 또한 주가도 시장에서 확인이 가능하므로 사용상의 편리성은 있다고 볼 수 있습니다.

그럼 실제로 EV/EBITDA를 이용해서 기업가치 평가가 어떻게 적용될 수 있

는지 간단한 기사내용을 통하여 살펴보도록 하겠습니다.

호텔롯데 예상 시총 13조~16조, "몸값 낮췄다"

호텔롯데가 증권신고서를 제출하고 본격적인 공모 청약 절차에 돌입했다. 당초 20조 원의 밸류에이션을 고수했지만 기관 반응을 감안해 예상 시가총액을 13조~16조 원 안팎으로 제시하며 몸값을 낮춘 것으로 보인다.

호텔롯데는 19일 증권신고서를 제출하고 내달 15~16일 기관 수요예측에 들어갈 예정이라고 밝혔다. 21~22일 일반 공모 청약을 실시할 예정이다. 내달 초부터 홍콩, 싱가포르, 런던, 뉴욕, 샌프란시스코 등에서 해외 기관설명회를 거칠 것으로 예상된다.

호텔롯데는 예상 시가총액을 13조 원에서 16조 원 수준으로 당초보다 낮췄다. 이에 따른 공모규모는 4조 6,000억~5조 7,000억 원 사이가 될 것으로 예상된다.

공모구조는 신주 발행을 25.04%(3,420만 주)하고 구주매출을 10%(1,365만 5,000주)하는 방식으로 짰다. 공모가 밴드는 9만 7,000~12만 원 수준으로 정했다. 호텔롯데는 순이익 대비 유무형자산상각비의 비중이 높고, 자기자본 활용 집중도가 높다고 판단해 EV/EBITDA 평가모형을 적용했다.

영업가치 산출은 네 개의 사업부문으로 면세사업(멀티플 22.4배), 호텔사업(12.3배), 월드사업(13.9배), 리조트사업(13.5배)별로 비교기업을 따로 적용했다. 1분기 호실적을 기록한 점을 감안해 올해 1분기 실적과 지난해 실적을 합산해 EBITDA에 반영했다. 이에 따른 영업가치는 12조 9,231억 원을 적용했다.

비영업가치의 경우 매도가능증권(2조 7,880억 원)과 관계회사주식(3조 2,120억 원)에 할인율을 적용해 5조 4,000억 원을 반영했다. 영업가치와 비영업가치의 합산에 순차입금(3,448억 원)을 제외한 평가총액은 18조 원에 육박했지만 할인율(8.86~26.33%)을 적용해 시가총액을 13조~16조 원 수준으로 내렸다.

더벨(2016. 5. 20.)

PER 지표는 '주가/주당순이익'으로 구해지는데 사용이 간단하다는 점에서 많은 이점을 가지고 있습니다. 하지만 지속적으로 손실이 발생하는 기업의 경우 PER 자체가 (−)로 나타나 사용이 불가능합니다. 또한 당기순이익은 그 계산과정에서 많은 회계조작이 일어날 가능이 큽니다. 투자자들이 항상 안고 있는 문제인 분식회계로부터 자유로울 수 없다는 뜻이겠지요. 이런 PER 지표의 단점을 보완해 줄 수 있는 지표가 바로 EV/EBITDA 지표입니다. 이 지표는 기업가치 대비 영업현금흐름의 비율을 나타내는 지표로 이 비율이 낮을수록 주가가 저평가되었

다고 판단할 수 있습니다. 하지만 기업의 제반 위험이 증가되면서 주가가 떨어지는 경우에도 이 비율이 낮게 나타날 수 있다는 점에도 주의해야 합니다.

HTS에서 조건검색으로 EV/EBITDA 찾아보기

EV/EBITDA도 HTS의 조건검색을 통해서 찾아볼 수 있습니다. 이 지표는 영업현금흐름 대비 기업가치를 보여주는 것으로 그 절대적인 수치가 낮은 종목과 적어도 영업이익률이 15% 이상인 조건을 통해서 검색해보겠습니다. 특히 현금흐름은 현금유입의 경우도 있지만 현금유출의 경우도 있습니다. 만약 현금이 유출되는 경우를 보인다면 EV/EBITDA가 (−)의 값을 가질 것이므로 검색조건은 EV/EBITDA 기준으로 0배 이상 3배 이하의 조건으로 설정합니다. 그리고 그 결과는 다음과 같습니다.

▽ 홈 ┈▶ 조건검색

❹ 조건항목 부분의 ❺ 값에 체크를 하면 검색결과에서 조건항목별 탭도 볼 수 있습니다. 위 조건을 만족시키는 종목은 모두 11개 종목입니다. 그중 EV/EBITDA가 가장 낮은 종목은 0.71배인 서산입니다. 그 밖에도 윈익홀딩스, 인포바인 등을 볼 수 있습니다.

01 쾌남 씨는 5G폰이 대세를 이루는 시점에서 통신요금 인상으로 수익증가가 예상되는 통신업종 내의 종목들을 비교해보기로 했습니다. 다른 것은 무시하고 PER와 이익증가율을 비교해보려고 하는데요. 다음 자료를 보고 과연 네 기업 중 어떤 기업이 상대적으로 저평가되었다고 해석해야 할까요?

[0919] 기업분석 - 기업분석				재무차트
기업개요 기업분석 ETF정보 리서치동향 컨센서스 맹검분석 부가정보 종목별증자배정현황 IR정보				
017670 ▼ SK텔레콤 실전 ○Snapshot ○기업개요 ○재무제표 ○재무비율 ○투자지표 ◎경쟁사비교 재무차트 ○Disclosure ○컨센서스 ○지분분석 ○업종분석 ○금감원공시 ○IR정보				

구분	SK텔레콤	KT	LG유플러스	와이어블
Price				
주가	312,000	31,750	14,850	3,050
시가총액	224,828	82,903	64,837	1,612
Balance Sheet				
자산총계	479,070	336,625	183,502	1,453
부채총계	235,107	181,111	106,990	744
자본총계	243,962	155,514	76,512	709
Income Statement				
매출액	186,247	239,167	134,176	890
영업이익	13,493	11,841	8,862	44
당기순이익	15,005	7,034	4,781	30
지배주주순이익	15,044	6,580	4,668	30
Valuation				
PER	16.75	12.60	13.89	53.54
PBR	0.97	0.56	0.88	1.92
Profitability				
ROE	6.44	4.76	6.46	4.28
영업이익률	7.24	4.95	6.60	4.98
Growth				
매출액증가율	4.98	-1.75	8.36	3.11
영업이익증가율	21.76	2.12	29.13	27.76
EPS증가율	69.28	6.86	6.36	45.42

Answer 선정된 4개 기업의 PER 수준을 통해서 보면 일단 KT의 PER 수준이 가장 낮은 상태입니다. 상대적으로 와이어블의 PER의 경우 상당히 높은 수준을 기록하고 있어 과대평가된 것으로 판단해야 합니다. 여기에 이익성장률을 통해 본다면 SK텔레콤과 와이어블의 성장률이 다른 업체들에 비해 높게 나타나고 있습니다. 이익성장률이 높아지면 PER도 높아지고, 이익성장률이 낮아지면 PER도 낮아집니다. 따라서 종합적으로 본다면 와이어블의 경우 이익성장률이 높지만 SK텔레콤에 비해 PER가

높으므로 저평가로 보기 어렵고, KT의 경우는 PER는 낮지만 SK텔레콤에 비해 이익성장률이 턱없이 낮아 역시 저평가로 보기 어려운 상태입니다. 이익성장률과 PER 수준을 고려해보면 네 기업 중 SK텔레콤이 그나마 저평가되었다고 판단해볼 수 있습니다.

02 일광 씨는 상대적으로 PER 수준이 높은 게임산업의 기업 중 로또기업의 주가가 적정한지 궁금해졌습니다. 동종업종 유사기업의 평균 PER가 15배일 경우, 로또기업의 2010년 예상 EPS가 1,000원이며, 현재주가가 1만 원이라면 주가가 고평가되었다고 할 수 있을까요?

Answer 동종업종 유사기업 평균 PER가 15배, 예상 EPS가 1,000원일 때 적정주가를 구해보면 적정주가=15×1,000=1만 5,000원입니다. 따라서 현재주가 1만 원은 적정주가에 비해 5,000원 정도 낮은 가격으로 동종업계 대비 저평가되어 있다고 할 수 있습니다.

03 구슬 씨는 자산가치를 중심으로 평가하는 PBR 지표를 통해서 기업가치를 판단하려고 합니다. 그래서 다음과 같은 기업들의 PBR와 ROE 자료를 수집했습니다. 다음 기업 중에서 상대적으로 가장 저평가된 것으로 판단되는 기업은 어디일까요?

구분	PBR	ROE
① 민주기업 A	1.5배	10%
② 민정상사 B	1.2배	15%
③ 동화기업 C	1.0배	5%
④ 철수산업 D	0.5배	3%

Answer PBR와 ROE는 (+)의 상관관계를 가지고 있습니다. 따라서 PBR 수준에 비해 ROE가 상대적으로 높은 기업이 저평가된 것으로 판단합니다. 그런 점에서 본다면 다음과 같이 그릴 수 있습니다. PBR-ROE 모형은 상대적 저평가를 알아보는 것입니다. 민정상사는 ROE는 높은 반면 상대적으로 PBR는 높지 않아 가장 저평가된 것으로 판단할 수 있습니다.

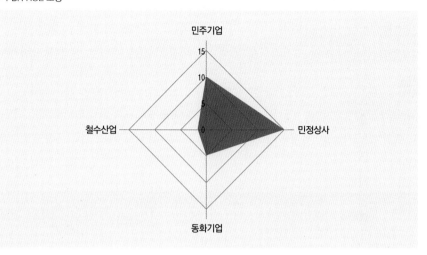

04 도호 씨는 EV/EBITDA를 이용해 기업의 주가를 계산해보고자 합니다. 대박기업에서 다음과 같은 자료를 얻었다면 이 회사의 주가를 얼마로 계산할 수 있을까요?

> 대박기업이 속한 산업의 유사기업들의 평균 EV/EBITDA 비율이 6배이다. 대박기업의 주식수는 5,000주이고 올해 예상순차입금 및 EBITDA는 각각 1,800만 원과 800만 원이다. EV/EBITDA 기준을 이용한 대박기업의 적정주가는 얼마인가?

Answer EV/EBITDA를 이용한 대박기업의 주가 산정은 다음과 같은 과정을 따라 구할 수 있습니다.

$$EV/EBITDA = (시가총액 + 순차입금)/EBITDA$$
$$6 = (5,000X + 18,000,000)/8,000,000$$

이때 시가총액은 '주식수 × 주가'로 구성되므로 다음과 같이 수식을 변형할 수 있습니다. 따라서 결론적으로 주가는 6,000원이면 적정하다고 판단됩니다.

$$5,000X = 48,000,000 - 18,000,000$$
$$X = (48,000,000 - 18,000,000)/5,000$$

05 진곤 씨는 보수적인 투자자들의 투자기준 중 ① 유동비율 200% 이상 ② 부채비율 200% 이하 ③ PER 15배 이하 ④ PBR 1.5배 이하인 종목을 찾으려고 하고 있습니다. HTS의 조건검색을 통해 유동비율이 높은 순서로 결과를 정렬해보세요.

Answer 검색조건인 ① 유동비율 200% 이상 ② 부채비율 200% 이하 ③ PER 15배 이하 ④ PBR 1.5배 이하인 종목을 찾아서 유동비율이 높은 순서대로 정렬하면 다음과 같은 검색결과를 얻을 수 있습니다.

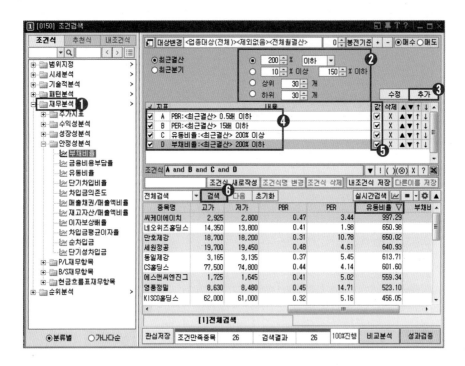

그러나 이때 유동비율이 지나치게 높으면 기업의 수익성을 저해할 수 있으므로 투자 시에 기업의 수익성도 같이 고려해야 한다는 것을 잊지 마세요.

보수적인 투자자와 공격적인 투자자

—

보수적인 투자자는 고급채권과 우량주식에만 분산투자를 하는 사람들입니다. 투자기준으로 볼 때 보수적인 투자자는 매입가격이 너무 높은지 아닌지 확인해보는 투자자입니다. 만약 그들이 매수할 종목을 선택한다면 다음과 같은 일곱 가지 원칙을 따릅니다.

적정규모 | 보수적인 투자자들은 기업규모를 살펴볼 때 산업의 경기변동보다 더 변동할 수밖에 없는 소규모기업들은 일단 제외합니다. 일반적으로 본다면 대형주를 중심으로 투자에 나서야 합니다.

재무구조 | 제조업체의 경우 유동비율은 최소한 200%는 되어야 하고 장기부채가 순운전자본(유동자산−유동부채)보다 적어야 합니다. 또한 유틸리티기업인 경우 부채가 자기자본의 2배 미만, 즉 부채비율이 200% 미만이어야 합니다.

수익의 안전성 | 과거 10년 동안 지속적으로 수익을 냈어야 합니다.

배당성향 | 최근 20년 동안 지속적으로 배당을 실시했어야 합니다.

수익의 성장 | 최근 10년 동안 EPS 증가가 그 기간의 시작 3년 동안과 마지막 동안의 평균 EPS보다 1/3은 되어야 합니다.

적정 PER 수준 | 현 주가가 최근 3년 평균 EPS의 15배를 넘어서는 안 됩니다.

적정 PBR | 현 주가는 최근 결산기를 기준으로 PBR가 1.5배를 넘어서는 안 됩니다. 따라서 만약 보수적인 투자자들이라면 기업규모가 너무 작은 회사, 상대적으로 취약한 재무구조를 가진 회사, 최근 10년 중 영업적자를 기록한 적이 있고 지속적인 배당실적이 없는 회사들은 피해야 합니다.

이에 비해 공격적인 투자자들은 종목 선택을 할 때 다음과 같은 요소들을 고려합니다.

비우량종목의 매수 | 비우량종목은 과거 실적은 좋지만 지금은 인기를 끌지 못하는 종목들을 말합니다. HTS의 기업분석 내용을 사용해서 찾을 수 있습니다. 방법은 다음과 같습니다.

첫째, PER를 기준으로 선정합니다. PER가 9 이하인 종목들을 먼저 찾아냅니다.

둘째, 추가적인 재무자료를 분석해봅니다. 재무상태는 유동자산이 유동부채보다 최소한 150% 많고 부채가 순유동자산의 110%를 넘지 않을 것(제조업의 경우), 수익안정성을 볼 때 지난 5년 동안 적자가 없을 것, 배당기록을 볼 때 이번 회계기간 동안에 약간의 배당이 있을 것, 이익이 성장하고 있을 것, 그리고 주가는 순유형자산가치의 120%보다 작을 것 등을 체크하면 됩니다.

셋째, 신용등급이 평균 신용등급 이상이어야 합니다.

순유동자산 대비 저평가 종목 | 장부상 순유동자산의 가치에 비해 주가가 낮게 형성된 주식을 많이 편입합니다. 즉 공장 등과 같은 고정자산과 다른 자산은 제외하고 순유동자산만으로 비교분석하는 것입니다. 대체로 주가가 순유동자산의 가치보다 낮거나 순유동자산 가치의 2/3 수준에 머물 때 매입합니다.

찾아보기

ㅂ

ㅅ

ㅊ

ㅋ